行動分析学研究アンソロジー2010

編
日本行動分析学会

責任編集
藤　健一
望月　昭
武藤　崇
青山謙二郎

星 和 書 店

Seiwa Shoten Publishers

2-5 Kamitakaido 1-Chome
Suginamiku Tokyo 168-0074, Japan

The Anthology of Japanese Journal of Behavior Analysis in 2010

edited by

The Japanese Association for Behavior Analysis
Kenichi Fuji
Akira Mochizuki
Takashi Muto
Kenjiro Aoyama

© 2011 by Seiwa Shoten Publishers

『行動分析学研究アンソロジー2010』の刊行にあたって

日本行動分析学会理事長　　藤　健一

　日本行動分析学会の学会誌「行動分析学研究」第1巻が刊行されたのが，1987年3月でした。以来巻号を重ねて2010年3月には，第24巻2号を発行するまでになりました。この23年間（1987年−2009年）に刊行された「行動分析学研究」は累計40冊となり，掲載された論文総数は283編に上ります。主な内訳を調べてみますと，「原著」が99編，「実践研究」が26編，「短報」が28編，「テクニカル・ノート」が8編，「展望」が31編，「討論」，「解説」および「資料」がそれぞれ4編ずつ，書評が13編などとなり，それぞれの論文の形態はもとより，「行動分析学研究」が取り扱う内容の多様性を窺わせる数字となりました。

　このように蓄積されつつあった行動分析学の知識や知見を，誰もが簡単に検索できて，また容易に再読利用を可能とするような工夫についての検討は，今から4年前の2006年の常任理事会で開始されました。その結果まとめられた提案は，その年の総会において承認され，引き続き断続的にその実施方法の検討を行い，2009年に至り今回のアンソロジーの刊行として，同時に学会創立三十年記念事業の一環として，開始されることとなりました。

　今回のアンソロジー刊行の目的は，日本行動分析学会の知的活動所産を，会員・非会員を問わず，また学部生，院生，教員，実践家，臨床家の誰であるかを問わず提供することによって，行動分析学の普及を図る日本行動分析学会の使命の一端を実現しようとするところにあります。

　また，アンソロジー方式を採用した理由としては，(1)刊行を担当する出版企画委員会の編纂方針に特徴を出せること，(2)編纂によるアンソロジーであれば続けて刊行することができる，という2点です。(3)紙媒体による刊行については，大学などにおける講読や演習での利用を念頭に置き，また日本における行動分析学研究の概要を1冊にコンパクトにまとめて紹介できる，という実用的な点を重視しました。

　今回の出版企画委員会（委員長　武藤崇　常任理事）のアンソロジー編纂方針については，編集後記にあるとおり，行動分析学の全体像理解のための素材提供という編纂方針が貫かれております。もとより，次回以降のアンソロジーについては，今回とは別の観点から編纂方針が立てられるかも知れません。その場合には今回とはまた異なった素材と視点とが読者に提供されることとなり，そのことは行動分析学の多様性を，より一層明確にすることでしょう。

　日本行動分析学会は2013年に学会創立三十年を迎えます。この30年近い年月の間になされた会員の皆様の幾多の活動や，また行動分析学会の運営に携わった

歴代会長と理事，こういった多くの方々の学問的実践的活動の所産について，今回，『行動分析学研究アンソロジー2010』として刊行できたことを大変うれしく思う次第です。皆様の弛み無いご努力に敬意を表するとともに，アンソロジー発刊に際して一言ご挨拶とお礼を申し上げる次第です。

2010年3月15日

目 次

『行動分析学研究アンソロジー 2010』の刊行にあたって　iii

1 Establishing Stimulus Equivalences in Autistic Children
　自閉児における刺激等価性の形成 …………………………………………………………… 1
　　▶コメント　刺激等価性が示すヒト認知機能の謎と可能性　14

2 Analysis of Photographing Behavior
　撮影行動の分析 ………………………………………………………………………………… 16
　　▶コメント　撮影行動のセルフモニタリングによる分析　21

3 The Context of Behavior Modification
　行動修正のコンテクスト ……………………………………………………………………… 23
　　▶コメント　君はなぜ行動分析学を選ぶのか？　32

4 "Guess How He/She Feels Now?"：Acquisition of Receptive and
　Expressive Skills for New Vocabularies about Facial Expressions in Deaf Adults with Mental Retardation
　「あの人はどんな気持ち？」：
　聾精神遅滞者のサインおよび書字による感情表現語の獲得 ……………………………… 34
　　▶コメント　感情を行動としてとらえると　49

5 A Method to Draw Cumulative Records on CRT Display
　CRT ディスプレイに累積記録を描く ………………………………………………………… 51
　　▶コメント　累積反応記録と累積反応記録器　59

6 Improving Throwing Skills in Baseball by High School Students：An Analysis of the Effect of Behavioral Coaching
　硬式野球におけるスローイング技能の改善――行動的コーチングの効果の分析―― ……… 61
　　▶コメント　スポーツ行動分析の来し方，行く末　74

7 A Respiratory Training Program for Pre-Operative Thoracotomy Patients
　手術前呼吸練習プログラムの開発とその効果の検討 ……………………………………… 76
　　▶コメント　呼吸オペラントの強化　87

8 Applied Behavior Analysis and the Scientist-Practitioner Model
　応用行動分析とサイエンティスト・プラクティショナー・モデル ……………………… 90

▶**コメント** エビデンスに基づいた支援：応用行動分析とサイエンティスト・プラクティショナー・モデル　95

9 Stimulus Control of Schedule History Effects: Influence of Instructions and Discriminative Schedule Control
スケジュール履歴効果の刺激性制御——教示と弁別性スケジュール制御の影響—— ……… 97
　▶**コメント** 実験的人間行動分析学研究のスタンダード　109

10 Impulsiveness and Self-Control in Developmentally Handicapped Children
発達障害児の衝動性とセルフコントロール ……………………………………………… 111
　▶**コメント** 発達障害児の衝動性とセルフコントロール研究の展開　123

11 Effects of Differential Reinforcement on Behavioral Variability in Humans
人間行動の変動性に及ぼす強化随伴性の効果 …………………………………………… 126
　▶**コメント** 環境適応，創造性，人間行動　142

12 Formation and Long-Term Maintenance of Dietary and Exercise Habits in Persons with Mental Retardation: Providing Daily Assistance through Living Skill Support Tools
知的障害者を対象とした食生活・運動習慣の形成と長期的維持：
生活技能支援ツールによる日常場面での支援のあり方 ………………………………… 145
　▶**コメント** 行動分析学と教育・支援現場とをつなぐツールとしての「支援ツール」　161

13 Development of a Thinking-aid for the Sales Staff of a Small Computer-software Company and Remote Support for Its Continuous Use
小規模なソフトウェア開発会社における企画提案思考ツールの開発と遠隔支援 ……… 163
　▶**コメント** ビジネス活動における行動マネジメントの試み　179

14 Introduction of Randomization Tests as Methods for Analyzing Single-Case Data
単一事例実験データの分析方法としてのランダマイゼーション検定 ………………… 182
　▶**コメント** 行動分析学における統計的検定の役割　198

15 Reducing Inappropriate Parking of Bicycles and Motorcycles Near/On Braille Sidewalks: Contingencies for Parking Behavior
点字ブロック付近への迷惑駐輪の軽減——データ付きポスター掲示の効果—— ……… 200
　▶**コメント** 行動的コミュニティ心理学：行動的"一発芸"から公開「援護」の方法として　210

16 An Economic Analysis of Choice of Reinforcer Amount by Rats:
Absolute Reinforcer Amount, Weight Level, and Economic Conditions
強化量選択の行動経済学的研究：絶対強化量・体重レベル・経済環境の効果 ………… 213
　▶**コメント** 実験的行動分析を志す初学者にとっての必読論文　233

17 "Personality" Studies in Behavior Analysis
行動分析学における"パーソナリティ"研究 ……………………………… 236
▶**コメント**　未踏の領野をめざせ：パーソナリティに関する行動分析的研究　249

18 Stimulus Control by Conspecifics in Pigeons：Control by Two Conspecifics With Different Functions as Discriminative Stimuli
ハトにおける他個体による刺激性制御
——弁別刺激として異なる機能を持つ2羽の他個体による制御—— ………………… 251
▶**コメント**　動物の社会的相互作用を形成する研究の魅力　262

19 Behavioral Consultation Services for School-Refusal Students With High-Functioning Pervasive Developmental Disorders：Token Economy and Changing Reinforcement Criteria
不登校を示した高機能広汎性発達障害児への登校支援のための行動コンサルテーションの効果
——トークン・エコノミー法と強化基準変更法を使った登校支援プログラム—— ………… 264
▶**コメント**　発達障害をもつ児童生徒の不登校に対する登校支援プログラム　274

20 Self-Recording Versus Feedback：Effects on Accuracy and Speed of Note-Taking for Students With Hearing Impairments
聴覚障害学生に対するノートテイクの正確さと速さに及ぼす
自己記録とフィードバックの効果 ……………………………………………… 276
▶**コメント**　実証的なプログラム開発による人権擁護　286

21 Application of Interdependent Group-Oriented Contingencies to Cleaning Behaviors of Students in an Elementary School：Effects of Class-wide Intervention and Social Validity
小学校の清掃場面における相互依存型集団随伴性の適用
——学級規模介入の効果と社会的妥当性の検討—— ………………………………… 288
▶**コメント**　集団随伴性によるアプローチの貢献と展開　302

出典一覧　304
編集後記：行動分析学を味わうために　306

注　論文の執筆者の所属は，論文掲載時のものです（p.304の出典一覧参照）。また，コメントの「文献」は，「引用文献および参考文献」を意味しますのでご注意ください。

Establishing Stimulus Equivalences in Autistic Children

JUNICHI YAMAMOTO

Keio University

Abstract

In Experiment I, three autistic children were taught the arbitrary matching-to-sample through a modified matching task, with five sets of visual stimuli (A, B, C, D, E), to examine whether stimulus equivalences were formed. Each set consisted of three stimuli. All of the subjects were first taught BA matching and were then able to perform AB matching in symmetry tests. After CA and DA were taught directly, CB/BC, and CD/DC performances emerged immediately for all of the subjects. Two of three subjects needed some additional training to establish DB equivalent relation. After AE was trained, EB/EC/ED were formed for two of three subjects without additional training. Each subject did not assign a common label to the stimuli in the same class, in equivalence tests and in naming test. In Experiment II, in which only two commparison stimli were randomly selected out of three stimulus elements in each set, the result also showed the equivalent relations between the stimulus sets. These results were discussed in terms of the conditions to establish the stimulus equivalence and the effect of response mediation.

Key words：stimulus equivalence, arbitrary matching-to-sample, visual stimulus class, naming response, autisitic children.

自閉児における刺激等価性の形成

慶應義塾大学　山本淳一

　本実験の結果，一対構成課題による恣意的見本合わせを訓練することで，自閉児においても，視覚刺激間の対称性および等価性が成立し，それは5つのメンバーを持つ刺激クラスにまで拡張しうることが明らかになった。Sidman et al. (1982) が定義した，対称性を含む推移性も，3名中2名の自閉児において，訓練後即座に成立した。

　等価性テストの成績が低下した場合でも，テスト試行そのものは操作しなくとも，その成立の必要条件を構成する訓練手続きを操作するだけで，成績が上昇することがわかった。特に，等価性の成立を促進するには，(1)同一のテスト・ブロックをくり返し施行する，(2)各刺激セットについて，設置刺激または移動刺激のいずれか一方に固定した訓練だけでなく，双方の役割を持たせるよう訓練すること，などが有効であることが示唆された。

　すべての被験児について，テスト施行中においても，終了後においても，成立した各刺激クラスに共通の名づけ反応はなされなかった。このことから，外的な音声反応は，等価性成立のための必要条件ではないことが示唆された。

　特定刺激セットの3種の刺激のうち2種のみが，各試行においてランダムな組み合わせで，設置刺激として呈示された場合でも，3種のメンバーを持つ刺激クラスが成立することが示された。

刺激等価性（stimulus equivalence）の成立は，ヒトの言語が形成される上での必要条件であると考えられるところから（Catania, 1984；Zuriff, 1976），近年多くの研究がおこなわれるようになってきた。

行動理論からの刺激等価性の分析は，恣意的見本合わせ課題（arbitrary matching-to-sample）を通じておこなわれることが多い。この課題においては，特定の刺激と，それとは物理的な類似性を持たない刺激との間の見本合わせ反応が形成される。この恣意的見本合わせ反応を，いくつかの刺激セット間で，共通の刺激セットを含むようにして形成することで，直接訓練されなかった刺激間においても対応関係が成立することが，Sidmanら（Sidman, 1971；Sidman & Cresson, 1973；Sidman, Cresson, & Willson-Morris, 1974）の発達遅滞児を対象とした一連の研究の中で明らかにされてきた。Sidman et al. (1974)は，重度発達遅滞者に対して，音声刺激（例えば"car"）と文字刺激（CAR）との間，および（車の）絵と文字刺激との間の見本合わせ反応を形成すると，直接的な訓練を受けていない音声刺激と絵との間においても対応関係が成立することを示した。

その後，刺激等価性は，発達遅滞児では，3つの刺激セット間においても（菊地，1985；Spradlin & Dixon, 1976；Stromer & Osborne, 1982；高橋，1983），4つの刺激セット間においても（Spradlin, Cotter, & Baxley, 1973）成立することが明らかにされた。また，普通児においては，刺激セットが4つ（Sidman & Tailby, 1982），5つ（Lazar, Davis-Lang, & Sanchez, 1984），6つ（Sidman, Kirk, & Willson-Morris, 1985）の場合で等価性の成立が見出されている。

一方，ヒト以外の動物の場合は，アカゲザルやヒヒにおいても（Sidman, Rauzin, Lazar, Cunningham, Tailby, & Carrigan, 1982），チンパンジーにおいても（浅野，吉久保，1984），刺激等価性の成立要件のひとつであるとされる対称性（symmetry）も，通常の手続きでは成立しないことが報告されてきた。

ところが，最近，オマキザルにおいては，対称性が成立しない個体でも，推移性（transitivity）は成立することが見出された（D'Amato, Salmon, Loukas, & Tomie, 1985）。また，発達遅滞児（者）（Dixon & Spradlin, 1976；Sidman et al., 1974）や普通児（Lazar et al., 1984；Sidman et al., 1985）でも，刺激等価性が成立しない場合があることが示されている。これらのことは，刺激等価性は，ヒトという種特有の行動特性ではなく，何らかの環境条件によって形成されるものであることを示唆している。しかしながら，刺激等価性を形成するための要因の分析は，まだ十分おこなわれているとはいえない。そこで，本研究では，今まで対象とされることのなかった言語発達遅滞を伴う自閉児について，5つの刺激セット間での恣意的見本合わせ訓練をおこない，刺激等価性の成立条件を検討する。

ヒトについてのこれまでの研究の多くは，訓練に，音声刺激のマッチングを含めていたが，近年，視覚刺激のみが用いられた場合でも，発達遅滞児（Spradlin et al., 1973；Stromer & Osborne, 1982）や普通児（Lazar et al., 1984；Wetherby, Karlan, & Spradlin, 1983）で等価性が成立することが報告されている。これらの研究結果は，音声的な媒介反応を手続き上含めなくとも刺激等価性が成立することを示唆している。Lazar et al. (1984)は，視覚刺激間の等価性が成立した後で，各刺激に対する名づけテストを施行したところ，各刺激クラスについて共通の名づけ反応をおこなった被験児はいなかったことを報告している。このような，自発的な音声的名づけ反応の出現の有無を，言語発達遅滞を伴う子供について調べた研究はおこなわれていないため，本研究では，視覚刺激のみを用い，被験児の課題中の言語反応および課題後の各刺激への名づけ反応を調べた。

ところで，自閉児の課題学習時の行動傾向として，誤反応を連続すると，位置手がかりに対する固執や，課題場面からの逃避または回避行動や，パニックなどが出現することが多い（Lovaas,

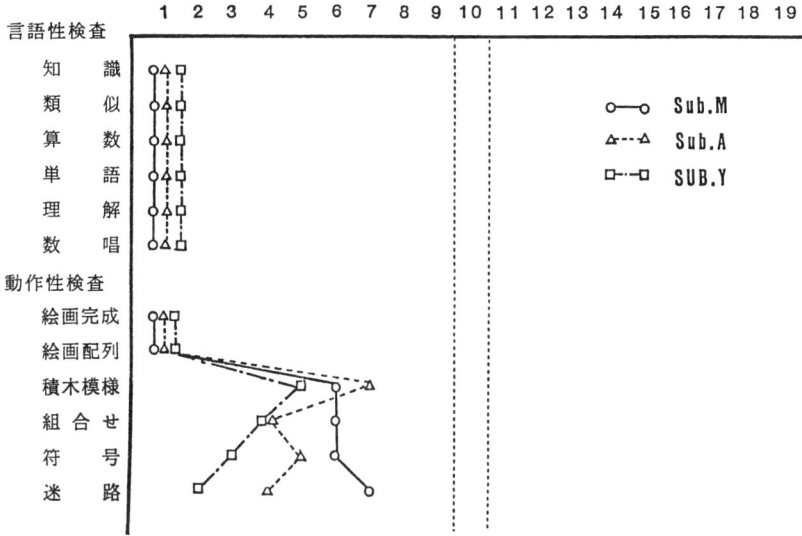

図1 各被験児についての，日本版 WISC-R のプロフィール。

1977)。そのため，本研究では，できるだけ誤反応を出現させないようにして学習完成基準に到達させるため，次の2つの手続きを用いた。

(1)通常の見本合わせ手続きを用いると，見本刺激と比較刺激の間隔をあらかじめ実験者が設定することになるため，課題初期には，各刺激に対する視線の定位が十分できずに，学習が成立しにくいことが予測される。そこで，被験児自身が見本刺激を動かしながら比較刺激との照合をおこなえるような分類作業に類似した課題を用いることで，被験児がすでに持っている視覚運動協応レパートリーを効果的に利用するよう試みた。

(2)系列的刺激呈示法（Lovaas, 1977)によって，はじめ正刺激のある位置を固定し，その配置を徐々にランダムにしてゆく方法を用いた。このことによって，刺激呈示位置を手がかりとした反応を，徐々に正刺激自体に対する反応へと移行させてゆくことができると考えられる。

実験Ⅰ

実験Ⅰの目的は，以下のとうりである。(1)自閉児においても視覚刺激セット間の等価性が成立するか否かを調べ，(2)その成立のための条件を吟味し，(3)等価関係が5つの刺激セット間にまで拡張するかを検討し，(4)形成された刺激クラスに対して共通の名づけが自発的におこなわれるかどうかを確かめる。

方法

被験児 3名の自閉児（M児・A児・Y児。うちM児のみ女児）が被験児とされた。3名とも，3歳時に，それぞれ別の公立病院において，自閉症であるとの診断を受けた。実験開始時の暦年齢は，それぞれ12歳3か月，11歳6か月，11歳5か月であった。

日本版 WISC-R（児玉・品川・茂木，1978)の全検査評価得点から算出したIQは，それぞれ，41，37，35以下，であった。各被験児についての，各下位項目の評価点のプロフィールが図1に示されている。3名とも，言語性検査の評価点が低かった。動作性検査においては，見本と同じ模様や記号を再生したり，パズルを完成させる課題は，ある程度おこなうことができた。

3名は，実験当時，公立小学校の特殊学級に在籍しており，各学級では，ひとりまたはふたりの

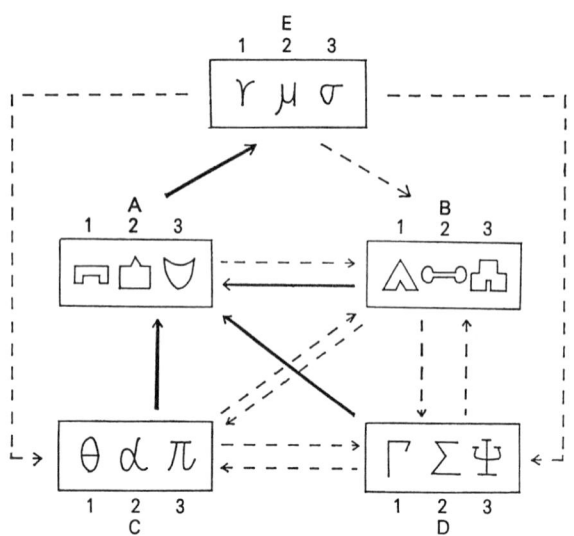

図2 実験パラダイム。ABCDE は各刺激セットを表わし，同一数字のものの間のマッチングが訓練またはテストされた。矢印は，移動刺激から設置刺激への方向を表わす。実線は直接訓練された刺激ペア，破線は対称性または等価性がテストされた刺激ペアを示している（実験Ⅰ）。

先生から，数名の自閉児・発達遅滞児とともに，読字・書字・数唱・図工・体育などの指導を受けていた。

3名とも，大人がそばにいて，ひとつひとつの課題に対して指示を出し，フィードバックをおこなえば，基本的な課題を達成することができた。課題に飽きたり，誤りが続いたり，強い禁止が加えられた場合など，奇声をあげる（M児），目の前で手を規則的に動かす（A児），自分の手をかむ（Y児）などの行動が出現することが多い。

A児は，大きな声と身体誘導を伴わないと大人の言語指示に従わないことが多かった。M児・Y児は，動作を伴った言語指示に従うことができた。

表出言語については，A児は一語文で，M児・Y児は一語文または二語文で自発的要求をおこなうことができた。また，身のまわりの物や動作を単語単位で述べることが可能であった。3名とも数種類の言語的質問（例えば，「何小学校行ってるの？」）に対しては，正しく答えることができたが，答えを学習していない質問については，それをくり返す（echolalia）ことが多かった。

3名とも，ひらがなの読字・書字は可能であり，日常的な物との意味的対応はあるが，文章とそれが示す状況との対応づけは十分におこなえなかった。また，数種類の漢字は読むことができた。

表現能力については，3名とも，指示に従って，特定のパタン化した線画（例えば，人の顔）を描くことができた。A児のみが，興味のある数種の物について，色・背景などを変えて描くことが観察された。

刺激 用いられた刺激セットは5種で，各セットには3種の刺激が含まれている（図2）。各刺激は，4.5 cm×5.5 cm の白い厚紙に1 mm の太さの黒インクで描かれている。以下では，各刺激を，刺激セットを示す A から E までのアルファベットと，セット内のメンバーを示す1から3までの数字とで表わすことにする（例えば，α は C2 と表記する）。

セッティング 実験者と被験児とは，図3に示されているような刺激呈示板が置かれた机をはさんで向いあって座った。実験者側には，特定の刺激セットの3種の刺激が，4.0 cm の間隔で横一列に並べられた（設置刺激）。被験児側には中央の設置刺激呈示位置から 4.2 cm の間隔をおいて，設置刺激とは異なった刺激セットの中から選ばれた1枚の刺激が置かれた（移動刺激）。設置刺激

の呈示位置から0.5cm被験者側に，移動刺激を入れるための4.7cm×5.7cmの凹が刺激呈示板上にあけてある（図中，点線で表わされている）。

被験児に要求される反応は，手もとに置かれたひとつの移動刺激（例えばC2）を，3種の設置刺激（例えばA2，A3，A1）のそばのいずれかの凹に入れることであった。設置刺激と移動刺激との間に形成する関係は，論理的に表現するならば，"If C2, then A2"となるため，通常の見本合わせ課題においては，設置刺激は比較刺激，移動刺激は見本刺激に対応することになる。

実験は，毎週2回，それぞれ約1時間，各被験児の家の一室でおこなわれた。部屋では実験者・被験児の他に記録者が被験児の斜め後ろに着席した。

手続き (1) 1試行の構成：1試行は，次のような手続きから成っている。

まず実験者は，設置刺激3枚（例えばA1，A2，A3）を特定の順で横一例に並べる。被験児の注意が向くのと同時に，特定の移動刺激をひとつ（例えばC2）を，被験児側の特定の位置に置く。被験児が呈示された移動刺激を3つの凹のうちのいずれかに入れた場合を1反応とみなした（以下，このような反応を対構成とよぶことにする）。また，移動刺激が呈示されてから20秒以上たっても対構成がおこなわれなかった場合には実験者は，移動刺激を刺激呈示板から取り去り，被験児に手をひざに置くよう指示を出し，被験児が注意を刺激呈示台に向けたならば，再び同じ移動刺激を呈示した。

訓練試行においては，移動刺激が正しい位置（この場合はA2の下の凹）に置かれた場合は，実験者はうなずきながら"じょうず"と述べ，被験児の頭をなぜ，スナック菓子を一片与えた。移動刺激が異なった位置（A1またはA3）に置かれた場合には，実験者は首を横にふりながら"ちがう"と述べ，移動刺激を取り去り，約5秒後に再びそれを被験児の手もとに置き，正反応が出現するまでこれをくり返した（矯正法）。矯正法が用いられた後の正反応に対しては，うなずきと頭

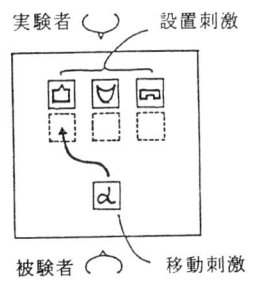

図3　刺激呈示方法

なぜのみがおこなわれ，お菓子は与えられなかった。

テスト試行では，正反応・誤反応いずれの場合も，実験者は顔の表情を変えずに，小さくうなずくだけで次の試行に移行した。

(2)前訓練：訓練で用いられる刺激セットのペアについて，誤反応数を可能なかぎり少なくして学習を成立させるため，訓練前に，三対構成と一対構成による前訓練が施行された。三対構成は，特定の配置の設置刺激に対して3種の移動刺激を被験児に順次呈示し，3組の刺激ペアを刺激呈示板上で同時に構成させる手続きである。一対構成は，1組の刺激ペアが構成されるごとに，凹に入れられた移動刺激を取りのぞいてから別の移動刺激を呈示することで，常に3つの選択肢の中からひとつを選ばせるといった一対ずつの対構成をおこなわせるものである。前訓練においては，1ブロックは，3種の移動刺激の呈示から成っている。

(a)三対構成：〔ステップ1〕設置刺激の配置位置を固定し（例えば被験児に向かって右からA1，A2，A3），移動刺激は，被験児にむかって右から順番に置くことが正反応になるような順（B1，B2，B3の順）で呈示した。2ブロック連続で全試行において正反応が得られたら次のステップに進んだ。

〔ステップ2〕設置刺激の配置順は，ステップ1のままに固定し，移動刺激を3つの刺激内でランダムな順（例えばB2，B3，B1の順）で呈示した。その呈示順について，2ブロック連続で100％の正答率が得られたならば，移動刺激の呈示順を3つの刺激間で再び変化させた（例えばB

3，B1，B2の順)。この呈示順においても2ブロック連続で100％の正答率が得られたならば，次のステップに移行した。

〔ステップ3〕設置刺激の配置順も，移動刺激の呈示順も，3つの刺激内でランダムにされた。特定の配置順・呈示順について，2ブロック連続で100％の正答率が得られたならば，配置順・呈示順をともに変え，ここにおいても2ブロック連続で100％の正答率が得られたならば，一対構成が施行された。

(b)一対構成：一対構成手続きによって，上記のステップ1からステップ3までの訓練をおこなった。

(3) 訓練：前訓練の完成後，前訓練と同じ刺激ペアについて，以下の手続きで訓練が施行された。

訓練およびテストは，すべて一対構成でおこなわれた。1試行終了後，すべての刺激が刺激呈示板から取り除かれ，設置刺激の配置順および呈示する移動刺激がランダムに変えられてから，次の試行に移行した。1ブロックは18試行から成っており，その中には，設置刺激の配置順と，呈示される移動刺激とのすべての組み合わせが含まれている。

訓練では，はじめ，すべての試行において，正反応に対しては強化が与えられ，誤反応に対しては矯正法が適用された。1ブロック内で90％以上の正反応率が得られたならば，正反応に対する強化率は，50％にひき下げられた。このブロックにおける非強化試行では，テスト試行と同じように正誤のフィードバックはおこなわれずに次の試行に移行した。50％の強化率のブロックのもとで，2ブロック連続して90％以上の正反応率が出現した場合，テスト・ブロックが施行された。

(4)対称性・等価性テスト：訓練完成後に，対称性および等価性テストがおこなわれた。ここでは，2種類の刺激セット間の派生的関係を対称性，3種類の場合を等価性と呼ぶことにする。

各テスト・ブロックは，36試行から成っている。テスト・ブロックでは，対称性や等価性についてのテスト試行と，その成立の必要条件を構成している訓練試行とが18試行ずつランダムな順で施行された。ただし，訓練試行あるいはテスト試行が3試行以上連続しないようにブロックが構成された。必要条件を構成している刺激セットのペアが2種類ある場合は，それぞれ半数ずつランダムにブロック内に混ぜられた。訓練試行では，正反応に対しては強化が与えられ，誤反応に対しては矯正法が適用された。テスト試行では，正反応であっても誤反応であっても一切のフィードバックは与えられなかった。

表1には，訓練を受けた刺激ペアおよびテスト試行で用いられた刺激ペアが示されている。( )内が訓練刺激ペアである。表中，例えばBCは，移動刺激がBセット，設置刺激がCセットであることを表わしている。BCがテスト試行である場合には，BCを18試行，BAを9試行，CAを9試行ランダムに呈示することで1ブロックが構成された。

(5)訓練―テスト系列：各被験児についての訓練とテストの施行順は，表1に示されているとおりである。

まず，BAが訓練された後にABをテストすることで，対称性の成立が調べられた (Phase 1)。

次に，CA訓練後に，CB・BCがテストされ，DA訓練後に，DC・CDおよびDB・BDがテストされ，等価性の有無が検討された (Phase 2)。

最後に，AE訓練後に，EB・EC・EDをテストすることで，Sidman et al. (1982) が定義する，推移性と対称性の双方を含んだ刺激等価性が成立するか否かが調べられた (Phase 3)。

また，各テストの正反応率が75％以下であった場合には，成績を上昇させるためのいくつかの付加訓練や付加テストが施行された。

(6)名づけテスト：すべてのテストが完了した段階で，用いられた15種の刺激すべてについての名づけテストがおこなわれた。実験者は，被験児の手もとに，各刺激を1枚ずつランダムな順で呈示し，"これは？"という質問を与え，被験児の反応を記録した。各反応に対しては，一切のフィードバックは与えられなかった。

表1 実現Ⅰの訓練・テスト系列

		Sub. M		Sub. A		Sub. Y	
		Test	Teach	Test	Teach	Test	Teach
Phase 1	Teach		(BA)		(BA)		(BA)
	Test	AB	(BA)	AB	(BA)	AB	(BA)
Phase 2	Teach		(CA)		(CA)		(CA)
	Test	CB	(BA, CA)	BC	(BA, CA)	BC	(BA, CA)
		BC	(BA, CA)	CB	(BA, CA)	CB	(BA, CA)
	Teach		(DA)		(DA)		(DA)
	Test	DC	(CA, DA)	DC	(CA, DA)	DC	(CA, DA)
		――		――		DC	(CA, DA)
		CD	(CA, DA)	CD	(CA, DA)	CD	(CA, DA)
		DB	(BA, DA)	DB	(BA, DA)	DB	(BA, DA)
		――		――		DB	(BA, DA)
		――		――		AB	(BA)
	Teach		――		(DA)		(AB)
	Test	――		DB	(BA, DA)	DB	(BA, DA)
		BD	(BA, DA)	BD	(BA, DA)	BD	(BA, DA)
Phase 3	Teach		(AE)		(AE)		(AE)
	Test	EB	(BA, AE)	EB	(BA, AE)	EB	(BA, AE)
	Teach		――		(AE)		――
	Test	――		EB	(BA, AE)	――	
		――		EA	(AE)	――	
		――		EB	(BA, AE)	――	
		EC	(CA, AE)	EC	(CA, AE)	EC	(CA, AE)
		ED	(DA, AE)	ED	(DA, AE)	ED	(DA, AE)

( )内は訓練された刺激ペアを示す．

記録方法と信頼性 被験児の反応は，実験者および記録者によって，各試行ごとにどの設置刺激が選択されたかについて記録された。実験者と記録者との間の信頼性が，すべてのテスト・ブロックの各試行についての2者間の一致数・不一致数を次の式に当てはめることによって算出された．〔信頼性（％）＝（一致数／全試行数）×100〕。その結果，各被験児についての信頼性は，それぞれ99％であった．

また，テスト・ブロック中および最後の名づけテストの期間中の被験児の言語反応は，すべてテープレコーダに記録され，後の分析に供された．

結果

対称性・等価性テストの結果 図4には，各被験児のテスト試行における正反応率が示されている．横軸はテストの系列を表わし，縦軸は，各ブロック内のテスト試行の正反応率を表わしている．また，パネル内の縦線は，訓練ブロックを表わしている．

図5・図6は，それぞれ，A児・Y児の成績が低下したテスト試行における，各刺激に対する反応頻度を示した行列である．行には移動刺激，列には設置刺激が示されている．数値は，各移動刺激に対して，各設置刺激が選ばれた頻度である．1ブロックあたりの正反応率が100％であった場合には，左上から右下への対角線上の数値がすべて6となり，それ以外はすべて0となる．行列の下の数値は，各設置刺激に対する反応頻度の合計を表わしている．その下には，各刺激の設置位置（被験児にむかって左，中，右）を選択した頻度が示されている．

対称性・等価性成立の必要条件となっているテスト・ブロック内の訓練試行の成績は，平均する

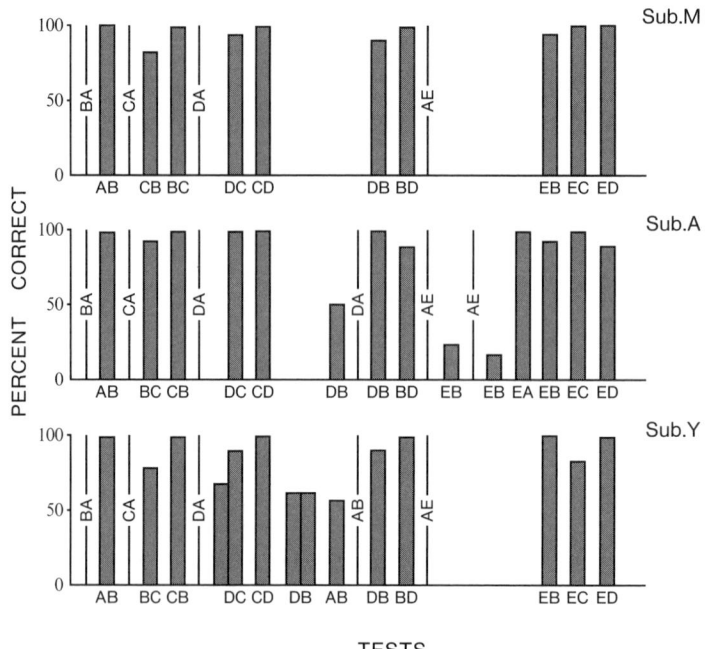

図4 各被験児における，対称性および等価性テストの正答率。横軸には，テストされた各刺激ペアが示されている。各刺激ペアについて，アルファベットの左は移動刺激，右は設置刺激を表わしている。例えば，刺激ペアABは，Aが移動刺激，Bが設置刺激であることを示す。パネル内のアルファベットは，直接訓練された刺激ペアを表わす。また，各刺激ペアは，訓練またはテストされた順に左から並べられている。（実験Ⅰ）。

と，M児で100％，A児で98％，Y児で98％とたいへん高かったため，テストにおける顕著な低下がみられた場合のみ，本文中で言及し，それ以外の記述は省略する。

M児 (1)フェイズ1：BA訓練後の対称性テストの正答率は100％であった。

(2)フェイズ2：CA訓練直後の等価性テストであるCBの正答率は83％とやや低下したが，その後のBCの正答率は100％であった。

DA訓練後のDC・CD・DB・BDの正答率はそれぞれ94％・100％・89％・100％であった。

(3)フェイズ3：AE訓練後のEB・EC・EDの正答率はそれぞれ94％・100％・100％であった。

A児 (1)フェイズ1：BA訓練後の対称性テストの正反応率は100％であった。

(2)フェイズ2：CA訓練後の等価性テストであるBCの正反応率は94％とやや減少したが，その後のCBの正反応率は100％であった。

DA訓練後のDC・CDの正答率はともに100％であった。

その後にテストされたDBの正答率は50％と大きく低下した。各刺激についての誤反応傾向をみると（図5），B1とD1との間のマッチングは成立しているが，他の2つの刺激間の関係が未成立であることがわかる。また，テスト試行であるDBとともにテスト・ブロックを構成している訓練試行においては，BAの正反応率は100％であったのに対し，DAの正答率は67％であった。このように，等価性成立の必要条件を構成している訓練刺激ペアであるDAの成績が低下したため，DAについてのみ再訓練をおこない，その後再びDBを含むテスト・ブロックを施行したところ，DBの正反応率は100％に上昇した。その後のBDの成績は89％であった。

(3)フェイズ3：AE訓練後のEBの正答率は22％であった。各刺激間のマッチングの頻度をみると（図5），E1とB2との間で誤ったマッチングをおこなっており，その他の刺激については，

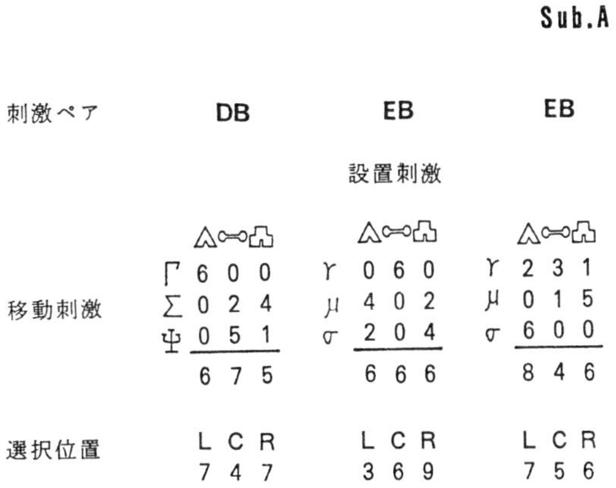

Sub. A

刺激ペア	DB	EB	EB

設置刺激

移動刺激	△ ⚬ ⌂	△ ⚬ ⌂	△ ⚬ ⌂
Γ	6 0 0	0 6 0	2 3 1
Σ	0 2 4	4 0 2	0 1 5
Ψ	0 5 1	2 0 4	6 0 0
	6 7 5	6 6 6	8 4 6

選択位置	L C R	L C R	L C R
	7 4 7	3 6 9	7 5 6

図5 A児についての，正反応率が低下した刺激ペアにおける誤反応パターン。数値は，18試行中の各刺激ペアに対する反応頻度を表わしている。列の下の数値はその列の合計を示す。Lは左，Cは中央，Rは右の設置刺激が選ばれた頻度を表わしている。（実験Ⅰ）。

Sub. Y

刺激ペア	DC	DB	DB	AB

設置刺激

移動刺激	θ α π	△ ⚬ ⌂	△ ⚬ ⌂	△ ⚬ ⌂
Γ	0 5 1	2 2 2	2 2 2	1 5 0
Σ	0 6 0	1 3 2	1 3 2	2 3 1
Ψ	0 0 6	0 0 6	0 0 6	0 0 6
	0 11 7	3 5 10	3 5 10	3 8 7

選択位置	L C R	L C R	L C R	L C R
	5 6 7	3 13 2	3 13 2	6 9 3

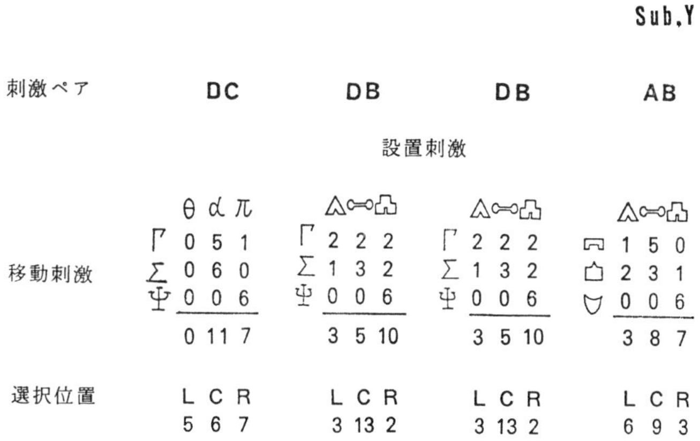

図6 Y児についての，正反応率が低下した刺激ペアにおける誤反応パターン。数値は，18試行中の各刺激ペアに対する反応頻度を表わしている。列の下の数値はその列の合計を示す。Lは左，Cは中央，Rは右の設置刺激が選ばれた頻度を表わしている。（実験Ⅰ）。

特定の関係は成立していなかった。EB成立の必要条件であるAE・BAの正反応率はともに100％であった。再びAE訓練をくり返した後でも，AE・BAの正反応率はともに100％であるにもかかわらずEBの正反応率は上昇しなかった。次に訓練刺激ペアAEの対称性テストであるEAを施行することで，刺激セットEが移動刺激となる機会を与えた。EAの正反応率は100％であった。その後の再テストでのEBの正反応率は94％に上昇した。

EC・EDの正答率は，それぞれ100％・89％であった。

Y児 (1)フェイズ1：BA訓練後の対称性テストの正答率は100％であった。

(2) Phase 2：CA訓練直後の等価性テストであるBCの正反応率は，かなり減少して78％であった。その後のCBの正答率は100％であった。

DA訓練後のDCの正答率は67％であった。図6をみると，D1とC2の間で誤ったマッチングをおこなっていたことがわかる。DC成立の必要条件である訓練刺激ペアCA・DAの正答率はともに100％であった。そこで，再度DCテストを続けると，成績は89％に上昇した。その後のCDの正答率は100％であった。

表2　被験児ごとの各刺激に対する名づけ反応

		Sub. M	Sub. A	Sub. Y
A 1	⌂	サンカク	アッタ	シカク
B 1	△	サンカク	キシ	サンカク
C 1	θ	シーエヌエル	エム	メ
D 1	Γ	ムー	ナナ	ヒチ
E 1	Y	ソレ	ライター	ボー
A 2	⌂	サンカク	テイ	シカク
B 2	∞	スキー	ツル	ウデ
C 2	α	シーエヌエヌ	アッタ	マル
D 2	Σ	ビィー	アッタ	エ
E 2	μ	シーエヌエル	タバコ	シカク
A 3	∀	シーエヌエル	コーヒー	ツメ
B 3	凸	ミツキ	アッタ	シタ
C 3	π	ソレ	エフ	ジー
D 3	Ψ	オルゴール	アッタ	シカク
E 3	σ	ソレ	ライター	マル

次のDBテストの正答率は61％であった。DBテストを再度施行しても正答率は変化しなかった。各刺激についての誤反応パタンをみると（図6），D3とB3との間のマッチングのみが成立していた。選択された設置刺激の位置は，18試行中13試行において，中央であった。このことは，Y児が，移動刺激としてD3が呈示された時にはB3を選び，それ以外の場合は，3種の設置刺激のうち中央のものを選択するという方略をとっていたことを示している。DBとともにテスト・ブロックを構成している訓練刺激ペアBA・DAの正答率は，どちらのブロックにおいても100％であった。次に，BAを訓練刺激ペア，それと対称関係にあるABをテスト刺激ペアとするテスト・ブロックを施行したところ，正答率は，BAで100％であったにもかかわらず，ABでは52％に減少していた。図6をみると，ABの各刺激ペアのうちA3とB3とのマッチングのみしか成立していなかった。そこで，ABを直接訓練し，その後再び以前と同じテスト・ブロックでDBをテストした。その結果，DBの正答率は89％に上昇した。その後のBDテストの成績は100％であった。

(3)フェイズ3：AE訓練後のEB・EC・EDテストの正反応率は，それぞれ100％・83％・100％であった。

名づけ反応の結果　(1)対称性・等価性テスト中の発話：A児は，D1が移動刺激であった時，「ナナ。ナナ」とくり返して述べながら選択をおこなった。その他の刺激については，自発的に言語反応をおこなうことはなかった。M児・Y児においては，テスト中に，自発的な言語反応は観察されなかった。

(2)全等価性テスト終了後の名づけ反応：表2には各被験児についての，全等価性テスト終了後の，各刺激への名づけテストの結果が示されている。これをみると，各刺激について，図形的特徴を表わすような名づけ反応（例えば「シカク」，「マル」）がなされることが多かった。しかしながら，形成された各刺激クラスのメンバー（図中，同一の数字の刺激）に対して共通の名づけがおこなわれることはなかった。

考察

BAが訓練された後のABテストでは，3名の被験児とも100％の正答率を示したことから，対称性は即座に成立することがわかった。

次に，BAとCAを訓練試行，BCまたはCBをテスト試行とすることで，3段階の等価性（3-stage equivalence；Lazar et al., 1984；Sidman et al., 1985を参照）が成立するか否かを調べた。その結果，3名の被験児とも，訓練直後の等価性テストの成績はやや低下したが，全体的にみると高い正答率を維持した。

その後，先に訓練された刺激セットに新しい刺激セットをひとつずつ加え，その間のマッチングを訓練することで，形成される刺激クラスが拡大するかどうかを検討した。その結果，M児については，新しい刺激ペアの間のマッチングを訓練するごとに，等価関係の成立する刺激クラスが確実に増えていった。それに対して，A児とY児については，M児と同じ訓練だけでは，等価性が成立しない場合があったため，通常の訓練―テスト系列の他に付加的な訓練あるいはテストを施行し，等価性の成立を促進する変数の分析をおこなった。

A児の場合，DA訓練後，DC・CDの正答率は高かったにもかかわらず，その後のDBの成績が低下した。その際，DBが成立する上での必要訓練条件であるDAの正答率も低下していたため，DAの再訓練をおこなったところ，DBの正答率も上昇した。また，AEとBAを訓練条件とした時のEBの成績は22％とたいへん低かった。この場合，刺激セットBは，先行訓練時またはテスト時に移動刺激および設置刺激とされることがあったのに対し，刺激セットEは，移動刺激とされる機会がなかったことが成績の低下に関係があると推測された。そこで，そのような機会を与えるため，EAをテスト試行とするテスト・ブロックを施行した。その結果，その後のテストでEBの正答率は94％に上昇した。

　Y児の場合，CA・DAを訓練試行とした際のDCテストの成績は67％とやや低いものであった。そこで，同じテスト・ブロックを再度施行したところ，テスト試行においては一切のフィードバックは与えられていないにもかかわらず，正答率は89％に上昇した。非強化のテスト試行をくり返すことによってその成績が上昇することは，Lazar et al.（1984）においても見出されている。ところが，後のDBテストにおいては，同じテスト・ブロックをくり返しても正答率は上昇しなかった。そこで，A・B・Dの3つの刺激セット間のマッチングの正答率を調べたところ，DA・BAにおいては100％であったにもかかわらず，ABにおいては56％，DBにおいては61％であった。つまり，刺激セットBが設置刺激の時の正答率が低いことがわかった。そのため，Bを設置刺激とした刺激ペアとしてABをとりあげ，それを直接訓練し，その後DBを再びテストしたところ，その正答率は89％に上昇した。

　A児ではEB，Y児ではDBにおいて，訓練直後に等価性が成立しなかったため，テスト試行で用いられる刺激セットのいずれかに対して，先行訓練時において与えられなかった設置刺激または移動刺激となる機会を，訓練またはテストとして与えた。その結果，その後の再テストにおいて等価性の成立がみられた。このことは，先行訓練において各刺激セットの機能を固定していた場合には，刺激布置（stimulus configuration）による制御（Carter & Werner, 1978；Fields, Verhave, & Fath,1984）が働きやすかったのに対し，各刺激セットに異なった刺激機能を持たせるよう訓練すると，そのような制御がくずれ，刺激間の関係による制御へと移行しやすくなったことによると推測される。

　各刺激セットに対して，テスト時に必要とされる刺激機能をもたせるための先行訓練をおこなうことが，後の刺激等価性形成を促進することは，D'Amato et al.（1985）の次のような研究結果からも示唆される。彼らは，オマキザルを被験体として，色（A）と形（B, C）を用いた恣意的見本合わせ訓練を施行した後，刺激等価性の成立を検討した。その結果，AB訓練（Aが見本刺激，Bが比較刺激）後，BAの成立を調べたところ（対称性テスト），BAの正答率はチャンス・レベルに近いものであった。それに対し，AB・BC訓練後，ACの推移性テストの結果，すべての被験体でほぼ100％の正答率が得られた。このことが起こった理由のひとつとして，次のようなことが考えられる。すなわち，対称性テストの前の訓練では，Aが比較刺激，Bが見本刺激となることはなかったのに対し，推移性テストにおいては，テストで用いられるA・Cは，それぞれ見本刺激または比較刺激となる訓練をテスト前に受けている。このことによって，推移性の方が対称性に比べて成立しやすかったと考えられる。

　以上のことをまとめると，本研究では，等価性が成立しない場合には，次のような操作をおこなうことで，その成立を促進することができた。(1)等価性成立の必要条件となっている訓練刺激ペアに対して再訓練をおこなう。(2)訓練刺激ペアを含むテスト・ブロックをくり返し施行する。(3)各刺激セットについて，テスト試行において必要とされる刺激機能を持つようあらかじめ訓練しておく。

　現在までのところ，上記の操作の他に，テスト・ブロック内におけるテスト試行と訓練試行の

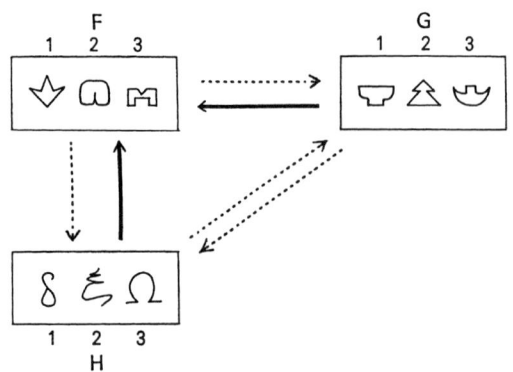

図7 実験パラダイム。FGHは，各刺激セットを表わし，同一数字のものの間のマッチングが訓練またはテストされた。矢印は，移動刺激から設置刺激への方向を表わす。実線は直接訓練された刺激ペア，破線は対称性または等価性がテストされた刺激ペアを示している。(実験Ⅱ)。

構成方法を変えたり (Lazar et al., 1984)，特定の刺激間の等価性を確実に形成してから次の刺激セットを導入する (Sidman et al., 1985) ことなどで，等価性の形成が促進されることが示されてきている。等価性の成立条件を分析することは，応用的な意味からも，今後の研究における最も重要な課題のひとつであると考えられる。

各刺激クラスのメンバーに共通の名づけ反応は，テスト・ブロック施行中においても，全テスト終了後の名づけテストにおいても生起しなかった。同様の結果は，普通児を用いた Lazar et al. (1984) の研究においても見出されている。また，Sidman & Tailby (1982) は，適切な名づけ反応が形成されなかった被験児においても，視覚刺激間の等価性が成立したことを示している。これらの結果から，外的な音声的媒介反応は，刺激等価性が成立し，拡張する上での必要条件ではないと考えられる。

実験Ⅱ

刺激等価性についての従来の研究の多くは，比較刺激として，特定の刺激セット内のすべての刺激を用いたものであった (Dixon & Spradlin, 1976 ; Lazar et al., 1984 ; Sidman & Tailby,

表3 実験Ⅱの訓練・テスト系列

		Sub, A		Sub, Y	
Phase 1	Teach		(GF)		(GF)
	Test	FG	(GF)	FG	(GF)
Phase 2	Teach		(HF)		(HF)
	Test	FH	(HF)	FH	(HF)
		GH	(GF, HF)	GH	(GF, HF)
		HG	(GF, HF)	HG	(GF, HF)

( ) 内は訓練された刺激ペアを示す。

1982 ; Sidman et al., 1985 ; Wetherby, et al., 1983)。これに対し，同時に呈示される比較刺激の数の方が，刺激セット内の刺激数に比べて少ない場合でも等価性が成立するか否かについての検討 (例えば Sidman et al., 1974) はあまりおこなわれていない。そこで，実験Ⅱでは，用いられる刺激セット内の3種の刺激のうちから，各試行についてランダムに選ばれた2つの刺激のみを設置刺激として呈示する条件で訓練およびテストを施行し，等価性の成立を検討した。

方法

被験児 実験Ⅰでの3名の被験児のうち2名 (A児とY児) について実験がおこなわれた。M児は，中学校進学のため実験時間がとれなくなったので不参加となった。

刺激 図7に示されているような，3種のメンバーから成る刺激セットが3つ用いられた。

セッティング 刺激呈示方法やセッティングは，基本的には，実験Ⅰと同じである。各試行において，2種の設置刺激は，刺激呈示板の左はじと右はじに置かれた。

手続き 前訓練・訓練・テストの各試行においては，特定の刺激セットの中から2つの刺激が，設置刺激としてランダムに呈示された。訓練ブロックは，設置刺激と移動刺激のすべての組み合わせを含む12試行から成っている。テスト・ブロックは，12のテスト試行と，その必要条件となる12の訓練試行の合計24試行から成っている。それ以外の手続きは実験Ⅰのものと同じである。訓練-テスト系列は，表3に示されている。

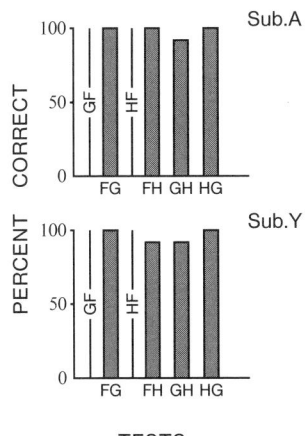

図8 各被験児における，対称性および等価性テストの正答率．横軸には，テストされた各刺激ペアが示されている．各刺激ペアについて，アルファベットの左は移動刺激，右は設置刺激を表わしている．パネル内のアルファベットは，直接訓練された刺激ペアを表わす．(実験II)．

結果

A児においては，対称性テストの正答率は，FG・FHともに100％であり，等価性テストの正答率は，GHで92％，HGで100％であった（図8）．

Y児においては，対称性テストの正答率はFGで100％，FHで92％であった．等価性テストの正答率はGHで92％，HGで100％であった（図8）．

考察

各刺激セットの3種の刺激の中から，設置刺激として2種のみがランダムな組み合わせで呈示される手続きにおいても，2名の被験児とも，対称性も等価性も即座に成立した．

治療教育場面では，子供に教える，等価関係を持つ刺激数を徐々に増やしてゆく必要がある．実験IIの結果は，設置刺激（比較刺激）の数を一定にしたままでも，形成される刺激の数を増やしうることを示唆している．ただし今回は，各刺激セット内の刺激数が，比較刺激より1つ多い条件であったが，各刺激数の差がそれ以上の場合でも等価性が成立するか否かの検討は，今後の課題として残されている．

本論文作成にあたって，数々の貴重な御助言，御示唆ならびに丹念な校閲をいただきました慶應義塾大学佐藤方哉教授に感謝いたします．

引用文献

浅野俊夫・吉久保真一 (1984)．チンパンジーをもちいた異種見本合わせ手続きによる刺激等価の形成の試み．日本動物心理学会第43回大会発表要旨，44．

Carter, D. E. & Werner, T. J. (1978). Complex learning and information processing by pigeons: A critical analysis. *Journal of the Experimental Analysis of Behavior, 29*, 565-601.

Catania, A. C. (1984). *Learning*. New Jersey: Prentice-Hall.

D'Amato, M. R., Salmon, D. P., Loukas, E., & Tomie, A. (1985). Symmetry and transitivity of conditinal relations in monkeys and pigeons. *Journal of the Experimental Analysis of Behavior, 44*, 35-47.

Dixon, M. & Spradlin, J. (1976). Establishing stimulus equivalences among retarded adolescents. *Journal of Experimental Child Psychology, 21*, 144-164.

Fields, L., Verhave, T., & Fath, S. (1984). Stimulus equivalence and transitive associations: A methodological analysis. *Journal of the Experimental Analysis of Behavior, 42*, 143-157.

菊池恵美子 (1985)．精神遅滞児の読み行動変容における見本合わせ法の検討．特殊教育学研究，*22*, 20-29．

児玉 省・品川不二郎・茂木茂八 (1978)．日本版WISC-R知能検査法．日本文化科学社．

Lazar, R., Davis-Lang, D., & Sanchez, L. (1984). The formation of visual stimulus equivalences in children. *Journal of the Experimental Analysis of Behavior, 41*, 251-266.

Lovaas, O. I. (1977). *The autistic child: Language development through behavior modification*. New York: John Wiley.

Sidman, M. (1971). Reading and auditory-visual equivalences. *Journal of Speech and Hearing Research, 14*, 5-13.

Sidman, M. & Cresson, O. Jr. (1973). Reading and

crossmodal transfer of stimulus equivalences in severe retardation. *American Journal of Mental Deficiency, 77*, 515-523.

Sidman, M., Cresson, O. Jr., & Willson-Morris, M. (1974). Acquisition of matching to sample via mediated transfer. *Journal of the Experimental Analysis of Behavior, 22*, 261-273.

Sidman, M., Kirk, B., & Willson-Morris, M. (1985). Six-member stimulus classes generated by conditional-discrimination procedures. *Journal of the Experimental Analysis of Behavior, 43*, 21-42.

Sidman, M., Rauzin, R., Lozar, R., Cunningham, S., Tailby, W., & Carrigan, P. (1982). A search for symmetry in the conditional discriminations of rhesus monkeys, baboons, and children. *Journal of the Experimental Analysis of Behavior, 37*, 23-44.

Sidman, M. & Tailby, W. (1982). Conditional discrimination vs. matching to sample: An expansion of the testing paradigm. *Journal of the Experimental Analysis of Behavior, 37*, 5-22.

Spradlin, J. E., Cotter, V. W., & Baxley, N. (1973). Establishing a conditional discrimination without direct training: A study of transfer with retarded adolescents. *American Journal of Mental Deficiency, 77*, 556-566.

Spradlin, J. E. & Dixon, M. H. (1976). Establishing conditional discriminations without direct training: Stimulus classes and labels. *American Journal of Mental Deficiency, 80*, 555-561.

Stromer, R. & Osborne, J. G. (1982). Control of adolescents' arbitrary matching-to-sample by positive and negative stimulus relations. *Journal of the Experimental Analysis of Behavior, 37*, 329-348.

高橋　晃 (1983)．児童の条件性弁別学習における刺激間等価関係について―言語発達遅滞児の文字単語学習―．東京大学教養学部人文科学紀要，心理学Ⅶ，*79*，117-126．

Wetherby, B., Karlan, G. R., & Spradlin, J. E. (1983). The development of derived stimulus relations through training in arbitrary matching sequences. *Journal of the Experimental Analysis of Behavior, 40*, 69-78.

ザリフ G. E.　田中　毅（訳）(1983)．刺激等価性・文法・内的構造．日本行動分析研究会（編）．ことばの獲得．川島書店，pp.147-161．(Zuriff, G. E. (1976). Stimulus equivalence, grammar, and structure. *Behaviorism, 4*, 43-52.)

出典：山本淳一 (1986)．自閉児における刺激等価性の形成．行動分析学研究，*1*, 2-20．

▶▶▶ コメント

刺激等価性が示すヒト認知機能の謎と可能性

慶應義塾大学

山﨑由美子

私たちは幼い頃から，身の回りのものの名前を教えられてきています。「このイチゴおいしいよ」とイチゴを食べさせてもらったり，イチゴを指さしたら「それはイチゴよ」と教えてもらったり，〈イチゴ〉という文字の書き方を教えてもらったかもしれません。このように，名前の獲得は，子供と大人のコミュニケーションを通じて自然と進んでいくことが多いでしょう。

このような過程を実験手続きとして組み立てたとき，①イチゴを見て「イチゴ」と言う，②「イチゴ」と聞いて〈イチゴ〉と書かれたカードを選ぶ，という2種類の行動を学ぶと，③「イチゴ」と聞いてイチゴを指差す，④〈イチゴ〉と書かれたカードを「イチゴ」と読む，⑤イチゴを見たら〈イチゴ〉というカードを選ぶ，⑥〈イチゴ〉のカードを見てイチゴを指差す，という4種の行動が，教えられることなくできるようになるのは稀なことではありません。このとき，実物のイチゴ，音声の「イチゴ」，文字の〈イチゴ〉という3つは，同じ意味を持つようになったといえます。しかし，これら3つはもともと何の関係もなく，形も音も違うのに，なぜ互いに同等なものとしてみなされるのでしょうか。

刺激等価性とは，このように物理的に異なる刺激でも同じとみなすような行動を指しています。実験場面では，上記の①と②に対応する行動を，任意な刺激を「見本」とし，これに対応する別の任意な刺激を選ぶ「見本合わせ」という手続きを用いて形成します。③と④は「対称性」，⑤は「推移性」，⑥は「等価性」と呼ばれ，①と②の見本合わせを訓練した後，③，④，⑤，⑥の関係が訓練なしにどの程度成立するかを評価します。イチゴの意味の獲得の場合などは，こうした訓練をわざわざ必要としないように見えます。事実，ヒトを対象とした実験は，知的障害や言語能力の程度にかかわらず，その多くで刺激等価性が成立することを示しています。しかし，同じ実験をヒト以外の動物，チンパンジーやヒヒやハトなどを対象に行ったとき，結果は劇的に異なります。多くの場合，推移性は成立しても対称性が成立しません。つまり，イチゴが「イチゴ」という名前を持つことを知っても，「イチゴ」という名前が何を指し示すのかわからないのです。このことは，刺激等価性が動物一般におのずと備わった機能ではないことを示唆します。

山本（1986）は11－12歳の自閉症児を対象とし，刺激等価性の成立を検討しました。この子供たちは言語発達遅滞を伴い，簡単な要求や質問への回答は可能でしたが，意思伝達やコミュニケーションの範囲は限られていました。実験では無意味図形を刺激として用い，一部の図形間の関係を訓練した後，対称性，推移性，等価性がテストされました。その結果，訓練直後に刺激等価性が成立しなかった場合でも，テストを繰り返したり，再度一部の図形に対する訓練を行ったりすることによって，刺激等価性の成立率が上昇しました。刺激等価性が成立しないとき，関連した一部の刺激間の訓練を行うことでより広い刺激間関係の獲得が可能になるということは，環境条件の重要性を意味します。これ以後に行われた研究からも，事前にある刺激セットに等価性の要件を直接訓練するといった環境条件の操作が，刺激間関係の成立を促進することが支持されました。このことは，言語能力の多寡にかかわらず，刺激等価性の枠組みを使うことにより，シンボルによる意思伝達の手段を効率よく獲得し，より豊かなコミュニケーションの形成に役立てられる可能性を示唆しています。

これまでの研究で，刺激等価性は言語，概念形成，推論などのヒトに特徴的な認知機能の発達に影響を与えてきた可能性が考えられています。しかし，刺激等価性がどのような脳神経基盤，生態学的基盤，行動的基盤を持つのか，実はまだよくわかっていません。脳機能画像研究，乳児の言語獲得研究，コンピュータシミュレーションなど，刺激等価性に対する新たな観点からの研究が，ヒト認知機能そのものの理解を深め，新しい臨床応用の途を開くことが期待されています。

文　献

服部雅史・山﨑由美子（編）（2008）．特集　対称性：思考・言語・コミュニケーションの基盤を求めて．認知科学, *15* (3)．

Sidman, M. (1994). *Equivalence relations and behavior : A research story*. Boston, M.A.: Authors Cooperative.

山本淳一（1992）．刺激等価性—言語機能・認知機能の行動分析．行動分析学研究, *7*, 1-39．

Analysis of Photographing Behavior

KENICHI FUJI

Ritsumeikan University

Abstract

Photographing of daily events in the laboratory for one year was analyzed using and *ex post facto* reseach method. Major findings were as follows : (1) The mean rate of photographing behavior using neagtive color films of 36 exposures and 24 exposures were approximately 4.5 shots a day and 5.3 shots a day, respectively. On the other hand, when using 12 exposures films the mean rate was approximately 2.0 shots a day. (2) The cumulative response patterns of shots showed behaviors under the fixed ratio reinforcement schedules. Pauses at the end of one film were longer in 36 exposures films than in 12 exposures films.

Key words: photographs, diaries, fixed ratio reinforcement, cameras, office automation, ex post facto research.

撮影行動の分析

立命館大学　藤　健一

　日常行動の行動分析の試みとして，写真の撮影行動をとりあげた。今回，分析の対象としたのは，著者が研究場面で遭遇する日々の出来事，例えば実験装置の製作，各種のトラブルなど，研究日誌の記事に該当しそうな出来事を撮影するという，著者自身の撮影行動であった。この撮影行動がいかなる要因の統制を受けていたかを推定するために，1984年4月2日から1985年3月30日までの363日間に撮影された写真記録の事後分析を行った。その結果，(1)使用したフィルムは，36枚撮フィルムが11本，24枚撮フィルムが6本，12枚撮フィルムが20本であった。(2)1日あたりの平均撮影枚数は，装填していたフィルムの長さ（何枚撮かということ）によって異なっており，36枚撮で4.5枚，24枚撮で5.3枚，12枚撮で2.0枚であった。(3)累積撮影枚数曲線の目視分析から，撮影行動は写真のプリントのできあがりを強化事象とする固定比率強化スケジュールの支配を受けていたと推定された。

研究行動において日常的な出来事の記録は，独立変数を直接統制する実験法的研究はもとより，直接統制しない事後分析研究においては，非常に重要な意味をもっている。そのために通常研究者は研究日誌や実験日記などを使用して，この記録を残すようにしている。一般に日誌や日記の機能として，(1)現時点での出来事の記録 (2)それまでの出来事の分析 (3)将来の計画の立案 をあげることができる（スティビッツ，1984）。この日常的な行動の記録を残す上で有効な方法のひとつに写真がある。写真は，(1)のちの分析に豊富なてがかりを提供できる (2)写真を見れば事情をあまり知らない人間にも内容がだいたいわかるという伝達性の良さ (3)汚損しても写っている内容の判別はあまり損なわれないという頑健性の高さ という長所のほかに，(4)写真の利用技術はすでに大衆化しており，だれでも，いつでも，どこでも利用できるという特長をもつ。とくに近年になり，自動焦点機構（オートフォーカス）や自動日付機構（クォーツデート）をもつ全自動化小型カメラが普及し，研究行動の日常的記録がさらに容易になった。

　日常的な研究場面での撮影行動は，刺激性制御（stimulus control），自己統制（self control），そして強化による統制（reinforcement control）を受けていると考えられる。筆者は，研究行動の日常的な記録の補助手段として写真を撮影してきているが，1年以上にわたりこの写真記録をとりながら気づいたことは，撮影行動の維持がそのとき装塡しているフィルムの長さ（何枚撮りかということ）[1]によって統制されるらしいという点であった。

　そこで本研究では，(1)使用するフィルムの長さによって日常的な写真撮影行動に違いが存在するか，(2) 36枚撮フィルムを使えば本当に割安になるのか について，筆者のこの1年間にわたる写真記録に基づき事後分析を行った。

方　法

撮影の対象　研究場面における日々の出来事を撮影した。たとえば，実験装置の製作の過程，実験中の各種のトラブル，研究室での各種の行事，訪問者など，研究日誌に記載する事項に関連のありそうなできごとはすべて撮影の対象とした。ただし，講義・演習・実習など授業に関連するできごとは対象からはずした。

撮影の方法　なるべく毎日撮影するようにした。ただし，煩雑さを避けるために，撮影メモなどは一切とらなかった。

撮影に使用したカメラ　個人用に所有しているキヤノン・オートボーイ2クォーツデート（自動焦点機構，自動日付機構，自動巻き上げ機構，小型ストロボつきコンパクトカメラ）を1台用いて，フィルムに年月日を写し込むモードで使用した。ただし，9月17日から9月30日の間はオリンパス35ED（手動焦点あわせ，日付機構なし，手動巻き上げ，ストロボ別のコンパクトカメラ）を使用した。撮影者は，キヤノン・オートボーイ2クォーツデートを10か月間，オリンパス35EDを8年間使用していた。

カメラの保管場所　研究室内の机の上，あるいは引き出しの中に施錠せずに入れておいた。

撮影に使用したフィルム　カラーネガフィルムの12枚撮，24枚撮36枚撮を使用した。

フィルムの購入　買い溜めはせず，撮影済のフィルム現像・プリントに出す時に，写真屋から1本ずつ私費で現金購入した，12枚撮，24枚撮，36枚撮いずれの種類のフィルムも在庫があり，いつでも入手可能であった。

フィルムの現像・焼付　写真屋に持ち込んですべてサービス判に焼付を依頼した。代金は，その場で私費で現金で支払った。午前10時ころまで

---

1) 現在市販されているフィルムのうち，白黒フィルムとカラーリバーサルフィルム（カラースライド用フィルム）は20枚撮，36枚撮の2種類で，カラーネガフィルム（カラープリント用フィルム）は12枚撮，24枚撮，36枚撮の3種類がある。カラーネガフィルムの12枚撮は，1960年に発売されている。これは，当時普及しはじめたフィルム画像が半分のハーフサイズカメラに対応させるためであったという（富士写真フィルム，1960；富士写真フィルム，1984；辻内，1970）。

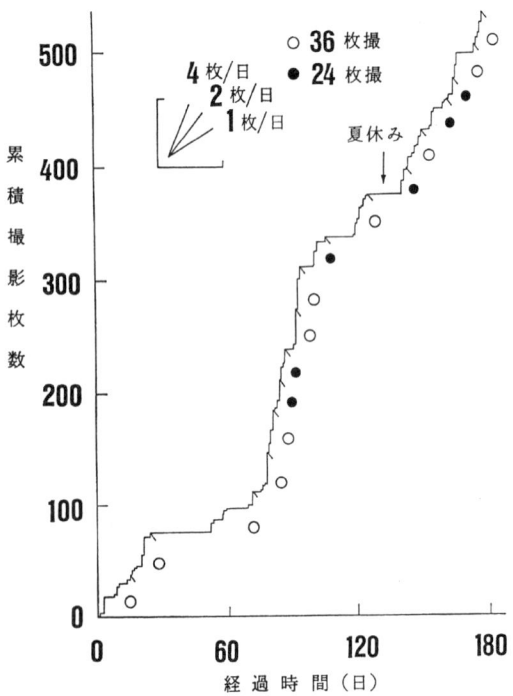

図1 36枚撮フィルムと24枚撮フィルムを使用した時の累積撮影枚数。短い斜線はフィルムを撮り終えたことを示す。

に持ち込めば，同日の5時ころにはできあがり，10時以降に持ちこめば，翌日の昼ころにできあがっていた。ただし，写真屋によっては，持ち込んでから1時間で焼付をするところもあった。主に朝に持ち込み，同日の夕方に取りに行くか，昼に持ち込み，翌日の昼に取りに行くことが多かったが，これについての記録は残しておらず，データの分析の要因として取り上げられなかった。

撮影者の研究歴・写真歴 心理学の研究歴は10年，写真歴は19年であった（1984年現在）。

分析の対象とした期間 1984年4月2日から1985年3月30日までの363日間とした。ただし，10月1日から11月5日までの36日間は，1回も撮影行動が生じなかったため外した。撮影者は，4月2日から9月30日の182日間は，愛知県犬山市に居住し京都大学霊長類研究所心理部門で実験研究中であり，10月1日から翌年3月30日の181日間は本務校において研究中であった。撮影者は，霊長類研究所に共同利用研究員として過去2回，のべ4か月間滞在した経験があり，本務校での研究歴は9年であった。いずれの環境下でも研究の経験をもっており，研究行動にはそれほど大きな質的な違いはなかったものと考えられる。

撮影行動の分析計画の存在 撮影を開始した時点では分析計画は存在していなかった。12月下旬にいたり，12月14日までに撮影した写真について，初めて予備的な分析を行った。

分析の方法 撮影した日付と内容は，分析用に作ったカラー密着（ベタ焼）やカラーネガに写し込まれている日付と，研究日誌などに基づいて調べた。

結果と考察

分析の対象とした約1年間のうち，36枚撮と24枚撮を併用した期間が4月4日から9月30日の180日間で，総撮影枚数は535枚であった。12枚撮のみを使用した期間が11月6日から翌年3月30日までの146日間で，総撮影枚数は273枚であった。10月に1度も撮影行動が生じなかったのは，おそらく実験研究の場所が犬山から京都へ変わったことにより，それまで存在していた撮影行動の弁別刺激が消失したためと考えられる。図1と図2に36枚撮・24枚撮と12枚撮のそれぞれの使用期間における累積撮影枚数を示した。図1中の120日あたりの反応休止は，夏休みのための実験休止によるものである。また，図2中の40日あたりの矢印は，データの予備的な分析を行った時点を示す。

フィルムの種類を36枚撮から24枚撮，あるいはその逆に変更した時の，はっきりした弁別刺激は，写真や研究日誌，実験記録など調べた限りにおいては不明であった。一方，36枚撮から12枚撮に変更した時の弁別刺激について，同様に調べたところ，ネガ整理のしやすさの良否が弁別刺激になったものと考えられる。すなわち，撮影したフィルムのネガは写真屋のネガ入れ（1段6コマで，36枚撮ならば6段，24枚撮ならば5段）のまま，ファイリングキャビネット用のA4判のフ

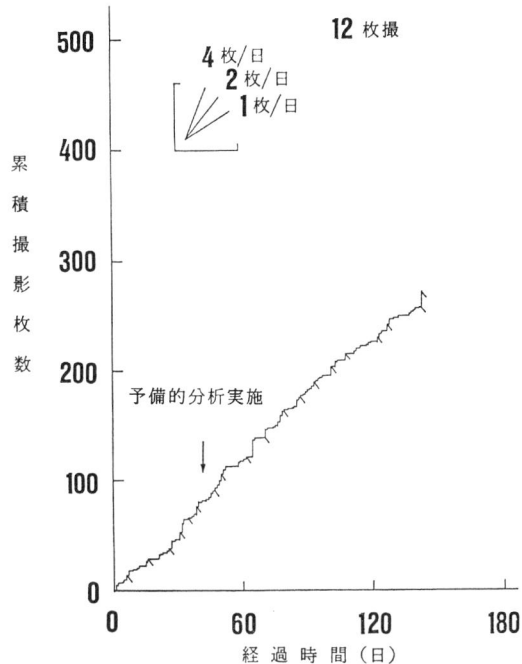

図2　12枚撮フィルムを使用した時の累積撮影枚数。短い斜線はフィルムを撮り終えたことを示す。

表1　フィルムの長さ別にみた撮影行動のデータ

	12枚撮	24枚撮	36枚撮
フィルム価格[a]	520円	650円	950円
現像料	400円	400円	450円
1枚の焼付料金	40円	40円	40円
1本あたりの合計費用	1400円	2010円	2840円
プリント単価	117円	84円	79円
使用フィルム本数	20本	6本	11本
撮影枚数	273枚	147枚	388枚
使用期間	146日	180日	
フィルム装填日数	138日	28日	86日
撮影した日数	94日	20日	52日
1日平均撮影枚数	2.0枚	5.3枚	4.5枚
フィルム準備率	94.5%	63.3%	
装填中の撮影率	68.1%	71.1%	60.5%
期間中の撮影率	64.4%	40.0%	
1日平均撮影費用	234円	445円	355円

a) フィルムはいずれもFUJI HR 400について, 1984年現在の大阪府高槻市における価格。

ォルダーにナイロンファスナーで重ねて綴じていた。しかし，10月に入って（正確な日付は不明）このネガを再整理したところ，36枚撮，24枚撮フィルムのネガ入れの段数が多いために，非常に使い勝手が悪かった。そこで，ネガ整理の時のネガ入れフォルダーの使い勝手を良くするために，11月以降の撮影では，12枚撮フィルム（ネガ入れ3段）を採用した。

表1に所要のデータを示した。36枚撮・24枚撮を使用した時の撮影行動は，12枚撮に比べて1日あたりの撮影枚数が4.5枚と多いが，撮影をした日数の割合は，40.0％と低い。これは，フィルムの装填日数のフィルム使用期間全体に対する割合（フィルム準備率）が，63.3％と低く，フィルムを撮り終えて写真屋に出した直後に撮影行動が休止するためと考えられる。累積撮影枚数曲線の反応期と休止期の交替も不規則である。一方12枚撮を使用した時は，1日あたりの撮影枚数は2.0枚と少ないものの，フィルム準備率は94.5％と高く，休止が少なく，累積曲線の反応パターンも36枚撮・24枚撮に比べて安定している。図3にそれぞれのフィルムの長さ別にみた，期間中の1日あたりの撮影枚数の相対頻度分布を示した。1枚も撮影しない日が，いずれのフィルムを用いても出現しているが，36枚撮を使用した場合は，フィルムを装填していた期間の約40％にあたっている。

撮影した内容について分析したところ，研究行動に直接関係のある実験装置や設備，施設の写真のほかに，来訪者や研究行動中のいろいろな人物のスナップ写真，さらに長い単位での時間推移の記録としての「桜が咲いた」「初雪が降った」というような歳時記風の風景写真の3種類に分類できた。これらの3種類の写真を撮影した比率が，使用したフィルムの長さによってどのように変わるかを，表2に示した。最も多く撮影しているのは装置・設備の写真であるが，フィルムの長さが短くなるとその比率は59.8％から72.2％に上昇した。一方，人物写真や風景写真の比率は，いずれも下降しており，撮影対象の選択にも変化が生じたとみなすことができよう。

1日あたりの撮影にかかる費用を試算してみると，36枚撮で355円，24枚影で445円，12枚撮

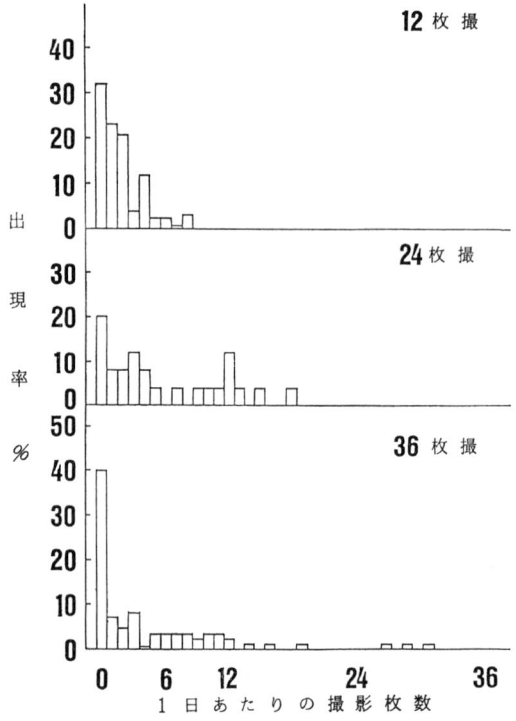

図3 フィルムの長さ別にみた1日あたりの撮影枚数の相対頻度分布。

表2 フィルムの長さ別にみた撮影内容とその百分率（%）

撮影内容	12枚撮	24枚撮	36枚撮
装置や設備	72.2	69.4	59.8
人　　物	15.7	15.6	24.5
風　　景	12.1	15.0	15.7

枚撮フィルムの場合が，1日あたりの撮影枚数が少なくなったために，最も安くなった。

　しかしこの結果は，今回分析した被験者（兼分析者）の行動についてであり，この結果の一般性は，別の研究者による撮影行動についての研究によって確かめる必要があろう。今回は，撮影行動を，主に強化による統制という観点から分析したが，プリントをはじめとした，種々の弁別刺激による刺激性制御という観点からの分析も，今後の課題として残されている。さらに，フィルムの長さを直接に独立変数に組み入れた，撮影行動の実験的行動分析が期待される。

引用文献

富士写真フイルム株式会社 (1960). 創業25年の歩み. 富士写真フイルム株式会社.

富士写真フイルム株式会社 (1984). 富士フイルム50年のあゆみ. 富士写真フイルム株式会社.

スティビッツ V. 中村幸雄（監訳）神谷淑子・西尾治一（訳）(1984). 知的生産の技術と方法. ツール・オブ・マインド. オーム社. (Stibic, V. (1982). *Tools of the mind. Techniques and methods for intellectual work.* Amsterdam：North-Holland.)

辻内順平（編）(1970). カメラの実際知識. 東洋経済新報社.

出典：藤　健一 (1986). 撮影行動の分析. 行動分析学研究, *1*, 22-30.

で234円と12枚撮の時が最も安くなった。

　以上の結果から，使用するフィルムの長さと撮影行動との関係は，以下のようにまとめられるであろう。

　(1)　日常的な記録を残すために写真を撮影する行動は，プリントのできあがりを強化事象とする固定比率強化スケジュールの支配を受ける。

　(2)　36枚撮や24枚撮のフィルムでは，プリントのできあがった直後に撮影行動の休止がしばしば観察されたが，12枚撮のフィルムではほとんどなかった。安定した日々の撮影記録を残すためには，12枚撮フィルムを使用するのがよいものと考えられる。

　(3)　1日あたりの撮影にかかった費用は，12

▶▶▶コメント

撮影行動のセルフモニタリングによる分析

日本大学
眞邉 一近

　本論文は，実験者自らが被験者となり，自身の日常行動の一つである撮影行動を記録・分析した論文です。使用したフィルムの長さ（12枚撮り，24枚撮り，36枚撮り）による撮影行動の差の分析と，それに伴う金銭的コストの差の分析を行っています。筆者は，撮影行動を制御する要因として，1）撮影の手がかりとなる刺激（撮影対象とした装置作成，訪問者，歳事的出来事等）による刺激性制御，2）毎日撮影することを促進するための工夫（煩雑さを避けるため，撮影メモを取らない，ネガ入れフォルダーの工夫等）による自己統制，3）プリントのできあがりによる強化による統制の3つをあげています。結論として，プリントの出来上がりを強化子とした固定比率強化スケジュールによって撮影行動が制御されていたと推定しています。

　実験者自身が被験者となる場合には，あらかじめ仮説を持っていると，無意識のうちにその仮説にあうように反応してしまう可能性がありますが，事後分析を行うことによりこの可能性をある程度排除しています。また，ネガを収納するフォルダーを工夫する等，セルフ・マネージメントの論文として捉えることも可能です。

　本論文は，1984年から1985年にかけての撮影行動を分析したもので，デジタルカメラが普及している現在の撮影行動の制御要因は，当時ときわめて異なります。例えば，1）現像・印刷コスト，2）撮影結果のフィードバックの速さ，3）現像・印刷の容易さ，4）配布コスト，5）他者からの強化の得やすさ等があります。まず，1）現像・印刷コストについては，当時は，12枚撮りで1400円も要していましたが，現在は，カメラ本体の液晶画面やパソコン画面で表示出来るため，必要なもののみプリンターで印刷するというように，ほとんどコストがかからなくなっています。2）撮影結果のフィードバックの速さについては，当時は，写真屋に持ち込んで印刷されるまで，最短で1時間はかかっていましたが，デジタルカメラは，撮影した直後に液晶画面で確認が出来ます。3）現像・印刷の容易さについても，当時は，撮影者が自ら行うには機材やスキルが必要とされたため，個人で行う人は限られていました。一方，デジタル画像はパソコンで容易に調整でき，印刷もカラープリンターで容易にできるようになっています。4）配布コストについては，当時は郵送によって行われていましたが，現在ではメールでの送付や，写真掲載サイトへのアップロードなどにより，ほとんど無料で即時に行えるようになりました。多数の友人や知人に即時に無料で配布することが可能になったため，感謝の言葉や写真への賛辞などの5）他者からの強化が得られやすくなっています。このように，当時と現在の撮影行動に対する強化随伴性がかなり異なっているため，随伴性の変化に伴う行動の変化を本論文と同様な非実験的条件下，あるいは，強化要因を統制した実験的条件下での比較検討した研究が望まれます。さらに，撮影行動の頻度の分析だけではなく，スキルの変化を従属変数とした研究も考えられます。

文　献

Epstein, R. (1997). Skinner as self-manager. *Journal of Applied Behavior Analysis, 30*, 545-568.

Petscher, E. S. & Bailey, J. S. (2006). Effects of training, prompting, and self-monitoring on staff behavior in a classroom for students with disabilities. *Journal of Applied Behavior Analysis, 39*, 215-226.

Finney, J. W., Putnam, D. E., & Boyd, C. M. (1998). Improving the accuracy of self-reports of adherence. *Journal of Applied Behavior Analysis, 31*, 485-488.

Fixsen, D. L., Phillips, E. L., & Wolf, M. M. (1972). Achievement place : The reliability of self-reporting and peer-reporting and their effects on behavior. *Journal of Applied Behavior Analysis,*

5, 19-30.

Hall, R. V., Fox, R., Willard, D., Goldsmith, L., Emerson, M., Owen, M., Davis, F., & Porcia, E. (1971). The teacher as observer and experimenter in the modification of disputing and talking-out behaviors. *Journal of Applied Behavior Analysis, 4*, 141-149.

Herbert, E. W. & Baer, D. M. (1972). Training parents as behavior modifiers: Self-recording of contingent attention. *Journal of Applied Behavior Analysis, 5*, 139-149.

Mithaug, D. K. & Mithaug, D. E. (2003). Effects of teacher-directed versus student-directed instruction on self-management of young children with disabilities. *Journal of Applied Behavior Analysis, 36*, 133-136.

The Context of Behavior Modification

HIKARU DEGUCHI

Meisei University

Abstract

The emergence of behavior modification needs a context under which people are empowered to shape and/or modify behavior of social importance by arranging the environmental contingencies. This context consists of two fundamental assumptions of viewing human being as the locus of behavior and such behavior as completely modified by environmental contingencies. Moreover, on the basis of this context some behavioral skills are explored to empower behavior modifier towards behavior modification of socially functioning. Also, the value of behavior modification is discussed in light of verbal behavior. The present -paper offers a behavior-analytic discussion on the context of behavior modification and an effective strategy of behavior modification based on the context.

Key words: applied behavior analysis, behavior modification, changing-self-contingency skill, locus of behavior, social validation, verbal behavior.

行動修正のコンテクスト

明星大学 出口 光

　行動修正という分野が存在するためには，社会的に重要な行動修正の実践を行動修正家に力づけるためのコンテクストが必要である。このコンテクストとして，人間は「行動存在の場」であるという人間観と，その行動は徹底的に環境の随伴性によって制御されるという立場をとることが有効である。さらに，このコンテクストを基礎に，社会的に機能するレベルの行動修正を確立するために，行動修正家を取り巻く環境随伴性とその随伴性を変容するための自己環境変容スキルについて分析する。さらに行動修正の価値を，社会的妥当性に関する言語行動の分析によって考察する。本論文は，行動修正を存在させ，行動修正家を力づけるコンテクストに関して，ひとりの行動修正家の視点から一貫した考え方を述べる。

応用行動分析の目的[1]は，操作可能な環境を整備することによって，社会的に役に立つ行動を形成，維持し，社会的に問題のある行動を減少させることにある。本論文はこの目的を達成するために，その実践者である行動修正家の活動を力づけるコンテクスト[2]とは何かを探求する。実践としての行動修正の源泉はどのような人間観に基づくのか，どのような行動観に可能性があるのかに焦点を当てることによって，行動修正という実践活動そのものの存在を可能にするコンテクストについて考える。つぎに，そのようなコンテクストを基礎に，行動修正の発展のために行動修正家の力づけとなる行動スキルを提案する。最後に行動修正の価値はどこに存在するのかを言語行動に焦点を当てることによって考察する。さらに，本論文の行動修正に関する言語行動は，実践としての行動修正を著者自身に存在させる言語的弁別刺激の創作を意図している。

行動修正のコンテクスト

　行動修正という実践分野が存在するためには，行動修正を研究し，実践していくように行動修正家を力づけるコンテクストが必要である。ここで述べるコンテクストは，実際的な財政的基盤や物理的設備，社会的評価とか法律的制約，あるいは，理論的枠組やパラダイムを指すのではなく，行動修正そのものの存在を可能にする**区別として**[3]のコンテクストである。行動修正を支えるコンテクストとしての人間観，その人間観から導かれる行動観とは何かを考察する。

応用行動分析的人間観

　行動修正家を力づけるコンテクストのひとつとして，人間は「行動存在の場である」という人間観が挙げられる。人間とは行動の存在する場であり，どのような行動がその場に存在するかによって，どのような人間であるかということが決定される。この人間観からは"悪い"子供は存在しない。悪い行動を持った子供が存在するだけである。悪い行動を消去して，よい行動を形成すれば，よい行動を持った子供が存在するのである。また，"有能"な行動修正家というものは存在しない。ただ，豊富な行動修正のテクノロジー（技能）を持ち，社会的に重要な行動の修正に成功する人間が存在するだけである。

　つまり，区別としての人間観のひとつとして，人間とはさまざまな変数が合流し，さまざまな行動が存在する場であると考えることができる（Bear, 1977；Skinner, 1957）。いいかえれば，人間とは自分がしていることにほかならないのである。性格，心，能力といった"構造"（行動クラス）は，人間の行動を観察することによってつけられた名前，分類であり，行動を入れ換えることによって，それらの"構造"は修正可能であるということになる。したがって，この人間観は，観察の対象となるものは行動（言語行動を含む）であり，形成，修正されるものは精神や心，あるいは認知ではなく，行動そのものであることを明確にする。

応用行動分析的行動観

　修正の対象となる人間行動に関する仮定として伝統的に2つの主張が存在する。一つは人間の行動に，性格，才能，個人差といった構造を持たせるものは環境随伴性の構造であるという仮定である。この仮定においては，環境の操作によって，行動の構造を，形成し，修正できるということになる。もう一つは，人間の行動の構造は，生物学

---

[1] ここでの目的は，言語的な束縛や公約をする，あるいは任務をおこなうといった軽い意味ではなく，必ず行動のレベルで達成するという意味で目的を使用している。英語のコミットメント（commitment）に近いものである。

[2] 辞書におけるコンテクスト（context）の意味は，文脈，脈絡，環境などであるが，ここでは，本論の中心となる概念なので，本文の展開にしたがってコンテクストを定義していく。したがって，コンテクストは日本語として一般的でないが，読者に予断をなるべく与えないという意図で，この言葉を使用する。

[3] ここでの「区別として」の言葉の機能は，「真実」とか「信念」であるとの主張ではなく，行動修正の実践に役に立つ行動修正家自身のための「言語的弁別刺激として」の意味である。言語的な区別をすることによって，それを弁別刺激として行動修正の実践活動に実際的な違いをつくることが可能になる。

的，解剖学的，遺伝的に決定され，その修正には当然限界があるという仮定である。ここでは，前者を環境随伴性説，後者を生物学的限界説と呼ぶことにする。もちろん，どちらの主張が妥当であるかという問題の解決は，データのレベルではなく，仮定のレベルによってのみ可能である（類似の議論については Baer, 1986；Skinner, 1953, 1974 参照）。つまり，環境の随伴性を整備することによって行動の制御ができるという実験的事実の蓄積は，環境随伴性説を説得力あるものにするが，**全て**の行動を完全に制御するまでは，環境随伴性説は証明され得ない。また，環境の随伴性の操作による行動の制御の失敗例の蓄積や種間の行動的差異の研究は，生物学的限界説を補強するものとはなり得るが，**全て**の環境整備の試みが失敗するまでは，生物学的限界説を証明することはできない。つまり，どちらも実際には証明不可能な仮定ということになる。

したがって，どちらの仮定をとるかは，主に戦略的な**立場としての選択**になってくる。つまり，どちらの仮定が妥当であるかは，それが導く実際の結果によって決定される。どちらの立場をとることが，社会的に重要なレベルの行動修正という目的を達成するのにより有効なのか，その達成に向かって行動修正家を力づけることができるのかという観点からの検討が可能である。ここでは，どちらがより真実に近いか，また，どちらを信念として持つべきかということを議論しているのではない。ただ，2つの立場を明確に**区別する**ことによって，どの立場が，どのような行動傾向を生む可能性があるかを分析することが重要なのである。

立場としての環境随伴性説は，行動修正の失敗はあくまで，修正者側の環境随伴性の整備の失敗であるという**宣言**[4]を創り出す。例えば，子供の行動修正や学業におけるどのような失敗もプログラムの構造に責任があると宣言するのである。これによって，行動修正家はプログラムに何が欠けているかを分析する機会を持つ。この立場は，少なくとも，**何が欠けているか**という観点からプログラムを検討し，修正のための行動をとることを促進させる。行動修正における失敗は，修正者が行動修正プログラムの結果に責任をとり，そのプログラムを**改善する機会**として現れるのである。行動修正家は，整備する環境とその結果に徹底的に責任があるという立場をとることで，常に行動修正の実践そのものを可能にしつづける。

一方，生物学的限界説の立場をとれば，行動の制御に関する失敗や限界を示せば示すほど生物学的限界説を補強することになる。行動修正という実践の場において，生物学的限界説の立場をとることは，行動修正は必ずしも成功しなくてよいという主張を創り出す。この立場においては，行動修正の失敗は，生物学的限界説による**説明の機会**として修正者に現れる。つまり，生物学的限界説は行動修正の失敗に対する説明（言い訳）として使われる可能性があり，生物学的限界説の立場は，その本質とは別のところで機能するようになる。

条件性弁別刺激条件としてのコンテクスト

「行動存在の場」であるという人間観と環境随伴性説の立場は，行動修正の実践を力づけるコンテクストとして機能する。性格とか攻撃性，個性，能力，問題行動といわれるものはそれ自体に構造があるのではなく，環境側の構造によって，作り出され制御される行動クラスであると仮定する。これは，環境の構造を人間自らの手で作り出すことによって，人間という行動存在の場に，行動を形成，修正，維持することが可能であるという立場を徹底的にとることを意味する。**この立場が生物学的限界説と比較して，より真実に近いと主張**しているのではない。ただ，応用行動分析の目的を達成するために，その立場が環境随伴性の整備を行う行動修正家をより力づけ，行動修正の失敗をも**成功の機会**として現すコンテクストとして機能するようになると主張する[5]のである。行動修

4）ここでの「宣言」の定義は，ただ，「そうである」とすることであり，証拠を提供する必要のない言明である。

5）ここでの「主張する」は，証拠を提供し，将来にわたって集め続ける必要があるという意味で使われている。

正者は，これらの立場を明確に"意識"しているか否かに関わらず，行動としてどちらかの立場に立っている。ここで，それらの立場を明確に区別することによって，それらの立場を条件性弁別刺激として行動修正に関する，より効果的な行動が自発され強化される可能性が生まれる。

行動修正の戦略

人間は行動存在の場であり，その行動は環境随伴性によって徹底的に制御されるというコンテクストの中では，修正の直接の対象は環境の構造であり，環境の操作によって行動を修正するという戦略が明確になる。人間という「場」にどのような行動を存在させることが有効か，また，どのような環境操作によってそれらの行動を数え，存在させ続けることができるかという課題として現れてくる。これが行動修正学である。

何を行動の場に存在させるのか？

人間の行動が環境の構造によって決定されるのであれば，ある環境下では，それに対応する行動の構造が存在することになる。さらに，これらの中の多くの行動は，必ずしも社会的に重要な，あるいは種の保存に望ましい構造を持つとは限らない。また，ある社会や文化において重要であるからといって，その行動が長期的に種の保存に貢献するとは限らない。行動修正家がどのような環境の構造を整備するかは，どのような行動を人間に存在させるかという決定に依存している。したがって，どのような行動を人間という「場」に存在させるかは，行動修正において大きな研究課題となる。

ところが，どのような行動を人間という場に存在させるかは，それを決定する人間を取り巻く環境随伴性に制御されている。その随伴性は，たとえ，その随伴性の生む行動が社会的重要性や種の保存という長期的な観点から見てふさわしくない場合でも，少なくとも，短期的，局部的には存在し得る。例えば，Blakely, Poling, & Cross (1986) は，研究者が科学の発展を妨げる方向の行動をとる多くの例を示し分析している。これらの行動には，データの捏造，データの法則性や特定の理論の妥当性を明らかに増加させるような方法で結果を選別したり，処理する（不適当な統計処理を含む）行為，また，実験手続きの不適当な記述，盗作，等が含まれる。

科学者や研究者の多くの行動は，科学的発見や実験の成否といった学問的随伴性によってのみ形成されているのではなく，所属する集団内外の社会的随伴性によっても直接的に制御されている。科学者や研究者には，論文の学術誌の受諾に関する随伴性，さらには同僚や上司，他の研究者による批判や評価，人間関係，昇進制度，家庭における随伴性等，研究者の行動を直接に制御する強力な社会的環境変数が存在する。例えば，Azrin (1977) が指摘するように，アメリカの大学院において，心理学の教育は研究の結果や独創性よりも，既存の方法論や原理にいかに忠実であるかというプロセスを評価する環境随伴性が存在する。研究者を育てる段階から，プロセスを重視する随伴性が用意されているのである。また，研究者として自立したのちも，学術誌への論文発表や学会での研究発表，昇進に関する随伴性に大きな影響を受ける。

行動修正家の行動もまた，自身を取り巻く環境随伴性から独立して起こり得ない。**行動修正家は，自身の置かれている環境随伴性に制御されているが故に，その環境随伴性に順応する方向にクライエントの行動を修正する傾向にある。**いいかえれば，ある環境随伴性が要請する行動修正は，多くの場合その随伴性が行動修正家を制御するが故に，その随伴性に適合した行動を選択的に形成することを目的とする。行動修正家はクライエントのために環境随伴性を整備する責任を持ちながら，自らの行動は，クライエントにとって社会的に重要な行動修正とは競合する環境随伴性の制御下にあるかもしれない。

応用行動分析という観点からは，行動修正家・セラピスト・応用研究者を取り巻く環境は必ずし

も，社会的に重要な行動を全力で形成するような随伴性を用意してはいないし，社会的に役に立つレベルの行動修正の発展を阻害するような随伴性を持つ場合も少なくない。いいかえれば，行動修正家や研究者に社会的に重要な行動の形成を妨げるような随伴性が，実際に存在し機能しているのである。これらの行動は随伴性形成行動（contingency-shaped behavior），あるいは疑似ルール支配行動（pseudo-rule-governed behavior）[6]であり，行動修正家は実際に機能している随伴性の多くを意識（弁別）していない。

すなわち行動修正家自身がそのような随伴性の中にありながら，それを観察し記述する行動を形成し，維持する随伴性が，通常の環境にほとんど存在しないのである。また，行動修正家はこれらの随伴性を同定し，選択的に行動するよう体系的に訓練される機会をほとんど持たない。この分析を受け入れるなら，どのような行動を人間という場に存在させるべきか，なにをクライエントの行動レパートリーに加えるのかを行動修正家が決定する際に，それが社会的に重要なレベルの行動ではなくても，行動修正家の環境随伴性に適合するが故に選択される危険があるという認識（区別）が生まれる。

行動修正家を制御する環境随伴性が社会的に重要な行動修正を実践する目的のために整備されていないという**区別をする**ことによって，何を教えるかという研究分野に違いを創ることが可能になる。つまり，より社会的，文化的レベルにおいて貢献する行動修正を行うために，行動修正家自身が，それにふさわしい行動修正を妨害する身近な環境（immediate environment）からの制御を最小限にし，行動修正のための適切な環境随伴性を自身のために整備する必要性が現れてくる。ここでは，その基礎になると思われる**自己環境変容スキル**を，自己随伴性弁別スキルと自己環境随伴性変容スキルの2つの下位スキルに区別して考察する。

自己随伴性弁別スキル

社会的に重要なレベルの行動修正を妨げるような環境随伴性のもとでは，行動修正家がその環境随伴性を積極的に変容し，自己制御（self-control）するための自己環境変容スキルが有効になる。自己環境変容スキルの基礎として，まず，行動修正家自身がさらされている随伴性を観察し言語的に記述できることが大切である。クライエントの行動修正に責任を持つ行動修正家にとって，どのような環境変数によって自身の行動が制御されているかを弁別するスキルは実際的な効力を持つ。つまり，自らを制御している随伴性を言語的に弁別することによって，その環境随伴性の下で選択的に行動できる基礎が成立する。行動修正家を取り巻く環境随伴性を同定し，それらの随伴性に選択的に行動することによって，応用行動分析の目的にふさわしくない環境随伴性を修正していくことができると仮定するのである。

研究者や行動修正家が，自身の行動を制御する環境変数が，必ずしもクライエントの社会的に重要な行動を形成するために存在しないという分析を受け容れ，実際にそれらの随伴性を観察できるようになるとき，行動修正家はそれを弁別刺激として行動する可能性が出てくる。つまり，行動修正家である前に，複雑な環境随伴性にコントロールされている「人間」としての自身を認識することによって，その環境随伴性の変容という新しい選択をする可能性が現れるのである。行動修正家の行動を制御している環境随伴性の弁別は，クライエントや関係者の制御変数を同定することと同様に，クライエントの行動修正に責任を持つ行動修正家にとって重要なものである。このように，行動修正家自身の言語・非言語行動を制御する環境随伴性を観察，記述するいわゆる自己随伴性弁別スキルは，自己や他者の環境随伴性を変容させ

---

[6] 人間の行動を制御しているように信じられているルールの多くは，実際は行動を制御している環境随伴性を記述していない。「社会的に重要な行動を形成せよ」というルールは，多くの応用的・臨床的研究をコントロールしているように思えるが，実際にそのようなルールを機能させる直接の随伴性が存在することは少ない。著者がこれを最初に自覚したのは，著者自身の模倣の研究において訓練の対象となった行動遅滞児との関わりが，修士論文の完成と共に終息したときである。

るための前提条件である。

自己環境随伴性変容スキル

次のステップはどのような環境随伴性変容スキルを行動修正家という「場」に存在させるかということである。どのような行動スキルが有効であるかは簡単に結論づけられる問題ではないが、行動修正に関しては、実際に社会的に機能するレベル、さらに大きくは、文化や種の保存に貢献するレベルの行動修正を達成するために、現在の環境随伴性を変容するスキルは役に立つものである。

これに関して、臨床科学としての行動修正学の研究に何が欠けているかという立場から、行動修正や社会技能訓練といわれる研究分野で教えられてきた行動スキルを分析することは意義があることである。例えば、学習、主張性、社会技能、挨拶、面接、健康維持、セルフ・コントロールに関する行動スキルは代表的なものである（Journal of Applied Behavior Analysis, 1968-1987参照）。これらの行動スキルの多くは、積極的に現在の環境随伴性を変容させることを目的としているというより、環境に対する順応（適応）に重要であるが故に教えられてきたと主張できる。[7] 行動修正を要求する環境は、行動修正家をして、クライエントがその環境に順応するように行動を形成しようとするからである。また、行動修正の発展という観点からは、行動修正の対象とされてきた全ての行動は、環境に順応するという視点から行われてきたと宣言することが、何が欠けているかという探索行動のための明確な弁別刺激を創り出し、選択的な行動を自発する可能性が増大するという点でより有効であるかもしれない。

行動修正家が、特定の環境に順応する行動を形成するように自身を制御している随伴性に対抗するためには、行動修正家がその環境随伴性を変容させるための環境随伴性変容スキルが有効である。このスキルは、反コントロール・スキルよりも積極的な意味を持ち、行動修正に関する重要な目的や展望を創り出し、環境の変化に左右されることを最小限にして、それを達成するために環境随伴性を自ら変容させていくために効果的であらねばならない。そのひとつとして行動修正に関する目的の達成に有効な行動のための弁別刺激を自発し、随伴性を整えるためのゴール設定スキルが重要である。さらに大きくは、行動修正家の人生設計スキル[8]が有効なものとして考えられる。いいかえれば、長期的な観点から行動修正の目的とゴールを明確にし、それを実現するために環境の構造を作り出す巨視的課題分析スキルということもできる。

ゴール設定に関する行動分析的研究は、ごく少数（例えば、Fellner & Sulzer-Azaroff, 1984; Hayes, Rosenfarb, Wulfert, Munt, Korn, & Zettle, 1985）であり、その実験的研究やさらには人生設計にいたっては、ほとんど行われていないのが現状である。行動修正家やクライエントは、巨視的課題分析スキルを持つことによって、これまで教えられてきた多くの行動を体系づけ、さらに何が必要かということを同定することによって、行動修正の実践に方向性を持つようになる。行動修正において、行動修正家のテクノロジーが、「社会的に重要なレベル」の行動修正という一つの方向に集束し、そのために環境随伴性を変容する機能を果たすことが可能になる。このために、自身の行動を長期的な展望から制御できるように、現在の行動を制御する弁別刺激の創作に関するテクノロジーの開発は重要な課題である。

---

7) ここでは、多くの行動修正家の優れた研究を否定しているのではない。たとえば、M.M.WolfやI.Lovaasらは、これまでの環境随伴性を大きく変えたすばらしい研究を行ってきた。ただ、これまでの多くの研究を、環境随伴性を積極的に変容させることを目的としてこなかったという観点から分析することによって、積極的に環境を変容させるとは何かを、もっと分析する機会を創ることができると主張しているのである。

8) 日本の企業社会における終身雇用制の崩壊と平均寿命の増加に伴い、企業において退職後の準備のための人生設計教育がなされるようになってきた。企業内の環境随伴性に社員が順応することが、その企業の生存を危うくするようになってきたために、その随伴性から独立することを要求しているのである。いかにこれまでの環境整備が、弁別刺激を環境側から提供してきたかを物語るものであり、いかに、自分の環境を自ら創り出すための弁別刺激を自発するスキルが欠如しているかを示している。

行動修正の価値

　行動修正家やクライエントという「行動存在の場」にどのような行動を存在させるかは，いわゆる"価値"の問題と密接に関係している。本論文では，社会的，文化的レベルで貢献する行動修正を価値のあるものとして論を展開してきた。ところが，"社会的，文化的に貢献するとは何か"は分析されないままになっている。したがって，「社会的，文化的に役に立つ行動」，より大きくは「種の保存に貢献する行動」とは何かという難題に戻らなければならない。行動修正における成功とは，価値とは何か，という最も基本的な問題に言及する必要がある。

　ここで"難題"としたのは，価値が主観的なものであり，それに関する説明や分析が困難であるからではない。価値に関する人間の言語行動も強化随伴性に制御される行動として科学的分析の重要な対象である（Skinner, 1971）。徹底的行動主義の立場からは，行動修正の価値は，行動修正の実践活動が社会に持つ強化効果によって分類できる。すなわち，行動修正家の活動が，その社会的，文化的強化随伴性に適合すればするほど，価値のあるものとして評価される。したがって，価値の行動分析は強化の体系としての社会的，文化的強化随伴性の分析に他ならない。ただ，社会的，文化的随伴性といわれる包括的な価値を決定する環境随伴性が，どの程度普遍的に存在するかということが問題なのである。

　言い換えれば，「社会的に役に立つ」，「クライエントの利益になる」といった価値に関する言語行動（社会的妥当性）が，実際に社会的，文化的強化随伴性といわれるものに制御されているのかということである。いわゆる社会的，文化的随伴性は，より小規模なグループの強化随伴性の集合体であり，価値に関する特定の言語行動は，社会的，文化的といった包括的な随伴性によって制御されてはいないかもしれない。もし価値に関する言語行動が，より小規模のグループの随伴性や個人的随伴性によって決定されているとするなら，なにが社会的，文化的に貢献する行動かということが不明確になってくる。

言語行動としての価値

　行動修正の価値を分析していく上で，まず，行動とそれに関する言語行動の区別を明確にすることは重要である。行動修正における問題は，行動が過度に生起する場合と過少に生起する場合であり，その頻度を修正することに行動修正の成功があると言われてきた。しかしながら，**行動の増減自体**は価値的な意味を持たない（Baer, 1986；Fuqua & Schwade, 1986；Wolf, 1978）。クライエントを含む関係者の行動の増減に関する言語行動の中に意味（つまり，成功や失敗）が存在するのである。ある子どもの目標行動が行動修正プログラムによって，増加しても，その環境にいる関係者が「行動が改善された」あるいは「問題は存在しない」という言語行動を自発しなければ，行動の増加そのものは意味を持たない。つまり，望ましい行動が量的に増加したとしても，関係者がその行動に関して「望ましい」という言語行動を自発しなければ，「望ましい」行動は形成されていないのである。また，行動そのものが社会的に役に立つということも本質的にはない。関係者が「社会的に有効である」という言語行動を自発してはじめて，社会的に有効な行動が存在するのである。行動そのものに「重要性」は存在しない。

　このように行動の価値は，行動の増減や行動自体にあるのではなく，クライエントを含めた関係者の言語行動として存在する。関係者が行動修正の結果に関し，「社会的，文化的に重要である」あるいは「種の保存に貢献する」という言語行動を自発することによって，行動修正の価値が生まれるのである。

価値に関する言語行動の制御変数

　行動修正の価値が関係者の言語行動の中に存在するなら，価値に関する言語行動を制御するのは関係者を取り巻く環境随伴性ということになる。

これは対象となる行動の修正が，行動修正家が長期的に社会や文化，種の保存に貢献すると考えているものであっても，関係者の現在の環境随伴性を変容する性質のものである場合やその随伴性に適合しない場合，また，社会や文化への貢献を妨げるようなものであっても関係者の環境随伴性に適合するものである場合に，大きな問題が生ずることを意味する。現在の環境随伴性に制御されている関係者の言語行動は，その随伴性に適合しない行動に関して否定的になり，適合する行動には肯定的になる傾向があるからである。行動修正家の行動が自身を取り巻く環境随伴性に制御されているのと同様に，関係者の言語行動はその所属する身近な環境随伴性に大きく制御されている。

言い換えれば，行動修正の価値に関する言語行動が，社会的，文化的随伴性といわれるものに制御されているのではなく，関係者が属する特定のグループの強化随伴性によって直接的に制御されている可能性がある。さらに，それらの言語行動は，疑似ルールを用いて正当性を主張することによって保護されている。例えば，クライエントの関係者や行動修正家の個人的な随伴性（利益）によって，行動修正が制御されていても，「それはクライエントの利益になるから」という言語行動を自発することは可能である。9）「クライエントの利益になる」や「社会的，文化的に役に立つ」も言語行動にすぎないのである。これは，関係者の価値に関する言語行動としての社会的妥当性に変化があっても，必ずしも行動修正が成功したことにはならないことを意味する。

この分析は，行動修正における研究分野として，関係者の言語行動を測定する方法といった従来の受動的な社会的妥当性の研究だけでは不十分であることを示している。関係者の言語行動を制御する環境随伴性をも分析し，それらを制御する方法を研究することが重要である。それによって，関係者の現在の環境随伴性を変容させるような性質のより大きなレベルの行動修正を，少なくとも行動修正家が社会にとっての善，文化にとっての善と考える行動修正を，成功させる可能性が現れてくる。そのためにも，言語行動の応用的な行動分析と制御はこれから重要な課題となってくる。より社会的なレベルで機能する行動修正を目的とする限り避けては通れない課題である。

社会的，文化的に貢献する行動とは何か？

ここでの価値に関する言語行動の分析は，社会的，文化的に貢献する行動とは何かという問いに対する直接の解答を出していない。これは行動修正の実践を通じて，最終解答のない探求として問いつづけることがより有効であるように思えるからである。つまり，行動修正の価値が，行動修正家や関係者，クライエントの言語行動の中に存在することを認識し，行動修正家自身が常にその言語行動を制御する変数の観察に生きることは可能である。その観察された随伴性を弁別刺激として，自身の言語行動やそれに関する非言語行動を修正していくことによって，その問いに関する探求が存在しつづける。

結　語

人間は行動存在の場であり，その行動は環境随伴性によって徹底的に制御されるという立場とその立場に徹底的に責任を持つとき，行動修正そのものが存在として現れる。それは行動修正における直接の対象が環境の操作であり，それによって行動を修正するという戦略が生ずるコンテクストである。少なくとも，社会的なレベルで力強く機能する行動修正は，このコンテクストによって大きく力づけられる。

9）応用行動分析の初期には，子どもが静かに座り，子どもの顔が教師の方を向くという「注目行動」がしばしば標的行動として選ばれた。しかしながら，注目行動と成績の向上には必ずしも関係がないという研究結果によって，注目行動だけを形成することは，おもに教師側の利点であることが明確になった。これに対して，当時の一部の応用行動分析家の言語行動は「少なくとも教師の話を聞く機会を与えることはできる」というものであった。行動修正家に起こり得ることは，社会的妥当性を決定する人々にも十分起こり得る。もちろん，ここで，注目行動を形成することそのものを否定しているのではない。ただ，それだけでは，不十分なのであり，それに対する言語行動を問題にしているのである。

行動の科学は，科学者自身の行動を体系的な分析の対象としてこなかった。これは科学が科学者の行動から離れたところにあることを示すようなものである（Marr, 1986）。ところが，科学者の行動は，科学者の存在する環境随伴性に独立して起こり得ない。科学者や研究者の多くの行動は，科学的発見や実験の成否といった学問的随伴性によってのみ形成されるのではなく，科学者である前に人間として個人的，日常的，社会的随伴性によって直接的に制御されている存在である。行動修正学もまた，行動修正家を取り巻く社会的な環境随伴性と独立して成立し得ない。行動修正家が自身の行動を制御する実際の環境随伴性を観察し記述できるようになることによって，少なくとも，それを弁別刺激として行動できる機会が可能性として現れてくる。また，それを基礎として，さらに，環境への適応という観点からだけでなく，環境を切り開くための行動スキルの体系的な研究と実践の出発が可能になる。

行動修正の価値は，究極的には対象となる行動に関する本人を含めた関係者の言語行動の中に存在する。本論文における「行動修正家」に関する言語行動は，著者自身に欠けているものという観点からの自己教示である。この教示は著者自身の行動を区別し，力づけ，行動修正のコンテクストと価値を著者自身の言語行動の中に存在させるものである。また，この言語行動の聞き手である本論文の読者にとって，それが行動修正のコンテクストとして，価値として，どのように機能するかは，読者自身の言語行動の中に，いま現れている。

本論文は，B.F. Skinner, D.M. Baer, W. Erhard, N. Kominami の提供してきた強化随伴性によって大きく形成されている。源泉を明らかにすることによって，これらの随伴性を整備した行動修正家（文字通りの意味で）に感謝する。

引用文献

Azrin, N. H. (1977). A strategy for applied research: Learning based but outcome oriented. *American Psychologist, 32*, 140-149.

Bear, D. M. (1977). The organism as host. *Human Development, 19*, 87-98.

Bear, D. M. (1986). In application, frequency is not the only estimate of response probability, T. Thompson & M. D. Zeiler (Eds.). *Analysis and integration of behavioral units*. New Jersey: Lawrence Erlbaum Associates.

Blakely, E., Poling, A., & Cross, J. (1986). Fraud, fakery, and fudging: Behavior analysis and basic science. In A. Poling & R. W. Fuqua (Eds.)., *Research methods in applied behavior analysis: Issues and advances*. New York: Plenum.

Fellner, D. J. & Sulzer-Azaroff, B. (1984). A behavioral analysis of goal setting. *Journal of Organizational Behavior Management, 6*, 33-51.

Fuqua, R. W. & Schwade, J. (1986). Social validation of applied behavioral research: A selective review and critique. In A. Poling & R. W. Fuqua (Eds.)., *Research methods in applied behavior analysis: Issues and advances*. New York: Plenum.

Hayes, S. C., Rosenfarb, I., Wulfert, E., Munt, E. D., Korn, Z., & Zettle, R. D. (1985). Self-reinforcement effects: An artifact of social standard setting? *Journal of Applied Behavior Analysis, 18*, 201-214.

Journal of Applied Behavior Analysis 1968-1987.

Marr, M. J. (1986). Mathematics and verbal behavior. In T. Thompson & M. D. Zeiler (Eds.)., Analysis and integration of behavioral Units. New Jersey: Lawrence Erlbaum Associates.

Skinner, B. F. (1953). *Science and human behavior*. New York: Macmillan.

Skinner, B. F. (1957). *Verbal behavior*. New Jersey: Prentice-Hall.

Skinner, B. F. (1971). *Beyond freedom and dignity*. New York: Alfred A. Knopf.

Skinner, B. F. (1974). *About behaviorism*. New York: Alfred A. Knopf.

Wolf, M. M. (1978). Social validity: The case for subjective measurement or how applied behavior analysis is finding its heart. *Journal of Applied Behavior Analysis, 11*, 203-214.

出典：出口　光（1987）．行動修正のコンテクスト．行動分析学研究，*2*, 48-60.

▶▶▶ コメント

君はなぜ行動分析学を選ぶのか？

立命館大学
望月　昭

　この出口論文「行動修正のコンテクスト」は，一言で言えば「君はなぜ行動分析学を選ぶのか？」という"実存的"問いを，行動分析学的枠組みによって，実践・研究活動を行う者に改めて突きつけたものと言えると思います。たまたまその筋の師匠に出会ってしまったことによる場合が多いにせよ（がゆえに？），さらには世間的学範（ディシプリン）としての行動分析学が「学習心理学」のひとつとして教育されていた当時にあっては，このような問いは，自らも行動分析家と自認する実践・研究者にあってさえ極めて新鮮なものであったと思います。

　まず，人間行動に関する2つの仮説，**環境随伴性説と生物学的限界説を「区別する」**（p.50）という表現について。われわれは，従来の環境か発達かといった対立構造を"科学的真実の追究"という同一（しかも唯一）の観点から，"輻輳説"あるいは同じ現象の"縦と横"（通時的か共時的か：望月,1978）といった喧嘩両成敗的な和解を（今，思えば）身近な社会的随伴性の維持のためにも漠然と受け入れて育ってきました。そうした者からすれば，前者が「行動修正の失敗は環境随伴性の整備の失敗であるという「**宣言**」を作り出す」（p.50）ための，そして「プログラムを**改善する機会として現われる**」（p.50）という，自らにとって"超前向きな"随伴性の「選択」の根拠として明白に示された時，溜飲が下がった，というより，狭い研究村（むら）社会の中にあっては，むしろ呆気にとられたというのが正直なところでした。

　行動（あるいはその不成立としての"障害"）というものを，対象者（クライエント）の生物学的属性ではなく，あくまでも取り巻く環境との相互作用の問題であり，その成立に向けて環境の随伴性を辿っていくという戦略を，徹底的行動主義の「徹底的＝ラジカル」という意味に重ね合わせるような言語行動は，再三，行ってきたものです（望月，1989）。しかしながら，「行動修正家は，自身の置かれている環境随伴性に制御されているが故に，その環境随伴性に順応する方向にクライエントの行動を修正する傾向にある」（p.52）という，その「行動修正家」が"自らのこと"であり，それゆえ絶えずその随伴性を記述する必要があると，思い至ることはあっても，実際に「**自己環境変容スキル**」（p.52）を獲得すべく特段の行動を自発したとは言いがたいことを認めざるを得ません。それは前記したような「ラジカルな主張」が，少数派であると自認するがゆえの，一種の特権性や甘えであったとも言えるかも知れません。

　行動分析学は，現在，特別支援教育や福祉実践領域において，それをひとつの"技術"としてクライエントの行動修正に適用する行動は，社会から頻繁に強化されるようになりました。しかし多数派の仲間入りという"恵まれた"状況の中にあってこそ，改めて「**自己随伴性弁別スキルと自己環境変容スキル**」が求められていると思います。

　そうした研究者・実践者の自己の研究・実践の随伴性を巡る環境随伴性を記述し，必要な行動を自発する絶好の機会として，現在，多くの研究機関がその整備を行っているIRB (Institutional Review Board) としての「研究倫理審査」システムが挙げられると思います（中島ら，2004参照）。研究倫理というものは，コンプライアンスといった研究者を罰や負の強化で支えるルール（坂上，2004参照）とは区別し，「**社会的，文化的に貢献する行動とは何かという問い**」に対して「**最終解答のない探求として問い続けること**」（p.57）を可能とする行動の場として示すことが求められていると思います。

　そのように考えると，この出口論文は，「なぜ君は行動分析学を選ぶのか？」といった範囲を超えて，より普遍的な「人を援助することに関する

倫理」(Skinner,1975, 西村・中野訳,2004) のひとつのテキストであるということもできるでしょう。

文献

望月　昭 (1978)．観察学習と般化模倣―社会的学習への行動分析的アプローチ―．心理学評論, 21 (3), 251-263.

望月　昭 (1989)．福祉実践の方法論としての行動分析学―社会福祉と心理学の新しい関係―．社会福祉学, 30 (2), 64-84.

中島定彦（アクション・エディター）(2004)．行動分析と倫理．行動分析学研究, 19 (1) 特集号.

坂上貴之 (2004)．倫理的行動と対抗制御―行動倫理学の可能性―．行動分析学研究, 19 (1), 5-17.

Skinner, B. F. (1975). The ethics of helping people. *Criminal Law Bulletin, 11*, 623-636.（西村美佳・中野良顯（訳）(2004)．人を援助することに関する倫理．行動分析学研究, 19 (1), 71-80.）

"Guess How He/She Feels Now?": Acquisition of Receptive and Expressive Skills for New Vocabularies about Facial Expressions in Deaf Adults with Mental Retardation

AKIRA MOCHIZUKI
KAZUKO NOZAKI

Institute for Developmental Research, Aichi Prefectural Colony

HIROSHI WATANABE
CHIZUKO YAIRO

Youraku-So, Aichi Prefectural Colony

Abstract

Four deaf adults with mental retardation were trained to establish a stimulus equivalence among pictures of facial expressions, words, and manual signs through conditional discriminations for four new vocabularies: sadness, happiness, anger, and neutral. For two subjects, the formation of stimulus equivalent relations were acquired only by two kinds of training, i.e., sign-picture and word-picture conditional discrimination tasks. After the training, they could point a word under discriminative control of manual signs without direct training. For the other two subjects, the direct training of all three relations, sign-picture, sign-word, and word-picture, in this order, were required. Expressive manual signs or writing responses were tested after the receptive training. All subjects could show both manual signs and/or writing responses without direct training for the stimuli which were used in the discrimination training. In the last phase (stage), stimulus generalization of the labeling to the facial expressions of pictures and live person was examined under the question by manual sign: "Guess how that person feels now?" Two out of four subjects showed correct labeling.

Key words: stimulus equivalence, conditional discrimination, facial expression, deaf adults with mental retardation.

「あの人はどんな気持ち？」：聾精神遅滞者のサインおよび書字による感情表現語の獲得

愛知県心身障害者コロニー発達障害研究所　望月　昭・野崎和子
愛知県心身障害者コロニー養楽荘　渡辺浩志・八色知津子

　4名の精神遅滞を伴う成人聾者を対象として，4種の「表情画」（「かなしい」「おこる」「うれしい」「ふつう」），対応する「サイン」，および「文字」の3者間の等価関係の獲得訓練を条件性弁別課題を用いて試みた。対象者のうち，2名は「サイン」—「表情画」，「文字」—「表情画」の2種の条件性弁別課題における選択行動を強化した結果，「サイン」—「文字」課題と表出課題については，直接訓練することなしに獲得することができた。他の2名については，「サイン」—「表情画」課題に引き続き行われた「文字」—「表情画」課題の獲得が困難であり，「サイン」—「文字」課題について直接訓練したとこ

ろ，他の課題についても完成することができた。表出への転移は，4名の対象者ともに書字あるいはサインのいずれかで，弁別訓練中に使用した表情について行うことができたが，新たな人物の表情写真あるいは生きた人物の表情に対する表出の般化は，直後のテストでは4名中2名で認められた。また，訓練の脈絡を離れた場面で4名中2名について獲得した語彙を表出したことが報告されたが，場面に適した使用が認められたのは1名のみであった。

　これまで精神遅滞や自閉症などの障害児者を対象として，「うれしい」あるいは「かなしい」といった，いわゆる感情表現に関する言語行動獲得のための組織的研究はあまり行われていない。その理由としては，感情表現語の使用を文字どおり操作の難しいプライベート事象としての「感情」に対する「表現」という形で専ら捉えてしまい，獲得のための課題分析を困難にしてしまうという点，さらにその「表現」される「感情」自体が育つのをまず待たねばならないといった「年齢依存的な発達概念」(Baer, 1970) の存在などが，一般的な背景として考えられる。さらに，行動的な立場から考えた場合にも，これまで多くの訓練プログラムが開発されている要求言語行動などに較べて，その強化随伴性が必ずしも明瞭でない点などが，この感情に関わる分野が他の研究にその優先性を譲ってきた理由とも考えられよう。

　しかしながら，こうした感情表現に関連した言語行動が，加齢や日常の経験のみでは獲得されない場合が多いことも明白である。野崎・望月・渡辺 (1989) は，聾と精神遅滞という重複の障害を持った施設居住の成人におけるコミュニケーションに関する実態調査を行なった。その中では，対象者の要求言語に対する必要性よりも，「感情的」と解釈される問題に対処するための言語行動の獲得が，担当の職員などに期待されているケースが目だつ。具体的には，普段は静かなのに突然泣きだしたり（あるいはパニック状態になる），物を投げたり，あるいは相手が不快な表情をしても構わずにちょっかいを出すといった問題の改善である。職員の側としては，そうした状況で何とか対象者の「気持ちを聞き出したい」と発言するが，一方では，それに対処するための日常的な関わりについての具体的プランはほとんど無く，物を投げるなどの直接的行為に対する禁止といった緊急時の対応に終始するというのが現状である。このような状態にあっては，適応的な言語行動を獲得するには困難が伴うことは想像に難くない。

　そこで，「感情」に関する行動の獲得に関しては，まずは自らの差し迫った情動的な状態を離れた，「他個体」の状態の記述を獲得することからアプローチしてゆくことも一つの方策として挙げられよう。日常的にそうした記述語を職員や仲間と取り交わすという経験も踏まえた上で，現在施設などで問題になっている対象者自身の「感情」的な問題へと歩を進めることが現状の処遇状況からも妥当と思われる。そこで，当研究では，手始めに，他個体の感情状態のひとつの指標と考えられる「表情」に対しての言語表現の学習の指導 (or 援助) を試みた。

　他個体の表情の機能を検討した先行研究の多くは，精神遅滞，健常を問わず，被験者の既存の行動レパートリーとしての言語的ラベリングの特性を，彼らの障害の程度 (Gray, Fraser & Leudar, 1983; Maurer & Newbrough, 1987 a) や，刺激対象である人間との関係 (Maurer & Newbrough, 1987 b; 望月, 1975) に関連づけることにとどまっている。当該の行動がいかに獲得され成立していくかについての分析は，これまでのところなされていない。

　筆者ら（望月・野崎・渡辺, 1986, 1988; 渡辺・望月・野崎, 1987) は，これまで施設居住の聾精神遅滞者を対象に，物品名や色名を文字（書字）とマニュアルサイン（以降サインと略す）の2つの表現モードで学習する訓練を刺激等価性のパラダイム (Sidman & Tailby, 1982; Spradlin

表1 4名の対象者のプロフィル

	年齢*	性別	IQ**	聴力 (dB)	略　歴
対象者1	27	女性	68	90↑(R):90↑(L)	幼稚部から小学校4年まで聾学校へ通学 以後，養護学校，通所作業所を経て現施設へ
対象者2	33	女性	38	90(R):100(L)	幼稚部から小学部4年まで聾学校へ通学 以後，特殊学級，通園施設を経て現施設へ
対象者3	31	女性	50	78(R):90(L)	8歳ころ3カ月だけ聾学校に通う 13歳より居住施設に入所
対象者4	19	男性	49	93.7(R):93.7(L)	3歳より居住施設に入所

* 年齢は当訓練の開始時
**知能テストは，コース立方体組合せテスト（三京房）によるもので，筆者らによって測られた．

& Dixson, 1976) のもとで行なってきた。そこでは条件性弁別課題のみの訓練によって表出側へ転移すること (Clarke, Remington, & Light, 1986) が，単純タクト場面とマンド場面の両者で確認されている。また，直接訓練を受けなかった「文字」と「サイン」の間の関係についても転移がみられることが示された。

当研究では，具体的物品や色名といった抽象的名詞だけでなく，他個体の表情に対する命名としての感情表現に関する4種の形容詞（「かなしい」「うれしい」「おこる」「ふつう」[1]）に対しても，理解（ここではコンピュータ・ディスプレイ上の4つの選択肢から選ぶ）から表出への転移という経路で学習してゆくことが可能であるかを検討する。すなわち，「サイン」に対する「表情画」，および「文字」に対する「表情画」という2種の条件性弁別課題の訓練から，表情画を見て書字および（もしくは）サインを表出できるかということである。また，この表出の般化に関して，上記の訓練の後，訓練に用いられなかった表情写真，さらには生きたヒトの表情についても，「あの人はどんな気持ち？」という質問に対する答えとして自発されるかを検討する。

方　法

対象者

愛知県下の精神薄弱者更生施設に居住する4名の聾精神遅滞と判定されている成人で，4名ともに残存聴力の機能的な利用は不可能とされ補聴器を利用していない。対象者の一般的なプロフィルについては，表1に示した通りである。

対象者1，2は，仮名，漢字のいずれについても書写することができ，いくつかの物品の名称については文字に表すことができた。また，これまで同施設内で「見本合せ課題」や「要求言語行動」の獲得のための訓練を，すでに筆者らによって約3年間受けている。これまで経験してきた見本合せ課題の具体的な内容は，物品名や色名などの語彙獲得に関するもので，「文字」—「写真」（現物），「サイン」—「写真」（現物）（いずれも前項が条件刺激，後項が選択刺激）の形での訓練を受けた後，その名称について直接訓練を受けなくても書字，サインいずれの表現モードによっても表出できるようになっている。また，見本合せで呈示された物品について，訓練者の指示に従って，第三者に書字，サインを用いて要求することができる（望月・野崎・渡辺，1986）。さらに，日常場面においても聞き手の適切なプロンプトが

---

[1] この4種の形容詞は，筆者らが日常的に他個体の表情の代表的種別と感じられる形態を基準に任意に選んだものである。その意味では，「うれしい」は「たのしい」でも意味は変わらない。「ふつう」について，これを感情表現とするには不適切とする意見も考えられるが，表情という表現形態を中心に考えた場合，この表情を表情者自身の対人行動，あるいは他個体の（表情者に対する）行動の弁別刺激として見るならば，経験的にも「うれしい」などの他の表現と機能的には対等なものと考えられる。また，これまでの類似研究 (Maurer & New-brough, 1987b) でも，happiness, anger, sadness, と並んで，neutral をひとつの「情動状態」(emotional state) として取り上げている。

あれば，一部の日常物品について訓練で獲得した要求言語の一連の行動連鎖を示すことが確認されている。対象者3，4は，これまで筆者らの言語訓練を経験していない。対象者3は，書字，サインいずれも用いないが，身振りや直接的な指示を日常でもよく行なう。また，一部の単語（ボーシ，センセイ）については，キュー動作を伴いながら発声することができる。対象4は，書字，サインの知識はないが指さしなどによる指示を行なったり理解も可能である。また，訓練場面では，絵カードなどを見せると音韻，音節ともに対応はないものの発声をする。

感情表現語に関係すると思われる自らの表情の表出については，施設職員の記録や面接によるところでは，日常場面で4名の対象者のうち対象者2を除いては場面にふさわしい表情を示すとされている。訓練者の観察の限りでは，対象者3および対象者4では，後に学習する4種の感情表現のうちの「うれしい」「かなしい」に関してはごく自然な表情を示すと感じられる。「おこる」については，それに見合った場面に訓練者が立ち会う機会はなかったが，対象者3では，時おり訓練者におどけた様子で怒った顔（いわゆる“ふくれ面”）を示すことがあった。対象者1は，表情そのものは非常に豊かで，4種の感情表現に対応すると感じられる表情をよくする。ただし，全く状況とは無関係に歯を見せて笑ったり逆に泣き顔を示したりもする。一方，対象者2では，全般に表情に乏しいという印象を受ける。そして攻撃的な行動を示す時に笑い顔をすることが多いため，「理解に苦しむ」と職員から評価されることが多いが，特定の職員のそばにいる時，あるいは小さい昆虫などを見る時には一貫して笑顔を示し，また，クリスマスで訓練者がプレゼントを手渡した時に，自然な笑顔をつくったことが観察されている。

表情の模倣については，筆者らが訓練場面で他の動作などと折り混ぜて，訓練で用いられる4種の表情（「うれしい」「かなしい」「おこる」「ふつう」）を示すと，4名とも模倣をするが，対象者2では，口を動かすだけといった具合にその動きは他の3名に較べて小さい。当該の4種の文字については，対象者1，2では単語を単位として書写することができるが，対象者3，4では，ひと文字ずつしか書写できず，また字形も不完全である。また，それぞれに対応する4種のサインについては（図1-C参照），4名とも模倣することができる。

対象者の生活概況

対象者は，4名ともに同一の精神薄弱者更生施設に居住しているが，対象者1，2，3は，その中の「中軽度棟」に所属し，対象者4は「重度棟」に所属する。「中軽度棟」の3名は，毎日午前中は集団で作業（農耕，造花，手芸）をしており，午後は週3日手芸などを集団で行う。他の3日については，風呂などの個人的な用件をして過ごす。対象者4も週のうち3日は，戸外で作業用の一輪車などをひく作業を行っているが，午後は時おりの散歩の他はほぼ自由時間である。週末は頻繁に近くの実家にもどり母親と過ごす。「中軽度棟」の他の施設生は健聴者でほとんどが普通に会話することができるが，「重度棟」では施設生どうしの会話はほとんどない。

訓練場所および訓練のペース

訓練は居住する施設内の1室で各対象者個別に行われた。訓練のペースは，施設の行事や帰省などの理由で中止される以外，原則的に週に3回行われた。一人あたりの訓練時間は，30分から40分である。その間に2～3セット（後出）の弁別課題および表出テストなどが行われた。訓練の開始前，中間，および終了時に，菓子類を訓練者とともに食べることが習慣であったが，特に個別の反応に対して，そうした菓子類を強化子として使用することはなかった。

訓練装置と個別の条件性弁別課題

条件性弁別課題は，タッチパネルを装着したパソコンのディスプレイ（NEC PC-KD 852）を用

a ― 表情画

b ― 文字

かなしい　おこる　うれしい　ふつう

c ― サイン

図1　訓練に使用した刺激

いて訓練された。各刺激は，「文字」「表情画」「表情写真」いずれの場合もディスプレイの黒い背景画面に4.5×8 cmの白地の長方形上に青一色で示された。1試行の流れは，条件刺激がまず画面中央に現れ，対象者がそれに触れると画面から消え，同時に4隅に選択刺激が呈示される。訓練課題の場合には，正反応では，画面に「強化パターン（カラーの図形が中心から周囲に向かって広がる）」が示され，誤反応では，赤い×印が画面いっぱいに示される。平均2秒後に，画面からは一切の刺激が消え次の試行に移る。テスト課題の場合には，選択反応の正誤にかかわらず画面は変化せず，平均約2秒後に次の試行に移る。但し，条件刺激がサインの場合には，ディスプレイの左側方に位置する訓練者がそれを示し，画面は選択刺激からスタートする。

対象者1，2は，この訓練以前に，手動の弁別装置で類似の課題をすでに経験しているが，このコンピュータ・ディスプレイを用いた装置についても，単純色刺激の同一見本合せなどを内容として，数回の物理的な反応援助（手を取って正反応を指示する）によって弁別反応を獲得した。対象者3，4は，この形式での弁別課題については初めての経験と思われるが，対象者1，2と同様の手続きで弁別反応を獲得している。

表情刺激および手話

条件性弁別課題に用いられた表情画は，眉毛，目，口の形を訓練者の主観で4種の各々の感情表現を表すと思われる位置・方向にアレンジしたもの（図1－a参照）が用意された。文字刺激（「かなしい」「おこる」「うれしい」「ふつう」）は，すべて平仮名の横書きである（図1－b）。サインについては，「かなしい」は両手の人差指で目から涙が落ちる動作，「おこる」は両人差指で頭の上に角を作る動作，「うれしい」は胸の前で内側に向けた両手を交互に振る動作，「ふつう」は両手の人差し指と親指で長方形状の形を作る動作をそれぞれ訓練者が示した（図1－c）。般化テスト等に用いられた表情写真は，訓練者（mo, no）や，対象者にとって未知の成人（mi, si, ko）が各々の感情を表す時に示していると自らが思う場合の首から上の写真を用いた。[2]

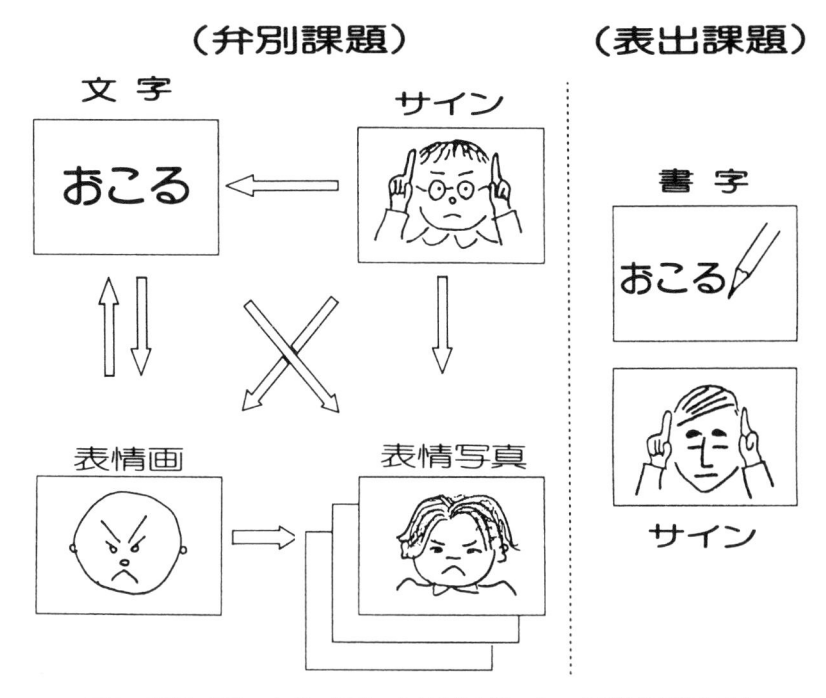

図2 課題の構造　矢印の根元の方が条件刺激，先の方が選択刺激を示す

予備訓練とプレテスト

訓練に先立ち，「表情画」「文字」「表情写真(mi)」による同一見本合せ課題（homogeneous-matching）の予備訓練と，「文字」「サイン」「表情画」，および数種の「表情写真」の相互の条件性弁別課題，および「表情画」と「表情写真」に対する表出反応がそれぞれテストされた。同一見本合せと各条件性弁別課題は共に1セッションの中で，「かなしい」「おこる」「うれしい」「ふつう」に対応する4種の刺激が5回ずつ合計20回呈示される。また，同一見本合せ課題は，訓練課題（「訓練装置と個別の条件性弁別課題」の項を参照のこと）であり，正誤反応に対してそれらを示す画面変化が随伴する。その他の課題はテスト課題であり，正誤反応に差別的な随伴性はない。表出テストについては，各表情の写真，表情画，あるいは文字の描かれたカードが，当該のテスト以前に学習した既知の対象物品（ぼうし，アメなど）に折り混ぜて呈示された。対象者1，2では書字（ノートと鉛筆が示される）とサイン，対象者3，4ではサインの表出のみが求められた。対象者1，2は，訓練者がカードを示す（あるいは，それに加えてノートと鉛筆を渡される）という事態が，サインによる表出反応（あるいは書字表出反応）の弁別刺激としてすでに確立している。対象者3，4では，既知物品のサイン表出をプロンプトすることにより，課題刺激に対する反応を誘導するという形をとった。

条件性弁別課題の訓練

訓練は，「表情画」「サイン」「文字」の3つの刺激セットの相互の等価関係を，条件性弁別課題遂行によって作り上げることである。図2に，3つの刺激セットの条件性弁別課題上の布置を示した。図中，矢印の方向は，出発点が条件刺激，先が選択刺激を表している。静止画しか呈示できない装置の制約上，サインが選択刺激になることはない。

訓練課題は，4名の対象者とも，大筋では，「サイン」－「表情画」，「文字」－「表情画」の2課題とし，その他の弁別課題と各種表出課題

2）対象者と用いられた表情写真の人物の組合せは，結果的に必ずしも系統的にテストすることはできなかった。これは，訓練デザイン上の不注意などにもよるものである。

（表情・文字に対するサイン反応，表情・サインに対する書字反応）は，転移を待つものと計画された。但し，訓練過程で，個人ごとに課題の成績の推移に応じて変更が加えられている（結果の項を参照のこと）。

条件性弁別課題の訓練は，プレテスト同様に，1種の課題について20試行を1セットとして行われた。弁別訓練時には，正反応が生じるまで次の試行に移行しないコレクション・メソッドが用いられた。訓練のクライテリオンは，1セット20試行で90％以上の正反応を示すことである。

転移テストと般化テスト

訓練完成後，直接の訓練の対象とならなかった刺激セット間の等価関係への転移および表出がテストされた。方法はプレテストと同様であった。また，表出の般化テストとして，表情写真に対する表出，さらに訓練場面にいる訓練者や偶然訪問した人物などの表情に対する表出がテストされた。後者では，そのつど，訓練者による「あの人は，どんな気持ちですか？」という手話（対象となる人物を指さし，人差し指を左右に振り，自分の胸部を指さし，最後に手のひらを差し出し疑問をあらわす）による質問が呈示された。

日常での「感情表現」に関連するエピソードの収集

上記のテスト期とほぼ同時期から，約2カ月間，日常での「感情表現」の出現がモニターされた。この作業の目的は，今回の訓練の般化を検出すると同時に，今後の日常場面での般化を促進させる変数を検討するためであった。4名の対象者のうち，対象者1，2，3[3]の所属する居住棟の職員にアンケート用紙を配布し，書字，サインに限らず，直接的表現も含めた日常場面での感情表現に関連する行動の記録が依頼された。そこでは，「場面」，「反応の内容」，「それに対する周囲の対応」の記入が要請された。

記録と観察の一致度

各対象者の条件性弁別課題の正誤反応は，個人別にフロッピー・ディスクに記録・保管された。課題遂行中の対象者の反応の一部と表出テストは全てビデオに収録され，かつその場で2名の訓練者によって判断され記録が採られた。

サインの表出に関しては，訓練終了後に各対象者の全表出テストのビデオシーンを編集し，第3の観察者が評定した。具体的には，まずデモンストレーション用のビデオを通して訓練者が4種のサインを示し，観察者はそれぞれをABCDという4種の記号で分類することを学習する。その上で，前記した対象者4名の全ての反応に関して，ABCDおよび何れにも該当しない（×）の5つの分類を行う。この方法による記録と訓練中の記録との一致度（一致した反応数／一致した反応数＋不一致の反応数）は，各々の対象者に対して，順に，.94，.92，1.00，.98であった。不一致のものについては，改めて訓練者2名と観察者がビデオ画面を観察しいずれかの範疇に分類した。

結　果

表2-aから表2-dに，各対象者の条件性弁別課題と表出課題の課題内容，および各テストの正反応率を示した。表中，trainingの右横の括弧内の数字はクライテリオンに達するまでのセッション数を表す。また，各テスト正反応率の括弧内の数字は，そのテストが当該期の訓練課題のクライテリオンに達した（あるいは打ち切った）セッションを起点（0）として，各期のいつごろ行われたかを表示している。（例：＋5は，そのテストを行うまでに5セッション，その期における訓練課題が過剰訓練されている。0であれば，テスト訓練課題がクライテリオンに達した当日行ったものである。また－記号のものは，成績が伸び悩んだりした場合にクライテリオン到達以前にテストしたものを示す）。過剰訓練を行った主な理由

---

[3] 日常での「感情表現」に関連するエピソードの収集に関して，対象者4の居住棟職員にはエピソードの収集を依頼しなかった。その理由は，対象者4の居住する「重度棟」の職員が多忙であること，また対象者4は，主に他の棟の施設生との接触が多いことが事前に観察されたからである。

表2—a　対象者1における弁別および表出課題の成績（正反応率：%）

		Pre-Test	I 期	II 期
〈弁別課題〉				
条件刺激	：選択刺激			
訓練課題				
文字	：表情画	40	Training (4)*	
サイン	：表情画	45		Training (0)
転移課題				
表情画	：文字	25	90 (+3)**	
サイン	：文字	—	100 (+6)	
般化課題				
表情画	：表情写真 (mi)	70	—	85 (+4)
表情画	：表情写真 (mo)	50	55 (+5)	95 (+1)
表情画	：表情写真 (no)	45	90 (+5)	95 (+4)
文字	：表情写真 (mi)	—	85 (+2)	65 (+4)
文字	：表情写真 (mo)	—	70 (+4)	90 (+1)
サイン	：表情写真 (mi)	80	—	95 (0)
サイン	：表情写真 (mo)	—	—	95 (0)
表情写真 (mo)	：表情写真 (si)	60	60 (+5)	90 (+1)
〈表出課題〉				
条件刺激	：反応			
表情画	：サイン	25	25 (+4)	100 (+2)
文字	：サイン	25	—	100 (+2)
表情写真 (mi)	：サイン	25	—	75 (+4)
表情写真 (mo)	：サイン	—	25 (+4)	75 (+2)
表情画	：書字	0	100 (+4)	
サイン	：書字	—	100 (+4)	
表情写真 (mi)	：書字	—	100 (+3)	
表情写真 (mo)	：書字	—	75 (+4)	

* Training の右括弧内の数値は，クライテリオンに達するまでのセッション数。
テスト課題の右括弧内の＋の付いた数字は，当該の訓練課題がクライテリオンに達したセッションを起点(0)としてテスト課題が各期のいつごろ行われたかを示すものである（の場合，「文字」—「表情画」の訓練完成から，さらに3セッション訓練が行われた日の「表情画」—「文字」の成績である）。

は，訓練実施上の都合でテストが遅れた場合などに確認の意味で行われたものである。

予備訓練

表中には示さなかったが，「文字」「表情画」「表情写真 (mi)」の3種の同一見本合せ課題による予備訓練の成績は，対象者3を除いては，いずれも1から5セッションという短い期間中に90％以上の成績を示した。対象者3では，表情画の課題で90％に至るには13セッションを要したが，「文字」「表情写真」については，それぞれ2セッションと7セッションで90％の成績を示した。

プレテスト

訓練課題に用いられる刺激セットを内容とする，「文字」—「表情画」，「サイン」—「表情画」，「サイン」—「文字」課題のプレテストの結果は，全ての対象者を通して，15％から65％であった。個人差は大きいが，「文字」—「表情画」と「サイン」—「表情画」を比較すると，どの対象者においても「サイン」が絡んだ後者の方が高い値を

表2-b　対象者2における弁別および表出課題の成績（正反応率：%）

		Pre-Test	I期	II期	III期
〈弁別課題〉					
条件刺激	：選択刺激				
訓練課題					
文字	：表情画	30		Training (9x)**	Training (4)
サイン	：表情画	50	Training (6)*		
転移課題					
表情画	：文字	—	—	50 (−5)***	100 (+4)
サイン	：文字	30	—	40 (−5)	Training (6)
般化課題					
表情画	：表情写真 (mi)	55	45 (+4)	—	55 (+5)
表情画	：表情写真 (mo)	45	45 (+2)	—	35 (+5)
表情画	：表情写真 (no)	35	20 (+2)	—	35 (+5)
文字	：表情写真 (mi)	—	—	—	50 (+2)
文字	：表情写真 (mo)	—	—	—	65 (+5)
サイン	：表情写真 (mi)	35	45 (+1)	—	40 (+1)
サイン	：表情写真 (mo)	—	15 (+6)	—	55 (+3)
表情写真 (mo)	：表情写真 (si)	65	40 (+4)	—	65 (+5)
〈表出課題〉					
条件刺激	：反応				
表情画	：サイン	25	100 (+1)	—	100 (+5)
文字	：サイン	0	—	—	75 (+2)
表情写真 (mi)	：サイン	0	25 (+1)	—	12.5 (+5)
表情写真 (mo)	：サイン	—	25 (+2)	—	50 (+5)
表情画	：書字	0	—	—	100 (+4)
サイン	：書字	—	—	—	100 (+3)
表情写真 (mi)	：書字	—	—	—	50 (+4)
表情写真 (mo)	：書字	—	—	—	75 (+3)

　*　Trainingの右括弧内の数値は，クライテリオンに達するまでのセッション数。
　**　Trainingの右括弧内のx印のついた数値は，成績が向上しないため，その回数のセッションで中断したことを表す。
　***テスト課題の右括弧内の＋－の数字は，当該の訓練課題がクライテリオンに達したセッション（あるいは打ち切ったセッション）を起点（0）としてテスト課題が各期のいつごろ行われたかを表示するものである。

示している。写真を含むいくつかの般化課題については，20％から80％と個人差がある。

　以上のプレテスト後に行われたサインの表出テストの成績は，対象者1で，「かなしい」を示す「表情画」「文字」「表情写真（mi）」に対して，泣き顔をしながら目をこする動作をした。この動作は準備された手話と多少形態は異なるが，以降も正解とみなした。他の表情については，「表情画」についてのみ模倣的な表情がみられた。対象者2と対象者3も，表情画については「かなしい」についてだけ泣き真似の動作が出ており，こ

れは手による動作があるために正反応とみなした。対象者4については，それぞれ模倣的な表情のみが示された。

　書字表出に関しては，対象者1は表情画「かなしい」に対して"ありがとう"，「うれしい」に"おとうさん"，「おこる」に"おかあさん"と書字し，「ふつう」に対しては，手のひらを差しだすという動作（名称を書けという教示要求である）を示した。対象者2では，表情画「ふつう」「うれしい」に関しては"みみ"，「おこる」「かなしい」に対しては"かお"と書字している。対象

表2-c 対象者3における弁別および表出課題の成績（正反応率：％）

		Pre-Test	I期	II期	III期
〈弁別課題〉					
条件刺激	：選択刺激				
訓練課題					
文字	：表情画	30		Training(22x)**	Training(0)
サイン	：表情画	40	Training(6)*		
転移課題					
表情画	：文字	15	―	50(-4)***	100(+3)
サイン	：文字	―		70(-5)	Training(0)
般化課題					
表情画	：表情写真(mo)	20	60(+3)	75(-6)	―→95****
表情画	：表情写真(no)	45	75(+4)	―	―→90
文字	：表情写真(mo)	―	―	―	―→100
サイン	：表情写真(mi)	65	75(0)	―	90(+5)
サイン	：表情写真(mo)	―	90(+2)	―	―
表情写真(ko)	：表情写真(mo)	50	50(+4)	60(-7)	65(+5)→100
〈表出課題〉					
条件刺激	：反応				
表情画	：サイン	25	100(+5)	100(0)	100(+1)
文字	：サイン	0	―	25(-3)	100(+1)
表情写真(mi)	：サイン	0	25(0)	―	100(+1)
表情写真(mo)	：サイン	―	25(+5)	100(-3)	100(+5)

*　　Trainingの右括弧内の数値は，クライテリオンに達するまでのセッション数。
**　 Trainingの右括弧内のx印のついた数値は，成績が向上しないため，その回数のセッションで中断したことを表す。
***　テスト課題の右括弧内の＋－の数字は，当該の訓練課題がクライテリオンに達したセッション（あるいは打ち切ったセッション）を起点(0)としてテスト課題が各期のいつごろ行われたかを表示するものである。
****般化課題の成績の左に矢印のついているものは，サインの媒介（条件刺激が呈示されたら，それにサインでラベリングする）を伴わせたものである。

者3，4では書字することはできなかった。

各対象者の条件性弁別訓練とテストの推移

3つの刺激セット間の等価関係を成立させるためには，最低2種の刺激セット間の条件性弁別課題を必要とする。第一の課題の訓練期間をⅠ期，第二課題をⅡ期と区別する。

4名の対象者のうち，対象者1と対象者4は，Ⅰ期を「文字」―「表情画」（前項が条件刺激，後項が選択刺激），Ⅱ期を「サイン」―「表情画」として訓練を開始した。対象者1（表2-a参照）については，「文字」―「表情画」課題は，4セッションでクライテリオンに達している。そしてその直後に行われた「表情画」―「文字」課題でも90％，さらに未学習にもかかわらず，「サイン」―「文字」課題で100％の成績を示している。従って，第Ⅱ期の「サイン」―「表情画」の訓練課題については，第1セッションからクライテリオンに達している。写真を含めた般化課題においては，第Ⅰ期の訓練後，「文字」―「表情写真」に関して85％（対mi）と70％（対mo），第Ⅱ期には「サイン」―「表情写真」課題では，いずれも95％の成績を示している。写真との組合せを含んだ他の課題については，第Ⅱ期では，いずれも65％から95％の成績を示している。対象者4（表2-d）では，第Ⅰ期に，「文字」―「表情画」について8セッションまで訓練を行ったが，成績が伸び悩み下降する傾向さえ見られた

表2―d　対象者4における弁別および表出課題の成績（正反応率：％）

		Pre-Test	I期	II期	III期
〈弁別課題〉					
条件刺激	：選択刺激				
訓練課題					
文字	：表情画	15	Training (8x)**		Training (5)
サイン	：表情画	65	80 (0)	Training (5)*	
転移課題					
表情画	：文字	35	30 (－1)***	―	90 (＋1)
サイン	：文字	―	50 (0)	―	90 (＋3)
般化課題					
表情画	：表情写真 (mi)	50	―	―	75 (＋6)
表情画	：表情写真 (no)	50	―	―	75 (＋3)
文字	：表情写真 (mo)	―	―	45 (－2)	80 (＋3)
文字	：表情写真 (si)	―	―	―	55(＋5)→75****
サイン	：表情写真 (mi)	55	―	80 (－4)	―
サイン	：表情写真 (mo)	―	―	90 (－3)	―
表情写真 (ko)	：表情写真 (mo)	45	―	―	60 (0)→100
〈表出課題〉					
条件刺激	：反応				
表情画	：サイン	0	0 (0)	100 (＋2)	100 (＋4)
文字	：サイン	0	0 (0)	50 (＋2)	100 (＋4)
表情写真 (mi)	：サイン	0	―	75 (0)	75 (＋8)
表情写真 (mo)	：サイン	―	―	100 (＋2)	100 (＋4)

*　　 Trainingの右括弧内の数値は，クライテリオンに達するまでのセッション数。
**　 Trainingの右括弧内のx印のついた数値は，成績が向上しないため，その回数のセッションで中断したことを表す。
***　テスト課題の右括弧内の＋－の数字は，当該の訓練課題がクライテリオンに達したセッション（あるいは打ち切ったセッション）を起点(0)としてテスト課題が各期のいつごろ行われたかを表示するものである。
****般化課題の成績の左に矢印のついているものは，サインの媒介（条件刺激が呈示されたら，それにサインでラベリングする）を伴わせたものである。

ので打ち切り，第II期として，「サイン」―「表情画」を先行させた。この「サイン」―「表情画」は5セッションで完成した。その後，再び第III期として「文字」―「表情画」の訓練に戻ったところ，これも5セッションで完成している。表情写真を用いた般化課題のうち，「サイン」を用いた課題では，第II期完成以前から80％から90％の成績を示した。第III期後の，「文字」―「表情写真」については80％（対mo）と55％（対si）の成績を示した。般化課題の「文字」―「表情写真」(si)，「表情写真(ko)」―「表情写真(mo)」の両課題で，サインによる媒介反応（弁別刺激が出たら必ずそれについてサインでラベリングをして選択反応をする）をさせたところ，そ

れぞれ20％と40％の成績の上昇が見られた（表2―d，III期→印参照）。

対象者2と対象者3では，第I期に「サイン」―「表情画」の訓練を行ったが，2名とも完成までに6セッションを要した。ところが，第II期の「文字」―「表情画」課題では，対象者2で9セッション，対象者3では最終的に22セッションかけてもクライテリオンに達しなかった。そこで，両名ともに，第III期として「サイン」―「文字」の課題を「文字」―「表情画」の訓練と併せて同じ日に訓練課題として行った。対象者2では，「サイン」―「文字」課題では6セッションでクライテリオンに達し，第II期から引続き訓練された「文字」―「表情画」についても4セッション

「あの人はどんな気持ち?」:聾精神遅滞者のサインおよび書字による感情表現語の獲得　45

で完成している。対象者3については，第Ⅱ期の「文字」―「表情画」は，9セッション以降80％程度の成績から上昇しなかったが，Ⅲ期に「サイン」―「文字」の直接訓練を導入すると，「文字」―「表情画」，「サイン」―「文字」のいずれについても初回の訓練セッションでクライテリオンに達している。表情写真を使った般化課題に関しては，対象者2は第Ⅰ期の訓練後はもとより第Ⅱ期に至っても成績の向上がみられなかった。対象者3では，第Ⅰ期の訓練後，「サイン」―「表情写真」で75％（対 mi）と90％（対 mo）の成績を示した。さらに「表情写真（ko）」―「表情写真（mo）」については，第Ⅲ期の訓練後も65％の成績であったが，対象者4と同様に，サインによる媒介反応を行わせたところ100％に改善された（表2―c，Ⅲ期→印参照）。他の般化課題の成績はすべて媒介的サインを伴わせた結果である。4種の感情表現語それぞれの弁別課題成績の推移については，特に語間で特徴的な差異は認められなかった。また，表情写真どうしの成績の差も，対象者との人間関係（既知，未知）によって左右されることはなかった。

表出テスト

訓練刺激と般化刺激に対する反応　訓練で用いられた刺激に対する書字あるいはサインの表出は，対象者2（第Ⅲ期：文字に対するサイン反応，75％）を除いて，いずれの対象者についてもその刺激を含んだ訓練完成後には100％の成績を示し，理解から表出への転移が確認された。表情写真に対する表出反応は，対象者2では対象写真に大きく，12.5％から75％の値を示しているが，他の3名では，75％から100％の成績を示している。

ヒトに対する般化　サインによる「あの人はどんな気持ち?」という疑問に対する表出反応は，訓練者，訪問客などを刺激として採られた。このテストは，その後も，対象者によっては場面や人物を変えて試みられたが，ここでは初回の結果を示す。

対象者1では，メモ帳と鉛筆を渡しておき，やや距離をおいた「かなしい」顔をした訓練者（mo）について，別の訓練者が指をさし質問したところ，その人物の名称を書いた。そこで，もっと近よって「顔」を強調し同じ質問をしたところ"かなしい"と書字した。同様，moの「うれしい」表情についても"うれしい"と書字した。次に，mo がさらに別の訓練者（wa）の足を蹴飛ばし，wa は泣き顔をつくった。そしてその後，怒った表情を示したが，その推移に従ってそれぞれ"かなしい""おこる"を書字した。またその時，ビデオカメラを撮影していた訪問者の表情について質問したところ"ふつう"と書字した。サインに関しては同様の事態で促したが表出せず，専ら手に書くなど書字モードで反応する傾向がみえた。最後に，対象者1自身を指さし，「あなたはどんな気持ち?」という質問を手話で行ったところ"うれしい"と書いた。対象者2，3でも同様の場面で質問をしたが，質問のサインを模倣するばかりであった。対象者4では，対象となる人物によっては誤反応があったものの，4種のサインを表出することができた。表出テスト中に，実験者が自ら「かなしい」顔を強調して示したところ，自分は笑いながら「うれしい」サインをし，次に「かなしい」のサインを示すといったエピソードもあった。しかし，「あなたはどんな気持ち?」に対する質問には無反応であった。

職員の記録と訓練者の観察からみた日常場面での般化

日常場面でのアンケートの結果　対象者1，2，3の居住する職員に記録を依頼した感情表現に関わるエピソードは，約2カ月間で46件であった。そのうち対象者1に関わるものが14件，対象者2は18件，対象者3は14件であった。そして，訓練で獲得した感情表現語を対象者が書字もしくはサインによって示したエピソードは，対象者1で2件，対象者3で7件であった。対象者1のエピソードの内容は，日常の作業の間に「机に突っ伏し，うなるようにしていた」場面で，職員がその理由を問うつもりで紙と鉛筆を渡し書字を要求

したところ，「うれしい，かなしい，ふつう，るこお」（下線筆者）の4つを書いたというもの。また，対象者1が職員の腕を強くつかんだ時に，その職員が「かなしい」サインをしたところ，さらに強く腕をつかんだ。そこで，職員が「おこる」サインを示すと，手を放し"かなしい"サインを示したというものであった。対象者3のエピソードは，言語訓練の前に職員のそばに来て4つのサイン全てを示したり，他の施設生に全サインを示し「あたかもサインを教えているように見えた」等というものであり，状況からみて「訓練」全体を表現する形で4つのサインを全て行うといった記録が多かった。

訓練者の観察によるエピソードなど 対象者3に関しては，弁別課題遂行中に，誤反応のフィードバックの×印を見て，実際は笑いながら"かなしい"サインをしたり，さらに，おやつの時間に訓練者を食堂に引っ張って行き"うれしい"サインを示したというエピソードもあった。対象者4については，言語的表出とは直接関係ないが，母親から「なぜかこのごろ表情がオーバーになってきた」という報告を訓練後期に受けた。

考　察

4名の対象者ともに，「文字」「サイン」「表情画」の3つの刺激セット間の等価関係を条件性弁別課題によって成立させることができた。そして，書字と（もしくは）サインの表出に関しても，直接の訓練なしに獲得できることが示された。この結果は，これまでの聾精神遅滞者における物品名や抽象名詞（色）の語彙獲得における結果（望月・野崎・渡辺，1986；渡辺・野崎・望月，1987）と一致する。但し，今回の，表情を題材とした感情表現語の獲得では，その成立に至るまでの手続きは対象者によって，いくつかの経路をたどることとなった。対象者1と対象者4では，「文字」―「表情画」および「サイン」―「表情画」の2つの課題のみを訓練し，第3の組合せである。「サイン」―「文字」は直接の訓練なしで獲得した。しかし，対象者4の場合は，最初に試みられた「文字」―「表情画」の成績が上昇せず，まず「サイン」―「表情画」の訓練を経て，再び「文字」―「表情画」課題を繰り返すことにより同課題のクライテリオンに達している。一方，対象者2，3では，「サイン」―「表情画」の完成を経て，「文字」―「表情画」に至ったが，それでもこの課題について完成することができなかった。そのために，この課題と並行して「サイン」―「文字」も直接訓練している。但し，両名ともに「サイン」―「文字」のクライテリオンまでの完成が，「文字」―「表情画」完成に必要というわけではない。対象者2では，「サイン」―「文字」の訓練半ばの4セッションで「文字」―「表情画」が先行して完成している。さらに，対象者3でも，22セッションもかかって完成しなかった「文字」―「表情画」課題が「サイン」―「文字」を1回訓練するだけですぐにクライテリオンに達している。いずれにせよ，対象者1以外の訓練過程でのつまずきは，そのいずれもが刺激項の中に「サイン」を含んだ課題を一時的にせよ介在させることによって解決している。

自閉症児などを含む言語遅滞児に対して，マニュアルサインといった非音声（non-oral）的な手段を音声的なコミュニケーション実現のためステップとする方法は，すでに一般的である（Carr, 1979；Schaeffer, Musil, & Kollinzas, 1980）。今回の結果から，聾精神遅滞者における書字モードの（条件性弁別課題の選択反応という形での）理解に関しても，サインの介在が促進的な効果を持つことが確認されたと言えよう。

これまで，刺激等価性の訓練パラダイムにおいては，推移律（transitivity）の成立などに音声といった媒介反応は必要ではないことが示されてきている。しかし同時に，サインによる媒介反応が弁別遂行の際に促進的な効果を持つであろうことも想像に難くない。対象者1と対象者2については，以前，物品の名称に関して，今回と同様の「サイン」―「対象物」，「文字」―「対象物」の2つの条件性弁別課題で獲得を試みたが，その際

にも両課題の遂行中に自発的なサインのリハーサルを示し，それが課題遂行に好影響を及ぼしたと考えられる (Mochizuki, Nozaki, Watanabe, & Yamamoto, 1988)。今回の訓練でも，対象者が課題遂行中にサインを自発的に示すことが観察されている。但し，残念ながら，課題遂行中のリハーサル反応を系統的に記録しなかったので，その課題成績に及ぼす効果は明らかではない。それでも，対象者3と対象者4の表情写真を含んだ般化課題の成績が，サインによる媒介（弁別刺激が出たら必ずサインでラベリングをする）によって上昇した事実は，そのような可能性を裏付けるものと言えよう。

4名の対象者は，対象者1，2に関しての要求言語行動に関する先行訓練を除いて機能的なサインの訓練について学習してきた痕跡はなく，むしろ口話訓練に重点がおかれてきたことが行動の端々に見られる[4]。それにも拘らず，対象者たちが課題遂行中に自発的なサインを示すといった事実は，対人的な言語表出としてばかりでなく当訓練のような記号的な課題場面でもサインという表現モードを機能的に使用してゆこうとする選択傾向の存在を表したものと言える。聾という障害を併せ持った精神遅滞児者の様々な形での言語獲得において，この表現モードはさらに系統的に利用する可能性があろう。

獲得された書字あるいはサインによる表出の般化は3つのタイプに区別することができる。第1は訓練室状況の中で，直接訓練に用いなかった表情写真，および生きた人に対する反応，第2は自分自身を対象とした反応，そして第3は何ら組織化されていない日常での反応である。結果は，すでに述べたように，今回の条件性弁別課題遂行後の段階では，第1のタイプでのみ確実な般化をみることができた。

---

4) 4名の対象者のうち，対象者2を除いて，一対一で向き合った状況で，新しい絵カードなどを示すと何らかの発声をしようとする。また，本文中に記したように対象者3では，特定単語（ボウシのみ）についてはキュードスピーチの仕草をしながら「ボーシ」と発音することができる。以上のような事実からの判断である。

第2の訓練室内で行われた「あなたはどんな気持ち？」というテストは，訓練者が指さした他人の表情に対する反応（第1のタイプ）が，そのまま自分の表情に対する反応としても出現するかという試みであった。このテストでは，対象者1のみが「うれしい」と書字した。この反応が，文字どおり自分の表情に対する記述として出たものとすれば，それは，刺激性制御の観点から言えば，他者の表情と自らの（直接目の触れぬ）表情との等価関係が前提となる。対象者1は，脈絡とは関係ないにせよ，日常極めて表情が豊かであり，さらにコンピュータディスプレイや鏡に映る自分の顔に対して笑いかけたり渋面を作るといった「鏡映」に対する特異な反応が顕著に見られた。前述の等価関係の成立がそのような反応傾向と無縁ではないかも知れない。但し，この自分を指さされた場合の「うれしい」という書字反応は単発のものでありさらなる検討を要する。

第3の日常場面での般化も，弁別訓練完成時から2カ月の期間のアンケートや観察によれば，ほとんどが「訓練事態」そのものを示すものと思われ，「表情」あるいは「感情」に関わる文脈の中で自発されたものとは言えない。もとより，訓練室内で行われたテストでは，「あの人はどんな気持ち？」というプロンプトに対する答えとして表出を要求してきたことから，そのような先行刺激を持たない日常場面で自発することは期待できるものではない。そのことは，対象者1，2について以前に書字およびサインを用いた要求言語行動を訓練し，手つかずの日常での出現を待ったが，プロンプトを導入するまで全くといって良いほど般化は見られなかった事実（望月ら，1988）からも予想に難くない。

以上の状況から判断して，現在は限定された場面で訓練者に指示された場合にのみ，他個体の表情の記述として感情表現語反応が示されているにすぎない。この段階から，当訓練に参加した対象者が，我々が日常で了解するところの感情表現に関する諸行動へと発展させるための具体的な方法としては，現在2つのものが検討されている。ひ

とつは，上記の第2のタイプの般化でも触れたように他個体と自分の表情を刺激性制御の媒介とするような積極的な訓練を行うことであり，これは伝統的な「類比説」[5]に対応する形といえる。いまひとつは，現実の日常生活の中で，当該の感情表現に関連する言語行動を他者とやりとりすることにより，矛盾のない表現を獲得していくという方法である。いずれにせよ，日常での使用を目標とする以上，対象者と同じ居住環境で生活する他の施設生や職員が当該の語彙について，共通の表現を共有することが前提となる (Kopchick, Rombach, & Smilovitz, 1975)。現在，職員と精神遅滞を持つ他寮生とを対象にして，当訓練に用いた4種の感情表現語を含んだ手話を，講習，ポスター，絵本という3種類の方法で普及させることを検討中である。

この研究は，昭和62年度科学研究費奨励研究（課題番号62710183）による援助を受けた。また，内容の一部は日本特殊教育学会第26回大会 (1988) で発表された。

引用文献

Baer, D. M. (1970). An age-irrelevant concept of development. *Merrill-Palmer Quarterly Journal, 16*, 238-245.

Carr, E. G. (1979). Teaching autistic children to use sign language: Some research issues. *Journal of Autism and Developmental Disorders, 9*, 345-359.

Clarke, S., Remington, B., & Light, P. (1986). An evaluation of the relationship between receptive speech skills and expressive signing. *Journal of Applied Behavior Analysis, 19*, 231-329.

Gray, J. M., Fraser, W. L., & Leudar, I. (1983). Recognition of emotion from facial expression in mental handicap. *British Journal of Psychiatry, 142*, 566-571.

Kopchick, G. A., Rombach, D. W., & Smilovitz, R. (1975). A total communication in an institution. *Mental Retardation, 13 (3)*, 22-23.

Maurer, H. & Newbrough, J. R. (1987a). Facial expressions of mentally retarded and nonretarded children: I. Recognition by mentally retarded and nonretarded adults. *American Journal of Mental Deficiency, 91*, 505-510.

Maurer, H. & Newbrough, J. R. (1987b). Facial expressions of mentally retarded and nonretarded children: II. Recognition by nonretarded adults with varying experience with mental retardaion. *American Journal of Mental Deficiency, 91*, 511-515.

望月　昭・野崎和子・渡辺浩志 (1986). 聾精神遅滞者における要求言語行動の獲得―複数モード使用のためのプログラム―. 聴覚言語障害, *15*, 133-145.

望月　昭・野崎和子・渡辺浩志 (1988). 聾精神遅滞者における要求言語行動の実現―施設職員によるプロンプト付き時間遅延操作の検討―. 特殊教育学研究, *26 (1)*, 1-11.

Mochizuki, A., Nozaki, K., Watanabe, H., & Yamamoto, J. (1988). Acquistion and functional use of signing and writing in deaf adults with mental retardation through conditional discrimination. *Journal of the Multihandicapped Person, 1*, 233-250.

望月　衛 (1975). 表情判定と親知度. 日本心理学会第39回大会発表論文集, 547.

野崎和子・望月　昭・渡辺浩志 (1989). 聾精神遅滞者のコミュニケーション行動に関する実態調査. 特殊教育学研究, *26 (4)*, 33-42.

Schaeffer, B., Musil, A., & Kollinzas, G. (1980). *Total communication: A signed speech program for nonverbal children*. Illinois: Research Press.

Sidman, M. & Tailby, W. (1982). Conditional discrimination vs. matching to sample: An expansion of the testing paradigm. *Journal of the Experimental Analysis of Behavior, 37*, 5-22.

Spradlin, J. E. & Dixon, M. H. (1976). Establishing conditional discriminations without direct training: Stimulus classes and labels. *American Journal of Mental Deficiency, 80*, 574-579.

渡辺浩志・望月　昭・野崎和子 (1987). 聾精神遅滞者における要求言語行動の獲得―見本合わせ課題を用いた色名の獲得とその修飾的使用―. 日本特殊教育学会第25回大会発表論文集, 60-61.

---

5) 大森荘蔵・廣松渉・野家啓一「言語・表情・他者」(現代思想, 1989, Vol. 17, 172-192) など参照のこと。

出典：望月　昭・野崎和子・渡辺浩志・八色知津子 (1988).「あの人はどんな気持ち？」：聾精神遅滞者のサインおよび書字による感情表現語の獲得. 行動分析学研究, *3*, 1-20.

▶▶▶ コメント

感情を行動としてとらえると

法政大学
島宗 理

　本論文は「あの人はどんな気持ち？」というアイ・キャッチーなタイトルを裏切らず，発表されてから十年以上たった現在でも，画期的なアイディアにあふれている研究です。

　気持ちや感情というと外からは観察できない心的な事象とみなされがちです。イライラしたから暴れるとか，悲しいから泣くといったように，目にみえる行動の原因として位置づけられることもあります。

　一般的な心理学では，心拍数や血圧や脳波などの生理的・生物学的指標を測定して情動の変化を捉えたり，「あなたはどのくらい不安ですか？」といった質問項目に対する自己評定を数量化することで，気持ちや感情を測定します。

　しかしながら，こうした方法には，そのようにして得られたデータが，そもそも本当に測りたい事象（気持ちや感情）を測定できているのかどうかがよくわからないという妥当性の問題があります。心拍数や血圧，脳波などの生理的な指標は情動と伴に変化する副次的な事象なのかもしれません。また，たとえばある楽曲を聴いたときの感情を「とても明るい気持ちがする」と回答する言語行動は，そのときの本人の感情だけではなく，その楽曲自体にも制御されているのかもしれません。

　行動分析学では情動的な反応をレスポンデント条件づけの枠組みを使って理解しようとすることがあります。たとえば，電気ショックの提示によってレバー押しの反応率が全体的に低下するような条件性抑制や，恐怖症や不安症の治療に関わる臨床的な研究，好子の除去や嫌子の提示，反応コストの増加による攻撃行動の発現などについてデータが蓄積されています（詳しくは，中丸，2000などを参照）。

　しかしながら，他者の感情を理解する学習はどのように成立するのか，自分の感情を他者に伝える言語行動のレパートリーはどのように獲得されるのかといった，言語・社会発達に関連した実験的な研究はあまり行われていませんでした。

　感情を心的な事象とするなら，それを客観的に測定することは上述のように方法論的に難しくなります。また，感情を操作するためには，気持ちの変化を引き起こす刺激を提示しなければならず，そうした実験には倫理的な問題が生じかねません。

　本研究の著者らは，気持ちや感情を私的出来事として捉えることによる方法論上の制約を，(1)他者の感情理解を表情刺激の条件性弁別として，すなわち三項随伴性によって制御されるオペラントとして捉えることで，さらに，(2)他者の感情理解と自分の感情表出との関係を刺激等価性のパラダイムを適用することで，見事に突破しています。

　「あの人はどんな気持ち？」かを理解するためには，自分がどんな気持ちかわからないとならないし，あの人の気持ちを推し量ったり，共感できなければならないはずだという常識的な思い込みをスルリとかいくぐり，まずは表情画・写真，感情語，サインとの間に等価関係を成立させてしまって，それで妥当な感情表出が得られるかどうかやってみましょうという作戦だったのではないでしょうか。

　オペラントの枠組みによる感情表出訓練の研究としては，その後，刎田・山本（1991）が，ブロックやピストル，平均台などで遊んだ後に，子どもに「どんな気持ちだった？」と質問し，「楽しかった」，「びっくりした」，「怖かった」など，遊びの内容に一致した回答をすることを教える指導法を開発しています。

　スキナーは私的出来事のタクトが学習される過程を4つのケースにわけて解釈していますが（杉山ら，pp.283-284），平均台で遊んだ後に「怖かった」と言うタクトを強化するのは，このうち本人の私的出来事（「怖い」）の他に他者にとって公的刺激（平均台）があるケースです。また，もし子どもが平均台から落下して泣き顔で戻ってきた

のを観察していたらなら，それは私的出来事と顕在的関連反応（泣き顔）が併存するケースです。いずれにしても，「怖い」という私的出来事そのものは扱わなくても，その表出を教えられること示した点が，本論文と同じ逆転の発想の賜物です。

さらに，本論文で感情表出の手段としてサインや書字を用いた点には，行動の形態よりも機能を重視する行動分析学の特徴が現れています。一人ひとりの学び手にあった学習目標や支援方法を設定するという，現代の特別支援教育の流れの先駆けとなっていたとも言えるでしょう。

私たちの研究室では，本論文を参考に，自閉症傾向のある子どもさんに，表情画・状況文・感情語間の等価関係を形成する指導を行いました（島宗・細畠，2008）。手前味噌になりますが，こちらの論文にも関連する研究を紹介していますので，よろしければご参照下さい。

文　献

刎田文記・山本淳一 (1991)．発達障害児における"内的"事象についての報告言語行動（タクト）の獲得と般化．行動分析学研究, *6*, 23-40.

中丸　茂 (2000)．情動の行動分析学．土田昭司・竹村和久（編）．対人行動学研究シリーズ4　感情と行動・認知・生理．誠信書房, pp.79-101.

島宗　理・細畠美弥子 (2008)．自閉症傾向のみられる発達障害児における刺激等価性の枠組みを用いた感情語の指導．行動分析学研究, *23*, 143-158.

杉山尚子・島宗　理・佐藤方哉・マロット R. W.・マロット M. E. (1998)．行動分析学入門．産業図書.

A Method to Draw Cumulative Records on CRT Display

MASAKI TOMONAGA
Faculty of Human Sciences, Osaka University

KAZUO FUJITA
Department of Psychology, Primate Research Institute, Kyoto University

Abstract

We present a BASIC program for drawing cumulative records on the CRT display of NEC PC-9801 personal computer series. This program consists of a set of subroutines. In order to use this in controlling behavioral experiment, we have only to merge these subroutines into the main program. Calling appropriate subroutines at appropriate time makes possible real-time drawing of cumulative records without using interrupt processing (e. g. ON INTERVAL GOSUB), which N88-BASIC does not support.

Key words : cumulative records, CRT display, computer software, BASIC programs, experimentaion, instrumentaion.

CRTディスプレイに累積記録を描く

大阪大学大学院人間科学研究科　友永雅己
京都大学霊長類研究所　藤田和生

　累積記録をNECのPC—9801シリーズパーソナルコンピュータのCRT画面にリアルタイムで描くBASICプログラムを作成した。このプログラムは一組のサブルーチンから構成されており，行動実験制御用の主プログラムにこれらのサブルーチンをマージして使用するものである。適切な時間に適切なサブルーチンを呼ぶことによって，N88-BASICがサポートしていないインターバル割り込み処理を用いることなく累積記録のリアルタイム表示を可能にしている。

はじめに

近年，Journal of the Experimental Analysis of Behavior (JEAB) などの行動分析系の雑誌の論文を見ると累積記録が図として呈示される頻度が減少してきている。例えば，JEAB創刊号 (1958, Vo1. 1, No. 1) では，11の実験論文中6つの論文で累積記録の図がみられ（約55％），全59図中23の図が累積記録であった（約39％）。それに対し，15年後の第19巻の第1号（1973年1月）では，18論文中6論文（約33％），全83図中13にまで減少し（約16％），さらに15年後の第49巻の第1号（1988年1月）では，全72図中ただ1つ（約1.4％）にまで減少している。この原因のひとつには，行動分析における研究の中心的領域が，基本的な強化スケジュールの研究からより複雑な強化スケジュールの研究（例えば選択行動）や刺激性制御（例えば刺激等価性），あるいは言語行動の研究へと変化してきたことが挙げられる (Zeiler, 1984)。

しかしながら，このような事実は研究者が累積記録をデータとして用いなくなったことを意味するのではない。累積記録は被験体の反応遂行の時々刻々の変化を視覚的にとらえることができるため (Reynolds, 1975)，いまだに実験的行動分析において重要な役割を占めるものである。

これまで，著者らの研究室では，累積記録を描くために累積記録器を使用してきたが，この機器にはいくつかの問題点がある。第1に，累積記録器は非常に高価であり，かつ輸入品が主なためメンテナンスの面で不便である。第2に，パーソナルコンピュータで実験を制御する場合などは，累積記録器とのインタフェースの出力ビットが標準的な使用で3個必要であり，複雑な実験環境や多数の実験環境をパーソナルコンピュータで制御する際には出力ビットが不足する場合がある。第3に，累積記録器は電気的ノイズの発生源となりやすく，インタフェースを誤動作させることがある。第4に，防音や遮音が不十分な実験室では，累積記録器の発するかなり大きなクリック音が被験体にとって実験者の意図しない弁別刺激や条件性強化刺激になってしまう可能性がある。

パーソナルコンピュータで実験制御を行なっている場合，これらの問題点を解決するための1つの方法として，プリンタに累積記録を描く試みがなされている（藤，1984）。またJEABの第51巻の第1号（1989年1月）には累積記録をプリンタに出力するコンバータ（395ドル）の広告が出されている。

著者らの研究室においても，MSX 2や，PC―9801シリーズなどのパーソナルコンピュータで実験を制御しているが，プリンタよりも簡単に出力することができるCRTディスプレイに累積記録を描くことを考案し，PC―9801シリーズ上で動く簡単なプログラムを作成したので以下に報告する。

本プログラムの特徴

基本的には，実験制御用のプログラム実行中に何秒間か毎に累積記録器の「紙送り」に対応したサブルーチン（これ自体は非常に簡単なものである）へと飛べば良いわけだが，パーソナルコンピュータによる実験制御で最も使用頻度の高い言語のひとつであるN88-BASICには"ON INTERVAL... GOSUB"という命令がないため，このような割り込み処理は非常に面倒である。一つの方法としては，内部タイマを利用した割り込み処理ルーチンを機械語で書き，これを用いて一定時間ごとにプログラムの実行を「紙送り」サブルーチンへと飛ばすという方法がある（南雲，準備中）。しかしこの方法を用いるには，ソフトウェアやハードウェアに関する知識が豊富な人でないと実現はむずかしい。そこで，著者らはもっと単純な方法で疑似的な割り込み処理（実際は割り込み処理ではない）を行うことにした。それは，プログラム実行中において，比較的処理に余裕があるとき（例えば，反応のチェック時，試行間間隔やタイムアウト，強化刺激呈示時など）に「紙

送り」サブルーチンへ飛び，前に累積記録を右へ移動させた時間との差分をもとに累積記録を移動させる，というものである。この方法であれば，一定時間ごとの割り込み処理ができなくともほぼリアルタイムに累積記録を描くことが可能となる。

付録1に我々の作成したプログラムのリストを示した。このプログラムは一組の BASIC サブルーチンからなり，以下のような特徴を持っている。
① 累積記録を表示する画面上の位置（高さ）が上下に移動できる。従って，ディスプレイの上部に数値データ（テキスト画面）を，下部に累積記録を描くといった使い方が可能である（変数 OFFSET）。
② 累積記録を何段に分けて表示するかを設定できる（変数 NLINE）。また，段替え，リセットは自動的におこなわれる。
③ 横軸方向の速度が変えられる（変数 CUMUNIT）
④ 反応率を示すグラフを最上段の左端に描くことができる（行番号 10090 の SP の値を変えることでグラフの横方向の領域を変化させることができる）。

本プログラムの使用法

次に，このプログラムの使用方法を以下に示す。
① 実験制御用のプログラムに本プログラムをマージする。
② 変動の設定は行番号 10060−10090 で行なう。
【例】
10060　NLINE＝4；累積記録の段数。多くとると長時間記録できる。
10070　OFFSET＝0；累積記録の書かれる上限の高さ。画面上部からのドット数。
10080　CUMUNIT＝10；横軸方向の速度。1ドットあたりの秒数
10090　SP＝80：CX 0＝SP；累積記録最上段の開始位置。空き領域に反応率のグラフを描く。
③ 行番号 10180−10190 でセッション開始からの経過時間（秒単位）を変数 CUMTIM に取り込む必要がある。このプログラムではパーソナルコンピュータ本体に内蔵されているカレンダー時計（TIME$）を使用している。そのため，次の2行を実験プログラムのセッション開始部分に組み込んでおかなくてはならない（付録2の反応形成用サンプルプログラムでは行番号 110−120 で設定されている）。
　ST$＝TIME$；カレンダー時計の時刻を変数 ST$ に取り込む（セッション開始時間）。
　STIME＝VAL（LEFT$（ST$，2））＊3600＋VAL（MID$（ST$4，2））＊60＋VAL（RIGHT$（ST$，2））；セッション開始時の時間を秒単位で変数 STIME に取り込む。

この他にもコンピュータ本体に内蔵されているタイマ（8253）を機械語プログラムにより制御して同様の動作を行うことも可能である（例えば，南雲，準備中）。
④ 実験プログラムのはじめに，累積記録画面の初期設定を行なうルーチンへ飛ぶために GOSUB ＊CUMR.INIT を実行する。
⑤ 反応，強化，その他の事象がなくとも GOSUB ＊CUMR.NOSTEP を繰り返し実行する。これは「紙送り」に対応し，累積記録を右にのばすだけのルーチンである。
⑥ 後は，必要なときに以下のサブルーチンを実行すればよい。
　　＊CUMR.STEP……ステッパ
　　＊CUMR.PIP……強化マーク
　　＊CUMR.EVENT……イベントマーク
⑦ 反応率見本が必要ならば，GOSUB＊CUMR.RATE を実行すると（SP−20）＊CUMUNIT／60分で（CUMTOP−10）回反応をした場合の反応率を示すグラフを最上段の左端に描くことができる。ただしこのルーチンは＊CUMR.INIT の後で実行すること。
⑧ ハードコピーが必要ならば COPY キィを押す。テキスト画面が不要であれば，CLS を実行してから COPY キィを押すか，GRAPH キィと COPY キィを同時に押せばよい。

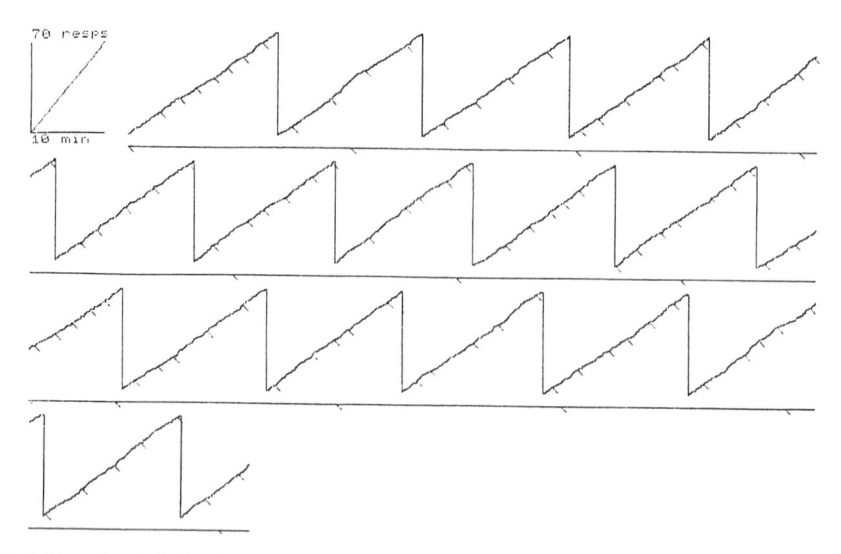

図1．CUMREC.BAS で描いた累積記録のハードコピーの例。横軸の1ドットは10秒。イベントマークは30分おきに打った。この累積記録自体はコンピュータの乱数を用いて描いたものであり，データとしての意味はない

図1にハードコピーの例を示す。この図では，10秒に1回1ドット右に進み，80回の反応でリセットされている。なお，このプログラムでは画面に（635×NLIN−P)×CUMUNIT)／60分間累積記録を描くことができる。また，付録2には実際にこのプログラムを利用した実験プログラムの例を挙げておいた。実行時にはこれに付録1のプログラムをマージして使用する。これは，サルのキイ押し反応形成用のプログラムである。参考にしていただければ幸いである。なお，この累積記録作画プログラムは，反応を検出し，記録するだけのプログラムに組み込んで利用した場合，ヒトの限界反応率に近い250回／分の反応率にはまったく問題なく追従した。実際に追従可能な限界反応率は，このプログラムを組み込んだ実験プログラムの処理の複雑さに依存して変動するはずであるが，実用には十分耐えるものと思われる。

結 び

以上，累積記録を CRT ディスプレイに描くためのプログラムについて報告したが，この他にも様々な方法でこれを実現することができると思われる。例えば，MSX のユーザであれば，"ON INTERVAL＝xx GOSUB..." 文を使って，簡単に割り込み処理による累積記録作画を実現できるであろう（ただし，MSX のグラフィック機能は PC−9801 シリーズや他の16ビットパーソナルコンピュータに比べて貧弱であるため，美しさや解像度は保証できない)。

ここで示したプログラムには，まだまだ不備な点や不十分な点があると考えられるが，我々の意図したところは，CRT ディスプレイに累積記録を描くというアイデアの提供とそのためのプログラムの一例の提示である。後は，各人の工夫によって，より洗練されたものにしていただきたい。

引用文献

藤　健一 (1984)．EPSON ターミナルプリンタ RP-80 で累積反応記録を書く．PLANET, No.3, 29.

南雲純治（準備中)．ハードウェア割り込みによる PC-98 シリーズ内蔵タイマーの使用法.

Reynolds, G. S. (1975). *A primer of operant conditioning* (2 nd ed.). Scott, Foresman (浅野俊夫（訳）(1978)．オペラント心理学入門―行動分析への道―．サイエンス社.)

Zeiler, M. D. (1984). The sleeping giant : Reinforcement schedules. *Journal of the Experimental*

Analysis of Behavior, 42, 485-493.

出典：友永雅己・藤田和生 (1988). CRT ディスプレイに累積記録を描く. 行動分析学研究, *3*, 51-60.

付録1

累積記録作画プログラムリスト：*CUMREC.BAS*

```
10000 '==================================================================
10010 'Cumulative record on CRT display :CUMREC.bas   890123 by K.Fujita
10015 'modified 890306 by M.Tomonaga : response rate graph
10020   *CUMR.INIT
10030 CONSOLE ,,0,1                    'F-key display off, color mode
10040 SCREEN 3:CLS 3                   'high-resolution color graphic
10050 COLOR ,0,,4                      'green for graphic foreground
10060 NLINE=4                          'No. of lines on screen
10070 OFFSET=0                         'offset of initial line in dots
10080 CUMUNIT=10                       'unit time for cumulative record
10090 SP=80 : CX0=SP                   'start point of first column
10100 CUMTOP=(400-OFFSET)¥NLINE-20     'height of cum.record
10110 FOR III=1 TO NLINE
10120   BPS(III)=418-OFFSET-(III*(CUMTOP+20)) 'bottom of cum.stepper
                                                         (column III)
10130   BPE(III)=BPS(III)-10           'bottom of cum.event
                                                         (column III)
10140 NEXT III
10150     RETURN
10160 '
10170    *CUMR.TIME
10180 CT$=TIME$                        'latch session timer
10190 CUMTIM=VAL(LEFT$(CT$,2))*3600+VAL(MID$(CT$,4,2))*60
    +VAL(RIGHT$(CT$,2))-STIME
10200 HORZ=INT(CUMTIM/CUMUNIT)+SP
10210 COLUMN=HORZ¥635+1
10220 BPS=BPS(COLUMN):BPE=BPE(COLUMN)
10230 CX1=HORZ MOD 635
10240 IF CX1=0 THEN CX0=0
10250     RETURN
10260 '
10270    *CUMR.STEP
10280 GOSUB *CUMR.TIME
10290 CY1=(CY1+1) MOD CUMTOP
10300 LINE(CX0,400-CY0-BPS)-(CX1,400-CY1-BPS)
10310 LINE(CX0,400-BPE)-(CX1,400-BPE)
10320 CX0=CX1:CY0=CY1
10330     RETURN
10340 '
10350    *CUMR.PIP
10360 GOSUB *CUMR.TIME
10370 LINE(CX1,400-CY1-BPS)-(CX1+4,400-CY1-BPS+4)
10380 RETURN
10390 '
```

```
10400     *CUMR.EVENT
10410 GOSUB *CUMR.TIME
10420 LINE(CX1,400-BPE)-(CX1+4,400-BPE+4)
10430     RETURN
10440 '
10450     *CUMR.RESET
10460 GOSUB *CUMR.TIME
10470 LINE(CX1,400-CY1-BPS)-(CX1,400-BPS)
10480     RETURN
10490 '
10500     *CUMR.NOSTEP
10510 GOSUB *CUMR.TIME
10520 LINE(CX0,400-CY0-BPS)-(CX1,400-CY0-BPS)
10530 LINE(CX0,400-BPE)-(CX1,400-BPE)
10540 CX0=CX1
10550     RETURN
10560 '
10570     *CUMR.RATE
10575 '(CUMTOP-10) responses per (SP-20)*CUMUNIT/60 minutes
10580 LINE(0,400-BPS(1))-(SP-20,400-BPS(1))
10590 LINE(0,400-BPS(1))-(0,400-BPS(1)-(CUMTOP-10))
10600 LINE(0,400-BPS(1))-(SP-20,400-BPS(1)-(CUMTOP-10))
10610 '
10620 RES$=MID$(STR$(CUMTOP-10),2,3) : RESL=LEN(RES$)
10630 FOR L=1 TO RESL
10640 V=&H130+VAL(MID$(RES$,L,1))
10650 PUT((L-1)*8,400-BPS(1)-CUMTOP),KANJI(V),PSET,4,0
      'unit of resps
10660 NEXT L
10670 PUT(RESL*8,400-BPS(1)-CUMTOP),KANJI(&H1A0),PSET,4,0      '
10680 PUT((RESL+1)*8,400-BPS(1)-CUMTOP),KANJI(&H172),PSET,4,0 'r
10690 PUT((RESL+2)*8,400-BPS(1)-CUMTOP),KANJI(&H165),PSET,4,0 'e
10700 PUT((RESL+3)*8,400-BPS(1)-CUMTOP),KANJI(&H173),PSET,4,0 's
10710 PUT((RESL+4)*8,400-BPS(1)-CUMTOP),KANJI(&H170),PSET,4,0 'p
10720 PUT((RESL+5)*8,400-BPS(1)-CUMTOP),KANJI(&H173),PSET,4,0 's
10730 '
10740 MIN$=MID$(STR$(CINT((SP-20)*CUMUNIT/60)),2,3) : MINL=LEN(MIN$)
10750 FOR L=1 TO MINL
10760 V=&H130+VAL(MID$(MIN$,L,1))
10770 PUT((L-1)*8,402-BPS(1)),KANJI(V),PSET,4,0  'unit of minutes
10780 NEXT L
10790 PUT(MINL*8,402-BPS(1)),KANJI(&H1A0),PSET,4,0             '
10800 PUT((MINL+1)*8,402-BPS(1)),KANJI(&H16D),PSET,4,0        'm
10810 PUT((MINL+2)*8,402-BPS(1)),KANJI(&H169),PSET,4,0        'i
10820 PUT((MINL+3)*8,402-BPS(1)),KANJI(&H16E),PSET,4,0        'n
10830     RETURN
```

付録 2

サンプルプログラムリスト

このプログラムに，付録1のCUMREC.BASをマージして使用する．その際，テキスト画面と累積記録の重複を避けるため，CUMREC.BASの*CUMR.INITにおける変数のデフォルト値を次のように変更すること．また，当然のことながら，各自の実験システムに応じてI/OポートアドレスやI/Oビットは適切に設定していただきたい（行番号310―390）。

```
10060 NLINE=2                              'No. of lines on screen
10070 OFFSET=200                           'offset of inital line in dots
```

なお，CUMREC.BASに関連した命令にはアンダーラインをひいておいた．

```
1 '=================================================================
10 'PROGRAM FOR SHAPING : 890307 : SHAPING.BAS
20 CLS:PRINT"SHAPING KEY PRESS *** K.FUJITA & M.TOMONAGA."
30 '
40 CONSOLE ,,0:CLS 2
50 GOSUB *CUMR.INIT
60 '========================
70    *EXPERIMENT
80 GOSUB *SETVAR
90 GOSUB *QANDA
100 PRINT:PRINT:INPUT "Hit return to start!",Y$:LOCATE ,,0
110 ST$=TIME$
120 STIME=VAL(LEFT$(ST$,2))*3600+VAL(MID$(ST$,4,2))*60
    +VAL(RIGHT$(ST$,2))
130 CLS:GOSUB *GAMEN
140 CUROUT=CUROUT OR HL:OUT PORT,CUROUT
150 GOSUB *CUMR.RATE
160 GOSUB *ITI:CUROUT=CUROUT OR KEYOUT:OUT PORT,CUROUT
170    *IN.TASK
180 GOSUB *TASK:GOSUB *GAMEN.TIME:GOSUB *GAMEN.DAT:GOSUB *CUMR.NOSTEP
190 IF RFTC=RFTN THEN *FIN ELSE *IN.TASK      'RFT limit?
200    *FIN
210 ET$=TIME$:GOSUB *DOUT
220 OUT PORT,0
230 CLOSE
240 LOCATE ,,1 : END
250 '========================
260    *SETVAR      'set default values
270 RFTN=100                   '# of reinforcement
280 ITI=3                      'iti in sec
290 RFTDUR=5                   'reinforcement time in 100ms
300 '
310 PORT=&HEF                  'I/O port
320 '
330 HL=1                       'houselight
340 FEED=2                     'feeder
```

```
350 KEYOUT=4                    'target key SD
360 HORO=32                     'horohoro
370 '
380 KEYIN=1                     'key input
390 SHPKEY=2                    'shaping key input
400 '
410 RETURN
420 '======================
430    *QANDA
440 PRINT:INPUT"Subject name-",SB$
450 PRINT"No. of reinforcement (";RFTN;")-";:INPUT A$
460    IF A$<>"" THEN RFTN=VAL(A$)
470 PRINT"ITI in sec (";ITI;")-";:INPUT A$
480    IF A$<>"" THEN ITI=VAL(A$)
490 RETURN
500 '======================
510    *TASK
520 CUROUT=CUROUT OR KEYOUT:OUT PORT,CUROUT
530 IF (INP(PORT) AND KEYIN)=0 THEN *NORESP
540 CUROUT=CUROUT AND (255-KEYOUT):OUT PORT,CUROUT
550    '--- resp----
560 IF (INP(PORT) AND KEYIN)=0 THEN *NORESP
570 SBR=SBR+1:GOSUB *CUMR.STEP:GOTO *RFT
580 GOTO 560
590    '--- shaping----
600    *NORESP
610 IF (INP(PORT) AND SHPKEY)=0 THEN RETURN ELSE SHPR=SHPR+1:GOSUB *CUMR
.NOSTEP:GOSUB *CUMR.EVENT:GOTO *RFT
620    '--- RFT ----
630    *RFT
640 CUROUT=CUROUT AND (255-KEYOUT) OR FEED OR HORO:OUT PORT,CUROUT:RFTC=
RFTC+1:GOSUB *CUMR.PIP
650 INPUT WAIT RFTDUR,"",DUM                'waiting time for Feeder
660 CUROUT=CUROUT AND (255-FEED-HORO):OUT PORT,CUROUT
670 GOSUB *ITI
680 RETURN
690 '---------------
700    *ITI
710 INPUT WAIT ITI*10,"",DUM
720 RETURN
730 '=================
740    *GAMEN
750 LOCATE 0,0:PRINT"Subject= ";SB$

760 LOCATE 40,0:PRINT"Current time= ";TIME$
770 LOCATE 40,2:PRINT"Start time= ";ST$
780 LOCATE 0,4:PRINT"ITI duration=";ITI;"sec."
790 LOCATE 0,5:PRINT"RFT limit    =";RFTN
800 LOCATE 0,8:PRINT"===================================================
========================"
810 LOCATE 30,4:PRINT"Subject rsp="
```

```
820 LOCATE 30,5:PRINT"Shaping rsp="
830 LOCATE 30,6:PRINT"No. of  RFT="
840 RETURN
850 '=================
860    *GAMEN.TIME
870 LOCATE 40,0:PRINT"Current time= ";TIME$
880 RETURN
890 '=================
900    *GAMEN.DAT
910 LOCATE 30,4:PRINT USING"Subject rsp=#########";SBR
920 LOCATE 30,5:PRINT USING"Shaping rsp=#########";SHPR
930 LOCATE 30,6:PRINT USING"No. of  RFT=#########";RFTC
940 RETURN
950 '=================
960    *DOUT
970 LPRINT "---------"
980 LPRINT "Date>";DATE$;"   Subject= ";SB$;"   Session> ";ST$;"-";ET$
990 LPRINT
1000 LPRINT "ITI=";ITI;"sec    RFT limit=";RFTN
1010 LPRINT
1020 LPRINT USING"Subject R=###    Shaping R=###    RFT=###";SBR;SHPR;RFTC
1030 LPRINT "---------"
1040 RETURN
```

▶▶▶ コメント

累積反応記録と累積反応記録器

立命館大学

藤　健一

　時間の経過に伴って生ずる反応の変化について，累積反応数を指標として描画表示したものが累積反応記録であり，その累積反応記録を描画する装置を累積反応記録器といいます。横軸に時間を，縦軸に累積反応数をとる累積反応記録には，いくつかの特長があります。(1)単位時間あたりの累積反応数の比率，すなわち反応率が累積反応曲線の勾配（右上がりとなります）として直接描出されます。(2)累積反応曲線は，反応中に生ずる個体の反応の変化，例えば一時的な反応の頻発や反応の停滞あるいは反応停止などについて，これを直接的に監視しようとするときに利用できます。(3)あるセッションの反応の安定性を評価しようとするとき，累積反応曲線の目視分析が利用できます。反応記録と同時に反応監視と行うことができて反応率を直接描出するところに，この累積反応記録の何よりの特長があります。

　累積反応記録器の原型は，スキナーが考案しました (Skinner, 1956；Ferster & Skinner, 1957)。よく知られた累積反応記録器としては，Ralph Gerbrands のものがありました。Dinsmoor (1987) によると，その年間販売台数は1955年に36台，1959年に238台，そしてピークの1967年には571台を記録しました。ハードウェアとしての累積反応記録器の変遷については，Lattal (2004) や，Asano & Lattal (2008) に詳述されていますが，筆者の実験室にある現役の累積反応記録器（Ralph Gerbrands type C-3）も基本的設計は変わっておらず，ソレノイドとモーターを組み込んだ電磁機械式記録装置です。日本の心理学実験室においても累積反応記録器が利用され始めてから，いくつかの問題点がでてきました。それは，(1)累積反応記録器が高価であること (1980年代でも約¥300 000)，(2)1種類の反応記録のために累積反応記録器に送る信号として，最低でも2系統の信号（反応の on-off，強化マーク）を必要とすること，でした。当時の制御用システムにはそれほど多くの出力を揃えておらず，各種の外部出力制御の負担増の一因となりました。友

永・藤田（1988）の論文は，その当時に累積記録を利用しようとして直面したこのような問題について，ひとつの解決方法を具体的に示しました。

友永・藤田（1988）は，1980年代当時の心理学実験室に普及していたパーソナルコンピュータで利用できたBASICプログラムという，電磁機械式ではないソフトウェアプログラムを用いて累積反応曲線をCRT上に描出する方法を案出して，この問題を解決しました。これにより，累積反応曲線を特別の記録装置なしに描出することができるようになり，また制御用のパーソナルコンピュータを，同時に反応記録装置としても機能させることにより，外部出力の問題も解決できました。さらに，BASICが使用できるコンピュータであれば，このプログラムを使用することによって累積反応を容易に記録できるようになりました。

累積反応記録に限らず，「行動分析学研究」には実験装置や方法の工夫に関する多様な論文があります。例えば，実験場面での制御の問題（堀，1986；佐伯・内田・伊藤，1998），強化刺激の提示装置（望月，1991；井垣・望月・坂上，2001），累積記録（望月，1990），通信・文献検索の工夫（望月・正木，1989；望月，1996）を挙げることができます。こういった研究の示すところは，実験装置や方法の工夫の果たす役割は，そのときの状況・環境において利用できる技術（必ずしも最新技術である必要はありません）を用いて，そのときの研究者・実験者が置かれた実験環境・研究環境を，研究行動にとってより相応しいものに変容させる「介入」に他ならない，ということです。

単体の記録装置としての累積反応記録器はマダガスカル島沖のシーラカンス（*Latimeria*）と同様，実験室の世界においては今や生きた化石装置といえるかもしれません。しかしながら，たとえ累積反応記録器は滅ぶとも，反応率を直接描出する累積反応曲線は，行動研究において今後もなおその役割を担い続けることでしょう。

文　献

Asano, T. & Lattal, K. A. (2008). Historical note on cumulative recorders manufactured in Japan. *Journal of the Experimental Analysis of Behavior, 90*, 125-129.

Dinsmoor, K. (1987). A special tribute to Ralph Gerbrands. *Journal of the Experimental Analysis of Behavior, 48*, 513-514.

Ferster, C. B. & Skinner, B. F. (1957). *Schedules of reinforcement*. New Jersey：Prentice-Hall.

堀　耕治（1986）．SN-FORTH　－Apple IIによる行動実験用状態表現システム．行動分析学研究，*1*, 39-42．

井垣竹晴・望月　要・坂上貴之（2001）．交流モータとセンサで作る低価格万能給餌器．行動分析学研究，*16*, 48-56．

Lattal, K. A. (2004). Steps and pips in the history of the cumulative recorder. *Journal of the Experimental Analysis of Behavior, 82*, 329-355.

望月　昭・正木茂夫（1989）．BBSネットの開設と運営：愛知県コロニーMARUMONETを例に．行動分析学研究，*4*, 57-70．

望月　要（1990）．NECPC-9800用オフライン累積記録描画プログラム．行動分析学研究，*5*, 57-63．

望月　要（1991）．パルスモータの簡易制御回路：ハト用給餌器への応用．行動分析学研究，*6*, 115-122．

望月　要（1996）．心理学文献データベース用検索結果分析プログラム．行動分析学研究，*9*, 29-36．

佐伯大輔・内田善久・伊藤正人（1998）．Visual BasicとPCカードを用いた行動実験制御システム．行動分析学研究，*13*, 66-72．

Skinner, B. F. (1956). A case history in scientific method. *American Psychologist, 11*, 221-233.

友永雅己・藤田和生（1988）．CRTディスプレイに累積記録を描く．行動分析学研究，*3*, 51-60．

Improving Throwing Skills in Baseball by High School Students: An Analysis of the Effect of Behavioral Coaching

YUJI ANJOH
JUN'ICHI YAMAMOTO
Meisei University

Abstract

This study investigated the effect of behavioral coaching on improving throwing skills in baseball. Four senior high school students in the baseball club participated in this research. Behavior change was evaluated through a multiple baseline design. The throwing skill was divided into ten sub-skills. Instructing, praising, shaping, modeling, and role-playing were used to establish such skills. The results of Experiment I showed that behavioral coaching improved the throwing performance. As regards to hitting the target zone in the throwing skill, however, there was no improvement. Experiment II was conducted to improve such hitting the target skill. The result suggests that training with additional sub-skills, such as eye fixation to the target zone, did improve the skill. These results were discussed in terms of the effect of behavioral coaching on improving performance and behavior product, such as hitting the target skill.

Key words: behavioral coaching, standard coaching, throwing skill, baseball, behavior product, high school students

硬式野球におけるスローイング技能の改善
―― 行動的コーチングの効果の分析 ――

明星大学　安生祐治
山本淳一

　本実験の目的は、4名の公立高校硬式野球部選手のスローイング技能の指導に、通常のコーチングと行動的コーチングを適用し、これらが反応遂行としてのスローイング技能と適切なゾーンに当てるという反応所産に及ぼす効果を分析することだった。ターゲット行動であるスローイング技能は、10の下位技能に分類された。対象選手は27.4m離れた3つのゾーンに向けて送球し、その際のスローイングの反応遂行と、どのゾーンに命中したかという反応所産が測定の対象となった。同部におけるこれまでの指導法によって構成された通常のコーチングと、シェイピング、チェックリストの説明、賞賛、示範、教示、ロールプレイの諸変数を含む行動的コーチングの効果を、選手間多層ベースライン法によって分析した。実験Iにおいて、通常のコーチングは反応遂行と反応所産のいずれにも改善をもたらさなかった。一方、行動的コーチングはスローイング技能の改善をもたらしたが、反応所産には一様の正の結果をもたらさなかった。そこで、実験IIにおいて、行動的コーチングの変数であるチェックリストを一部修正し、目標を見るという行動を形成するための変数を新たに導入することによって、スローイング技能だけでなく、反応所産にも正の結果が示された。その結果を行動的コーチングと反応遂行、及び反応所産の測度の関連で考察した。

1970年代に入り，行動分析のスポーツへの応用，すなわち行動的コーチング (behavioral coaching) が普及し始めた。そして，これまでに多くの研究者が，この行動的コーチングは多種多様なスポーツ技能の獲得や改善に有効であることを実証してきた。それらの行動的コーチングに関する研究の中で，反応遂行の変化を調べた研究例として以下のものがある。Komaki & Barnett (1977) は，フットボールにおけるオプションプレイ，パワースィープ，及びオフタックルカウンタープレイの3つの技能をそれぞれ課題分析し，それらの反応遂行を測定の対象とした。以下同様に測定対象となった技能を挙げると，Allison & Ayllon (1980) は，フットボールにおけるブロック，体操における後ろ振り上げ (backward walkovers)，腕立て前転 (front handsprings)，背面けあがり (reverse kips) の3つの技能，そしてテニスにおけるフォアハンド，バックハンド，サービスの3つの技能を，Buzas & Ayllon (1981) は，テニスにおけるフォアハンド，バックハンド及びサーブの3つの技能を，Fitterling & Ayllon (1983) は，クラッシクバレーにおけるデガジュ，フラッペ，デブロペ，グランバットマンの4つの動作を，Koop & Martin (1983) は，水泳におけるクロールと背泳の2つの技能を測定の対象とした。

　以上に挙げた研究において，従属変数の測定は，例えばクロールの腕の伸ばしといった反応遂行の測定 (performance measure) にとどまり，泳いだ結果であるタイムといった反応所産の測定 (product measure) を反応遂行の測定と同時に行うことはなかった。応用行動分析の目的は，操作可能な環境を整備することによって，社会的に役に立つ行動を形成，維持し，社会的に問題のある行動を減少させること（出口，1987）にある。スポーツ競技において，反応遂行が役に立つ行動であるか否かの判断は，反応所産を反応遂行と同時に測定することによって可能だろう。よって，反応遂行と反応所産の双方を同時に測定することは重要である。

　一方，これまでの行動的コーチングに関する研究の中で，反応遂行と反応所産の両方の測定を行った研究例としては以下のものがある。Shapiro & Shapiro (1985) は，陸上競技における調整 (conditioning)，フォーム，スタートの3つの反応遂行と共に，社会的妥当性の測度として，10日もしくは11日おきに100m走と200m走のタイムを測定した。選手の反応遂行は，行動的コーチングの導入で改善が見られたが，反応所産である100m走と200m走のタイムは，行動的コーチングの条件時だけでなく，それが導入される以前の標準的コーチング (standard coaching) の条件時から減少が見られた。このため，反応所産の改善をもたらした二つの介入条件の効果を個々に分析することはできない。また，この研究では，反応遂行と反応所産の測定は別々の場面でなされ，同時に測定されることはなかった。このため，変容した反応遂行と反応所産の相互関係を分析することはできない。Ziegler (1987) は，テニスにおけるフォアハンドとバックハンドリターンをターゲット行動に，これら二つの行動をそれぞれ8つの構成要素に課題分析した。それら8つの構成要素には，「ラケットのヘッドを手首よりも上にする」といった反応遂行を示すものと，「バックコートに返す」といった反応所産を示すものが含まれており，8つの構成要素を満たしたリターンを正反応として記録した。しかし，このように両者を同じ反応クラスにしてしまうと，反応遂行と反応所産の正確な変容を知ることはできず，相互関係の分析はできない。Rush & Ayllon (1984) は，サッカーにおけるヘッディング，スローイング，ゴールキックをターゲット行動に，これらをいくつかの構成要素に課題分析した。これらの構成要素には，Ziegler (1987) の研究と同様，反応遂行に関するものと反応所産に関するものが含まれ，同様の問題点が挙げられる。

　本研究では，硬式野球におけるスローイングへの行動的コーチングの効果を検討した。野球のスローイングの指導に関する先行研究としては，例えば，平野・浅見 (1988) が挙げられるが，ここ

でも上述したのと同様，反応遂行と反応所産が同時に測定されていないといったいくつかの問題点が指摘される。彼らの研究では，投球速度の増大を目的に，野球未経験者9名に以下の3点にポイントを置いて指導した。それら3点とは，(1)大きな動作（脚の引上げ，腕のスイング）で投球する，(2)軸足から踏出し足へと体重移動をして投球する，(3)上腕，前腕，手を順序よく動かす，だった。週2回，1回約30分の1年間の指導の結果，実験参加者の投球速度の平均は，指導前の26.8 m/sec（約96.5 km/h）から指導後27.8 m/sec（約100.1 km/h）まで増大したが，このうち2人の投球速度は減少した。この研究における一つめの問題点として，投球速度という反応所産のみが測定対象となっており，反応遂行の測度はとられていないということが挙げられる。このため，反応所産における効果が見られない場合，その理由が，反応遂行の構成要素が十分獲得されていないためなのか，あるいは反応所産そのものの問題なのかが分離できない。二つめの問題点は，投球動作の課題分析における反応遂行の構成要素が3つだけで，これらの記述はややあいまいであるということである。このため，反応遂行の正誤の判断は困難だろうと思われる。三つめの問題点は，独立変数の記述が，投球動作の課題分析である指導のポイントの3点しか挙げられていないということである。このため，対象者の反応遂行に及ぼした指導の変数の評価が不可能であるということになる。現在，一般的に用いられているコーチングの改善すべき点として，Martin & Hrycaiko (1983)は，以下の2点を挙げている。その2点とは，(1)競技者の望ましい行動の開発と維持のために，行動的手法の一貫した適用，(2)コーチング手続きの効果を徹底的に評価するために，詳細なデータシステムをコーチが使用する範囲，である。つまり，教示，モデリング，身体的ガイダンス，及び正の強化といった行動的手法を計画的に適用し，それらの効果を様々なデータを用いて評定せよ，ということである。この2つの改善点は，平野・浅見(1988)の研究にも当てはまると言えるだろう。

野球のスローイングに関するその他の研究では，スローイングの動作に関する研究（Edwards, 1963；羽鳥・種村，1986；平野，1988；松永，1979；Pappas, Zawacki, & Sullivan, 1985；Scoles & McEachran, 1986；Weiskopf, 1985）や，スローイング時の筋電図分析（後藤・風井・岡本，1979；Sisto, Jobe, Moynes, & Antonelli, 1987）といったものが主流で，その技能をいかに教えるかという指導法の研究までには至っていない。

そこで，本研究においては，公立高等学校硬式野球部選手のスローイング技能の指導に，通常のコーチングと行動的コーチングの手続きを適用することで，課題分析も含めた指導方法の検討を行い，これらが反応遂行としてのスローイング技能の改善に及ぼす効果を評定した。また，適切なゾーンに当てるという反応所産に及ぼす効果も同時に分析した。

実験 I

目的

実験 I の目的は，公立高等学校硬式野球部選手のスローイング技能の指導に，通常のコーチングと行動的コーチングの手続きを適用することで課題分析を含めた指導方法の検討を行い，これらが反応遂行としてのスローイング技能の改善に及ぼす効果を評定した。また，適切なゾーンに当てるという反応所産に及ぼす効果も同時に分析した。

方法

対象選手

対象となった選手（以下，選手とする）は，同じ公立高等学校硬式野球部に所属している男子4名（以下，それぞれをP1, P2, P3, P4とする）だった。彼らの年齢は，実験開始当時，順に16歳，16歳，17歳，16歳だった。彼らが，中学校，高等学校にかけて野球部に所属していた年数は，P1が約3年7カ月，P2が約3年7カ月，P3が約5年7カ月，P4が約7カ月だった。彼

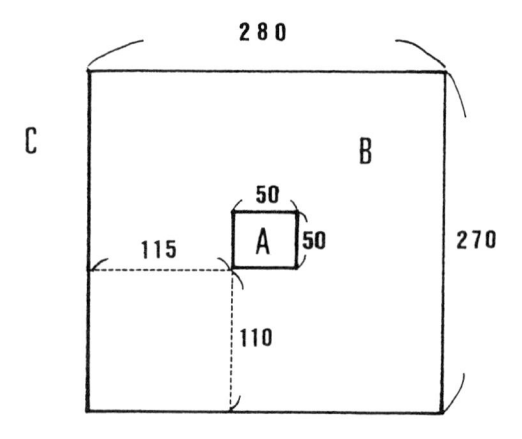

図1　A，B，Cの3つのゾーン　図中実線が実際に引かれた線。数値の単位はcm。

らの主な守備位置は，P1がファースト，P2がサード，P3がキャッチャー，P4がセカンドだった。

同校野球部の部員数は10名だった。野球部の試合戦績（公式試合，練習試合が含まれる）は，その部員で野球部が構成されるようになった実験開始以前の約3カ月半の間で3勝16敗だった。それらの試合中，各選手のスローイングによる失策数は，1つ，もしくは2つを記録していた。野球の試合において，ほとんどのポジションの送球機会数は，通常，さほど多いものではない。このことから，彼らのスローイング技能は，改善を必要とする技能の一つだった。

野球部の通常の練習時間は，平日で平均五時間，休日で平均七時間行っていた。平日，休日共に練習内容は主として，キャッチボール，トスバッティング，フリーバッティング，バント練習，シートノック，体力トレーニング（ウエイトトレーニング，ダッシュ，タイヤ引き，サーキットトレーニング等）が行われていた。

コーチ

本研究におけるコーチは，第一著者が行った。第一著者は，本研究を行った高等学校の卒業生であり，在学当時，同野球部に所属していた。この実験を行う以前の一年間，第一著者は，週一回の割合で，同校の通常の野球練習に参加していた。

場面

同校敷地内にある硬式野球場（以下，球場とする）のファウルグランドにて，本研究を行った。球場の周りは，10m程の高さのネットで覆われており，外野グランドには芝生が敷かれ，その他のフィールドは土だった。選手は，ファウルグランドの一定の地点から，27.4m離れたネットに白い紐で作られたA，B，Cの3つのゾーン（図1）に向けてスローイングした。Aゾーンは，一辺が50cmの正方形で，地上から110cmの高さにその底辺が位置している。Bゾーンは，高さ270cm，横280cmの長方形のうちAゾーンを除いた部分である。Cゾーンは，Bゾーンの外側の部分である。ゾーンの横には，実験に参加していない同校野球部員が立ち，選手の投げたボールがA，B，Cゾーンのどれに当たったかという反応所産を記録した。

各選手がスローイングする場所から，前方斜め右側で約4m離れたところには，家庭用ビデオカメラが設置された。それにより彼らのスローイング技能を録画した。実験時間は，学校始業前の午前7時40分頃から午前8時15分頃の間で行った。

ターゲット行動

実験Iにおけるターゲット行動として，硬式野球におけるスローイング技能を選択し，そのスローイング技能を10の下位技能に分類した（図2）。スローイングの下位技能は，スローイングに関する論文（平野・浅見，1988；後藤ら，1979；松永，1979）や，野球参考書（ベースボール・マガジン社，1975）を参考に，著者が分類した。硬式野球の場合，各守備位置によって異なったスローイング技能を定義することができるだろう。本研究におけるスローイング技能の定義は，参加した選手すべてが内野手だったため，捕球してから送球に移るまでの時間を短縮し，コントロールを重視した内野手のスローイング技能として課題分析した。

選手がスローイングする距離は27.4mとした。これは硬式野球の各塁間の距離に相当する。選手から27.4m離れたところに設けられたA，B，

スローイング技能のチェックリスト

月　　日（　）　　氏名　＿＿＿＿＿＿＿＿

		1	2	3	4	5	6	7	8	9	10
〈スローイングの開始〉	1. 右ひざを曲げ，腕の位置を低くする。（絵1）										
	2. 後頭部に右手（ボール）を一直線に持って行く。後ろを大きくしない。										
	3. 左ひざを曲げた状態で投球方向に踏み出す。（絵2）										
〈ボールのリリース，腕の振り〉	4. リリースの直前，右手首は後方に反っている。（絵2）										
	5. ボールリリースの位置は自分の頭の上方で行う。頭の後方では行わない。右肘は肩の線よりも上。（絵3）										
	6. リリース後，右手首を前方に屈曲する。人さし指と中指でボールを押す。（絵3）										
	7. 右腕を前方にまっすぐ伸ばす。右肩が前方に向かっている。（絵3矢印）										
	8. 振り下ろした右手を左脚に，もしくはやや左側に振り下ろす。（絵3矢印）										
〈フォロースルー〉	9. 左脚をやや曲げたままで，体重をその左脚に乗せる。										
	10. 目標を見続けている。										

図2　通常のコーチングと行動的コーチング1条件において用いたスローイング技能を査定するためのチェックリスト

Cゾーン（図1）は，ゾーンの中央に人間が立っていると想定した場合，Aゾーンは人間の肩の辺りに相当し，Bゾーンは人間がジャンプをしたり，腕を伸ばしたりして捕球できる範囲，Cゾーンは捕球困難の範囲を意味している。

手続き

(1)各セッション共通の条件

実験Iでは，通常のコーチングと行動的コーチングの二つの条件をそれぞれ導入した。以下では，実験Iで適用された方法を行動的コーチングIと呼ぶ。これら二つのコーチング条件の各セッションの前に，各選手は，準備体操としてランニング，体操，30m程のキャッチボールを合計約10分にわたって行った。選手は，1セッション10試行（10スローイング）行った。

(2)通常のコーチング

通常のコーチングは，実際に同校野球部で行われている指導の一部で構成した。通常のコーチン

グ条件は，Cゾーン送球時の罰としての腕立て伏せ20回，示範，抽象的な教示で構成されている。この手続きは，実験開始以前に第一著者が選手から通常の練習方法を聞き，且つ，著者自身が実際に野球部の練習を観察した結果，頻繁に使われている指導法として採用した。

選手が，Cゾーンへスローイングした場合，罰としてまず腕立て伏せを20回行った。次にコーチが「しっかり，投げろよ。」と言った後，コーチは，誤っているとみなしたスローイングの下位技能の示範と抽象的な教示を選手に提示し，次に正しいスローイング技能の示範と抽象的な教示を提示した。例えば，抽象的な教示とは「こうやって投げるんじゃなくて，こうやって投げるんだよ。」というものだった。これらを提示した後，すぐさまコーチは，「わかった？」と選手に尋ね，選手が「わかった。」と返答した場合は練習を続けた。また，選手が「わからない。」と返答した場合，コーチは「モデルをよく見るように。」と選手に要求した後，再び，同様の示範と教示を提示した。

　(3)行動的コーチングⅠ

行動的コーチングⅠ条件には，シェイピング，チェックリストの配布とその説明，正しい遂行への賞賛，不正確な遂行に対する示範・教示・ロールプレイの変数が含まれる。

　①シェイピング

行動的コーチングⅠ条件において，各選手の指導の対象となるスローイング技能を，通常のコーチングで誤反応率10％以上の下位技能に限定した。そして，それらの下位技能を三段階に分けて，累積的に指導した。指導対象の技能を限定した理由は，ほぼ100％に近い割合で正反応を示す下位技能に対して，コーチからフィードバックしたり賞賛する必要はないと著者が判断したからである。各選手の段階別の指導対象となった技能を図2のチェックリスト中の番号で記述すると，P1の第一段階では2の1つ，第二段階では2，5，6，7の4つ，第三段階では2，5，6，7，9の5つが段階別の指導対象の下位技能となった。以下

同様に，P2の第一段階では2の1つ，第二段階では2，5，7，8の4つ，第三段階では2，5，7，8，9の5つが指導対象の技能に，P3の第一段階では2の1つ，第二段階では2，6，7の3つ，第三段階では2，6，7，9の4つが，P4の第一段階では2の1つ，第二段階では2，5，6，7の4つ，第三段階は行わなかった。次の段階へ進むには，現段階において指導対象の下位技能が，連続2セッションにわたって80％以上の正反応率を条件とした。

指導対象の下位技能の数を増やすシェイピングの技法を用いた理由は，同校野球部における通常の練習で，選手の誤反応に対しての従来の指導者からの指摘が一度に多数にわたっており，それが野球技能改善を妨げる一要因になっていると，著者が判断したからである。

　②チェックリストの配布とその説明

各選手には，実験Ⅰの最初のセッションの前に，スローイングの下位技能を記述したチェックリストが配布された。そして，その一連の技能の示範と説明をコーチから受けた。

　③正しい遂行への賞賛

指導対象となった下位技能を正しく遂行したら，コーチは即座にそれを指摘し，賞賛した。例えば「右腕が前にまっすぐ伸びていて，すごくいいぞ。」というようにである。

　④不正確な遂行に対する示範，教示，及びロールプレイ

不正確な遂行をしたら，コーチはその不正確な下位技能の示範と具体的な教示を提示し，次に正しい技能の示範と具体的な教示をした。具体的な教示とは，例えば「右手が円を描いて後頭部まで移動しているね。だから右手を後頭部まで一直線に移動させて。」というものだった。次に，選手は，正しいスローイング技能のロールプレイを行った。そして，2回続けて正しくロールプレイができたとコーチが判断したら，再び練習を再開した。

実験デザイン

対象選手間多層ベースライン法を用いることに

よって，行動的コーチングⅠと通常のコーチングがスローイング技能の改善に及ぼす効果を分析した。

まず最初に，各選手に通常のコーチング条件を導入し，次に，行動的コーチングⅠ条件を，順次導入した。

測定方法と信頼度

測定の対象となったのは，各選手のスローイングの反応遂行と，ボールがA，B，Cの3つのゾーンのどれに命中したかという反応所産だった。各選手のスローイング技能は，ビデオテープによって録画され，後にコーチがそのテープから，10のスローイングの下位技能の正誤反応を測定した。スローイングの反応所産に関しては，実験に参加していない同校野球部員が，ボールがA，B，Cの3つのゾーンのうちどれに当たったかをその場で記録した。

コーチと硬式野球経験者である信頼度観察者との間の信頼度は，それぞれ独立にビデオテープを通して選手の反応遂行を測定し，その一致度を算出することにより測定された。信頼度測定の対象となったセッション数は，通常のコーチング，行動的コーチングⅠ条件の合計76セッションのうち，P1，P2，P3からは4セッションずつ，P4からは3セッションの計15セッション（全セッションの約20％）だった。信頼度を求める式は次のようになる。

信頼度（％）＝（一致した指導対象の下位技能数÷指導対象の下位技能試行数）×100。

その結果，信頼度の平均値は84.7％で，50％から100％の範囲だった。

社会的妥当性

行動的コーチングⅠ条件の介入がすべて終了した時点で選手全員に，4つの質問内容を設けたアンケートを実施した。その4つの質問内容とは：①選択したターゲット行動が選手にとって練習するにふさわしい行動だったか，②通常のコーチングが受け入れ易い指導法だったか，③行動的コーチングⅠが受け入れ易い指導法だったか，④個々のスローイング技能の実験後の変化（改善の度合）に満足しているか，である。①から④の質問内容に関して合計10の質問項目を用意した。10の質問項目の振り分けは，①，②には2問ずつ，③には5問，④には1問だった。また，この質問紙の最後に，各選手が実験の感想を自由に記述する欄を設けた。

結　果

図3は，指導対象となった選手別のスローイングの下位技能の正反応率を示している。縦軸が指導対象となったスローイングの下位技能の正反応率で，横軸が各セッションを表している。Standard Coachingは通常のコーチング，Behavioral CoachingⅠは行動的コーチングⅠを表す。行動的コーチングⅠ条件における1st Step，2nd Step，3rd Stepは，指導対象となった下位技能の段階的指導を表し，それぞれ第一段階，第二段階，第三段階を意味している。図の右下に位置しているP1，P2，P3，P4は各選手を表している。各選手の指導対象となった下位技能は，P1，P2，P4が5つ，P3が4つだった。1セッション10試行なので，図3の正反応率を導く際の分母は，P1，P2，P4が50，P3が40となる。

図4は，選手別，各実験条件におけるA，B，Cゾーンの命中率を表している。縦軸が命中率で，横軸がゾーンを表している。図の上段に示しているP1，P2，P3，P4と，その下のStandard CoachingとBehavioral CoachingⅠは図3と同様の意味である。

(I)通常のコーチング条件

P1の正反応率は，図3で示されるように，すべてのセッションで0％だった。各ゾーンへの命中率は，図4で示されるように，Aゾーンが20％，Bゾーンが63％，Cゾーンが17％だった。

P2の正反応率は，9セッションの2％を除いて，他のセッションで0％だった。各ゾーンへの命中率は，Aゾーンが19％，Bゾーンが74％，Cゾーンが7％だった。

P3の正反応率は，7セッションの15％を除

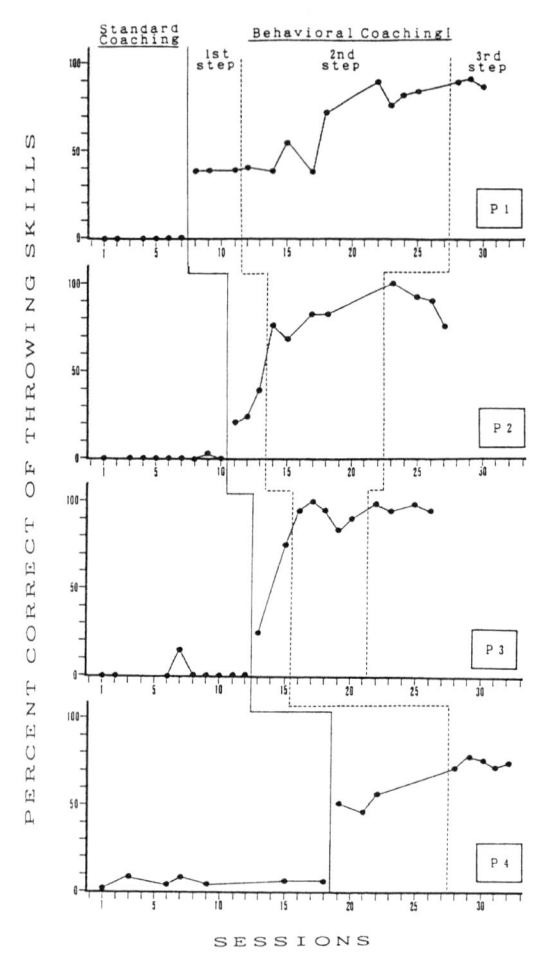

図3 通常のコーチングと行動的コーチングⅠ条件における指導対象となった各選手のスローイング下位技能の正反応率。Standard Coaching は通常のコーチング，Behavioral Coaching Ⅰは行動的コーチングⅠを表す。行動的コーチングⅠにおける第一段階，第二段階，第三段階では指導の対象となった選手別下位技能の段階的指導を行った。例えば，その下位技能が5つあった場合は，第一段階では1つ，第二段階では4つ，第三段階では5つというようにである。

いて，他のセッションで0％だった。各ゾーンへの命中率は，Aゾーンが21％，Bゾーンが72％，Cゾーンが7％だった。

P4の正反応率は，1セッションから18セッションにかけて2％から8％の範囲で平均5％だった。各ゾーンへの命中率は，Aゾーンが13％，Bゾーンが67％，Cゾーンが20％だった。

(2)行動的コーチングⅠ条件

P1の正反応率は，第一段階ではすべてのセッションで38％を示し，通常のコーチング条件下よりも上昇した。第二段階では，38％から90％の範囲で平均64％まで上昇した。第三段階では，88％から92％の範囲で平均90％まで上昇した。

一方，この実験条件におけるP1の各ゾーンの命中率は，Aゾーンが21％，Bゾーンが59％，Cゾーンが19％と，通常のコーチング条件下と比較して顕著な変化はなかった。

P2の正反応率は，第一段階では20％から40％の範囲で平均28％を示し，通常のコーチング条件よりも上昇した。第二段階では，68％から82％の範囲で平均77％まで上昇した。第三段階では，76％から92％の範囲で平均89％まで上昇した。

一方，この実験条件におけるP2の各ゾーンの命中率は，Aゾーンが8％，Bゾーンが73％，Cゾーンが19％と，通常のコーチング条件下と比較して，Aゾーンの命中率が低下し，Cゾーンのそれが上昇した。

P3の正反応率は，第一段階では25％から75％の範囲で平均50％と，通常のコーチング条件下よりも上昇した。第二段階では，83％から100％の範囲で平均93％まで上昇した。第三段階では，95％から98％の範囲で平均97％まで上昇した。

一方，この実験条件におけるP3の各ゾーンの命中率は，Aゾーンが40％，Bゾーンが46％，Cゾーンが14％と，通常のコーチング条件下と比較して，A，Cゾーンの命中率が上昇し，Bゾーンのそれはやや低下した。

P4の正反応率は，第一段階では46％から56％の範囲で平均51％と，通常のコーチング条件下よりも上昇した。第二段階では，72％から78％の範囲で平均74％まで上昇した。第三段階は行われなかった。

一方，この実験条件におけるP4の各ゾーンの命中率は，Aゾーンが12％，Bゾーンが74％，Cゾーンが14％と，通常のコーチング条件下と比較して，どのゾーンの命中率にも顕著な変化は

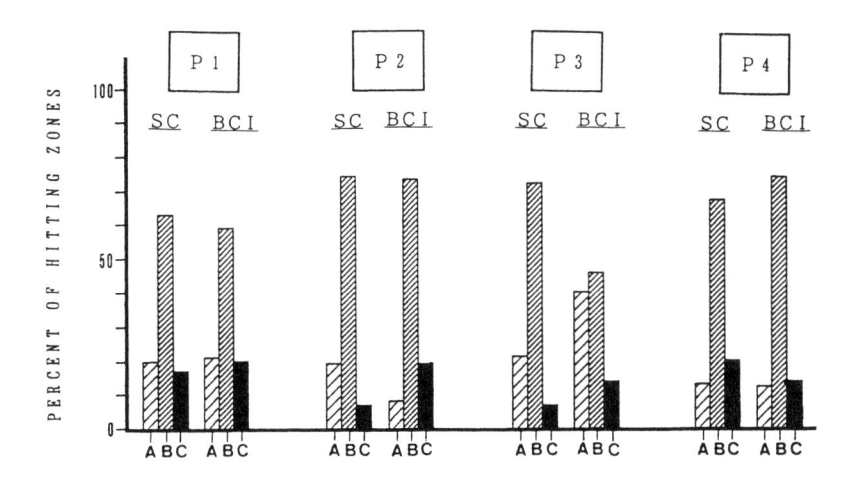

図4 通常のコーチングと行動的コーチングI条件における各選手のA，B，Cゾーンの命中率。SCは通常のコーチング，BCIは行動的コーチングIを表す。

社会的妥当性

実験I終了後，社会的妥当性のアンケートを各選手に実施した。その結果を全選手通じて，ポジティブな回答をした割合を以下に示す。①選択したターゲット行動が選手にとって練習するにふさわしい行動だったかという質問内容については，100％だった。②通常のコーチングについては，25％だった。③行動的コーチングIについては，90％だった。④得られた結果（技能改善の度合）に関しては，100％だった。

各選手の実験の感想には，「うまく投げた時，誉めてくれたのが嬉しかった」，「自分のスローイングの変化に驚いた」，「普段の練習では思うようには投げられない」，といったコメントが含まれた。

考察

公立高等学校硬式野球部選手4名による指導対象となったスローイングの下位技能の正反応率は，腕立て伏せ，抽象的な教示，示範を含む通常のコーチング条件下では，すべての選手において著しい変化を示さなかった。一方，シェイピング，チェックリストの配布と説明，賞賛，示範，ロールプレイを含む行動的コーチングI条件下では，すべての選手において正反応率の上昇が見られた。すなわち，行動的コーチングI条件下で各選手のスローイング技能の改善が見られたのである。反応所産であるボールの命中率は，通常のコーチング条件と行動的コーチングI条件で比較すると，各選手一様の改善は見られなかった。Aゾーンの命中率が上昇したと認められるのはP3のみだった。P1とP4はほぼ変わらず，P2は逆に低下した。Cゾーンの命中率では，著しく低下した選手はいなかった。逆に，P2に関しては，Cゾーンの命中率が上昇した。社会的妥当性アンケートの結果では，全選手が，ターゲット行動と実験後の得られた結果に関して，ポジティブな回答をした。通常のコーチングに関しては，ほぼ全選手が受け入れ難い指導法だったと述べ，行動的コーチングIに関しては，ほぼ全選手が受け入れ易いと述べた。

行動的コーチングIは，各選手の指導対象となったスローイングの下位技能の正反応率を上昇させたが，反応所産を改善させることはできなかった。このことは，チェックリストに示されたスローイングの下位技能を高い正反応率で遂行しても，望ましいゾーンへの命中率が上昇しないことを示す。以上のことから，実験Iで用いたチェックリ

スト中の下位技能を再検討する必要があった。

そこで，実験Ⅰで用いたチェックリストを，3点にわたって検討した（図2参照）。1点目は，新たに左足の踏み出す長さを特定することである。チェックリストの3番目の項目には，「左ひざを曲げた状態で，投球方向に踏み出す」という下位技能がある。選手の踏み出す長さが短いがために，コントロールが悪いとコーチが判断しても，チェックリスト中に踏み出す長さを規定した記述はないので，この下位技能を正反応と見なすことがあった。また，「ボール・コントロールが悪い原因は，踏み出し過度か過小による踏み出しの悪さによることがある」（ベースボールマガジン社，1975）とも言われる。したがって，従来のチェックリストに，左足の踏み出す長さを特定した欄を設ける必要があるかもしれない。

2点目は，新たに右ひざの角度を特定することである。その理由は，右ひざの曲げが小さいまま左足を踏み出すと，目の高さは低い位置へと移動し，ゾーンを見る目がぶれるからである。投球動作の開始時から十分にひざを曲げ，スローイング終了時まで目の高さを安定させておくことは，目標を正確に捉えるのに必要であると思われる。スローイングの開始時から終了時まで，目の高さを一定に保つためには，両ひざの角度が同様でなければならない。故に，右ひざの角度を特定すれば，自ずと左ひざの角度が決まるわけである。したがって，右ひざの角度を特定することを2点目として挙げる。

そして，3点目は，目標をよく見ることを強調する変数を導入することである。チェックリストの10番目の項目には，「目標を見続けている」という下位技能がある。選手が目標を見続けているか否かは，選手の顔の向きから判断したが，それでは，選手は，実際には目標を見ていないのかも知れない。そこで，目標をしっかり見るための何らかの変数を導入することは，価値があるかも知れない。

実験Ⅱ

目的

実験Ⅱでは，実験Ⅰで適用した行動的コーチングⅠを一部改善して，新たに導入する。改善点は3点ある。そのうち2点は，従来のチェックリストに踏み出す長さと右ひざの曲げを特定することである。3点目は，選手に目標をよく見ることの必要性を示す教示とプロンプトを導入することである。このように一部改善した行動的コーチングⅠを，実験Ⅱでは行動的コーチングⅡと呼ぶ。

実験Ⅱの目的は，公立高等学校硬式野球部選手のスローイング技能の指導に，行動的コーチングⅠを一部修正した行動的コーチングⅡを適用し，スローイング技能の改善と反応所産に及ぼす効果を分析することである。

方法

対象選手

実験Ⅱに参加した選手は，実験Ⅰに参加したP1とP3だった。P2とP4は，実験Ⅱ開始当時，すでに野球部を退部していたため，実験Ⅱに参加することはできなかった。

場面

実験Ⅰの場面と同様である。

ターゲット行動

実験Ⅰ同様，硬式野球におけるスローイング技能がターゲット行動である。実験Ⅱでは，実験Ⅰで用いたスローイング技能のチェックリストのうち，右ひざの曲げに関する項目と踏み込む長さに関する項目を修正した。具体的に修正した箇所を図2のチェックリストに沿って述べると，1の「右ひざを曲げ，腰の位置を低くする」に，右ひざの角度を示す欄を設け，3の「左ひざを曲げた状態で，投球方向に踏み出す」を「左脚を投球方向にまっすぐ踏み出す」と変え，そこに踏み込む長さを示す欄を設けた。

手続き

行動的コーチングⅡ

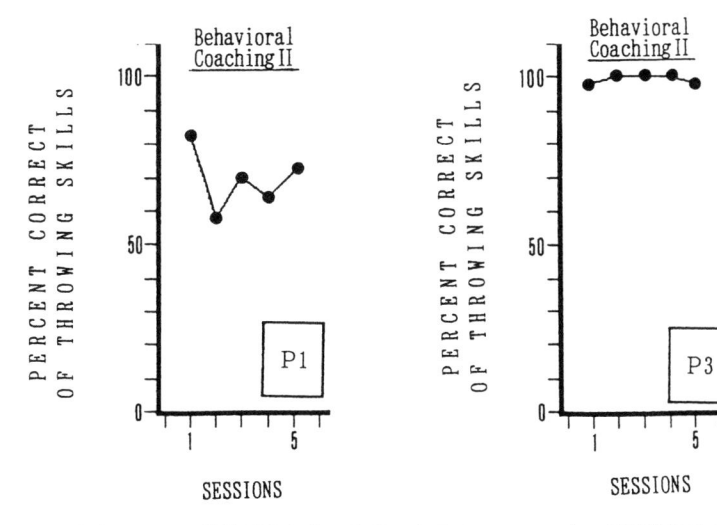

図5 行動的コーチングⅡ条件における指導対象となったP1とP3のスローイング下位技能の正反応率。Behavioral CoachingⅡは行動的コーチングⅡを表す。

この条件は，Aゾーンへの命中率を高めるために導入した。行動的コーチングⅡ条件には，チェックリストの配布，「目標を見る」ことの教示とプロンプト，正しい遂行への賞賛，不正確な遂行に対する示範・教示・ロールプレイの変数が含まれる。

①チェックリストの内容の一部修正

チェックリスト中の右ひざの曲げに関する項目と，踏み込む長さに関する項目を一部修正し，右ひざの曲げる角度と左足の踏み出す長さを示す欄を設けた（図2，及び実験Ⅱターゲット行動の項を参照）。右ひざの曲げる角度と左足の踏み出す長さは，実験Ⅱ開始以前に選手ごとに特定した。その結果，P1とP3共に，右ひざの角度を120度，踏み出す長さを130cmと特定した。そして，それを書き加えたチェックリストを実験Ⅱの最初のセッションの前に，再度配布した。

②「目標を見る」ことの教示とプロンプト

実験Ⅱの最初のセッションの前に，コーチは，各選手に目標を見ることの必要性を教示した。また，各セッション中，コーチは，スローイングする直前に，ランダムに「目標をよく見て」と言った。

③正しい遂行への賞賛。④不正確な遂行に対する示範，教示，及びロールプレイ。行動的コーチングⅠの③，④と同様である。

結 果

P1の正反応率は，図5で示されるように，58％から82％の範囲で平均69％だった。行動的コーチングⅠ条件の第三段階と比較して，正反応率は低下した。一方，命中率は，図6で示されるように，Aゾーンが54％，Bゾーンが34％，Cゾーンが12％と，行動的コーチングⅠ条件と比較して，Aゾーンの命中率が上昇した。

P3の正反応率は，98％から100％の範囲で平均99％だった。行動的コーチングⅠ条件の第三段階と比較して，正反応率は上昇した。一方，命中率はAゾーンが84％，Bゾーンが12％，Cゾーンが4％と，Aゾーンの命中率が上昇し，行動的コーチングⅠ条件と比較して，B，Cゾーンのそれは共に低下した。

考 察

行動的コーチングⅡは，P1とP3のAゾーンの命中率の上昇をもたらした。スローイング技能の正反応率に関しては，行動的コーチングⅠ条件のそれと比較して，P1は低下したが，P3は上

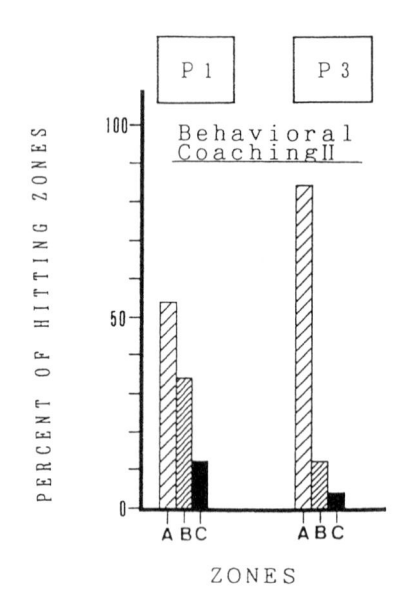

図6 行動的コーチングⅡ条件におけるP1とP3のA，B，Cゾーンの命中率。Behavioral Coaching Ⅱ は行動的コーチングⅡを表す。

昇した。

　行動的コーチングⅠ条件のチェックリストの内容を一部改善し，選手が目標を見るという行動を形成するための変数を導入することによって，P1とP3のAゾーンの命中率が上昇した。行動的コーチングⅠの変数を一部修正し，その修正した変数を一度に導入したため，どの変数の影響によって命中率の改善がなされたかは分からない。しかし，行動的コーチングがスローイング技能の改善だけでなく，その反応所産である命中率まで改善することが可能だった。

全体的考察

　実験Ⅰにおいて，行動的コーチングⅠの手続きは，本研究に参加した4名の選手の反応遂行としてのスローイング技能の改善に効果があった。しかし，反応所産であるボールの命中率という点では，行動的コーチングⅠ条件は，各選手一様の改善をもたらさなかった。社会的妥当性アンケートの結果では，全選手が，選択されたターゲット行動と実験後の得られた結果に対して，ポジティブな回答をした。通常のコーチングに関しては，ほぼ全選手が受け入れ難い指導法だったと述べ，行動的コーチングⅠに関しては，ほぼ全選手が受け入れ易いと述べた。

　実験Ⅱでは，行動的コーチングⅠ条件のチェックリストの内容を一部修正し，目標を見るという行動を形成するための変数を新たに導入した。それによって，反応遂行のみならず，選手の投げるボールの命中率という点においても改善が見られた。

　以下では，行動的コーチングと反応遂行，及び反応所産との関連で考察する。実験Ⅰにおいて，行動的コーチングⅠ条件の導入によって，各選手のスローイング技能の正反応率が上昇した。この結果から，行動的コーチングⅠの導入と各選手の反応遂行の改善は関数関係にあったと言える。しかし，正反応率の上昇にも関わらず，命中率の改善につながらなかったと言うことは，チェックリストに記されたスローイングの下位技能が不適切であることを表す。そこで，チェックリスト中の下位技能を一部修正するといった必要があった。実験Ⅱでは，実験Ⅰで用いたチェックリストを一部修正し，新たに目標を見る行動を形成するための変数を導入することによって，反応所産を改善することができた。つまり，選手の反応遂行を変えることによって反応所産を改善させたのである。このことから，反応遂行と反応所産は，機能的に独立なものではなく，反応遂行の改善により，反応所産に効果をもたらしうることが明らかになった。この結果は，チェックリストに示されたスローイング技能の課題分析を含む行動的コーチング条件全体の効果であると言えるだろう。反応遂行そのものが反応所産に影響を及ぼすのなら，適切な反応遂行を定義した変数が，行動的コーチングに含まれることが望まれる。選手が遂行する技能が，望ましい反応所産を生む反応遂行であるか否かは，常に反応遂行と反応所産を同時に測定することによって可能である。故に，反応遂行と共に，反応所産を測定することは重要であることになる。

　本研究におけるチェックリストの下位項目は，

野球の参考書や論文に基づいてスローイング技能を10の下位技能に分類した。しかし、下位技能数を減らし、より全体的な流れを評定の対象にすることも可能だったかも知れない。その理由は、スローイングという動作はほんの数秒という時間内で実行されるため、その時間内で選手の反応遂行を査定することはかなりの訓練を要したこと、また、本研究に参加した選手は、10の下位技能のうち既に獲得された技能も含まれていたことからである。このことは、今後の課題として挙げられる。

実験Ⅰ終了後、本研究に参加した選手に社会的妥当性のアンケートを実施し、ある選手は、実験の感想として、「うまく投げた時、誉めてくれたのが嬉しかった。」と記述した。通常のコーチング条件は、同校野球部で実際に行われている指導の一部で設定したが、この条件には、選手への適切な遂行後の賞賛という変数は含まれておらず、又、同野球部のその他の練習でも、指導者が賞賛するということは少なかったようである。本研究の行動的コーチングにおいて、適切な遂行後の賞賛という変数を導入したことにより、選手のやる気といった動機づけを高め、反応遂行の正反応率を高める一要因になったのかも知れない。しかし、ただ単にそれらのためだけに、この変数を機能させようとしたのではなかった。同野球部は、実験開始当時、部員数10名であった。以前は、これ以上の部員が在籍していたが、次第に減っていったという。そこで、選手には、野球が面白いと感じるとか、野球を続けたいと思うためにも、適切な遂行後の賞賛という変数は不可欠だった。

本研究は、練習場面でのスローイング技能の変容に留まった。形成された技能の試合への般化を扱った研究はこれまでのところ見あたらない。先に挙げた応用行動分析の目的を考えると、今後の課題として挙げなければならないだろう。

引用文献

Allison, M. G. & Ayllon, T. (1980). Behavioral coaching in the development of skills in football, gymnastics, and tennis. *Journal of Applied Behavior Analysis, 13*, 297-314.

ベースボール・マガジン社（編訳）(1975). 現代野球百科―勝利への戦略と技術―. ベースボール・マガジン社. (Alston, W., & Weiskopf, D. (1972). *The complete baseball handbook*: Strategies & techniques for winning (1st ed). Boston: Allyn and Bacon.)

Buzas, H. P. & Ayllon, T. (1981). Differential reinforcement in coaching tennis skills. *Behavior Modification, 5*, 372-385.

出口 光 (1987). 行動修正のコンテクスト. 行動分析学研究, 2, 48-60.

Edwards, D. K. (1963). Effects of stride and position on the pitching rubber on control in baseball pitching. *The Research Quarterly, 34*, 9-14.

Fitterling, J. M. & Ayllon, T. (1983). Behavioral coaching in classical ballet. *Behavior Modification, 7*, 345-368.

後藤幸弘・風井訟恭・岡本 勉 (1979). ピッチャーの投げの筋電図的分析. 体育の科学, 29, 533-538.

羽鳥好夫・種村明頼 (1986). 野球におけるピッチング動作の基礎的研究. 東京学芸大学紀要（5部門）, 38, 215-223.

平野裕一 (1988). 投球動作のバイオメカニクス. 臨床スポーツ医学, 5, 853-858.

平野裕一・浅見俊雄 (1988). 野球の投球動作とその指導. 体育の科学, 38, 93-100.

Komaki, J. & Barnett, F. T. (1977). A behavioral approach to coaching football: Improving the play execution of the offensive backfield on a youth football team. *Journal of Applied Behavior Analysis, 10*, 657-664.

Koop, S. & Martin, G. L. (1983). Evaluation of a coaching strategy to reduce swimming stroke errors with beginning age-group swimmers. *Journal of Applied Behavior Analysis, 16*, 447-460.

Martin, G. L. & Hrycaiko, D. (1983). Effective behavioral coaching: What's it all about? *Journal of Sport Psychology, 5*, 8-20.

松永尚久 (1979). 野球内野手の守備. 体育の科学, 29, 546-549.

Pappas, A. M., Zawacki, R. M., & Sullivan, T. J. (1985). Biomechanics of baseball pitching: A preliminary report. *The American Journal of Sports Medicine, 13*, 216-222.

Rush, D. B. & Ayllon, T. (1984). Peer Behavioral Coaching: Soccer. *Journal of Sport Psychology,*

6, 325-334.
Scoles, G. & McEachran, R. (1986). Throwing! Back (ward) to the basics. *Scholastic Coach, 55*, 20-21.
Shapiro, E. S. & Shapiro, S. (1985). Behavioral coaching in the development of skills in track. *Behavior Modification, 9*, 211-224.
Sisto, D. J., Jobe, F. J., Moynes, D. R., & Antonelli, D. J. (1987). An electromyographic analysis of the elbow in pitching. *The American Journal of Sports Medicine, 15*, 260-263.

Weiskopf, D. (1985). Outfield throwing：Baseball's most neglected skill. *Athletic Journal, 65*, 20-22.
Ziegler, S. G. (1987). Effects of stimulus cueing on the acquisition of groundstrokes by beginning tennis players. *Journal of Applied Behavior Analysis, 20*, 405-411.

出典：安生祐治・山本淳一（1991）．硬式野球におけるスローイング技能の改善―行動的コーチングの効果の分析―．行動分析学研究，6, 3-22.

▶▶▶コメント

スポーツ行動分析の来し方，行く末

山脇学園短期大学
杉山尚子

本論文は，スポーツ行動分析（Sport Behavior Analysis）または行動的コーチング（Behavioral coaching）とよばれる，応用行動分析の一領域における実験論文です。わが国でもそれ以前にこの分野を紹介した文献として，杉山（1988），武田（1985），武田・柳（1982）があり，口頭発表された実験研究としてSato & Sugiyama（1987）ならびに杉山・飯田・佐藤（1990）がありましたが，実験論文として公表された業績としては，本論文がわが国における嚆矢です。

世界に目を向ければ，1970年代にRushall & Siedentop（1972）やDickinson（1977）がスポーツ場面へ行動の原理を導入する意義と方法を著し，Mckenzie & Rushall（1974）が自己記録法を用いて，32名の水泳選手の練習への勤怠管理を行う最初の実験研究を行っています。1980年代には，現在なおこの分野のリーダーであり続けるG. L. Martinが，それまでに公刊されたすぐれた研究の再録（Martin & Hrycaiko, 1983）ならびに，新たな教科書（Martin & Lumsden, 1987）を著しました。1985年には国際行動分析学会年次大会でも「スポーツ行動分析」と題する招待シンポジウムが開催され（Graf, 1985），この年以降，学会発表のカテゴリーにBehavior Medicine & Sports Psychologyが誕生しています。その結果，野球，バスケットボール，バレーボール，ハンドボール，サッカー，テニス，アメリカン・フットボール，ゴルフ，アイスホッケーなどの球技の他，フィギュアスケート，スピードスケート，水泳，陸上競技，体操，サッカー，クラシックバレエ，歌舞伎舞踊，合気道などのさまざまな競技において，行動的手法による介入がなされ，成果をあげてきましたが，誕生から40年近くを経過した現在でも，この分野の研究は充分な数とはいえません。Martin, Thompson, & Regehr,（2004）は，それまでに*Behavior Modification, Behavior Therapy, JABA*の3つの行動的な学術誌と，4つのスポーツの学術誌に掲載された論文のうち，厳格な4つの基準を用いて応用行動分析の研究として認めうる論文は40編であると指摘しています。現在でもこの傾向に変化はなく，わが国においても，本論文以降に発表されたものは，沖中・嶋崎（2010），中村・松見（2010），根本・島宗（2010）の3編にとどまっています。

スポーツ競技の種目は多く，まだ研究対象にとりあげられていない種目も多く，それぞれの種目で介入が必要となる固有の行動も多いです。本論

文が対象とした野球の送球動作も，この研究以外にはないのです。また，標的行動の同定，介入プログラムの立案は，その種目の専門家との共同作業なくしてはできません。

一方，これまでの研究は強化や弱化，消去，シェイピング，目標設定による確立操作などの基本的な行動の原理を介入に用い，成果をあげているものの，誕生から半世紀を経た応用行動分析の研究は，行動の原理の有用性を示す段階からすでに一段あがっています。

したがって，今後，この分野の研究がより魅力的に開花するには，1）研究対象の種目をさらに広げていくこと，2）スポーツの専門家との共同作業の道を開拓すること，3）プロフェッショナルあるいは国際級の競技者への行動介入の可能性を示すこと，4）いわゆるメンタルトレーニング，イメージトレーニングの技法を行動随伴性で再構築すること，5）組織行動マネジメントや教育分野での研究成果を取り入れること，などが必要となるでしょう。Martinの良書も新たに出版され（Martin, 2007），この分野の研究がいっそう蓄積することを期待しています。

文　献

Dickinson, J. (1977). *A Behavioural Analysis of Sport*. Princeton, NJ：Princeton Book Company.

Graf, S. (Chair) (1985). *Sport Behavior Analysis*. Symposium conducted at the 11th Annual Convention of Association for Behavior Analysis, Columbus, OH.

Martin, G. L. (2007). *Applied Sport Psychology：Practical guidelines from behavior analysis (3rd ed.)*. Manitoba, Canada：Sport Science Press.

Martin, G. L. & Hrycaiko, D. (1983). *Behavioral Modification and Coaching：Principles, Procedure, and Research*. Springfield, IL：Charles C Thomas.

Martin, G. L. & Lumsden, J. A. (1987). *Coaching：An effective behavioral approach*. St. Louis, MO：Times Mirror/Mosby College Publishing.

Martin, G. L., Thompson, K., & Regehr, K. (2004). Studies using single-subject designs in sport psychology：30 years of research. *The Behavior Analyst, 27*, 263-280.

Mckenzie, T. L., & Rushall, B. S. (1974). Effects of self-recording on attendance and performance in a competitive swimming training environment. *Journal of Applied Behavior Analysis, 7*, 199-206.

中村有里・松見淳子（2010）．行動的コーチングによるハンドボールのシュートフォームの改善．行動分析学研究，*24*，54-58.

根本俊一・島宗　理（2010）．行動的コーチングによる合気道の技の改善．行動分析学研究，*24*，59-65.

沖中　武・島崎恒雄（2010）．自己記録と自己目標設定がソフトテニスのファーストサービスの正確性に及ぼす効果．行動分析学研究，*24*，43-47.

Rushall, B. S. & Siedentop, D. (1972). *The Development and Control of Behavior in Sport and Physical Education*. Philadelphia, PN：Lea & Febiger.

Sato, M. & Sugiyama, N. (1987). A behavior analysis of Japanese kabuki dance. *Paper Presented at the 13th Annual Convention of Association for Behavior Analysis*. Nashville：TN.

杉山尚子（1988）．スポーツ行動分析．異常行動研究会誌，*27*，6-17.

杉山尚子・飯田慎一・佐藤方哉（1990）．軟式テニスにおけるサービスの正確性に及ぼす自己記録および記録公表の効果．日本行動分析学会第8回大会論文集．

武田　建（1985）．コーチング―人を育てる心理学．誠信書房．

武田　建・柳敏晴（1982）．コーチングの心理学？こんなコーチをしていませんか．日本YMCA同盟出版部．

A Respiratory Training Program for Pre-Operative Thoracotomy Patients

YAYOI KAMAKURA

Aichi Prefectural Junior College of Nursing

TAKAYUKI SAKAGAMI

Keio University

Abstract

Maximal inspiration training is recommended for pre-operative thoracotomy patients to promote smooth post-operative recovery. This study used a multiple baseline across subjects design to evaluate an inspiration training program. During baseline, the patients were taught how to use an incentive spirometer and to record the frequency and volume of their inspiratory exercises. In the first intervention phase, subjects were provided with graphic feedback for their exercise performance and, if they did more exercises than the previous day, verbal praise from the experimenter. Information about the role of training for post-operative recovery was provided to the subjects during a second intervention phase. Subjects were given a goal of doing at 20 exercises per day during baseline ; the daily goal was raised to 50 in the first phase and to 80 in the second phase. Inspiratory volume increased over baseline levels for 14 of 19 subjects in the second phase, but 5 subjects who had rapidly increased their inspiratory volume in the baseline phase could not maintain the increase.

Key words: respiratory training program, incentive spirometer, pre-operative patients, sustained maximal inspiration, inspiratory volume, operant conditioning, graphic feedback

手術前呼吸練習プログラムの開発とその効果の検討

愛知県立看護短期大学　鎌倉やよい
慶應義塾大学　坂上貴之

　本研究は開胸術後の順調な回復のために必要とされる効果的な最大吸気練習プログラムの開発のために計画された。プログラムは被験者間多層ベースライン法でなされ，3つのフェーズからなっていた。ベースラインのフェーズでは，被験者は吸気練習器具であるトリフローの使用法について病棟で与えられる通常の教示を受け，吸気練習を自己記録するように言われた。第1の介入フェーズでは日々の吸気回数と吸気量の結果がグラフでフィードバックされ，もし前日の記録よりも上回っていれば言語的賞賛が与えられた。第2の介入フェーズでは，第1のものに加えて，この練習の手術への役割についての新しい情報が与えられた。吸気回数の目標値はベースラインでは20，第1介入フェーズでは50，第2介入フェーズでは80というようにあげられた。19人中，14人が介入によってベースラインのフェーズから第2介入フェーズへとその吸気量を増加させた。増加しなかった5人は，ベースライン時においてその吸気量を急激に増加させたため，吸気行動を維持できなかった。

Key words：呼吸練習プログラム，吸気練習器具，手術前患者，最大吸気持続法，吸気量，オペラント条件づけ，グラフィックフィードバック

はじめに

　全身麻酔を用いる外科的治療法では，手術後における呼吸器合併症の発症が問題であり，なかでも無気肺の発生頻度が高いことが指摘されている（岡田・中島・藤野，1982；宇田川・天羽，1989）。無気肺は，手術後におこる末梢気管支の痰による閉塞によって肺胞が虚脱するためにガス交換が行われなくなった状態であり，その予防策として最大吸気持続法（Bakow, 1977；Bartlett, Brennan, Gazzaniga, & Hanson, 1973）が提唱されている。この方法は最大の吸気量で持続的に息を吸うことによって，肺胞全体に均等に空気を充満させて換気を促進する方法である。この方法を実行するために開発された種々の吸気練習器具を，開腹術や開胸術の手術後に使用することで，呼吸器合併症の予防に効果があることが報告されている（Alexander, Schreiner, Smiler, & Brown, 1981；Bartlett et al., 1973；Dohi & Gold, 1978；Fried, 1977；Minschaert, Vincent, Ros, & Kahn, 1982）。しかし，我が国では現在，肺癌や食道癌の手術として開胸術を受ける患者に対しては，無気肺を予防するために肺機能を改善することを目的として，手術前のみに器具を用いた吸気練習が実施されている。そして，手術後には器具を使用しないで吸気練習と同様な深呼吸を促す方法が多くとられている。手術前の呼吸練習の意義について，吸気練習器具を使用した練習が手術後1日目にみられる動脈血酸素分圧の低下を抑制したことが報告され，手術前の吸気行動が手術後に般化した効果であることが示唆されている（田島・池・内田，1992）。

　呼吸器合併症の原因である肺胞虚脱を防ぐためには，手術後から1時間毎に最大吸気に到達することが望ましく，Bartlett et al.（1973）は1時間ごとに5回の最大吸気を実行した結果，一度膨張した肺胞が少なくとも1時間は虚脱せずに維持されたと報告している。手術後に効果が現われるように手術前から吸気練習に習熟するためには，起床中1時間ごとに練習が実行され，さらにその練習が最大吸気に到達していることが求められることになる。無気肺の予防に効果があったとされる1時間ごとの練習回数は，5回から10回（Bartlett et al., 1973；Dohi & Gold, 1978；Minschaert et al., 1982）が報告されていることからも，1日に求められる吸気回数の頻度はかなり高くなることがわかる。そのために，最大吸気持続法が成功するか否かは患者の意欲にかかっていると指摘されている（Bakow, 1977；鈴木・呉・山本・黒沢・小泉，1984）。しかしながら，患者の自発性に期待するだけでは練習回数が増加しないことが多く，また，看護婦が1時間毎に練習を促すことも時間的な制約から難しいために，臨床場面では自発的な練習の促進に苦慮しているのが実状である。

　さらに，Alexander et al.（1981）が手術前の最大吸気量への到達度によって呼吸器合併症の発生率に差がみられたと報告していることからも，手術前の吸気練習量を測定するとともに，最大吸気練習を維持することができる器具や援助プログラムが必要とされている。呼吸練習プログラムのためのガイドライン作成を目的とした井上・佐藤・雄西・武田・石黒（1989）による研究では，深呼吸，器具による最大吸気が経皮的酸素分圧や血圧をどのように変化させるかを検討している。その結果，吸気練習器具を使用した練習が呼吸器系には同程度の効果をもたらしながら，深呼吸に比べ安静時への回復が速く，循環器系への影響も少ないことから，手術前の呼吸練習法として適当であると結論されている。また，器具を使用することによって練習の結果が表示されることは，患

表1 被験者

被験者	性別	年齢	疾患名
1	男性	64	肺癌
2	男性	49	肺癌
3	女性	61	肺癌
4	男性	45	肺癌
5	女性	46	肺癌
6	男性	66	肺癌
7	女性	64	肺癌
8	女性	51	肺癌
9	男性	70	肺癌
10	男性	53	肺癌
11	男性	68	肺癌
12	男性	56	食道癌
13	女性	68	肺癌
14	男性	59	食道癌
15	女性	50	肺癌
16	男性	59	肺癌
17	男性	59	肺癌
18	女性	49	肺癌
19	男性	65	肺癌
20	女性	68	食道癌

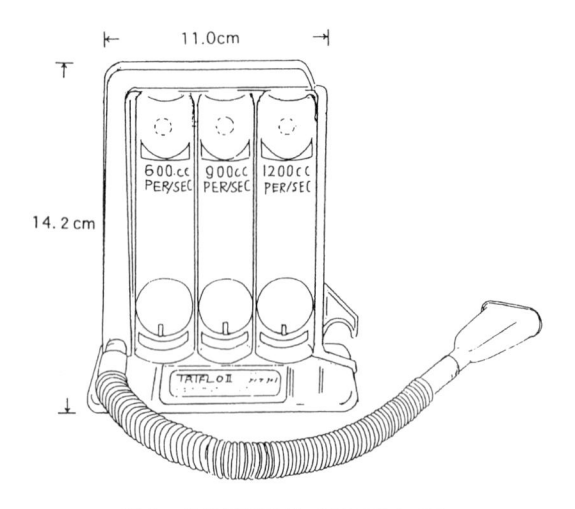

図1 吸気練習器具（TRIFLO II）

者の練習意欲につながると言及されているが，現在までのところ，自律的，規則的に最大吸気練習の行動を維持する援助プログラムはない。

　ここまで述べてきたように，手術前呼吸練習では吸気回数が増加することと，最大吸気が達成されるという2つの条件が満たされることが必要とされる。1吸気ごとに実行される最大吸気への努力と1日に実行される吸気回数の総和が吸気総量によって表わされると考えられる。そこで，この両者を含んだ手術前呼吸練習のプログラムを開発することを目的として，吸気回数と吸気総量のグラフィックフィードバックとそれらの増加に対する賞賛，手術後の深呼吸の必要性に関する情報の提供といった介入条件がどのように吸気総量を変化させるかを検討した。

方　法

被験者

　実験は愛知県がんセンター病院の胸部外科病棟において主治医の了解のもとに行われた。被験者（S1〜S20）は，肺癌あるいは食道癌の手術を目的として，当時入院していた術前の患者20人（男性12人，女性8人）であった。被験者の年齢は45歳から70歳であり，平均年齢は男性55歳，女性57歳であった。疾患別では肺癌17人，食道癌3人であった（表1）。

装置

吸気練習器具　吸気練習器具として，トリフロー（TRIFLO II：日本シャーウッド製）とよばれる最大吸気持続法を実行するために開発された器具が用いられた。これは，小型軽量のプラスチック製の器具で，ボールの入った円筒形の容器が3列に配置されている。吸気によってボールが上がる仕組になっており，吸気流速が600 ml/秒になると吸気側から1つ目のボールが上がり，900 ml/秒ではそれに加えて2つ，1200 ml/秒では3つすべてのボールが上がるように設定されている（図1）。

記録カード　1回の練習に1枚の記録カード（縦12 cm，横8.5 cm）が使用された。記録カードには，上昇したボールの位置を3段階で記入するトリフローの容器に対応させた3列の円筒の略図と，その位置での吸気持続時間（秒）ならびに練習時刻を書き込む欄が設けられた（図2）。被験者はトリフローの器具内のボールが上昇した位

置をカード内へ○印で記入し,練習時刻とともに,貸し出してあるストップウォッチにより測定された吸気持続時間を記入するよう教示された。

手続き

1日を1セッションとし,実験デザインは被験者間多層ベースライン法が採用された。原則として手術14日前からベースライン条件（BL）が開始され,介入条件1（F1）,介入条件2（F2）が実施された。各条件におけるセッションの長さは,病棟での手術に伴う制約の範囲内で自由に変えられた。また,呼吸練習プログラムとはBL,F1,F2が総合されたものを示している。

実験条件としての独立変数は,F1では吸気回数と吸気総量のグラフィックフィードバック,それらの増加に対する賞賛および吸気回数の目標であり,F2ではF1に加えて手術後の深呼吸の必要性に関する情報の提供および吸気回数の目標である。これらに対する従属変数は各セッションの吸気総量である。

吸気総量は,1回ごとの吸気量を算出し,各セッションで累計することによって求められた。1回の吸気量は,トリフローの器具内のボールが維持された数と位置によって表わされる吸気流量に吸気持続時間を乗じて求められた。例えば,上昇した3つのボールが円筒上端に3秒間維持されたならば,1.2リットル×3秒＝3.6リットルが1回吸気量となる。

吸気回数の目標値は,BLでは通常の教示で用いられていた基準を,F1とF2では手術後の呼吸器合併症を減少させたと報告された基準（Dohi et al., 1978；Minschaert et al., 1982）を参考にして決められた。

実験が行われた病棟では,手術予定日の7日前に主治医から手術に関する説明が実施され,それを受けて看護婦によってトリフローを使用した吸気練習に関する教示が与えられていた。実験は原則として14日前から開始されたため,手術の内容に触れる教示が主治医による説明に先立って実施されることに対する制約があった。そのため,

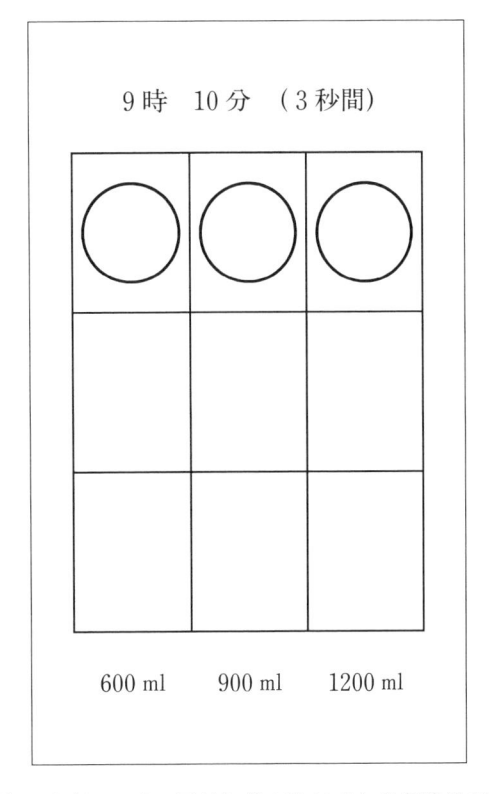

図2 記録カード。図は午前9時10分に吸気流速1200 ml/秒で3秒間,計3600 mlの吸気量の練習が実施されたことを表わしている。

介入条件ではF1として吸気回数と吸気総量のグラフィックフィードバック等の変数が採用され,F2として手術後の深呼吸の必要性に関する情報の提供等の変数が採用された。

ベースライン条件（BL） 病室において今までなされていた通常の教示に,記録カードへの記入についての教示が加えられた。教示の内容は次のとおりである。

「呼吸機能をよくするために,この器具で練習します。息を全部吐いてから,思いきり吸うとボールが上がります。専用の器具を貸し出しますのでテーブルの上に置いて練習して下さい。できる限り多くのボールが長い間上がっていることが大切です。1度に5回の吸気を行い,それを1セットとして1日に4セット以上計20回以上（S1,2では1日に4セット,S3では5セット以上)を行うことが目標です。多く練習すると効果的で

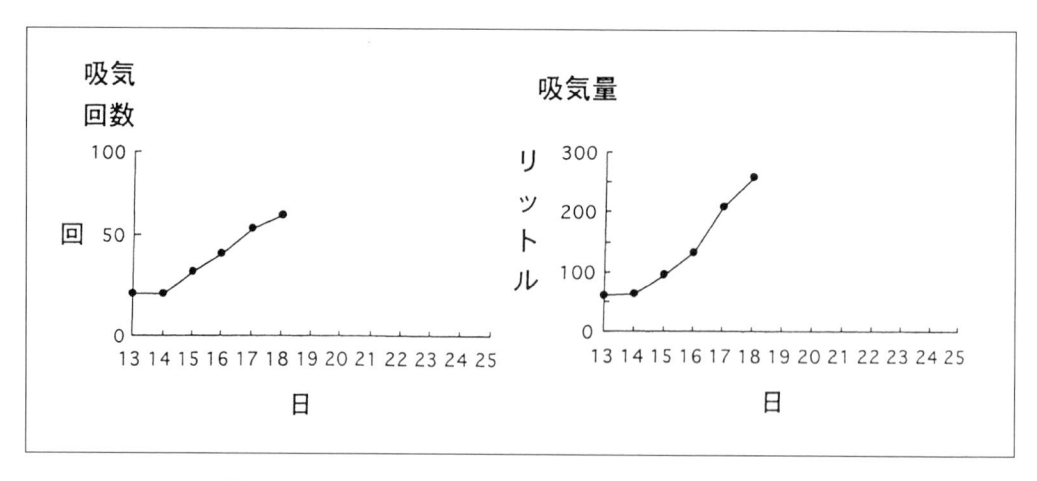

図3 介入条件1と2で用いられた吸気回数と吸気総量のグラフ

す。」

ここまでが通常の教示であり，最大吸気への努力に関する教示は，「できる限り多くのボールが長い間上がっていることが大切です。」が該当する。さらに，以下の教示が本研究で付加された。

「1回練習する度に1枚ずつ記録カードに記入して下さい。記録は，練習時刻，上がったボールの位置，ボールを維持できた秒数を記入して下さい。秒数はストップウォッチで計って下さい。1日に1回看護婦が確認いたします。」

自己記録のなされたカードは実験者が原則として毎朝回収した。

介入条件1（F1） ベースライン条件に加えて以下の手続きが実施された。F1の第1セッションではBL期間中における1日ごとの吸気回数と吸気総量がグラフ（図3）によって被験者に示され，「これまでの練習の結果をグラフにしてきました。今日からは練習回数の目標を50回（S1,2では20回以上，S3では25回以上）に増やしていきましょう。」と教示された。第2セッション以降ではBL時の吸気回数と吸気総量に加えて，前日の吸気回数と吸気総量がグラフで示され，これらが前日に比較して増加していれば「よくがんばられましたね。」という言語的賞賛が与えられた。

介入条件2（F2） 介入条件1に加えて，手術後の深呼吸に現在の吸気練習が果たす役割について，以下に示すような内容の教示を実験者が提供するとともに，80回（S3では50回）という吸気回数の目標を与えた。また，S1,2では介入条件2が実施されなかった。

「手術で胸を開きますから，健康な肺も縮んでしまいます。手術の後は，胸に管を入れて中に溜まった空気や液を吸引して，肺を膨らませるのを助けます。でも一番効果があるのはご自分で深呼吸して肺を膨らますことです。体の向きを変えることは看護婦が代わって行うこともできますが，深呼吸だけは代わることができません。この練習の要領で大きく深呼吸することが大切です。手術後には痛みがありますが，薬でコントロールして少し痛い程度にします。痛くなるようでしたらすぐにおっしゃってください。痛みを我慢する必要はありません。その代わり，十分深呼吸をしてください。深呼吸することが手術後の回復につながります。」

データの信頼性

被験者が自己記録した練習時刻について，実験者の観察結果と被験者の記録が一致するかどうかの確認を，1人当たり異なるセッションで異なる時間に2回程度行った。その結果すべての被験者は，その練習時刻を正確に記録していた。吸気持続時間については，被験者の練習時に実験者が対面して，測定が適切に行われ記録されていること

を確認するにとどまった。

結 果

　最大吸気持続法による吸気練習によって，吸気総量を増加させることを標的行動として，図4に実験セッションの経過に伴う各被験者ごとの吸気総量の変化が示された。吸気総量は，被験者の最大吸気への努力と吸気回数を増加させた結果によって構成される。矢印は外泊したことを表わしている。

　吸気回数の各セッションでの値の推移は，図4で示された吸気総量の推移と同様の経過を示した。図中では，BL，F1，F2で与えられた吸気回数の目標値が達成されなかったセッションが白抜きの丸印で表わされた。

介入条件1の効果

　介入条件は吸気回数と吸気総量のグラフィックフィードバック，それらの増加に対する賞賛および吸気回数の目標の提示であり，これらの総合された効果が吸気総量の増減によって判定された。BLに比較してF1の介入条件で吸気総量を増加させた被験者が効果ありと判断された。その結果，20人中効果のあった被験者が13人（S1，2，4，5，9，10，11，12，13，14，18，19，20），効果のなかった被験者が4人（S7，15，16，17）であった。S3，6，8はBLにおいて吸気総量を徐々に増加させてF1に連続しているため，介入条件1の効果の判定ができなかった。

　また，吸気回数50回を目標として提示された被験者17人（S4〜20）のF1は，合計40セッションであった。そのうち，目標に到達したセッションが27セッションであり，その割合は67.5％であった。

介入条件2の効果

　介入条件はF1に加えて，手術後の深呼吸の必要性に関する情報の提供および吸気回数の目標の提示であり，これらの総合された効果が吸気総量の増減によって判定された。F1に比較してF2の介入条件で吸気総量を増加させた被験者が効果ありと判断された。S1，2はF2が実施されなかったこと，S9はF1を開始した後の2日間フィードバックを与えることができなかったために，実質的にはBLに戻した手続きであったので，効果の判定の対象から除外された。

　その結果，17人のうち，効果があると判定された被験者が11人（S3，4，7，11，12，14，16，17，18，19，20）であった。効果が確認されなかった被験者は4人（S5，10，13，15）であった。この4人のうち，S5，10，15はF2の介入条件によって吸気総量を増加させたものの，最終セッションまで維持することができなかった。S13はF2の介入条件を与えられても，第1セッションで吸気総量を減少させたが，その後F1の吸気総量まで増加させた。また，S6，8はBLで徐々に吸気総量を増加させ，F1，F2でも引き続いて増加させているため，介入条件2の効果の判定ができなかった。

　一方，吸気回数80回を目標として提示された被験者16人（S4〜8，10〜20）のF2は，合計79セッションであった。そのうち，目標に到達したセッションが36セッションであり，その割合は45.6％であった。

プログラムの効果

　F1に加えてF2の介入条件が与えられたことから，プログラムとしての効果は，F2（S1，2についてはF1）の吸気総量がBLに比較して増加し維持されたことによって判定された。ただし，S9はF1の介入条件の後にBLへ戻した手続きとなったために，判定の対象から除外された。その結果，S10，15はF2の最終セッションの吸気総量がBLの吸気総量まで減少し，増加させた吸気総量を維持することができなかった。S13はF2の第1セッションで吸気総量を減少させた後に増加させたこと，S6，8はBLで徐々に吸気総量を増加させ，F1，F2でも引き続いて増加させたことから，その増加がプログラムの効果であることを特定できなかった。こうして，プロ

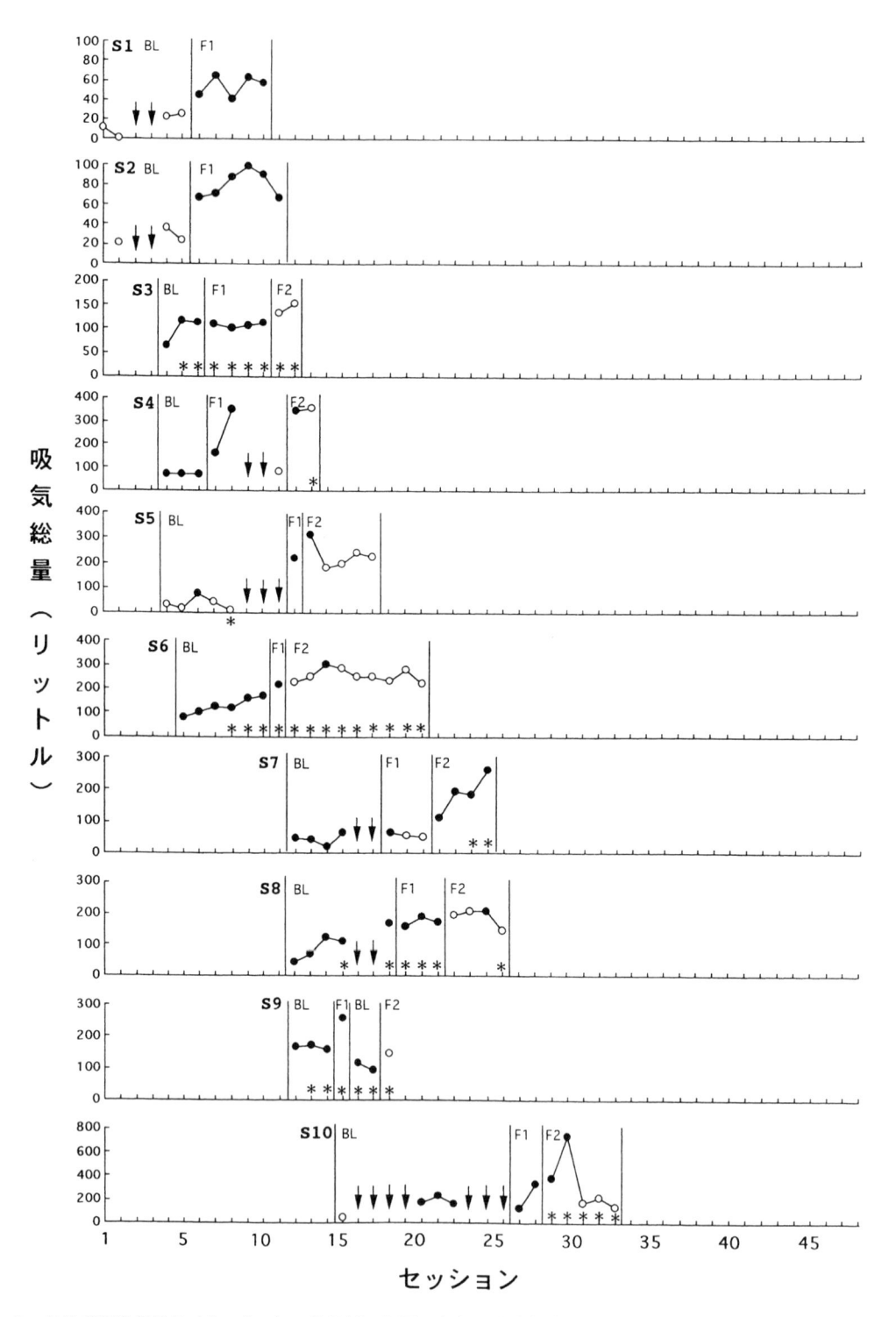

図4-1 被験者別吸気総量（リットル）の推移(1)。各図は左上に被験者番号を示し，被験者1から10までのセッションの経過に伴う吸気総量の変化を表わす。横軸は実験開始後のセッション数（日数）を，縦軸は1日毎の吸気総量をリットルで表わす。BLはベースライン条件を，F1は介入条件1を，F2は介入条件2を，↓は外泊による吸気練習の一時停止を示す。白抜きの丸印は，BL, F1, F2で与えられた吸気回数の目標値が達成されなかったセッションを表わす。＊印は，吸気総量が最大吸気総量に到達したセッションを表わす。セッションの最終日の翌日が手術日である。

吸気総量（リットル）

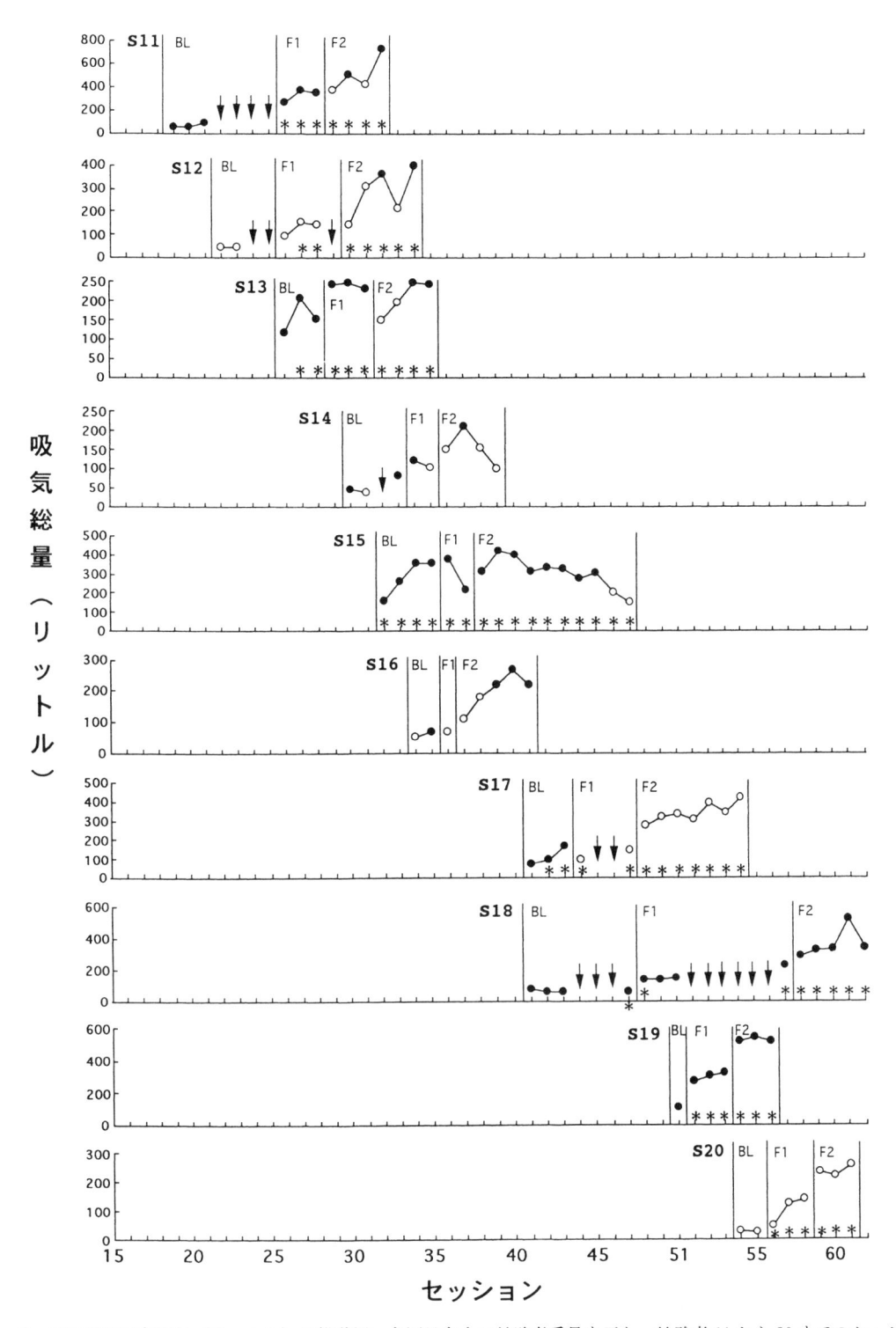

図4-2 被験者別吸気総量（リットル）の推移(2)。各図は左上に被験者番号を示し，被験者11から20までのセッションの経過に伴う吸気総量の変化を表わす。

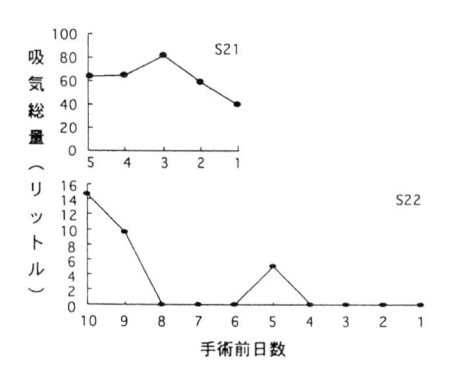

図5 ベースライン条件での吸気総量。各図は右上に被験者番号を示し、ベースライン条件での手術前日までの吸気総量の変化を表わす。横軸は手術予定日までの日数を、縦軸は1日毎の吸気総量をリットルで表わす。ただし、手術前日数1の翌日にS21は手術が行われ、S22は手術中止が決定された。

グラムの効果があったと判断された被験者は14人となった。2項検定によって19人中14人に効果がある確率は$p=.022$であり、5％水準で有意であったことから、プログラムは吸気総量を増加させる効果があったといえる。

また、増加させた吸気総量を維持することができなかった被験者（S 10, 13, 15）はBL時の1日平均吸気総量が各々150.2, 159.5, 281.6リットルであり、プログラムに効果のあった被験者の平均が58.6リットルであったのに比較して高い値であった。なお、S 10はF2の第2セッションで吸気総量を急上昇させたが、同日に主治医から手術による切除範囲が左肺全摘へと拡大される旨の説明を受けていた。この急激な吸気総量の増加はその後維持されなかった。

各セッションにおける最大吸気総量への到達

最大吸気は最大の努力で吸気した量であり、肺活量に一致すると考えられた。そこで、各セッションごとの吸気回数の全てが最大吸気で実行された場合の吸気総量（最大吸気総量）は、手術前に測定された肺活量に吸気回数を乗じて求めることができる。この最大吸気総量に対して、実験で測定された吸気総量の割合が100％を越えた時、最大吸気が実行されたセッションであると判断され、図4に＊印で表わされた。

F 1, F 2とも全セッションで最大吸気が実行された被験者が9人（S 3, 6, 9, 11, 13, 15, 17, 19, 20）であった。S 12はF 1の第1セッションの最大吸気総量への到達割合が99％であり、S 18はF 1の第2, 3セッションの割合がそれぞれ98％, 99％であったが、他のセッションでは100％に到達していた。S 8, 10はF 1, F 2のどちらかの全セッションで最大吸気が実行され、さらにF 2の最終セッションでは最大吸気総量に到達した。S 4, 7はBLの第1セッションの最大吸気総量への到達割合がそれぞれ78％, 71％であったが、実験経過に伴い徐々に増加させ、F 2の最終セッションでは100％に到達した。

F 1, F 2の全セッションで1度も最大吸気が実行されなかった被験者が5人（S 1, 2, 5, 14, 16）であった。このうちの3人は最大吸気総量への到達割合が、BLに比較してF 2で増加した。S 1では42％から68％へ、S 2では67％から94％へ、S 5では66％から91％への増加であった。しかし、S 14は57％から60％へ、S 16は77％から72％へと実験経過に伴う増加がみられず、最大吸気への努力が行われていなかった。

手術に伴う吸気総量の変化

手術予定日が近くなることによる吸気総量の変化がBL条件のみで観察された（図5）。S 21は実験を導入する前にBL条件のみが実施された被験者であり、S 22は手術日が決定されないためにF 1が開始されないまま、手術の中止が決定された被験者である。S 21, 22では手術が近づくことによる吸気総量の増加はなかった。

プログラムの効果が確認できなかった被験者の情報環境

プログラムの効果が確認されなかった5人の被験者は、練習開始前から同室の被験者と情報交換していたために、既にBLにおいてF 1, F 2に相当する影響を受けていた可能性があった。プログラムについての情報を多く得る環境にあった被験者を、「同室内にすでにプログラムが開始され

た他の被験者（手術を終えた被験者を含む）が複数存在している場合，その病室で最初に実験と接触した被験者以外の被験者」と定義した。その結果，情報を多く得る環境にあった被験者は8人（S 6, 7, 8, 10, 11, 13, 15, 19），情報を得にくい環境にあった被験者は11人（S 1, 2, 3, 4, 5, 12, 14, 16, 17, 18, 20）となった。

図6に，被験者別にプログラムの効果，BL時の1日平均吸気総量，情報環境との関係を示した。情報を多く得る環境にあった被験者8人中プログラムの効果があった被験者は3人（S 7, 11, 19）であった。これに対して，情報を得にくい環境にあった被験者11人全員にプログラムの効果が認められた（Fisherの直接確率法：p=.0096, 1％で有意）。また，プログラムの効果が確認されなかった被験者では効果のあった被験者に比較して，BL時の1日平均吸気総量が高い値であった。

考察

肺癌あるいは食道癌を治療するために開胸術を受ける患者は，手術後の呼吸器合併症を予防することを目的として，手術前に吸気練習器具を用いた吸気練習を行っている。この練習の目的は吸気練習器具を使用することで最大吸気を実行し，さらに吸気回数を増加させることである。最大吸気への努力と吸気回数を増加させる努力の総和が吸気総量に反映されることから，吸気総量の増減によって介入条件の効果が判定された。結果でも述べられたように，F1およびF2の介入条件は吸気総量を増加させる効果があった。ただし，F1の介入条件は吸気回数と吸気総量のグラフィックフィードバック，前日に比較しての増加に対する賞賛および目標の設定であり，この3条件の効果を個々に判断することはできない。その中でも，F1の第1セッションはグラフィックフィードバックと目標の設定の効果であり，第2セッションから賞賛の効果が加わったと考えられる。F2では，手術後の深呼吸の必要性に関する情報提供と目標の設定がF1の介入条件につけ加えられた。

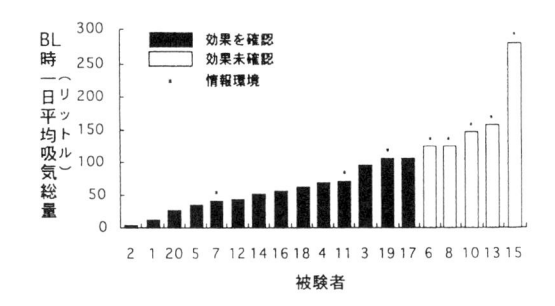

図6 被験者別プログラムの効果，BL時の1日平均吸気総量，情報環境。図は被験者別にベースライン条件での1日平均吸気総量をリットルで表わす。棒グラフの黒色はプログラムの効果があったことを，白色は効果が確認できなかったことを表わす。さらに，＊印は情報を多く得る環境にあった被験者を示す。

この2条件についても効果を個々に判断することはできない。これらから，F1，F2を構成する個々の条件が強化子になりうるかを判断することはできないが，ベースライン条件と介入条件を総合したプログラムとして吸気練習を促進する効果があったといえる。

次に，吸気総量を維持することに問題の残った被験者（S 10, 13, 15）と効果の判定ができなかった被験者（S 6, 8）について検討される。S 10はF2の第2セッションで主治医から手術部位の拡大を告げられたことから不眠状態となり，21時以後も吸気練習を実行して745リットル（180回）という急激な増加となった。しかし，この急激な吸気総量の増加は維持されていない。S 13, 15は同室で，情報を多く得る環境にあり，実際にも手術後の被験者から吸気練習を勧められていた。そのため，両被験者ともBLにおいて高い吸気総量を実行して，限界量まで増加させたため，維持することができなくなったと考えられる。F2によって再度増加させているが，限界と考えられた吸気総量がさらに増加されることはなかった。また，S 15ではF2が10セッションとなったために，この高い吸気総量が維持されていない。このように短期間に被験者の限界まで吸気総量が増加された時，それを維持していくことは難しいといえる。S 6, 8は情報を多く得る環境にあったが，自律的に吸気総量を増加させた。しかし，

S6は吸気総量を自ら計算して記入したり,「手術に役立つことは何だってやる」といった発言もあることから,介入条件の影響も考えられる。ここで述べられた5人の被験者はプログラムの効果を特定できないものの,高い吸気総量を実行していたことがわかる。

ここまで,このプログラムが吸気総量を増加させたことが述べられてきたが,それを構成する要素の1つめとして,最大吸気が達成されたことが重要である。前に述べられた5人の被験者（S6, 8, 10, 13, 15）では,最大吸気総量へ到達した練習が実行されていた。しかし,吸気総量の増加からプログラムに効果があったと判断された被験者のうち2人（S14, 16）は最大吸気への努力を行っていなかった。また,努力が行われているものの最大吸気総量に到達しなかった被験者が3人（S1, 2, 5）いたことは最大吸気を実行するための強化子の検討が必要であろう。そのためには,肺活量を基準とした最大吸気の目標が設定されることが望まれる。2.4リットルの肺活量の被験者では,1回の吸気量を「1200 ml（3つのボールの上昇）を2秒間以上維持すること」という目標を提示することによって,個別に最大吸気量を設定することが可能となる。また,吸気総量を構成する要素の2つめには吸気回数を増加させることが重要となる。F2において目標値が達成されたセッション数の割合が低いことから,個別の被験者の肺活量を無視して,一括に吸気回数を目標として定めることに疑問が残る。今後の課題となるが,手術前の肺機能が改善される最大吸気総量を明らかにすることによって,その総量に基づいて1日の目標回数を定めていくことが,個人に合わせた目標値の設定を作り出すことになると思われる。

では,この促進プログラムによる吸気総量の増加によって,手術後の経過が良好になるという効果は得られたのだろうか。田島他（1992）が手術前の吸気練習によって手術後に効率的な深呼吸ができたと述べているように,吸気行動が手術後に般化することが手術後の経過に影響する。しかし,肺癌の手術後は肺胞面積が減少するため,練習の効果として手術後の最大吸気量を個体内でも比較することができない。手術後に1人の被験者（S16）が無気肺を引き起こしたが,術式,麻酔時間,肺機能,喫煙歴などの要因が関係するため,この発生から練習の効果を評価することはできない。ただし,実験後のインタビューにおいて,医師は「被験者は手術後の深呼吸を積極的に実施していた」と述べ,被験者の多くは「手術後に深呼吸を意識的に行った」と述べていた。

また,Paxton & Scott（1981）は,禁煙によって改善された肺機能検査の結果を教えることが,禁煙行動を維持することに役立つと報告している。このように,吸気練習によって改善された肺機能の結果を告げることは,さらに大きな強化子になると考えられる。本研究の被験者のうち13人が,肺胞で酸素が血液中に拡散していく能力の指標である拡散能検査を練習前後に実施した。肺機能が正常範囲にあって,最大吸気総量に到達した練習を行っていた被験者において,その練習量と拡散能の増加率の間に相関関係がみられている（鎌倉・一柳・石原・内匠,1994）。しかし,検査結果が入手されたのは被験者の手術当日であり,肺機能改善の情報は利用されなかった。結果の告知については今後の検討課題であろう。さらに,この呼吸練習プログラムの臨床場面での応用を考えると,吸気総量の計算に時間を要することが問題とされる。本プログラムが臨床的に広く応用されるためには,F1とF2の吸気総量の測定を簡便にする修正が必要であろう。患者自身が吸気回数を記録し,その回数に看護婦が1日に1回測定する吸気量を乗じて1日の吸気総量の概算を提示するとともに,患者自身がグラフに記入するといった方法を検討することが課題であろう。

ここでとりあげたような手術前の患者は,健康回復のために治療方針にそった呼吸練習を指導され,従前の行動の変容を強く求められている。しかし,医療従事者が患者に対して指導するだけでは,患者が自発的に練習を行うことを期待することができないのが現状である。その理由を患者自

身の問題として患者の責任に帰するのではなく、患者を取り巻く環境を変える本研究のような行動変容のプログラムを活用していくことが、今後いっそう重要となると思われる。

注）本研究は1993年度慶應義塾大学文学部通信教育課程の卒業論文の一環として行われた。本研究を実施するにあたり、快く受け入れていただいた愛知県がんセンター胸部外科の國島和夫部長、内匠弘子病棟婦長、ならびに論文をまとめるにあたりご助言をいただいた慶應義塾大学の佐藤方哉教授に、この場を借りて感謝の意を表したい。本論文の一部が日本行動分析学会第12回大会で発表された。本実験の一環として吸気練習による肺機能の変化が測定され、その結果が第20回日本看護研究学会で発表された。

引用文献

Alexander, G. D., Schreiner, R. J., Smiler, B. J., & Brown, E. M. (1981). Maximal inspiratory volume and postoperative pulmonary complications. *Surgery, Gynecology & Obstetrics, 152*, 601-603.

Bakow, E. D. (1977). Sustained maximal inspiration-a rational for its use. *Respiratory Care, 22*, 379-382.

Bartlett, R. H., Brennan, M. L., Gazzaniga, A. B., & Hanson, E. L. (1973). Studies on the pathogenesis and prevention of postoperative pulmonary complications. *Surgery, Gynecology & Obstetrics, 137*, 925-933.

Dohi, S. & Gold, M. I. (1978). Comparison of two methods of postoperative respiratory care. *Chest, 73*, 592-595.

Fried, J. L. (1977). An evaluation of therapy to prevent postoperative atelectasis. *Respiratory Therapy, 7 (3)*, 55-56.

井上智子・佐藤禮子・雄西智恵美・武田祐子・石黒義彦（1989）．手術患者の個別呼吸練習プログラム作成のためのガイドライン考案に関する基礎的研究―経皮的血液ガスモニターを用いた努力呼吸法の検討―．日本看護科学会誌，*9 (1)*，21-30．

鎌倉やよい・一柳美稚子・石原磨奈美・内匠弘子（1994）．最大吸気持続法による術前呼吸練習の効果．日本看護研究学会雑誌学会抄録集，*17*，163．

Minschaert, M., Vincent, J. L., Ros, A. M., & Kahn, R. J. (1982). Influence of incentive spirometry on pulmonary volumes after laparotomy. *Acta Anaesthesiologica Belgica, 33*, 203-209.

岡田慶夫・中島眞樹・藤野昇三（1982）．術後合併症とその対策．草間　悟・和田達夫・三枝正裕（編）．外科MOOK 25 肺癌．金原出版，pp.146-155．

Paxton, R. & Scott, S. (1981). Nonsmoking reinforced by improvements in lung function. *Addictive Behaviors, 6*, 313-315.

鈴木　章・呉　吉煥・山本裕司・黒沢輝司・小泉博義（1984）．最大吸気持続法 Sustended Maximal Inspiration (TRIFLO II®) による術後肺合併症の予防の検討．臨床胸部外科，*4*，507-512．

田島起代子・池百合子・内田登志子（1992）．術前呼吸訓練の有用性の検討―励まし呼吸装置を使用して―．第23回日本看護学会集録成人看護Ⅰ．日本看護協会出版会，pp.98-99．

宇田川友之・天羽敬祐（1989）．呼吸不全の分類と病態．外科治療，*60*，270-280．

出典：鎌倉やよい・坂上貴之（1996）．手術前呼吸練習プログラムの開発とその効果の検討．行動分析学研究，*9*，2-13．

▶▶▶コメント

呼吸オペラントの強化

愛知大学

浅野俊夫

この論文は、医療の看護分野で、同時に20名もの入院患者を参加者として看護の専門家（第一著者）が本格的に応用行動分析を試みた我が国最初の報告です。まず、この医療現場で解決すべき問題は何だったのでしょうか。それは、肺癌や食道癌の開胸術後に発症しやすい呼吸合併症を予防することでした。この合併症の原因となる肺胞虚脱を防ぐためには、術後、起床中には1時間毎に、最大吸気量すなわち肺活量いっぱいの空気を吸っ

て肺胞全体に均等に空気を充満させる深呼吸を5回から10回連続的に行う必要があるのだそうです。

しかしながら，我が国においては，術後は患者の自発的な深呼吸練習にまかせ，術前のみ一週間ぐらい前から，「トリフロー」と呼ばれる吸気練習器具を患者に与えて，肺活量いっぱいの最大吸気を5～10回連続させる練習をさせることで，術後の呼吸行動への般化を期待しているのだそうです。術後の呼吸行動には直接的に介入していないのには何か医療的な理由があるのでしょうが，この論文では触れられていません。インターネットで検索してみると，このトリフローという呼吸抵抗タイプの吸気練習器具による手術前練習は今でもかなり一般的に行われているようです（園田・田中，2001）。

肺活量いっぱいの吸気を実現させる深呼吸を練習するにはトリフローのように，吸う時に空気の流速に応じてボールが上がったり下がったりする器具は，吸気オペラントの反応トポグラフィーの調節を助ける外部弁別刺激となってくれるが，吸気反応に対して抵抗負荷がかけられているので深呼吸以上の反応努力を必要とするはずです。反応努力には罰効果があるので，それに打ち勝つ強力な強化が必要になります。術後の順調な回復のためといった遅延された負の強化だけでは，反応努力の即時罰に負けてつい練習をやらなくなったりする可能性が強いでしょう（Miltenberger, 2001）。

そこで，この論文では，それまでのプログラムであった最大吸気への努力呼吸を連続5回実行することを1セットの練習としてそれを1日に4セット以上（計20回以上の吸気）行うことに加えて，吸気反応の持続時間と流速を患者に記録してもらうことにして，これをベースライン手続きとして，以後の，前日の呼吸回数と総吸気量のグラフを見せ，上昇をほめること，吸気回数の目標を50回に上げるという介入条件の効果，さらに目標を80回に上げ，深呼吸の重要性を説明するという介入条件の追加効果を検証しています。被験者間多層ベースライン法を採用していますが，医療現場の制約から，ベースライン期の各個人の反応遂行の水準や変化傾向に応じて介入時の目標設定を変えたり，介入時期を遅らせたりするといったことは行われていません。グラフによるフィードバックと，言語賞賛という強化刺激の追加効果，段階的目標設定という目標達成強化への確立操作が複合的に1日の総吸気量を上昇させたと結論していますが，考察でも分析しているように，総吸気量のベースラインや到達レベルにはかなり個人差があるようです。最大吸気量は肺活量に等しいのだから，性別・身長・年齢・喫煙歴・運動歴等で大きく異なるはずです。また，呼吸筋の強さもかなり個人差があるはずなので，たとえば肺活量が2.4リットルの人の場合でも，1200 ml（ボール3つ）を2秒持続させることは実現できないけど600 ml（ボール1つ）を4秒でならできるという段階があるかもしれません。このような個人特性に基づいてもっとパーソナライズした段階的行動目標を設定し，標的行動も最大吸気を実現した反応を直後に判定できる方法を工夫して，できた時は○，できないときは×といった単純な自己記録ができるようなプログラムを工夫することができれば，もっと成功率の高い練習プログラムになるでしょう。また，練習開始について適切な弁別刺激を配置することや，練習と競合する行動の排除策もプログラムに入れると効果的でしょう。

難しい問題があるのかもしれませんが，やはり，術後の呼吸行動の支援策についても検討が必要だと思います。また，トリフローなどの呼吸抵抗タイプの吸気練習器具はパワーブリーズなど呼吸負荷を細かく調節できるものも安価に他種類出回っていて，音楽家やスポーツ選手のみならず，ダイエット目的で腹筋を鍛えたり，内臓脂肪を減らしたりするためにも使われています（呼吸研究所，2008）。これらは数カ月以上の長期プログラムで呼吸運動能力そのものを向上させるものです。行動療法の分野でも緊張や不安反応に対する競合オペラントとして呼吸反応がよく利用されるが，もっと積極的に自己管理能力のレパートリーとして，

呼吸オペラントを習得しやすくするために，これらの練習器具を利用した最大吸気の行動的プログラムの開発が期待されます。

文　献

呼吸研究所 (2008)．呼吸筋トレーニング器具．http://www.fan.hi‐ho.ne.jp/ikeuchi/kokyu%20lab%20htmls/kigu.html

Miltenberger, R. G. (2001). *Behavior Modification*：*Principles and procedures. (2nd ed.)*. Wadsworth. (園山繁樹・野呂文行・渡部匡隆・大石幸二（訳）(2006)．行動変容法入門．二瓶社，pp.283．

園田　睦・田中信行 (2001)．リハビリの窓から　第81回：手術前訓練．http://www.kufm.kagoshima-u.ac.jp/~rehabil/koza/window/window.html

Applied Behavior Analysis and the Scientist-Practitioner Model

YOSHIAKI NAKANO

Sophia University

Abstract

This paper examines important questions to be widely discussed in the Methods and Tasks of Practice-oriented Research Forum. The conceptual analysis of practice-oriented research leads us to the scientist-practitioner model, adopted as a training model for professional psychologists by the American Psychological Association. The model advocates the training of professional psychologists satisfying the role of consumers of scientific findings, evaluators of their own interventions, and productive researchers reporting data to the scientific community. Applied behavior analysis as a scientific discipline is a legitimate successor of the S-P model in proclaiming seven specific conditions, i.e., applied, behavioral, analytic, technological, conceptual systems, effectiveness, and generality. It has also added two additional dimensions, social validity and the right to have the most effective treatment. A proposal is made to focus discussions on the problems of how to instill an analytic mind into the practitioners, how to encourage researchers to conduct practice-relevant research, how to make interventions that might be accepted by consumers, and how to ensure client access to effective and scientifically valid treatment

Key words：practice-oriented research, applied behavior analysis, scientist-practitioner model, social validity, right to effective treatment

応用行動分析とサイエンティスト・プラクティショナー・モデル

上智大学　中野良顯

「実践研究の方法と課題」で論ずべき主題を考察した。実践研究の概念を分析すると，臨床心理学の訓練の理想的範型，サイエンティスト・プラクティショナー・モデルに到達する。このモデルが目指すのは，消費者・評価者・研究者の3役割を統合する生産的研究者，分析的実践家の育成である。個体分析法によって臨床実践の実験科学化を可能にした応用行動分析は，このモデルの使命を実現する最も正当な継承者である。それは実践の科学化を可能にするための7指令に，社会的妥当性と効果的処遇を受ける権利という新しい次元を加え，研究者と実践家の行動指針とした。これらの指令は，研究者はどうすれば実践の問題に関連深い研究を展開できるか，実践家はどうすれば科学的方法論を駆使して伝達可能な情報を生み出せるか，科学に基づく実践を受益者に好かれる実践にするにはどうすればいいか，そして緊急に解決すべき問題を持つ人々が問題の改善に有効な介入を受ける権利をどうすれば保障できるか等の基本的課題への試案的回答として提出された。それらは日々の実践研究において反復検討され，十分吸収活用され，一層発展させられなければならない。

Key words：実践研究，応用行動分析，サイエンティスト・プラクティショナー・モデル，社会的妥当性，効果的処遇を受ける権利

何が問題か

　実践研究をキーワードにして，さまざまな分野の教育研究者を集め，フォーラムを開催する目的は何か。すぐに思い当るのは，さまざまなヒューマン・サービスの職務に携わる人々に，できるだけ多く集まってもらい，それぞれの実践報告の形式と特徴を明らかにするとともに，多様な学問領域の実践情報の交換を可能にするような「共通語」としての行動分析の実験的事例研究法の普及を図りたい，という願いである。ここでは実践研究というキーワードに焦点を当てて，その概念を分析することによって，フォーラムで深めたい論点を明確にしたい。

　実践研究というキーワードは実践と研究の2語から成る。2語の結合の背後には，実践の科学化，または科学的実践が望ましい，という主張があるものと推定される。日本語の実践に当たる英語はプラクティス，研究に当たる英語はリサーチ，より一般的にはサイエンスであろう。従って実践研究は，そのまま英語にすれば，プラクティスとサイエンスになる。この英語の2語の組合わせで，実践研究に対応することばは何か。相当するのは2語を入れ替えて繋いだサイエンティスト・プラクティショナーという用語だろう。

　サイエンティスト・プラクティショナーは，元来，臨床心理学の訓練モデルを表す用語で，臨床研究と実践を目指す学生に，科学者と実践家の両面を訓練し統合させよ，という要請として，1940年代後半に米国で誕生した。ここではサイエンティスト・プラクティショナー・モデルの概略を述べ，次いで応用行動分析が追加した新たな側面を指摘することによって，実践研究の方法と課題の主要な論点を明らかにする。

サイエンティスト・プラクティショナー・モデル

　本モデルの原型は，1947年にアメリカ心理学会によって採択された。それに先立ち，同学会は臨床心理学訓練委員会（座長，Shakow, D.）を組織し，望ましい訓練プログラムの在り方を諮問した。審議結果は「臨床心理学大学院推奨訓練プログラム」と題して学会に報告され，機関誌アメリカン・サイコロジスト誌に掲載された(Shakow et al., 1947)。それは臨床心理学専攻の大学院生にサイエンティストとプラクティショナーの両面の技能を訓練すべきであることを提言する報告だった。

　サイエンティスト・プラクティショナー・モデルは，1949年のボールダー会議での審議の結果，臨床心理専門家養成の範型として確立を見たモデルである。米国精神健康研究所とアメリカ心理学会が共催したボールダー会議は，71名の参加者が臨床心理専門家訓練プログラム内容に関する合意を取り付けることを目的として，コロラド州ボールダー市で2週間にわたって行われた。そこでの審議の結果，サイエンティスト・プラクティショナー・モデルが，訓練モデルとして満場一致で採択された（Raimy, 1950)。そのためこれはボールダー・モデルとも呼ばれる。またサイエンティスト・プロフェッショナル・モデルと呼ばれることもある（例えばShakow, 1976)。これはその後，臨床心理学に限らず，カウンセリング心理学，学校心理学，産業心理学等の応用心理学の分野の訓練プログラムの範型となった。1990年にはフロリダ州ゲインズヴィルで全米心理学専門実践用サイエンティスト・プラクティショナー教育訓練会議が開かれたが，そこでも本モデルの重要性が再確認され，結論として典型的カリキュラム成分を含む会議方針声明が発表された（Belar & Perry, 1992)。

　サイエンティスト・プラクティショナー・モデルは，実践家（プラクティショナー）が3つの役割を統合的に遂行することを奨励する。すなわち，消費者（研究機関から発表される査定と処遇についての知見を吸収する），評価者（自分の実践ないし介入を経験科学的方法を駆使して評価し，アカウンタビリティを増大させる），研究者（自分の研究結果を科学の社会に報告する），である。

また研究者（サイエンティスト）にも，自分の研究で実践の情報を活用すること，つまり研究仮説やデザインを自らの実践経験から作り出すことが奨励される。このモデルの本来の定義を最も満たし得る人物は，自分の実践経験を踏まえる生産的サイエンティスト，あるいはリサーチの知見を組織的に思慮深く応用する優秀なプラクティショナーである（Bernstein & Kerr, 1993）。

しかしやがてこのモデルの有効性は疑われるようになる。問題は科学と実践の成分が分離し，バランスと統合が維持されないことである。臨床心理学を希望する新入生は実習の充実を熱望するが，大学側は科学の訓練を重視する。卒業生の大半はカウンセリング等の実践能力を必要とする職場に就職する。彼らは大学院時代にあれほど科学の訓練を受けてきたにもかかわらず，実践界に入ってからはろくにジャーナルに論文も発表しなくなる。そして大学院で受けた実習プログラムの貧困さに不満を抱き続ける。一方大学等の研究機関に研究者として就職した少数の卒業生は実践経験が十分でなく，実践に役立つ研究という視点を見失う。このように，現実には研究と実践の不均衡と分裂を生み出すため，このモデルは有効ではないと批判される（Barlow et al., 1984；Bernstein & Kerr, 1993）。

一方このモデルの意義を正しく評価し，ますます強化すべきであるとの主張も繰り返されてきた。例えば先の1990年の全米会議では，心理学という変化する学問にとって，教育訓練のサイエンティスト・プラクティショナー・モデルは必要不可欠であり，科学と実践を結びつける技能にこそ，心理学が発展し人間の福祉に貢献し続け得る基盤があり，実践活動で科学的方法の駆使を願うサイコロジストにはこのモデルこそ理想である，とされた。ジャーナルへの論文投稿の少なさを実践家の研究離れの証拠と見るのは余りにも狭量であり，訓練の成果は実践家の日常の言動の伝達可能性となって表れるものであり，科学の訓練がそれを保障する，という。

要するにサイエンティスト・プラクティショナー・モデルに託されるアイディアはこうである。大学等の研究者は現実世界の問題に通暁し，社会に役立つ研究をするようにせよ，実践家は日常の実践を科学的知識に基づかせ，最高のサービスを提供するようにせよ。しかしこの理想はなお実現されているとはいえず，それを可能にする条件も明確にされてはいない。実践研究の方法と課題の論議では，このモデルに託された理想の検討を省略するわけにはいかないだろう。

応用行動分析によるモデルの明細化と新次元の追加

臨床心理学，カウンセリング心理学，学校心理学，産業心理学等の応用分野では，すでに述べた通り，科学と実践の統合が実現の困難な課題とされ，現在に至っている。しかし応用行動分析では，少なくともこの学問が最も盛んな米国においては，このモデルに込められた理想が当初から自覚され，それを実現する条件が明細化されており，さらに新たな次元も追加され続けていると言えるだろう。

応用行動分析は，問題行動の改善のために行動原理を応用し，かつ応用のどの部分が行動の改善を生み出したかを科学的に評価する営み，として誕生した。応用行動分析では科学と実践の統合を実現する7次元ないし指令が特定されている（Baer, Wolf, & Risley, 1968；1987）。すなわち，応用，行動，分析，テクノロジー，概念，有効性，一般性，である。それぞれの次元（指令）は次のことを意味する。

応用 人間と社会にとって重要な，緊急に解決を必要とする問題を研究するのが応用行動分析である。例えば，発達遅滞，犯罪，精神障害，教育などの改善を目指す実践は，応用を応用たらしめる重要な研究テーマである。研究の蓄積によって古い実践をよりよい実践に置き換え，よりよい社会を作ることが，この学問の究極目標である。応用行動分析では，実践の研究，研究的な実践が，自他を区別する弁別刺激として，提案されている。

行動 応用行動分析の標的は行動であり，しか

も人々の実行行為のレベルでのより効果的な行動の達成の援助をその使命とする。実行行為のレベルの変化を捉えるには行動の量化が必要である。そのための方法として行動観察の技法（頻度記録，持続時間，インタヴァル記録など）が開発された。これらはサイエンティスト・プラクティショナー・モデルに依拠する科学の訓練の欠かせない成分である。

分析 分析とは対象行動の生起・非生起を制御する出来事が何かを確実に示すことを意味する。行動のスイッチを自由自在に入れたり切ったりできるとき，つまり行動の自在な制御を証明したとき，行動は分析されたのである。行動の制御可能性を証明する基本的デザインとして，応用行動分析ではリバーサル法とマルチプル・ベースライン法が開発された。これらはサイエンティスト・プラクティショナー・モデルでいう「研究方法論は重要な臨床問題というコンテキストで教えよ」という主張に含まれるべき研究方法論の不可欠の成分である。

テクノロジー 応用行動分析では独立変数である実践をテクノロジカルに記述しなければならない。それは実践成分を完全に同定し記述することを意味する。遊戯療法も社会的強化もそれだけではテクノロジカルな記述とはいえない。子どもの反応とセラピストの反応と遊具との間の随伴性の組合わせの記述や，刺激と随伴性とスケジュールの記述が示されなければならない。テクノロジカルな記述の判断原則は，それを読めば同様の手続きを再現でき，同様の結果を生み出せることである。

概念体系 応用行動分析の基盤には，社会的強化，フェーディング，無誤弁別学習など，重要な行動原理ないし概念が存在する。実践成分がテクノロジカルに記述されるだけでなく，基盤にある行動概念に結びつけて記述されることが望ましい。それによって実践を単なるコツの寄せ集めに留めず，科学的に説明可能な実践に高めることが可能となる。

有効性 応用行動分析の有効性とは，介入の成果が十分大きいため，その価値が日常場面で承認されることを意味する。例えば発達遅滞の子どもの言語や社会性の改善が，特殊学級措置を普通学級措置に変えるほど十分大きいとき，そのプログラムは有効性を備えているという。

一般性 科学的実践が生み出した行動変化が，時間を経ても消失せず，治療場面外の多くの場面で起こり，好影響が対象外の行動にも及ぶとき，その変化は一般性を帯びたという。この一般性は自然には起こらないので，一般性を生み出すための独立したプログラムが必要である。

以上の7次元は，サイエンティスト・プラクティショナー・モデルで謳われた科学と実践の結合という理想を実現するための条件の明細化と見ることができる。

社会的妥当性 応用行動分析はサイエンティスト・プラクティショナー・モデルに更に追加すべき新しい重要な次元を提案する。その一つが社会的妥当性である（Wolf, 1978）。応用行動分析では，実践を科学に基づかせ，科学的手続きを開発して使用するだけでは，なお不十分である。その実践が受益者のクライエントや関係者に本当に好まれるか否かも検討しなければならない。具体的には，消費者から実践の妥当性について，次の3水準で評定してもらうことが望ましい。すなわち，ゴールのもつ社会的重要性（改善すべき標的行動は社会が本当に欲するものか？），手続きのもつ社会的適切性（目的は手段を正当化するか？　つまり実践で使う技法は，参加者や保護者や他の消費者から，容認できる技法として認められるか？），結果のもつ社会的重要性（消費者は結果に満足するか？　予期されなかったどんな結果も含めて，すべての結果に？），の3水準である。

例えば青少年更生施設職員は，行動分析の知識と技術に優れているだけでなく，サービスの受け手である青少年から好かれる人物であることも重要である。ある研究では，青少年に好感を持たれるセラピスト行動は，穏やかで快活な声の調子，援助を提案する，冗談を言う，公平，説明，心配，熱意，丁寧，核心に触れる，であり，嫌われるセ

ラピスト行動は，物を投げる，責めたり非難したりする，どなる，話す機会を与えない，侮辱的なことを言う，点数を不正に扱う，冒瀆的ことばを吐く，であることが突き止められた。そこで青少年担当の職員候補生に，これら青少年から好感をもたれる行動の幾つかを訓練してみると，青少年によるその候補生の評価は以前よりはるかに高くなった（Willner et al., 1977）。社会的妥当性が問題にされる以前は，実践で有効性が証明された介入は，消費者の好みの如何にかかわらず，押しつけてよいとする考えも見られた。しかしこの次元が追加されるようになってからは，消費者にとっての真の強化子は何かという問いが問われるようになった。これはサイエンティスト・プラクティショナー・モデルでは明確にされていなかった新しい次元であり，しかも実践研究で考慮に入れるべき重要な次元である。

効果的処遇を受ける権利 応用行動分析は，その後さらに，クライエントが効果的行動処遇を受ける権利を次のような6つの権利として特定した（Van Houten et al., 1988）。すなわち，(1)治療場面は刺激的で教育的な環境であること，(2)治療のゴールは本人の幸福であり，周囲の人々のそれではないこと，(3)よく勉強している有能なセラピストから治療を受けること，(4)役に立つ技能を教えるプログラムによって治療されること，(5)治療前・治療中に査定を受け，行動維持変数と治療効果を監視し確認するという，アセスメントへの権利を保証すること，(6)行動修正の必要の緊急性，改善に要する時間，そのために失われる学習機会の三者を勘案した，最も効き目のある治療を受けられること，である。

最後に挙げられた最も効果的な治療を受ける権利では，嫌悪療法を含む治療選択肢の扱いについて論及されている。すなわち，制約的処遇を適用すべきか否かは，処遇の制約度と，臨床的改善をもたらすのに必要な時間量と，処遇を保留するために起こる不利益という3つの側面を勘案して決定しなければならない。例えば子どもをタイムアウトルームに入れたり，休み時間の遊びを禁じたり，着席を強制したり，手を膝に置かせたり，癇癪を叱って止めさせるなどの手続きは，制約的介入と言えるだろう。しかしこれらが問題行動を改善するために要する時間量は，非制約的介入に比べて相対的に短いかもしれない。また発達障害幼児に遊戯療法を数年間適用したが問題行動が減らず，結果的に就学時に普通学級に入級できなくなることがある。この場合，遊戯療法の受容的方法は非制約的であるが，普通学級入級不可能と言う結果はきわめて制約的である。治療技法の決定に当たっては，こうした諸側面を考慮して複数の選択肢の中から最適なものを選択せよ，というのである。クライエントの効果的処遇を受ける権利もまた，応用行動分析が加えた新しい重要なもう一つの次元である。

結 語

実践研究の方法と課題という主題によって，徹底した考察を加えるべき重要な論点をまとめてみれば，次のようになるだろう。研究者はどうすれば実践の問題に関連深い研究を展開できるか，実践家はどうすれば科学的方法論を駆使して伝達可能な情報を生み出せるか，科学に基づく実践を受益者に好かれる実践にするにはどうすればいいか，そして緊急に解決すべき問題を持つ人々が問題の改善に有効な介入を受ける権利をどうすれば保障できるか。応用行動分析は現実世界の中でこれらすべての問題をその当初から真摯に追及してきた。その成果はわれわれの日々の実践研究において，十分吸収され活用され発展させられなければならない。

引用文献

Baer, D. M., Wolf, M. M., & Risley, T. (1968). Some current dimensions of applied behavior analysis. *Journal of Applied Behavior Analysis, 1*, 91-97.（中野良顯（訳）．応用行動分析の現在の幾つかの次元．日本行動分析研究会（編）．ことばの獲得．川島書店，pp.196-210.）

Baer, D. M., Wolf, M. M., & Risley, T. (1987).

Some still-current dimensions of applied behavior analysis. *Journal of Applied Behavior Analysis, 20*, 313-327.

Barlow, D. H., Hayes, G. S., & Nelson, R. O. (1984). *The scientist-practitioner*. New York: Pergamon.

Belar, C. D., & Perry, N. W. (1992). National conference on scientist-practitioner education and training for the professional practice of psychology. *American Psychologist, 47*, 71-75.

Bernstein, B. L., & Kerr, B. (1993). Counseling psychology and the scientist-practitioner model: Implementation and implications. *The Counseling Psychologist, 21*, 136-151.

Raimy, V. C. (1950). *Training in clinical psychology*. New York: Prentice-Hall.

Shakow, D. (1976). What is clinical psychology? *American Psychologist, 31*, 553-560.

Shakow, D., Hilgard, E. R., Kelly, E. L., Luckey, B., Sanford, R. N., & Shaffer, L. F. (1947). Recommended graduate training program in clinical psychology: Report of the Committee on Training in Clinical Psychology of the American Psychological Association. *American Psychologist, 2*, 539-558.

Van Houten, R., Axelrod, S., Bailey, J. S., Favell, J. E., Foxx, R. M., Iwata, B. A., & Lovaas, O. I. (1988). The right to effective behavioral treatment. *The Behavior Analyst, 11*, 111-114.

Willner, A. G., Braukmann, C. J., Kirigin, K. A., Fixen, D. L., Phillips, E. L., & Wolf, M. M. (1977). The training and validation of youth-preferred social behaviors with child-care personnel. *Journal of Applied Behavior Analysis, 10*, 219-230.

Wolf, M. M. (1978). Social Validity: The case for subjective measurement or how applied behavior analysis is finding its heart. *Journal of Applied Behavior Analysis, 11*, 203-214.

出典:中野良顯(1996). 応用行動分析とサイエンティスト・プラクティショナー・モデル. 行動分析学研究, 9, 172-177.

▶▶▶コメント

エビデンスに基づいた支援:
応用行動分析と
サイエンティスト・プラクティショナー・モデル

関西学院大学

松見淳子

中野論文(中野, 1996)が「行動分析学研究」に掲載されてから15年になります。「研究者はどうすれば実践の問題に関連深い研究を展開できるか,実践家はどうすれば科学的な方法論を駆使して伝達可能な情報を生み出せるか」(p.176)など,応用行動分析家にとり根本的な課題に応える道がサイエンティスト・プラクティショナー・モデル(科学者―実践家モデル)に示されていることを説く論文です。本論文は社会における応用行動分析家の存在意義を明示する点において時代を超えた普遍性を備えています。

サイエンティスト・プラクティショナー・モデル(Hayes, Barlow, & Nelson-Gray, 1999)はもともとアメリカで臨床心理学の大学院訓練モデルとして確立されましたが,今日まで60年以上に亘りアメリカでは博士課程教育プログラムの中心的な位置を占めてきました(松見, 2001;McFall, 2006)。中野論文はこのモデルの主要な要素と歴史的な変遷を概観したうえで,本題である「応用行動分析によるモデルの明細化と新次元の追加」というテーマに焦点をあて,科学と実践の統合を実現するために必要な7つの次元について解説しています。7次元とは,応用,行動,分析,テクノロジー,概念,有効性,一般性を指します(Baer, Wolf, & Risley, 1968)。さらに,応用行動分析の視点からサイエンティスト・プラクティショナー・モデルに追加すべき二つの新しい次元として,介入の社会的妥当性と効果的な処遇を受ける権利について検討しています。今日,こ

れら9つの次元は応用行動分析家がサイエンティスト・プラクティショナーとして専門活動に従事する際に明確な実践研究の枠組みと目標を提供しています。すなわち，中野論文では「応用行動分析は現実世界の中でこれらすべての問題をその当初から真摯に追求してきた」ことが力説されています。

応用行動分析が生み出した最大の産物は，機能的アセスメント法と個人のベースラインを考慮した一事例実験デザインであると私は考えています。サイエンティスト・プラクティショナー・モデルは実践場面で行動観察力に長けた専門家を育成することに成功し，科学的な手続きを用いて介入効果のエビデンスを蓄積できるようになりました。例えば，特定の問題を持つ幼児・子どもの行動形成と行動変容，および学校教育場面における行動的支援の効果は証明されています。わが国でも「行動分析学研究」は2009年に特集号「エビデンスに基づいた発達障害支援の最先端」を発行しました（平澤，2009）。このなかには，発達支援における応用行動分析学の貢献を論議した論文（山本・澁谷，2009）をはじめエビデンスに基づく支援方法の現状と今後の課題が検討されています。

また，臨床実践場面で出現頻度が高い不安や恐怖の主訴に関連した回避行動や逃避行動の機能的アセスメントに基づく効果的な介入法の数々は世界中の臨床現場で適用されています。中野論文は，研究と実践は表裏一体を成すものであり，応用行動分析の9つの次元が両活動を統合していることを論じています。

近年，ポジティブ心理学が台頭するなか，応用行動分析学では発展当初からいかにして適切な行動を褒めて育てるかというポジティブ志向が優先されました（Skinner, 1948）。環境との相互作用がポジティブな共同体の形成を目指すという意味においても応用行動分析は普通教育にも寄与しています（武藤，2007）。サイエンティスト・プラクティショナー・モデルに基づいて応用行動分析の専門家を育成することで今後さらにスクール・カウンセラーなどの仕事にも実証性が考慮されることになります。

社会が応用行動分析家に期待できることは非常に広範にわたります。医療，福祉，特別教育，臨床心理などさまざまな実践現場でエビデンスに基づく支援が世界的に求められる時代になりました。受益者は効果的な処遇を受ける権利があることを前提に，サイエンティスト・プラクティショナー・応用行動分析家はエデンスに基づく日々の実践活動により社会的責任を果たす役割を担っています（中野，2005）。

文 献

Baer, D. M., Wolf, M. M., & Risley, T. (1968). Some current dimensions of applied behavior analysis. *Journal of Applied Behavior Analysis, 1*, 91-97.

Hayes, S. C., Barlow, D. H., & Nelson-Gray, R. O., (1999). *The Scientist Practitioner : Research and Accountability in the Age of Managed Care (2nd Edition)*. Boston : Allyn & Bacon.

平澤紀子（2009）．特集号「エビデンスに基づいた発達障害支援の最先端」の発行にあたって．行動分析学研究, 23, 2-4.

松見淳子（2001）．米国における臨床心理学：Scientist-Practitioner Model 50周年．行動科学研究, 40, 1-8.

McFall, R. M. (2006). Doctoral Training in clinical psychology. *Annual Review of Clinical Psychology, 2*, 21-49.

武藤 崇（2007）．特別支援教育から普通教育へ：行動分析学による寄与の拡大を目指して．行動分析学研究, 21, 7-23.

中野良顯（1996）．応用行動分析とサイエンティスト・プラクティショナー・モデル．行動分析学研究, 9, 172-177.

中野良顯（2005）．行動倫理学の確立に向けて：EST時代の行動分析の倫理．行動分析学研究, 19, 18-51.

Skinner, B. F. (1948). *Walden Two*. New York : MacMillan.

山本淳一・澁谷尚樹（2009）．エビデンスにもとづいた発達障害支援：応用行動分析学の貢献．行動分析学研究, 23, 46-70.

Stimulus Control of Schedule History Effects:
Influence of Instructions and Discriminative Schedule Control

HIROTO OKOUCHI
Osaka Kyoiku University

Abstract

Seventeen undergraduates were randomly assigned to one of four groups and were exposed first to a multiple fixed-ratio / differential-reinforcement-of-low-rate (mult FR DRL) schedule, then to a multiple fixed-interval / fixed-interval (mult FI FI) schedule. Subjects in the Minimal Instruction condition received no instructions regarding rates of responding. Subjects in the Accurate Instruction condition were instructed to respond rapidly and slowly under the FR and DRL components respectively. Under the mult FI FI schedule, a constant reinforcer magnitude was delivered for the Standard FI subjects, whereas reinforcer magnitude varied with number of responses during the interval for the Modified FI subjects. For 3 of 4 subjects in the Minimum Instructions / Standard FI group, higher rates of FI responding occurred under the stimulus previously correlated with FR than that previously correlated with DRL. As a whole, stimulus control by the history effect was stronger for subjects in the Accurate Instruction condition than for those in the Minimum Instruction condition. The effects of instructions were not influenced by the correlation of reinforcer magnitude with response number.

Key words: schedule history, stimulus control, instructions, multiple schedules, FI, DRL, correlation of response number and reinforcer magnitude, touch screen, humans

スケジュール履歴効果の刺激性制御
―― 教示と弁別性スケジュール制御の影響 ――

大阪教育大学　大河内浩人

　17名の大学生を，最少教示―標準FI群，最少教示―修正FI群，正教示―標準FI群，正教示―修正FI群の4群のいずれかにランダムにふりわけ，多元定比率低反応率分化強化（mult FR DRL）スケジュールの後に多元定間隔定間隔強化（mult FI FI）スケジュールを行った。最少教示条件の被験者には反応率に関する教示をしなかった。正教示条件の被験者には，FR成分のときにすばやく反応する，DRL成分のときに間隔をあけて反応するように教示した。標準FI条件の被験者には，mult FI FIで，一定量の強化子を与えたのに対し，修正FI条件の被験者には，インタバル中に自発された反応数に応じて強化量を変えた。mult FR DRLでは，全被験者がFR成分で高率，DRL成分で低率の反応を示した。最少教示―標準FI群の4名中3名のmult FI FIでは，かつてFRスケジュールと相関のあった刺激下での反応率がDRLと相関のあった刺激下でのそれよりも高かった。このような履歴効果の刺激性制御は，最少教示条件より正教示条件で顕著だった。教示の効果は，反応量と強化量の相関の影響を受けなかった。教示性制御に影響すると考えられる変数について論じた。

Key words：スケジュール歴，刺激性制御，教示，多元スケジュール，反応量と強化量の相関手続き，パネル接触，人間

　行動分析の領域では，現在の随伴性に関して膨大な数の研究が行われてきたが，履歴効果，すなわち，過去の随伴性が現在の行動に及ぼす効果については，十分研究されていない。Wanchisen (1990) は，履歴効果の研究の意義として，以下の3点を挙げている。第1は，人間と，人間以外の動物の間での実験結果の食い違いの解明である。人間以外の動物の多くは，実験前の強化歴に関してナイーブなのに対し，人間は豊富な強化歴を有していることが多い。履歴効果の知見は，人間と人間以外の動物との違いがどの程度，その実験前強化歴に基づくのかを推定可能にする，という点である。第2は，臨床場面でのクライエントの行動変容の困難さが，どの程度，過去経験に依存するかに関する情報を提供し，そのような行動を変容させるための随伴性を同定する，という点である。第3は，履歴という，新しい分野を研究，説明するために行動分析の方法論と理論の修正が促されるという点である。

　履歴効果の典型的な実験では，被験体（者）の群ごとに異なるスケジュールを経験させ，後続するあるスケジュールのパフォーマンスを群間で比較するという方法が用いられる。しかし，Freeman & Lattal (1992) は，強化スケジュールの反応率には個体差が大きいため，異なる強化スケジュールの履歴効果を個体内で比較する方法の開発が求められると主張した。彼らは，ハトを被験体とし，それぞれのスケジュールに対応する刺激（刺激1と刺激2）の下で，2つのスケジュール（スケジュール1とスケジュール2）を経験させた。その後，どちらの刺激下でも新しい第3のスケジュール（スケジュール3）に移行し，刺激1と刺激2という2つの異なる刺激下でのスケジュール3のパフォーマンスを個体内で比較することで，スケジュール1とスケジュール2の履歴効果を調べた。その結果，定比率 (fixed-ratio：FR) スケジュールと低反応率分化強化 (differential-reinforcement-of-low-rate：DRL) スケジュール後の定間隔 (fixed-interval：FI) スケジュール（実験1），FRとDRL後の変間隔 (variable-interval：VI) スケジュール（実験2），連結 (tandem：tand) VI FRスケジュールとtand VI DRLスケジュール後のVIスケジュール（実験3）のいずれにおいても，履歴後，しばらくは，それぞれの刺激下で，その刺激と対応のあった過去のスケジュールでのパフォーマンスが持続した。Freeman & Lattalは，2つのスケジュールの履歴効果が，それぞれ特定の刺激下でのみみられることから，これを履歴効果の刺激性制御と呼んだ。なお，最終的には，2つの刺激下のパフォーマンスは一致している。Freeman & Lattal (1992) の方法は，履歴効果を個体内で比較できるだけでなく，2つの刺激下のパフォーマンスが一致したか否かによって，履歴効果の消失とその時期の確認を可能にする。従って，履歴効果の研究のために，この方法をハト以外の種にも広く適用することは有益であろう。特に，そのパフォーマンスが，他の種と異なるとたびたび指摘される人間において，Freeman & Lattalの結果が再現されるかどうかは興味深い。

　人間の実験的行動分析において，履歴はその行動を制御する重要な変数として，かなり以前から研究が行われてきた（例えば，Weiner, 1964, 1969）。最近では，過去の随伴性が現在の随伴性下の行動にどのように影響するかという履歴の問題は，随伴性の変化に対する感受性という文脈で，主に，教示との関連が検討されている（例えば，Hayes, Brownstein, Hass, & Greenway, 1986；Joyce & Chase, 1990；LeFrancois, Chase, & Joyce, 1988）。その中でも，Hayes et al. (1986) の最少教示群の実験事態は，Freeman & Lattal (1992) に近似している。彼らは，55名の大学生のボタン押し反応を，多元 (multiple：mult) FR 18 DRL 6秒スケジュールで強化した後，そ

れぞれの刺激下で消去（extinction：EXT），すなわち，mult EXT EXT を行った。まず，被験者を正ルール，Go Slow, Go Fast, 最少教示の4群にふりわけ，あらかじめ，群によって異なる教示を与えた。正ルール群では，正ルール，すなわち，"黄色い四角のときは，数秒間隔でゆっくり，青い四角のときははやくボタンを押すのが一番よい"と，それぞれの成分で強化されやすい反応のしかたが教示された。Go Slow 群と Go Fast 群では，それぞれ"ゆっくり"，"はやく"と，一方の成分でのみ強化されやすい反応のしかたが教示された。最少教示群では，このようなルールが与えられなかった。mult FR DRL の成分間で反応率が分化した被験者の，消去期での反応率分化の持続は，正ルールを教示された者が，他の教示条件より顕著であった。Hayes et al.と同様，Wulfert, Greenway, Farkas, Hayes, & Dougher (1994) も，随伴性と一致するルールが教示されると随伴性の変化への感受性が低まる，言い換えれば履歴効果が高まるという結果を得ている。

しかしながら，このような言語性制御は，実際のスケジュール随伴性がどの程度反応率を制御するかによって異なるかもしれない。Torgrud & Holborn (1990) は，あるスケジュールが特定の反応率を生じさせることを弁別性スケジュール制御とよんだ。例えば，あるスケジュールの下では一貫して高反応率になるならば，そのスケジュールの弁別性スケジュール制御は強いとみなされる。もし，あるスケジュールの下では高反応率から低反応率まで多様な反応率が生じるならば，その弁別性スケジュール制御は弱いということになる。Torgrud & Holborn は，過去の研究が言語性制御を確認したのは，用いられたスケジュールの弁別性スケジュール制御が弱かったからであろうと述べた。彼らは，5.5秒のインタバル内のキイ押し反応数を 1−5，6−10，11−15，16−20，20−の5つの範囲に分類し，その範囲ごとに，強化得点を，例えば，2，3，5，3，2点のように変えた。このスケジュールの下で，被験者は得点を最大化させる反応率を示し，弁別性スケジュール制御が確認された。その後，キイ押しサイクルが終わるたびに，"点を得るための最良の方法は？"という質問に対し，"大変ゆっくり押す"，"ゆっくり押す"，"中位の速さで押す"，"速く押す"，"大変速く押す"のどれかを選ばせ，キイ押しの場合と同様，その回答によって異なる点数を与えた。その結果，言語記述の随伴性とキイ押し反応のスケジュール随伴性が一致しない場合でも，キイ押し反応はすべてスケジュールに従った。

このように，Torgrud & Holborn (1990) は，弁別性スケジュール制御が強力な随伴性の下では，言語性制御がみられないことを示した。しかし，自らも指摘しているように，Torgrud & Holborn の手続きは，他の研究のそれと異なる点が多い。例えば，Hayes et al. (1986) はルールを教示したが，Torgrud & Holborn は言語記述の選択を分化強化している。従って，その結果の一般性は，別の実験事態において検証されなければならない。

目　的

本研究では，2つのスケジュールの履歴効果の刺激性制御が，人間でも認められるかどうか，そして，その刺激性制御に及ぼす教示の影響を検討した。まず，mult FR DRL スケジュールを用い，Freeman & Lattal (1992) の実験1と同様に，FR と DRL スケジュールをそれぞれに対応があり，互いに異なる刺激下で経験させた。その後，mult FI FI に移行した。すなわち，スケジュールをどちらの刺激下でも FI に変えた。半数の被験者には，FR と DRL においてそれぞれのスケジュールでの強化の可能性を高める反応率，つまり効率的な反応率を特定する教示刺激を，各スケジュール時と，その後の FI スケジュール時に呈示した。教示の効果は，弁別性スケジュール制御が異なると思われる2種類の FI スケジュールのもとで検討した。1つは，標準 FI スケジュール。もう一つは，強化量が反応数と相関を持つ修正 FI スケジュールである（Buskist, Oliveira-

Castro, & Bennett, 1988)。標準 FI スケジュールでは, 反応数に関わらず, 一定量の強化子が, 一定時間経過後の初発反応に随伴されるが, 修正 FI スケジュールでは, 強化あたりの反応数に上限と下限を設定し, その範囲内なら大強化子, 範囲外なら小強化子を与えた。

方　法

被験者

強化スケジュールに関する実験参加経験を持たない大学生 17 名（男子 7 名，女子 10 名）を被験者とした（年齢 19−22 歳）。

装置

実験は, 1.70×2.20×2.17 m の実験室内で行った。被験者はテーブル上のタッチパネル（ニッシャインターシステムズ製）つき 14 インチカラーディスプレイモニター PC-KD-1511（日本電気製）に向かって座った。このディスプレイ中央に呈示された円への接触反応を記録した。ディスプレイ左下には完了反応用の白い円を呈示した。強化子は点数であり, セッション中はそのセッション開始からの合計点数をディスプレイ右上に, 1 回ごとの点数を操作体としての円と完了反応用の白い円の間に表示した。ディスプレイ左上にはセッション進行のための手がかり文と反応率を特定する教示文を呈示した。テーブルの下に設置したスピーカーを通して, 反応の生起と強化子の呈示にフィードバック音を伴わせた。被験者の右後方にビデオカメラを設置した。このカメラに接続された隣室のモニターを通して, 実験者は実験中の被験者の行動を観察した。実験の制御と反応の記録は隣室に設置したパーソナルコンピュータ PC-9821 AP（日本電気製）によって行った。

実験計画

2（最少教示 vs. 正教示）×2（標準 FI vs. 修正 FI）の要因配置計画を用いた。これらの要因によって構成される 4 つの群のいずれかに, 被験者をランダムにふりわけた。正教示—標準 FI 群は 5 名, 他の群は 1 群 4 名であった。

手続き

一般的手続き　実験は, 予備訓練フェイズ, 分化訓練フェイズ, 非分化フェイズの順に進行した。1 日 1 回, 90 分の予約時間内に, 最大 6 セッション実施した。非分化フェイズ終了後, 実験中に得た点数を 100 点あたり 1 円の比率で換金し, 1 日あたり 100 円の実験参加料とともに被験者に支払い, 実験の説明を行った。

1 つのセッションの手続きは以下の通りであった。まず, 被験者に時計を持ち込ませないために, あらかじめ, "金属類が実験装置の誤動作を引き起こすおそれがありますので, 時計, 指輪, ブレスレットの類は持参しないでください" と教示した。実験室に案内した後, 被験者には以下の教示を書面によって与えた。

あなたの課題は, できるだけたくさんの得点をかせぐことです。得点は, 100 点あたり, 1 円に換算されます。さらに, 実験参加料として, 1 日あたり 100 円が支払われます。これらの合計金額は, すべての実験が終了した時点でお支払いします。

画面の中央に丸い円が呈示されます。あなたが正しい方法にしたがってこの円に触れると, 中央の円が消え, やや下方に小さな円が示されます。この小さな円が示されている間に, この円に触れると点が加算されます。加算された点は, 画面右上に示されます。

まず, 画面には, "READY", 引き続いて, "GO" という文字が示されます。この "GO" の文字が消えましたら課題を始めてください。課題は, 画面に "GAME OVER" の文字が出るまで続けてください。

"GO" から "GAME OVER" までは, 2 つの実験から成り立っています。1 つの実験が終わると, "シバラク　オマチクダサイ" の文字が示されるので, 次の円が出てくるまで, そのままお待ちください。

質問があった場合，実験者は，その質問に相当する部分の教示を読み返すにとどめた。さらに，被験者が読み返すことができるよう，この教示用紙は，実験中，被験者正面のテーブル上に残した。

次に，ディスプレイ左上に"READY"の文字を呈示した。実験者は被験者がディスプレイに注目していることをモニターを通して確認した後，コンピュータのキーボードのリターンキーを押して，実験プログラムを開始させた。ディスプレイ上の"READY"の文字は"GO"に替わった。"GO"の文字は1秒間呈示された後に消え，ディスプレイ中央に直径5.5cmの円が呈示された。被験者が円への接触反応をするたびに，フィードバック音として，880 Hzの低い音を4ミリ秒呈示した。反応がスケジュールの要件を満たしたならこの円は消え，ディスプレイ左下に完了反応用の直径3.0 cmの白い円，中央にそのときの強化点数を示す数字を3秒間呈示した。この3秒間のうちに被験者が完了反応用の円に1回接触したなら，この円は消え，ディスプレイ中央に表示された点数を右上の合計点数に加算した。このように，被験者は，強化点数を確保するために，3秒以内に完了反応用の円に1回接触しなければならないが，これは比較的容易である。過去にも，例えば，望月・樋口・山口・佐藤（1980）は3秒間の完了反応期を含むFIスケジュールで，3名の女子学生の反応がブレイクアンドランになったことを報告している。したがって，本研究の完了反応期が，短潜時分化強化のように機能し，各スケジュール下の反応率に何らかの影響を及ぼすことはないと考えた。なお，スケジュールの要件が満たされたときと，完了反応が生じたときには，そのフィードバック音として，1760 Hzの高い音を4ミリ秒呈示した。本実験では，FR, DRL, FIという反応依存型強化スケジュールのみを用いたので，スケジュールの要件を満たしたことへのフィードバック音は，その要件を満たした反応の生起へのフィードバック音と同時に呈示された。強化スケジュールは，予備訓練フェイズと分化訓練フェイズではmult FR DRL，非分化フェイズではmult FI FIであった。各成分1回で1セッションとした。成分間間隔は1分間で，その間，前の成分で加算された合計点数，および"シバラク　オマチクダサイ"の文字のみを，それぞれディスプレイの右上と左上に呈示した。セッション終了時には，被験者のディスプレイへの接触反応が消失したことを実験者が確認するまで，"GAME OVER"の文字のみをディスプレイ左上に呈示した。

最少教示一標準FI群　この群の予備訓練フェイズでは，各成分のスケジュールに対応した反応率が形成されるように，mult FR DRLのスケジュール値を小さい値から徐々に増加させた。操作体である円の色は，FRスケジュールでは緑色，DRLスケジュールでは赤色にした。このフェイズでは，1成分30強化，常にFR成分を先に行った。強化得点は常に100点であった。第1セッションではmult FR 10 DRL 2秒，第2セッションではmult FR 15 DRL 3秒，第3および第4セッションではmult FR 25 DRL 5秒を行った。

分化訓練フェイズでは，mult FR DRLスケジュールのDRL値を5秒に固定した。FR値はFR成分での強化間隔とDRL成分でのそれとを一致させるために，予備訓練フェイズの最終セッションのFR成分での1秒あたりの反応数に同じセッションのDRL成分での強化間隔（秒）をかけた値に定めた。各被験者のFR値は表1の通りであった。FR成分とDRL成分の順番はランダムにした。ただし4回以上同じ順番にならないようにした。1つの成分は，30強化もしくは155秒間のいずれかの基準に達した時点で終了した。このフェイズは10セッション行った。その他は予備訓練と同様の手続きであった。

非分化フェイズでは，mult FI FIを行った。そこでは，一方のFI成分の円の色は，分化訓練フェイズのFRスケジュールと対応のあった緑色，もう一方のFI成分はDRLスケジュールと対応のあった赤色にした。mult FR DRLからのスケジュールの移行によって生じる強化率の変動を最

少にするため，分化訓練フェイズの最後の5セッションの強化間隔を成分ごとに求め，2成分の強化間隔の平均値をFI値とした（表1）。このフェイズは20セッション行った。その他は分化訓練フェイズと同様の手続きであった。

最少教示―修正FI群 この群の予備訓練および分化訓練フェイズの手続きは，最少教示―標準FI群と同様であった。最少教示―標準FI群と異なるのは，非分化フェイズのmult FI FIにおいて，インタバルあたりの反応数に応じて強化量が異なる修正FIスケジュールを行った点である。まず，非分化フェイズに移行するにあたり，新しいスケジュールにおいて大強化子と小強化子のどちらも与えられることで，被験者が修正FIの随伴性を実際に経験できるように，次の手続きに従って上限と下限を設定した。まず，分化訓練フェイズ最終セッションの1秒あたりの反応数を，強化ごとに求めた。次に，その中央値を成分ごとに算出した。そのとき，（最終セッションFR成分の1秒あたりの反応数の中央値）×（非分化フェイズのFI値）を修正FIの上限，（最終セッションDRL成分の1秒あたりの反応数の中央値）×（非分化フェイズのFI値）を修正FIの下限とした。このようにして設定された上限と下限を含む修正FIスケジュールの下では，もし分化訓練フェイズ最終セッションと同じパフォーマンスを示すなら，非分化フェイズ第1セッションの全強化の50％が大強化子，残りの50％が小強化子になる。ただし，下限が1になっては，低率のときに，大強化子のみが与えられ，強化量が反応数と相関を持たなくなるため，下限は2以上にした。非分化フェイズの第2セッション以降では，直前のセッションでのFR刺激成分，すなわち，かつてFRスケジュールと対応があった刺激が呈示された成分の強化あたりの反応数の中央値が上限より小さかったなら，それを新たな上限，DRLスケジュールと対応があった刺激（DRL刺激）成分の中央値が下限より大きかったなら，それを下限に変更した。このように，徐々に基準を厳しくすることで，成分間の反応率の非分化の促進を試み

た。なお，DRL刺激成分の強化あたりの反応数の中央値がFR刺激成分のそれより大きくなったならば，非分化が達成されたとみなし，それ以上基準の変更を行わず，以後，上限と下限を固定した。強化点数は，インタバル内の反応数が上限と下限の範囲内なら190点，それ以外は10点とした。

正教示―標準FI群 この群では，予備訓練フェイズと分化訓練フェイズでのFR成分と非分化フェイズの1つのFI成分のときには，"スバヤクタクサン　エン　ニ　フレテ　クダサイ"，予備訓練フェイズと分化訓練フェイズでのDRL成分と非分化フェイズのもう1つのFI成分のときには，"カンカク　ヲ　アケテ　エン　ニ　フレテクダサイ"の文字を，ディスプレイの左上に呈示した。本研究では，これらの文字を正教示と定義した。多元スケジュールを用いて教示の効果を検討する場合，Hayes et al. (1986)が行ったように，例えば色などの非言語性の刺激を各成分のスケジュールと対応させた上で，それぞれの刺激の下で行うべき反応を教示することが多い。しかし，これでは，教示と非言語性の刺激のいずれが反応を制御したかが不明になる。そこで，本研究の正教示条件では，どちらの成分でも操作体である円は白色にした。その他の手続きは，最少教示条件と同様にした。このように，最少教示条件と正教示条件を区別する手続き上の相違は，多元スケジュールの各成分と対応する刺激が非言語性（円の色）か言語性（正教示）かだけである。もし，教示が弁別刺激と機能的に等価なら，両条件間にパフォーマンスの差は認められない。教示と弁別刺激の機能上の相違の有無を，本研究ではHayes et al.よりも厳密に検討することができる。ところで，多くの研究者が，教示の効果を規定する重要な変数として，教示に従う傾向をあげている（Baron & Galizio, 1983；Barrett, Deitz, Gaydos, & Quinn, 1987；Cerutti, 1991；Hayes, Zettle, & Rosenfarb, 1989）。一般に，人間は実験室外で教示に従うことが社会的に強化されてきた結果，教示に従う傾向が確立されており，その

表 1 FR，DRL，FI 成分のスケジュール値（DRL，FI の単位は秒）および mult FR DRL スケジュール（分化訓練フェイズ）と mult FI FI スケジュール（非分化フェイズ）の最後の 5 セッションの各成分の平均強化間隔（単位は秒：かっこの中は範囲）。

被験者	成分	分化訓練フェイズ スケジュール値	強化間隔	成分	非分化フェイズ スケジュール値	強化間隔
最少教示―標準 FI 群						
1	FR	56	8.4 (7.8-9.1)	FI	8	8.2 (8.2-8.6)
	DRL	5	7.0 (6.5-7.8)	FI	8	8.6 (8.6-8.6)
5	FR	42	5.9 (5.5-6.5)	FI	7	7.4 (7.4-7.4)
	DRL	5	8.1 (7.4-8.6)	FI	7	7.4 (7.4-7.4)
9	FR	35	6.0 (5.5-6.5)	FI	6	6.2 (6.2-6.2)
	DRL	5	6.8 (6.0-7.8)	FI	6	6.2 (6.2-6.2)
14	FR	35	5.1 (4.4-6.0)	FI	6	6.3 (6.2-6.5)
	DRL	5	6.1 (5.7-6.5)	FI	6	6.3 (6.2-6.5)
最少教示―修正 FI 群						
2	FR	40	8.8 (8.2-9.1)	FI	9	10.2 (9.7-10.3)
	DRL	5	9.1 (8.2-9.7)	FI	9	10.2 (9.7-10.3)
7	FR	40	10.5 (8.2-15.5)	FI	11	12.1 (11.9-12.9)
	DRL	5	11.5 (9.7-15.5)	FI	11	12.1 (11.9-12.9)
10	FR	42	4.9 (4.7-5.1)	FI	6	6.3 (6.2-6.5)
	DRL	5	6.3 (5.7-6.5)	FI	6	6.2 (6.2-6.2)
17	FR	39	6.1 (5.1-7.4)	FI	7	7.7 (7.4-7.8)
	DRL	5	8.1 (6.0-9.7)	FI	7	7.9 (7.8-8.2)
正教示―標準 FI 群						
3	FR	56	7.6 (7.4-7.8)	FI	7	7.4 (7.4-7.4)
	DRL	5	6.5 (6.0-7.4)	FI	7	8.8 (8.6-9.7)
6	FR	42	8.2 (8.2-8.2)	FI	8	9.3 (8.6-11.1)
	DRL	5	6.7 (6.7-7.4)	FI	8	9.0 (8.6-9.7)
11	FR	48	5.2 (5.0-5.5)	FI	5	5.1 (5.1-5.1)
	DRL	5	5.7 (5.5-5.7)	FI	5	5.5 (5.3-5.7)
12	FR	36	4.9 (4.7-5.1)	FI	6	6.2 (6.2-6.2)
	DRL	5	6.6 (6.0-7.8)	FI	6	7.3 (6.7-7.8)
15	FR	44	7.3 (7.1-7.4)	FI	7	7.4 (7.4-7.4)
	DRL	5	6.3 (6.2-6.5)	FI	7	7.8 (7.8-7.8)
正教示―修正 FI 群						
4	FR	36	7.6 (7.0-8.2)	FI	8	8.2 (8.2-8.2)
	DRL	5	7.8 (7.0-8.2)	FI	8	9.4 (8.6-10.3)
8	FR	50	5.9 (5.7-6.2)	FI	6	6.4 (5.7-7.1)
	DRL	5	6.9 (6.5-8.2)	FI	6	7.0 (6.7-7.4)
13	FR	40	13.8 (8.2-25.8)	FI	10	11.9 (11.9-11.9)
	DRL	5	7.2 (6.5-7.8)	FI	10	11.9 (11.9-11.9)
16	FR	66	7.5 (7.4-7.8)	FI	7	7.4 (7.4-7.4)
	DRL	5	6.0 (5.7-6.2)	FI	7	7.5 (7.4-7.8)

ため，実験場面でも教示が行動を強力に制御すると考えられている。特に，被験者として実験に参加する者は，実験に協力的であり，教示に従う傾向は，日常場面でよりも強くなりやすい。しかし，研究の生態学的妥当性を考慮するならば，教示に従う傾向は強すぎない水準にとどめておくことが望ましい。そこで，本研究では，"正教示を読むこと"とか，"正教示に従うこと"などのように，正教示に関して特に指示を行わないことにした。こうすることで，教示に従わないという選択肢を被験者に残したのである。

なお，正教示―標準FI群のS15は，第1セッションのDRL成分において，1回しか強化されないまま1時間以上反応し続けたため，セッションを中止した。第2セッションでDRL値を1秒にしたところ，この被験者のDRL成分での反応は頻繁に強化されたため，第3セッションで再びDRL2秒に戻した。以後，他の被験者と同様FRとDRLの値を徐々に増加させた。したがって，この被験者に限り，予備訓練を計6セッション行った。

正教示―修正FI群 この群は，正教示―標準FI群と同様，操作体である円の色はどちらの成分でも白色で，予備訓練フェイズと分化訓練フェイズでのFR成分と非分化フェイズの1つのFI成分のときには，"スバヤク　タクサン　エンニ　フレテ　クダサイ"，予備訓練フェイズと分化訓練フェイズでのDRL成分と非分化フェイズのもう1つのFI成分のときには，"カンカクヲ　アケテ　エン　ニ　フレテクダサイ"の文字を，ディスプレイの左上に呈示した。また，最少教示―修正FI群と同様，非分化フェイズで修正FIスケジュールを行った。その他は最少教示―標準FI群と同様の手続きであった。

結　果

各被験者の分化訓練フェイズ最後の5セッションの各成分の強化間隔の平均値と範囲を表1に示した。S13の強化間隔の成分間の差は6.6秒であるが，多くの被験者では，その差は2秒以内であった。強化間隔の成分間ならびに群間差を検討するために，この平均値について，2（教示）×2（FI）×2（成分）の分散分析を行ったところ，有意な主効果，交互作用は認められなかった（教示：$F<1$；FI：$F=3.41$；成分：$F<1$；教示×FI：$F<1$；教示×成分：$F=3.98$；FI×成分：$F<1$；教示×FI×成分：$F=1.05$；いずれも$df=1/15$, ns）。分化訓練フェイズの強化間隔は，群間，成分間で等質であるといえよう。

図1から4は，分化訓練フェイズと非分化フェイズの各セッションの各成分での1分あたりの反応数を被験者別に示したものである。分化訓練フェイズでは，すべての被験者が，FR成分で高率，DRL成分で低率の反応になり，成分間での反応率の分化を示した。スケジュール制御を定量的に分析するために，FR成分での平均反応率をDRL成分でのそれで除し，弁別指数（DeGrandpre, Buskist, & Cush, 1990）を求めた。分化訓練フェイズの最後の5セッションの弁別指数の平均値について，2（教示）×2（FI）の分散分析を行ったところ，いずれの主効果，交互作用も有意ではなかった（すべて$F<1$）。正しい教示が与えられるか否かに関わらず，分化訓練フェイズでは，どの群も同程度に，成分間で反応率が分化したといえる。

非分化フェイズに移行しても，最少教示―標準FI群のS1とS9は最終セッションまで，S14は第5セッションまで，DRL刺激下でよりもFR刺激下で，高頻度に反応し続けた。S5では非分化フェイズ第1セッションから，成分間の反応率が非分化になった（図1）。強化量が反応数に依存する修正FIスケジュールでは，成分間での反応率が非分化になる傾向が強まった。最少教示―修正FI群のS2は第6セッション，他の3名は第2セッションまで，FR刺激下での反応率がDRL刺激下より高かったが，それ以後のセッションでは，全員の成分間の反応率は非分化になった（図2）。

過去の随伴性にとって効率的な反応率を特定す

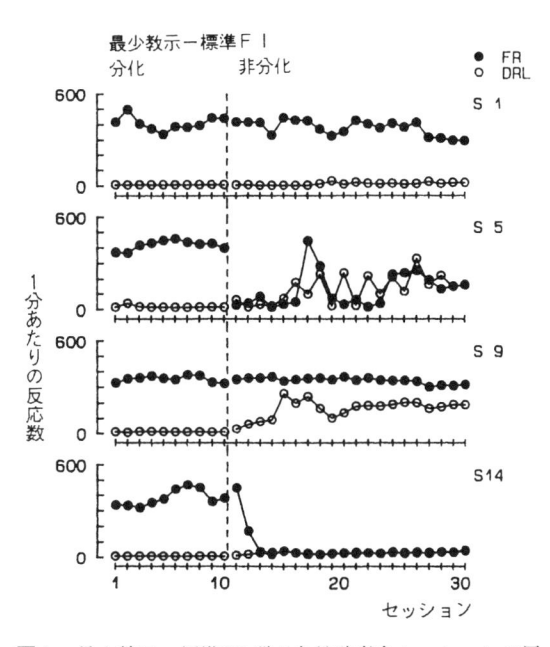

図1 最少教示―標準FI群の各被験者各セッションの反応率。「分化」という文字は分化訓練フェイズを，「非分化」は非分化フェイズを意味している。黒円は分化訓練フェイズ中にFRスケジュールと相関のあった刺激の下での反応を，白円はDRLスケジュールと相関のあった刺激の下での反応を示している

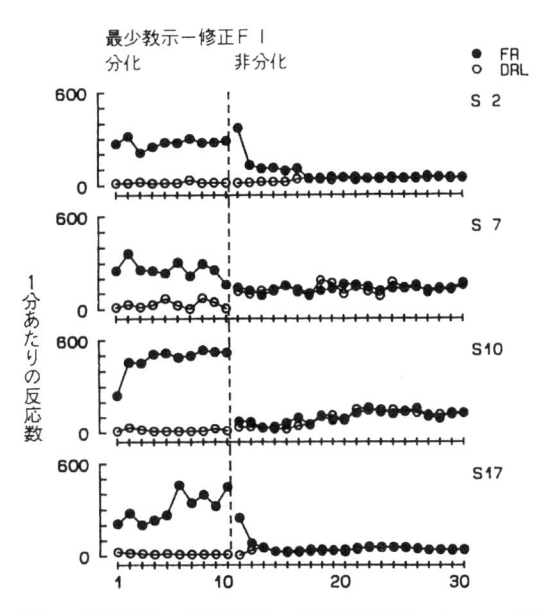

図2 最少教示―修正FI群の各被験者各セッションの反応率（詳しくは，図1の説明文を参照）

る教示が過去と現在の随伴性を通して与えられると，非分化フェイズに移行しても成分間の反応率の分化は維持される傾向が強まった。正教示―標準FI群では，S6を除く4名が最終セッションまで，S6は第9セッションまで，FR刺激下での反応率がDRL刺激下より高かった（図3）。正教示―修正FI群では，S4とS16が最終セッションまで，S8が第19セッション，S13が第12セッションまで，FR刺激下での反応率がDRL刺激下より高かった（図4）。

非分化フェイズ最後の5セッションの弁別指数の平均値について，2（教示）×2（FI）の分散分析を行ったところ，教示（$F=7.28$, $df=1/13$, $p<.05$）とFI（$F=7.10$, $df=1/13$, $p<.05$）の主効果が有意であった。教示とFIの交互作用は有意ではなかった（$F=4.25$, $df=1/13$, ns）。このことは，正教示条件では最少教示条件より，標準FI条件では修正FI条件より，非分化フェイズでの反応率分化が維持されたこと，そして，標準FIと修正FIの違いはこのような教示の効果に影響しないことを示している。

考 察

本研究とFreeman & Lattal（1992）の結果を比較する上で，観点は次の2つであろう。第1は，2つのスケジュールの履歴効果の刺激性制御が生じたか否かである。Freeman & Lattalの実験1では3被験体すべてが，本研究では最少教示―標準FI群の4名中3名が，分化訓練フェイズでのパフォーマンスを非分化フェイズに持ち越した。このことより，履歴効果の刺激性制御は人間においても生じたといえるだろう。第2の点は，履歴効果が一過性のものであったか否かである。Freeman & Lattalでは，すべて，最終的には2つの刺激下での反応率が非分化になったが，本研究の最少教示―標準FI群では，S14のみがそのような結果を示した。この違いは，両者のセッシ

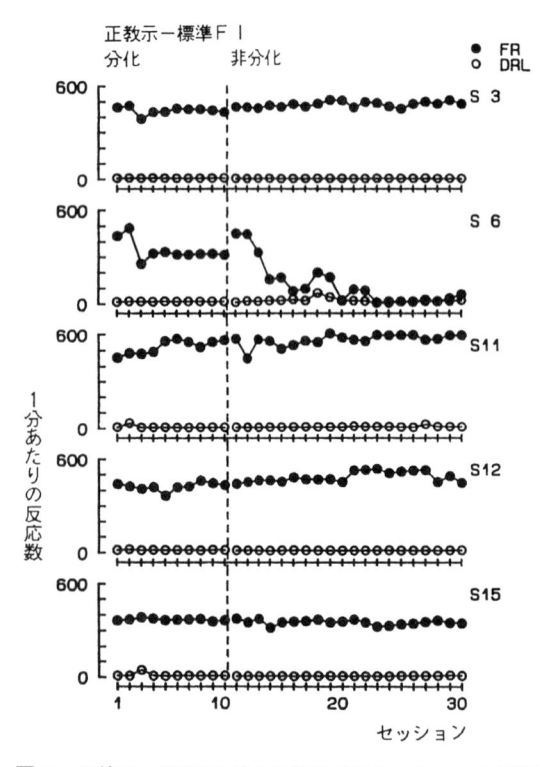

図3 正教示―標準FI群の各被験者各セッションの反応率（詳しくは，図1の説明文を参照）

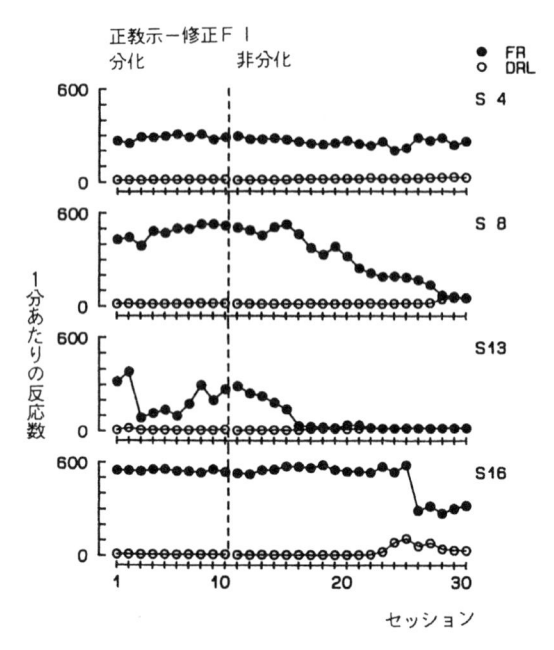

図4 正教示―修正FI群の各被験者各セッションの反応率（詳しくは，図1の説明文を参照）

ョン数の違いによるものかもしれない。Freeman & Lattal は非分化フェイズを60セッション行い，ハトの反応率が成分間で非分化になるのに18-41セッション要したと報告している。これに対し，本研究では，被験者が多数回の実験に参加することが難しいという実際的な理由から，非分化フェイズは20セッションとした。しかし，非分化に至らなかった被験者も，このフェイズの最終的な弁別指数は，分化訓練フェイズのそれと比べて減少している（各フェイズ最後の5セッションの平均弁別指数：S1，分化訓練フェイズ，35.67，非分化フェイズ，15.79；S9，分化訓練フェイズ，27.74，非分化フェイズ，1.70）。したがって，Freeman & Lattal に匹敵するセッション数を非分化フェイズ条件に費やしたなら，より多くの被験者の反応率が非分化になったかもしれない。

分化訓練フェイズで，それぞれのスケジュールにとって効率的な反応率を特定する教示を与えられた者は，そのような教示が与えられない者に比べて，スケジュールが変化しても，かつてのスケジュールに対応した教示下で，その反応率を維持する傾向があった。このことは，ルールが教示されると mult FR DRL から mult EXT EXT へという随伴性の変化に対する感受性が低まるという Hayes et al. (1986)，Wulfert et al. (1994) の知見が，mult FR DRL から mult FI FI への変化の場合にもあてはまることを意味している。同時にこのことは，Baron & Galizio (1983) も論じているように，教示が弁別刺激と機能的に等価ではないことを裏づけるものである。

一方，FIスケジュールでの強化量が反応数に依存するか否かに関わらず，教示の効果が認められたという結果は，弁別性スケジュール制御が成立する場合には言語性制御が生じないという Torgrud & Holborn (1990) と食い違う。この点を論じる前に，そもそも，本研究の修正FIスケジュールに弁別性スケジュール制御があったか

どうかを検討すべきであろう。Torgrud & Holborn は，言語記述課題を導入する前に，被験者が強化量を最大にする反応率を示していたことから，彼らのスケジュールに弁別性制御があったとみなしている。これに従い，特定の教示が与えられなかった最少教示―修正 FI 群の被験者が，より大きな強化を得る反応をしていたかどうかを明らかにするために，非分化フェイズ最後の 5 セッションの各成分の総強化数に占める大強化数の割合を求めた。S7 は FR 刺激で 42.2％，DRL 刺激で 59.4％であったが，他の 3 名は，どちらの刺激下でも 94.7％以上の割合で大強化子を得ていた。また，この群では 4 名全員が非分化フェイズで成分間の反応率が最終的に非分化になった。したがって，本研究の修正 FI の弁別性スケジュール制御は十分であったといえるだろう。

では，両者の違いは，言語刺激の操作の違いによるのだろうか。木本・島宗・実森 (1989) は，随伴性が教示された者の方が，随伴性の言語記述が形成された者より，言語性制御が強いことを報告している。逆に，Catania, Matthews & Shimoff (1982) は，随伴性の言語記述を教示された者の方が，随伴性の言語記述が形成された者より，言語記述にボタン押し反応が制御されにくいことをみとめている。しかし，Catania et al. の教示群での弱い言語性制御の見られたのは，言語記述が教示された場合，すなわち，"GUESSES 条件" においてであって，"最大にかせぐためには，左 (あるいは右) のボタンをはやく，右 (あるいは左) のボタンをゆっくり押すべきである" とボタン押しが教示された "PRESSES 条件" では，明らかな言語性制御が生じている。このことから，本研究の修正 FI 条件で観察された教示の効果は，非言語行動に与えられた外的な教示が，特にその行動に対して強い制御力を持つことを意味しているといえるだろう。方法のところでも述べたように，本研究では，教示に従う傾向が強まりすぎないよう工夫したが，非言語行動のしかたを教示すること自体が，ある程度，教示に従う傾向を強めたことは否定できない。そして，

教示に従う傾向という視点で考えるなら，本研究の正教示―修正 FI 条件の非分化フェイズは，被験者にとって，"教示に従って小強化子" か，"教示に逆らって大強化子" のいずれかの選択が迫られる状況であったといえるかもしれない。このような状況では，被験者が実験室外で，教示に従うことへの強力な社会的随伴性にさらされてきたならば，教示に従って小強化子を得ることを選びやすいだろう。一方，Torgrud & Holborn では，非言語行動を特定する教示は与えられていなかったため，教示に従う傾向は結果に影響しなかったと考えられる。

本研究では，履歴効果の刺激性制御が人間においても認められた。このことは，異なるスケジュールの履歴効果を個体内で比較するという Freeman & Lattal (1992) の方法論が，人間にも十分適用できることを意味しているといえるだろう。また，本研究では，強力な教示性制御が観察された。そして，この教示性制御を，教示に従う傾向と関連づけて論じた。しかし，それはあくまでも事後的に説明したにすぎない。今後は，教示に従う傾向を実験的に操作し，教示性制御との関係を明らかにすることが望まれる。また，本研究では，教示が履歴効果の刺激性制御の維持を強めるという点で，弁別刺激と機能的に異なることが示された。一方，Baron & Galizio (1983) や Danforth, Chase, Dolan, & Joyce (1990) は，教示は実験前から制御機能を有しているという点で，弁別刺激と同一ではないと指摘している。では，履歴効果の刺激性制御にとって，教示が実験前から有している制御機能はどのような役割を果たしているだろうか。この疑問に答えるには，教示と履歴効果の関係の細かい分析が必要となるであろう。

本研究の実験の実施とデータ処理に御協力いただきました大阪教育大学池田直子さん，漆原美代子さんに深く感謝いたします。

参考文献

Baron, A. & Galizio, M. (1983). Instructional control of human operant behavior. *Psychological Record, 33*, 495-520.

Barrett, D. M., Deitz, S. M., Gaydos, G. R., & Quinn, P. C. (1987). The effects of programmed contingencies and social conditions on response stereotypy with human subjects. *Psychological Record, 37*, 489-505.

Buskist, W. F., Oliveira-Castro, J., & Bennett, R. (1988). Some effects of response-correlated increases in reinforcer magnitude on human behavior. *Journal of the Experimental Analysis of Behavior, 49*, 87-94.

Catania, A. C., Matthews, B. A., & Shimoff, E. (1982). Instructed versus shaped human verbal behavior : Interactions with nonverbal responding. *Journal of the Experimental Analysis of Behavior, 38*, 233-248.

Cerutti, D. T. (1991). Discriminative versus reinforcing properties of schedules as determinants of schedule insen-sitivity in humans. *Psychological Record, 41*, 51-67.

Danforth, J. S., Chase, P. N., Dolan, M., & Joyce, J. H. (1990). The establishment of stimulus control by instructions and by differential reinforcement. *Journal of the Experimental Analysis of Behavior, 54*, 97-112.

DeGrandpre, R. J., Buskist, W., & Cush, D. (1990). Effects of orienting instructions on sensitivity to scheduled contingencies. *Bulletin of the Psychonomic Society, 28*, 331-334.

Freeman, T. J. & Lattal, K. A. (1992). Stimulus control of behavioral history. *Journal of the Experimental Analysis of Behavior, 57*, 5-15.

Hayes, S. C., Brownstein, A. J., Haas, J. R., & Greenway, D. E. (1986). Instructions, multiple schedules, and extinction : Distinguishing rule-governed from schedule-controlled behavior. *Journal of the Experimental Analysis of Behavior, 46*, 137-147.

Hayes, S. C., Zettle, R. D., & Rosenfarb, I. (1989). Rule-following. In S. C. Hayes (Ed.), Rule-governed behavior. *Cognition, contingencies, and instructional control* (Pp. 191-220). New York : Plenum.

Joyce, J. H. & Chase, P. N. (1990). Effects of response variability on the sensitivity of rule-governed behavior. *Journal of the Experimental Analysis of Behavior, 54*, 251-262.

木本克己・島宗理・実森正子 (1989). ルール獲得過程とスケジュール感受性—教示と形成による差の検討—. 心理学研究, *60*, 290-296.

LeFrancois, J. R., Chase, P. N., & Joyce, J. H. (1988). The effects of a variety of instructions on human fixed-interval performance. *Journal of the Experimental Analysis of Behavior, 49*, 383-393.

望月　昭・樋口義治・山口耕一・佐藤方哉 (1980). ヒトにおける強化スケジュールの研究—FIスケジュールに関する予備報告—. 慶応義塾大学大学院社会学研究科紀要, *20*, 85-100.

Torgrud, L. J. & Holborn, S. W. (1990). The effects of verbal performance descriptions on nonverbal operant responding. *Journal of the Experimental Analysis of Behavior, 54*, 273-291.

Wanchisen, B. A. (1990). Forgetting the lessons of history. *Behavior Analyst, 13*, 31-37.

Weiner, H. (1964). Conditioning history and human fixed-interval performance. *Journal of the Experimental Analysis of Behavior, 7*, 383-385.

Weiner, H. (1969). Controlling human fixed-interval performance. *Journal of the Experimental Analysis of Behavior, 12*, 349-373.

Wulfert, E., Greenway, D. E., Farkas, P., Hayes, S. C., & Dougher, M. J. (1994). Correlation between self-reported rigidity and rule-governed insensitivity to operant contingencies. *Journal of Applied Behavior Analysis, 27*, 659-671.

出典：大河内浩人 (1996). スケジュール履歴効果の刺激性制御—教示と弁別性スケジュール制御の影響—. 行動分析学研究, *10*, 118-129.

▶▶▶ コメント

実験的人間行動分析学研究のスタンダード

駒澤大学
小野浩一

　行動分析学の研究が動物を対象とした基礎研究から人間行動の解明へと拡大を始めたとき，動物研究で明らかになった行動法則が人間に当てはまらないという研究者たちが予想もしなかった問題が起こりました。たとえば，定間隔（FI）スケジュールで動物が示すスキャロップという特徴的な行動パターンが，人間では見られなかったのです。それ以外にも人間行動はさまざまな変動や多くの特異的な行動を示すことが明らかになりました。そして，このような人間の特徴的な行動の原因として，研究者たちによって指摘されたのが，人間は実験をする以前に多くの行動経験（履歴）を持っているということ，さらに人間は言語を持っているということ，の2点でした。特定の強化スケジュール下の行動がそれ以前の履歴の影響を受けることは，動物および人間を対象とした諸研究（たとえば，Weiner, 1969; Freeman and Lattal, 1992）によって，また，言語の関与については，他者から与えられる言語教示や自分自身が発する自己教示によってスケジュール時の行動が大きく変化することが諸研究（たとえば，Galizio, 1969; Catania, Matthews, & Shimoff, 1982）によって明らかにされてきました。

　大河内論文「スケジュール履歴効果の刺激性制御—教示と弁別性スケジュール制御の影響」は，人間の行動を特徴づけている履歴と言語が，実際にどのように行動に影響を及ぼすかを周到な実験デザインによって調べた研究であり，人間行動を実験的に研究するためのスタンダードを示した優れた論文として位置づけられるものです。

　この論文の意義は以下の3点にまとめることができます。まず，第1は，Freeman and Lattal (1992) によって行われた履歴効果研究のための実験デザイン（彼らはハトを被験体として，それまでの研究が個体間比較であったり，また強化率が不統一であったことなどを改善して実験を行いました）が人間に適用できることを確かめたことです。

　第2は，言語刺激の機能と言語以外の弁別刺激の機能を分離し，最適な反応を促進させるような「正教示」と具体的な指示がなされない「最少教示」の効果を比較しようとしたことです。具体的には，たとえば，Hayes ら (1986) が多元スケジュールにおいて色刺激に言語刺激を加える形をとっているのに対し，本研究では正教示群は言語教示のみ，最少教示群は色刺激のみを用いています。

　第3は，FIスケジュールの下で履歴をテストする際に，通常のFIスケジュールに加えて，履歴効果の強さを調べるための条件操作として反応の非分化（2つの刺激の下での反応が等しくなること）を促進させる修正FIスケジュールを用いたことです。修正FIスケジュールは履歴フェイズで獲得した高反応率，あるいは低反応率をそのまま示した場合は少ない得点，中間的な反応をした場合は高得点を与えるというものです。

　そして実験の結果は，Freeman and Lattal (1992) による履歴効果研究のための個体内比較デザインが人間に適用できること，「最少教示（色刺激）」においても履歴効果は認められるが「正教示（言語教示）」の方がより大きな効果があり，言語刺激が履歴効果に大きな影響を及ぼすこと，さらに正教示は修正FIスケジュールの行動制御力を抑制することなど，従来の知見を包括し，前進させるような多くの成果を示しています。

　この論文に収録された実験は，いままで述べたこと以外にも実験的人間行動分析学におけるいくつかの重要な問題に関わっています。その一つは，随伴性形成行動とルール支配行動の違いに関する問題で，「言語」はどのようにして行動を制御することができるのか，「言行一致」「言行不一致」はなぜ，どのようにして生じるのかという問題と密接な関係があります。また，本研究で事前の

「正教示」が後の強化スケジュールに対する最適な反応の獲得を妨害したように，随伴性の変化に対する「非感受性」の問題とも関係してきます。

生体が時間軸上においてさまざまな随伴性にさらされながら，過去から現在，そして現在から未来へと生を重ねていくことを考えると，履歴効果はその断面のいたるところに表れてくると言えます。消去，部分強化効果，リサージェンス（古い行動が復活する現象），変化抵抗などの行動分析学で従来から扱われてきた研究課題も履歴効果研究の一環と見ることができます。この大河内論文は，生体における「過去」の随伴性経験と「現在」の随伴性の壮大なダイナミズムの中に研究者を誘うものとして大きな魅力を放っています。

文献

Catania, A. C., Matthews, B. A., & Shimoff E. (1982). Instructed versus shaped human verbal behavior: Interactions with nonverbal responding. *Journal of the Experimental Analysis of Behavior, 38*, 233-248.

Freeman, T. J. & Lattal, A. L. (1992). Stimulus control of behavioral history. *Journal of the Experimental Analysis of Behavior, 57*, 5-15.

藤田 勉・福島直子・佐藤方哉 (1983). ヒトにおけるDRLパフォーマンスに及ぼす教示の効果. 基礎心理学研究, *2*, 47-54.

Galizio, M. (1979). Contingency-shaped and rule-governed behavior: Instructional control of human loss avoidance. *Journal of the Experimental Analysis of Behavior, 31*, 53-70.

Hayes, S. C., Brownstein, A. J., Zettle, R. D., Rosenfarb, I., & Korn, Z. (1986). Rule-governed behavior and sensitivity to changing consequences of responding. *Journal of the Experimental Analysis of Behavior, 45*, 237-256.

木本克己・島宗 理・実森正子 (1989). ルール獲得過程とスケジュール感受性―教示と形成による差の検討―. 心理学研究, *60*, 290-296.

松本明生・大河内浩人 (2002). ルール支配行動：教示・自己ルールとスケジュールパフォーマンスの機能的関係. 行動分析学研究, *17*, 20-31.

Okouchi, H. (1999). Instructions as discriminative stimuli. *Journal of the Experimental Analysis of Behavior, 72*, 205-214.

Ono, K. & Iwabuchi, K. (1997). Effects of histories of differential reinforcement of response rate on variable-interval responding. *Journal of the Experimental Analysis of Behavior, 67*, 311-322.

Weiner, H. (1969). Controlling human fixed-interval performance. *Journal of the Experimental Analysis of Behavior, 12*, 349-373.

Impulsiveness and Self-Control in Developmentally Handicapped Children

MAYUMI SHIMAZAKI

Kwansei Gakuin University

Abstract

In recent years, a number of basic research on choice behavior of animals and humans have utilized the self-control paradigm. However, surprisingly few experimental studies have investigated self-control in children with attention deficit/hyperactivity and autistic disorders, even though hyperactivity and impulsiveness characterizes many of these children. The present article reviews these experimental studies, which can be divided into : (1) studies concerned with the measurement/appraisal of impulsiveness and (2) studies about training procedures used in self-control studies. Issues concerning the application of the self-control paradigm to developmentally handicapped children are discussed, with major emphasis on issues related to verbal instruction, assessment of reinforcers, and the relation between the delay-of-gratification and self-control paradigms.

Key words: self-control, impulsiveness, developmental disorder, attention deficit/hyperactivity disorder, autistic disorder

発達障害児の衝動性とセルフコントロール

関西学院大学　嶋崎まゆみ

　セルフコントロールのパラダイムを用いた選択行動の研究は，近年動物や健常者の基礎研究が盛んに行われているが，発達障害児を対象とした研究はきわめて少ない。注意欠陥多動性障害および自閉性障害の子どもたちは，多動性と衝動性を主要な症状として持っている。したがって，そのような子どもたちの衝動性とセルフコントロールに関する実験的な研究は重要であろう。本稿では，それらの研究を次の2つの観点に基づいて概観した。すなわち，(1)衝動性の測定と評価に関する研究，(2)セルフコントロールの研究から得られた訓練手続きに関する研究である。さらに，発達障害児にセルフコントロールのパラダイムを適用する際の問題点について論議した。主な論点は，言語教示に関する問題，強化子の査定，満足の遅延パラダイムとの関係の3点であった。

Key words：セルフコントロール，衝動性，発達障害，注意欠陥多動性障害，自閉性障害

1. 発達障害児における衝動性とセルフコントロール

　オペラント条件づけの研究は，その基本的な枠組みを構成する理論に関しては十分に整備されており，今後の主要な課題はこの頑強な理論をいかに現実の生活に役立てていくかという，いわゆる応用行動分析の発展にある。ことに，発達上の様々な障害をもつ子ども達に関する研究および療育に携わる者にとって，今やオペラント条件づけの理論から得られた技法は欠くことのできない道具となっている。近年，行動療法の世界にも「認知」という用語が氾濫し始め，「認知行動療法」などという名称までが市民権を得つつあるが，未だに行動を介してしか測定し得ない「認知」を行動の説明概念として用いたり，介入の対象としたりすることは，危険であると同時に無意味であろう。むしろ，クライエントをとりまく環境側の要因を徹底的に分析し，介入のための操作と実際に生じた行動の変化との間の関係を明らかにしつつ臨床活動を進めていくことが，最も重要なことであると思われる。

　そのような立場に立ち，すでにその有効性が確認されている応用行動分析の手法には様々なものがあるが，特に，発達障害児（知的障害児・自閉症児・注意欠陥多動性障害児・学習障害児等を含む）の療育の領域では，多くの技法が活用されている。たとえば，適応行動を形成する際に最適の手法であるシェイピング（反応形成）は，正の強化をはじめとして，標的行動をスモールステップに分解して順次強化していく漸次的接近，正反応を導くような刺激を付加するプロンプト，およびそのプロンプトを徐々に取り除いていくフェイディング等，多くの技法を組み合わせることによって言語の獲得や身辺自立を可能にしてきた。さらに，そうして獲得された行動の消去抵抗を高めるために，また，日常生活場面への般化を促進するために，様々な強化スケジュールが用いられている（上里，1988；Albert & Troutman, 1986）。

　これらはいずれも，応用行動分析の入門編ともいえる技法であり，ヒトや動物を用いた数多くの基礎研究から得られた事実に基づいて開発されてきたものである。先に，行動分析は理論として一応の完成を見たと述べたが，これは基礎研究が停滞しているということを意味するのではなく，現在も基礎研究者らのあいだでは絶え間ない研究が続けられており，新たな事実の発見や新たな技法の開発が進められている。たとえば，弁別学習を促進する手続きを生み出した分化結果効果（DOE；differential outcomes effect：Overmier, 1988），認知や言語のような高次機能の基礎過程を分析した刺激等価性（stimulus equivalence：Sidman, 1971；山本，1992），環境の構造を詳細に分析するための多項随伴性の概念（Sidman, 1986；嶋崎，1996），衝動性とセルフコントロールの概念化を図った選択行動の研究（Logue, 1988）などがその例である。

　本稿の目的は，これらの比較的新しい行動分析の理論の中で，選択行動の研究をとりあげて，発達障害児のもつ行動パタンの一つとしての衝動性（impulsiveness）と，そのような障害児に対する療育の目標のひとつであるセルフコントロール（self-control）について，選択行動研究の枠組みを用いてなされた研究を紹介し，その枠組みの有効性を論じることである。ここでいう衝動性およびセルフコントロールとは，Rachlin (1974) に従って，選択反応がなされた直後に与えられる相対的に小さな強化子と，選択反応後の遅延時間を経て与えられる相対的に大きな強化子との間の選択行動として定義される。すなわち，前者の直後小強化子が選択される場合を衝動性，後者の遅延大強化子が選択される場合をセルフコントロールという。さらに，この定義は人格心理学や臨床心理学においても広く用いられている衝動性とセルフコントロールという概念について，統合的かつ操作的，節約的に表現したものと考えられる（Logue, 1988）。

　このような2つの選択肢間の選択行動に関する研究は，"セルフコントロール"の研究パラダイ

ムとして，多くの実験的研究を生んできた（たとえば，Ainslie & Herrenstein, 1981；Rachlin & Green, 1972）。また，このパラダイムとは研究の文脈が異なるが，Mischel による"満足の遅延 (delay of gratification)"に関する一連の研究（たとえば，Mischel, 1966；Mischel & Ebbesen, 1970；Mischel, Shoda, & Rodriguez, 1989）も，同様の現象を扱ったものと考えられている。

満足の遅延に関する研究は，遅延大強化と直後小強化の選択課題が課されるという点ではセルフコントロールの研究と一致しているが，研究の目的や手続きの詳細はまったく異なっている。たとえば，セルフコントロールの研究では，1人の被験者（あるいは1匹の被験体）に対して多数回の試行が実施され，そこでの遅延大強化選択率が測定される。さらに，遅延時間や強化量が系統的に操作され，それらの変数と選択率との間の関数関係が求められる。一方，満足の遅延パラダイムでは通常選択の機会は1度だけである。実験者と被験児がしばらく遊んだ後に，実験者は退出するが，その際，実験者が戻るまで待てば大きな報酬 (reward) を与え，待ちきれずにボタンを押して実験者を呼べば小さな報酬を与える旨を教示する。そして，被験児がボタンを押すまでの待ち時間が測定されるとともに，待ち時間中の被験児の行動が観察されたり，その行動に影響を与える要因が分析されたりするのである。この"満足の遅延"パラダイムと"セルフコントロール"パラダイムとの関係は5節で再び触れる。

2．発達障害児研究の対象

このようなセルフコントロールのパラダイムを発達障害児に適用した研究報告は現在のところ極めて少ない。その数少ない研究は，ほとんどが注意欠陥多動性障害 (attention-deficit/hyperactivity disorder；American Psychiatric Association, 1994 の DSM-IV による) の子ども（以下，多動児と略す），あるいは自閉性障害 (autistic disorder, 同じく DSM-IV による) の子ども（以下，自閉症児と略す）を対象としたものである。これは，多動児の主たる症状が不注意・多動性・衝動性の3つであること，また，自閉症児の多くにも多動性や衝動性が認められることによるものであろう。なお，ここでの衝動性とは，DSM-IVの注意欠陥多動性障害の診断基準に従うならば，(a)質問が終わる前にだし抜けに答えてしまう，(b)順番を待つことが困難である，(c)他人を妨害し邪魔する（例えば，会話やゲームに干渉する），のいずれかの行動を頻繁に示すことと定義される。これは，前述の「直後小強化子を選択することを衝動性という」という実験事態を意図した定義とは一見異なるように見える。しかしながら，日常的な用語を用いてこれを言い換えるならば，(a)から(c)のいずれの行動も，手や口を出したい衝動を我慢することによって周囲から適応的であるとして遇されること（遅延大強化）よりも，衝動に駆られて行動することによってその場の欲求は満たされるが（直後小強化），結果的に罰を受けるような行動を選択してしまうことを意味している。同時に，この様な行動傾向は現実の生活場面では周囲の大人や仲間からも問題行動あるいは不適応行動とみなされがちである。

一方，多くの実験的研究において多動児の衝動的な反応傾向が認められており，たとえば，Gordon (1979) は，多動児が低反応率分化強化 (differential reinforcement of low rate：DRL) スケジュール下で反応してはいけない期間中に反応してしまうために，健常児よりも少ない強化しか得られないことを報告している。このように，臨床観察と実験研究のいずれにおいても多動児は著しい衝動性を示すことが知られているので，衝動性を選択行動の一つの型ととらえて実験的に研究することは，多動児の衝動性の量的測定を可能にし，衝動的な行動の制御変数を明らかにするという点からも有益であると思われる。なお，自閉性障害の診断基準には特に衝動性に関する記述は含まれていないが，自閉症児が同様の行動傾向を示すことは臨床的に知られている。また，実験的研究においても，たとえば弁別学習を課題とした

表1 実験1および実験2における遅延大強化選択率
(Sonuga-Barke, Taylor, Sembi, & Smith, 1992より引用)

	Hyperavtive children		Control children	
	Mean%	(SD)	Mean%	(SD)
Experiment 1				
No post delay	28	(32)	29	(25)
Post delay	75	(25)	55	(24)
Experiment 2				
Time constraint	13	(13)	16	(21)
Trial constraint	18	(20)	48	(34)

場合に自閉症児の反応時間がしばしば健常児や他の知的障害児よりも短いことが指摘されている（宮下，1994）。

発達障害児のセルフコントロールの研究においては，彼らの持つこのような行動傾向ゆえに，多動児および自閉症児が対象とされていると思われる。発達障害児を対象とした研究は，大きく2つに分けることができる。ひとつは，衝動性を測定する手続きとしての有効性を探るためのもの，いまひとつは，セルフコントロールを可能ならしめるための訓練手続きとしての有効性を探るためのものである。

本稿では，はじめに，これらの目的に沿って行われた多動児および自閉症児のセルフコントロールに関する実験的研究を紹介する。その後に，それらの実験に含まれる方法論的な課題，すなわちセルフコントロールの研究パラダイムを発達障害児に適用する際の問題点について考察を加える。

3．衝動性の測定と評価

多動児の衝動性の測定とその特徴に関する評価を目的として行われた研究として，Sonuga-Barke, Taylor, Sembi, & Smith（1992）があげられる。彼らは，15名の多動男児と16名の健常男児（6：00歳～7：11歳）に対して2つの実験を行った。実験1では，黒と赤のボタンがついた反応コンソールを用いて，チップによって与えられる得点を強化子とし，反応の2秒後に1点が与えられる直後小強化と反応の30秒後に2点が与えられる遅延大強化との間で選択を行わせた。この得点は，各セッションの終了後に1点が1ペニーと交換された。実験条件は2条件あり，強化後遅延なし条件では強化子提示後直ちに次の試行に入ったが，強化後遅延あり条件では，1点が与えられた後に30秒の，2点が与えられた後に2秒の強化後遅延時間が挿入された。結果は表1に示されており，いずれの条件においても多動群と統制群の遅延大強化選択率に有意な差はなく，多動児が特に衝動性を示すという結果は得られなかった。さらに，いずれの群も強化後遅延なし条件よりも強化後遅延あり条件において遅延大強化子を選ぶ率が高かったことから，報酬最大化方略がとられていたことが示唆された。しかし，この結果について著者らは別の解釈の可能性も示している。それは，多動児は積極的に報酬最大化をしたというよりも，遅延時間の長いことそのものを嫌悪したのかもしれないというものである。

この解釈の妥当性を確かめるために実験2が行われた。実験1と同一の被験児に対して，強化後遅延のない手続きを用いて，時間制限条件と試行制限条件が課された。各条件は教示と強制選択試行の後に実施され，実験中は時間制限条件ではストップウォッチを，試行制限条件ではスコアカードを用いることによって被験児自身が進行状況をモニターした。時間制限条件では10分間の制限時間が設けられたため，各試行の開始と同時にすばやく直後小強化子を選択することによってより多くの強化子を得ることができた。一方，試行制限条件では1セッションは20試行で打ち切られたため，遅延大強化子を20回選択することによって最も多くの強化子（40点）を得ることができた。もし多動児が報酬最大化をめざすのではなく，遅延嫌悪を示すのであれば，いずれの条件においても彼らは直後小強化子を選択するはずである。結果は実験者の予想通り，統制群が両条件で報酬最大化を示したのに対して，多動群は両条件で直後小強化子の方をより多く選択した。これらの結果から，多動児の場合には，全体の遅延時間

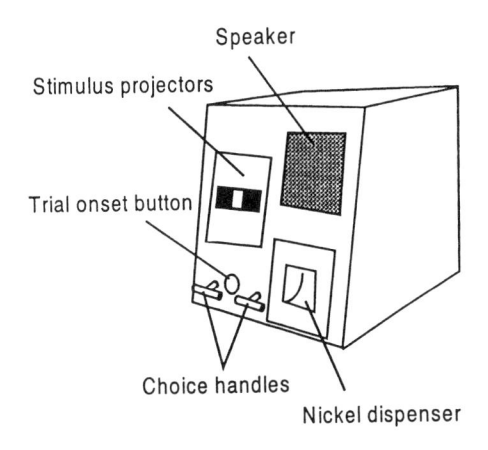

図1 Schweitzer & Sulzer-Azaroff (1995) の実験に用いられた装置

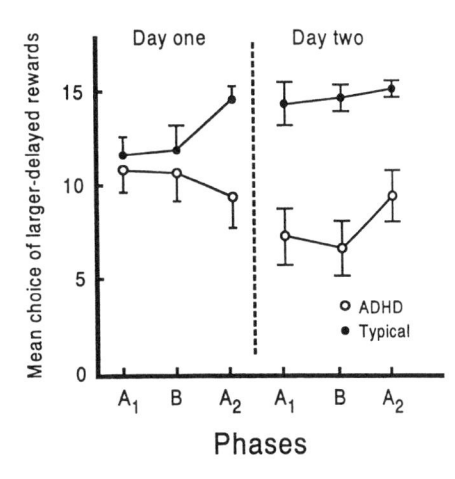

図2 各フェイズにおける各群の遅延大強化選択率。「○ ADHD」が多動群を，「● Typical」が健常群を表している (Schweitzer & Sulzer-Azaroff, 1995より引用)

をなるべく短くしようとする傾向，すなわち遅延に対する嫌悪が存在することが示唆された。

一方，Schweitzer & Sulzer-Azaroff (1995) は，10名の多動男児（平均年齢6：01歳）と8名の健常男児（平均年齢6：03歳）の選択行動を比較した。実験装置は，図1に示したようなコンソールであり，3つあるプロジェクターの中央が試行開始を知らせる緑のライトであった。そして，その左右に遅延大強化を示す黄色のライトと直後小強化を示す紫色のライトが照射された。選択反応は，左右のライトの下に位置する反応用ハンドルの一方を引くことによってなされた。実験手続きとしてABAデザインが用いられ，同一の手続きが2週間あけて2回繰り返された。フェイズAでは，反応の直後に5セント硬貨が1個与えられる直後小強化と，反応の16秒後に5セント硬貨が3個与えられる遅延大強化の間の選択が課された。5セント硬貨は実験中は貯金箱に蓄えられて，各セッションの終了後におもちゃと交換された。遅延強化子の提示後には平均14秒の，そして，直後小強化子の提示後には14秒に16秒を加えた平均30秒の強化後遅延時間が挿入された。フェイズBでは，同様の手続きに加えて付加刺激として，ボタン押しによって10秒間音楽を聞くこととコマで遊ぶことが許された。先行研究によれば，多動児は新奇場面に慣れるにつれて衝動性を増し（Sykes, Douglas, Weiss, & Minde,

1971；Zental & Zental, 1976），付加刺激は両群の衝動性を低めるはずであった（Logue, King, Chavarro, & Volpe, 1990；Mischel, Ebbesen, & Zeiss, 1972）。

結果は図2に示した通りであり，遅延大強化選択率は一貫して統制群の方が多動群よりも高かった。さらにセッションの進行に伴って統制群の選択率が増加したのに対して，多動群の選択率は減少した。しかし，いずれの群においても付加刺激の効果は認められなかった。この結果は，まず多動群が統制群よりも衝動的であったという点で，先のSonuga-Barke, et al. (1992) の結果と一致しない。この不一致についてSchweitzerとSulzer-Azaroffは，セッション数の相違（Sonuga-Barkeらは2セッションしか実施しておらず，本実験で群間に差が生じたのは3セッション以降である），強化後遅延時間の効果の相違（本実験では強化後遅延時間が変動したので，選択行動に与える影響が弱まった），被験児の年齢の相違（本実験の子どものほうが年齢が低い）の三点を理由に挙げている。また，セッションの進行に伴って多動群の衝動性が強まったことは予想通りであったが，付加刺激の効果が得られなかったことについては，実験条件の細かい相違を指摘した上で，選択以外の，実験中に生じた様々な行動（ふ

表2 各実験条件における報酬の遅延時間および強化時間（秒）
(井上・小林，1992aより改変して引用)

実験条件	少量報酬		多量報酬	
	遅延時間	強化時間	遅延時間	強化時間
D 1-a	1	1	1	5
D 10-a	1	1	10	5
D 1-b	1	2	1	6
D 10-b	1	2	10	6
D 1-a	1	1	1	5

ざけたりする不適切な行動を含む）を変化させるには付加刺激が有効であったと述べている。Sonuga-Barke, et al. (1992) との間に結果の不一致はあるものの，このような考察を通して，セルフコントロールのパラダイムが多動児の衝動性の評価や治療に有効であることが主張された。

これらの研究と同様の目的を持ちながら，その研究方法として満足の遅延パラダイムを適用した研究としては，Rapport, et al. (1986) が，多動児の方が健常児よりも直後小強化を選択しがちであることを示している。彼らの結果は，上に示した Schweitzer & Sulzer-Azaroff (1995) の結果と一致している。

一方，多動児ではなく自閉症児を対象としてセルフコントロールのパラダイムを用いた研究には，井上と小林の一連の研究がある（井上・小林，1992a，1992b）。井上・小林 (1992a) は，1名の自閉症女児（12：00歳）に対して，幼児用歌番組のビデオ画像を強化子に用いて，遅延時間および強化時間を変数とした実験を行った。赤と白の2つのスイッチボックスを選択肢として，フリーオペラント事態で選択反応が課された。遅延時間と強化時間（強化量に相当する）の組み合わせは表2に示したとおりである。その結果，被験児は遅延時間と強化時間の両要因に対して敏感に反応していることが明らかにされた（図3）。このことは，この実験で用いられた装置と手続きが，自閉症児の衝動性とセルフコントロールを評価する手法として有効であることを示すものである。

しかし，井上・小林 (1992a) の結果は1名の自閉症児から得られたものであり，自閉症児一般の選択行動を述べるには不十分である。そこで井上・小林 (1992b) では，被験児の数を増して同様の手続きを用いた実験を行ったところ，やや異なる結果が得られた。彼らは，4名の自閉症児（6：01歳〜13：00歳）と2名の健常児（3：07歳と3：09歳）に対して，ベビーチョコまたはスナック菓子を強化子とした同様の実験を行なった。ここではコンピュータのディスプレイ上に一対の四角形刺激が提示され，その刺激のいずれかに手を触れることによって反応が検出された。

その結果，健常児の2名はいずれも遅延大強化の遅延時間が増加するにつれて大強化選択率が低下した。すなわち，井上・小林 (1992a) の自閉症児と同様に，遅延時間と強化量の両者に対して敏感であることが示された。ところが，この実験における自閉症群の2名は，遅延時間の変動にかかわらず一貫して大強化側を選択した。また，残りの2名は明確な選好を示さず，強化量を1対0にしたときのみに強化量1（すなわち，強化子の与えられる側）を選択した。

これらの結果は，セルフコントロールのパラダイムを用いた選択行動事態において，自閉症児が健常児とは異なる反応パタンを示すことを意味している。個々の自閉症児が示した選択行動が彼らのどのような能力と関連しているのかについては明らかでないが，遅延時間や強化量という変数を手がかりに，自閉症児が環境内のどのような随伴性に注目しているかを探ることが可能であることを示した点で，興味深い研究である。

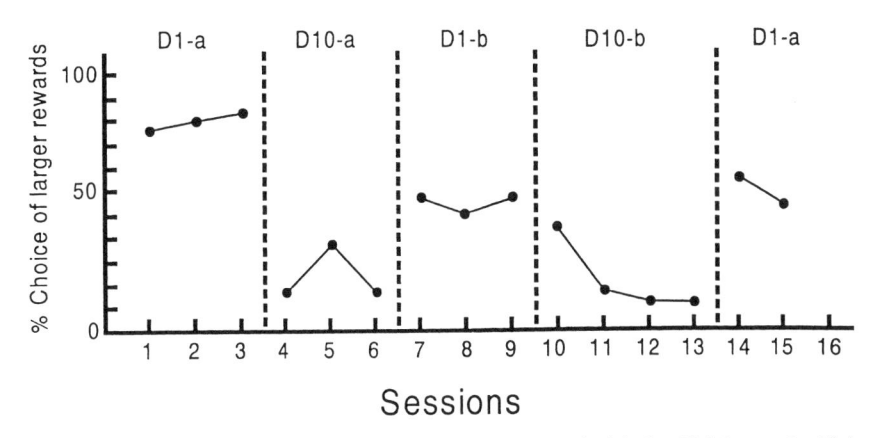

図3 各セッションにおける多量報酬選択率。図上の略語は，表2に示した実験条件に対応している（井上・小林，1992aより改変して引用）

4. セルフコントロールの訓練

セルフコントロールのパラダイムが，発達障害児のセルフコントロールを訓練するための手法として有効であることを確認した研究に，Schweitzer & Sulzer-Azaroff (1988) がある。彼らは，衝動的な子ども6名（3:06歳～5:08歳）に対してセルフコントロールの訓練を行なった。この研究では，子どもが興味を持って実験に参加できるように実験装置に工夫が施されていた（図4）。ピエロの人形の目と鼻のランプの点灯が試行開始の合図であり，これと同時にピエロの下から反応箱が出てきて，左右のいずれかの箱上のパネルに手をふれると反応が検出されて箱が引き戻された。そして遅延期間中はピエロの顔の下にあるランプが点灯し，遅延期間終了後に再び箱が提示されると中に強化子が入れられているという仕掛けであった。強化子にはお菓子やシール等が子どもやセッションに応じて多様に用いられた。このような装置を用いて反応の直後（0秒後）に1個の強化子が与えられる直後小強化と遅延時間後に3個の強化子が与えられる遅延大強化の間の選択が課された。

実験は，訓練前評価，訓練，訓練後評価の3段階からなっていた。訓練前評価と訓練後評価では，遅延大強化の遅延時間を0秒から90秒の範囲で

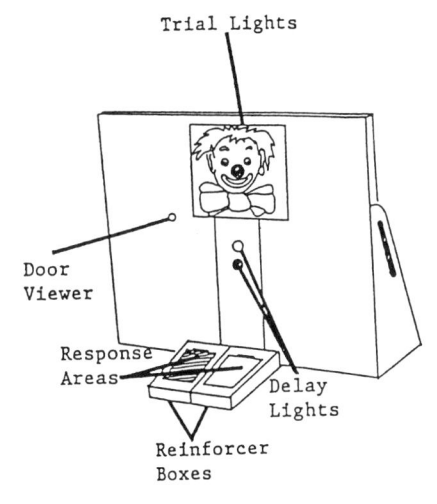

図4 Schweitzer & Sulzer-Azaroff (1988) の実験に用いられた装置

様々に変化させることによって，直後小強化と遅延大強化の選択率が等しくなるような遅延時間（無差別点）が求められた。この無差別点は各被験児について求められ，訓練前には1.7秒～51.7秒であった。続いて訓練が行われ，遅延大強化子側の遅延時間が0秒から始まり，5秒ステップで徐々に長くされた。遅延時間を長くするための安定基準は，5試行中4試行以上遅延大強化を選択することであり，5試行中4試行以上直後小強化を選択した時点で訓練は終了した。その結果，衝動的な子ども1名を除く5名が遅延大強化選択率の増加を示した。さらに，訓練後評価における無差別点は37.5秒～90.0秒までに増加した。

これらの結果から，遅延時間を徐々に伸ばすことが，衝動性の高い子どものセルフコントロール選択を高めるのに有効であることが示唆された。この方法はフェイディング法と呼ばれており，成人の知的障害者（Ragotzy, Blakely, & Poling, 1988）およびハト（Mazur & Logue, 1978）にセルフコントロール選択をさせることに成功しているが，ラットではセルフコントロールの促進に失敗している（嶋崎・西村・今田，1991）。

　セルフコントロールのパラダイムで遅延大強化子に対する選好を高める方法としては，上記のフェイディング法以外にも自己拘束やeffort trainingと呼ばれる手続き等が考案されているが，いずれも動物や健常児を対象としたものである。

　自己拘束（commitment）の手続きにおいては，選択の機会が2段階に分けられる。第1段階で遅延大強化側を選択すると一定時間後に大強化子が与えられるが，他方を選択すると，一定時間後に再び遅延大強化と直後小強化の選択をしなければならない。このとき，強化量や遅延時間を操作することによって，第1段階で遅延大強化側を選択させる，すなわちセルフコントロールを促進することが可能である（Burns & Powers, 1975; Rachlin & Green, 1972）。

　また，effort trainingと呼ばれる方法では，選択場面とは異なる事態を設けて，強化を得るにはかなりの努力を要するような課題，たとえば，固定比率（Fixed-ratio：FR）スケジュールの値を著しく高くした強化事態等で訓練を行うことによって，後の選択場面におけるセルフコントロールを促進することに成功している（Eisenberger, Masterson, & Lowman, 1982; 片山，1995）。

　ここに紹介した手続きの各々が多動傾向を持つ子どものセルフコントロールを促進する訓練手続きとして有効であるか否かはまだ検討されていない。また，自閉症児に対してセルフコントロールの訓練を行った研究も現在のところ存在しない。しかし，フェイディング法が多動児のセルフコントロールを促進したという事実は，これらの方法もまた発達障害児のセルフコントロールを訓練する方法として有効である可能性を示すものであろう。

　なお，必ずしもセルフコントロールの訓練を意図した手続きではないが，遅延時間中に課題と無関係な刺激を与えることによって，そのような刺激がない場合よりもセルフコントロールが高まることが報告されている（Chavarro, et al., 1990; Mischel, et al., 1972）。ただし，前述のSchweitzer & Sulzer-Azaroff (1995)では，この方法を用いてもセルフコントロールを高めることはできなかった。この手続きに関連して，満足の遅延パラダイムを用いた研究では，大強化子を得るための待ち時間中に付加される様々な手続き ―報酬を見せないこと（Mischel & Ebbesen, 1970），報酬から気をそらすような言語化（Yates & Mischel, 1979）等―によって，健常児がより長時間待つようになることが明らかにされている。

5．発達障害児の選択行動研究における方法論的課題

　以上のように，発達障害児の衝動性を評価する，あるいはセルフコントロールを訓練するという目的において，オペラント条件づけ事態を用いたセルフコントロールのパラダイムの有効性が示されてきた。しかし，多動児と自閉症児以外の発達障害児，あるいはより重度の障害を持つ子ども達にこのパラダイムを適用するにあたっては，実験手続き上の工夫が必要であると思われる。実験事態に興味を持たせるための装置上の工夫（Schweitzer & Sulzer-Azaroff, 1988）もさることながら，課題内容の"理解"に関わる教示の問題，および課題にとりくむ"動機づけ"に関わる強化子の問題は特に重要であろう。そこで，発達障害児の選択行動研究における方法論的課題として，第1に教示やその他の言語的相互作用を必要とせずに，セルフコントロールの測定および訓練を行うための方策，第2に実験セッションを通じて高い強化価を保つような強化子を選定するための方策について以下に考察する。さらに，セルフコントロー

ルのパラダイムに内在する問題ではないが、第3の課題として、このパラダイムと満足の遅延パラダイムとの関係についても考察を加えたい。なぜなら、これらの2つのパラダイムは、先に述べたように一見異なる研究方略を採っているけれども、いずれも子どものセルフコントロールと衝動性をその研究対象としており、すでに紹介したように、両者のパラダイムを別々に用いて行われた研究において、いくつかの点で類似の知見が得られているからである。

5.1 非言語的教示

まず第1の課題に関して、多動児や比較的軽度の自閉症児・知的障害児の場合には、実験の実施に際して言語による教示が可能である。ここに紹介した実験のいずれにおいても、教示や強制選択課題の最中に言語を介して実験条件の説明がなされ、かつ、被験児の言語反応を求めることによって、実験条件が正しく理解されたことを確認している。たとえば、井上・小林（1992a, 1992b）では、教示に続いて、選択肢の色と強化量との関係について正答できるまで訓練を行ってから遅延条件を導入している。しかし、被験児が表出言語を未習得の場合にはこのような手続きを実施することは困難であろう。セルフコントロールのパラダイムで選択行動を行いうるための条件に言語獲得が含まれるか否かは定かではないが、嶋崎・山路・今田（1989）は、この問題について健常児を対象として検討している。

嶋崎らは、保育園児81名（3：09歳～5：05歳）に対して4回の強制選択試行による例示以外には教示を与えることなしに、反応の直後に与えられる1個のチョコレートと反応の5秒後あるいは10秒後に与えられる3個のチョコレートとの間の選択を課した。その後、セッション終了後に口頭で再生テストを行ったところ、強化子の個数および遅延時間の長短について正しく答えられた子どもの方が、答えられなかった子どもよりも遅延大強化子を選択する傾向にあることが示された。さらに、答えられなかった子どもの多くは、選択事態で明確な選好を示さず、チャンスレベルに留まっていた。これらのことは、セルフコントロールのパラダイムにおいて、被験児の言語発達段階が実験手続きの理解および選好の方向に深く関係する要因であることを示唆している。しかし、オペラント条件づけの手続きを用いることの本来の利点は、言語を介する必要なしに、動物実験と同様のパラダイムで人の行動が分析できる点にある（Logue, 1988）。したがって、発達障害児の選択行動を研究するに際しては、言語による教示を最低限にとどめながらも、正確な測定を可能にするような手続きの導入が必要不可欠である。

この問題を解決するひとつの方法は、動物実験の場合と同様に多数回のセッションを実施することであろう。Schweitzer & Sulzer-Azaroff (1995) は、多動児と健常児の群間比較を行う実験に際して、繰り返しのある実験デザインを用いて複数回の測定を行うことの重要性を指摘している。そして、いまひとつの方法は、やはり動物実験の場合と同様に、選択課題に入る以前に訓練期間を設けることであろう。

嶋崎（未発表）は、6名の発達障害児（5：09歳～8：10歳）に対して、2つの選択肢（コンピュータのディスプレイ上に提示された赤/緑または黄/青の長方形。反応検出にはタッチパネルを使用した）に対するチョコレートの強化量が1対0の単純弁別課題をスクリーニングテストに用いて、単純弁別が可能であった4名に対してセルフコントロール課題を課した。この課題においても、まず初めに強化量3対1の選択を課し、大強化子への選好が示された後に遅延時間を導入した。

その結果、4名中2名は大強化子への選好を示さなかったが、残りの2名は大強化子の遅延時間を10秒にしても一貫して大強化子を選択した。各被験児の各条件における大強化選択率は表3に示したとおりである。各条件を通過するか否かは各被験児の発達指数とやや関連があるように思われるが、被験児Dのような例外も認められる（強化量が1対0の単純弁別課題を通過しなかった2名がダウン症児であったことは、ここで用い

表3 被験者の詳細と各遅延時間における大強化選択率

被験児	性別	診断名	生活年齢	発達指数*		強化量			
						1:0	3:1	3:1	3:1
				認知・適応	言語・社会	遅延時間（秒）			
						0:0	0:0	5:0	10:0
A	女	ダウン症	8:10	59	52	.50	—	—	—
B	男	ダウン症	6:05	52	40	.56	—	—	—
C	女	知的障害	5:09	59	71	.98	.52	—	—
D	男	自閉的傾向**	7:03	33	32	.85	.43	—	—
E	男	自閉的傾向**	6:10	99	81	.98	.90	1.00	.98
F	男	自閉的傾向**	8:09	77	79	.98	.99	.83	1.00

＊ ：発達指数は新版K式発達検査による。
＊＊：被験児D, E, Fは自閉的傾向を持つ知的障害と診断されている。

たパラダイムが障害のタイプに固有の能力を測定しうる可能性を示した点で興味深いが，この点に関する論議は本稿では割愛する）。なお，単純弁別課題を通過しなかった2名，および強化量弁別課題を通過しなかった2名に関しては，その後各課題の訓練を継続している。

以上の結果は，セルフコントロールの課題に導入する以前に，被験児が単純弁別課題，強化量弁別課題，および，嶋崎（未発表）には含まれていないが，遅延時間弁別課題の各々について弁別が可能であることを確認する必要があること，また，それらの弁別が未形成の場合には，単純弁別課題からより複雑な課題へと順次訓練を行った後にセルフコントロールの課題を導入すべきであることを示唆している。

5.2 強化子の選定

次に，発達障害児にセルフコントロールのパラダイムを用いる際のもうひとつの課題として，強化子の選定に関わる問題がある。健常児や発達障害児を対象とした実験では，一次性の強化子（お菓子）あるいは二次性の強化子（お金やトークン）がしばしば用いられるが，言語理解の不十分な被験児の場合には二次性の強化子を用いることは困難であろうと思われる。しかし，一次性の強化子を用いるにしても，動因操作が困難であることや，飽和の生じる可能性に鑑みて，高い強化価

が実験中維持されるような刺激を選択することは容易でない。その点，井上・小林（1992a）が用いたビデオ画像は，近年，コンピュータによるビデオ画像の制御が容易になったことからも，有効性の高い強化子であるといえよう。

ところで，オペラント条件づけ事態において提示される強化子には，その強化子に特有の強化価以外に，正反応に対するフィードバックとしての機能が含まれている。すなわち，「ある反応に後続して強化子が提示された」という事実が，当該反応が正解であったことを知らせる情報を提供するので，このような情報機能を持った刺激が当該反応を強化しているとも考えられる（嶋崎，1990）。このことは，井上・小林（1992b）の2名の自閉症児，あるいは嶋崎（未発表）の2名の知的障害児において，強化量1対0の弁別は可能であったにもかかわらず，強化量3対1の弁別が成立しなかった事実を説明するものである。これらの被験児においては，オペラント条件づけの課題はあくまで正解を当てる課題であって，2つの選択肢のいずれに反応しても強化子が提示されるような事態では，そのような意味での正解が存在しないために，選択反応がチャンスレベルにとどまったものと思われる。また，このことから，両方の実験で用いられたお菓子の一次性の強化価が低かったことも明らかであろう。

嶋崎・今田（1990）は，健常幼児の選択事態に

おいて低い強化価しか得られなかったチョコレートに対して，「たくさん集めてね」という教示を加えることによって社会性の強化価を付加することを試み，その結果，強化量と遅延時間への感受性を測定することに成功した。しかし，これはあくまで"教示に頼った強化価"であり，先に述べた言語的相互作用の問題と同様に，発達障害児に適用する方法としては適切でない。今後，より重度の発達障害児の衝動性とセルフコントロールを研究するにあたっては，高い強化力を維持しうる強化子を選定することが重要である。たとえば，前述のビデオ画像（井上・小林, 1992 a）や音楽等の視聴覚刺激が考えられる。また，トークンのような二次性の強化子について，あらかじめ訓練を通して強化力をもたせることも可能であろう。

5.3 満足の遅延パラダイムとセルフコントロールのパラダイム

最後に，満足の遅延パラダイムとの関連について述べておこう。両者は，同様の現象を扱いながらも，異なる文脈で，異なる研究者によって研究が蓄積されてきた。その手続き的，理論的な共通点と相異については Logue（1988）に詳しいが，両者を直接比較検討した研究は稀である。

1節で触れたように，満足の遅延パラダイムでは，実験者の教示によって2つの選択肢が与えられ，被験児は退出した実験者が戻るまで待って大きな報酬を受け取るか，待ちきれずにボタンを押してしまってより小さな報酬を受け取るかのいずれかを選択する。選択の機会は1度だけであり，被験児がどれだけ待てたかという待ち時間が測定される。この方法は，セルフコントロールのパラダイムと比較して，より日常生活場面に近い状況の中で被験児の比較的自然な選択行動が観察できるという利点はあるが，実験の実施はそのほとんどが言語的な教示として与えられるため，言語理解の未発達な幼児や発達障害児に適用することは困難である。それに対して，セルフコントロールのパラダイムは，強化子の強化力さえ保証されれば，言語を持たない子どもにも適用することが可能である。また，遅延時間や強化量を様々に変化させながら繰り返し実施することができるので，セルフコントロールの訓練課題として使用することもできるという利点がある。このように，2つのパラダイムは互いの欠点を補い合うような手続き的特徴を持っているので，両パラダイムから得られる結果に共通性が認められるならば，満足の遅延パラダイムで蓄積されたデータからも有益な示唆が得られると考えられる。

この問題について，嶋崎・丸山・今田（1996）は，34名の幼稚園児（5：00歳〜6：07歳）に対して両者のパラダイムを用いて実験を行った。セルフコントロールのパラダイムとしては，嶋崎・今田（1990）と同様の手続きを用いて遅延大強化選択率を測定した。また，満足の遅延パラダイムとしては，実験者と被験児が折り紙で遊んでから，実験者は用事で退出するが，戻るまで待てば（最大15分間）折り紙を2枚与え，待ちきれずにボタンを押せば折り紙を1枚しか与えない旨を教示して，ボタンが押されるまでの待ち時間を測定した。ところが，前者の遅延大強化選択率と後者の待ち時間との間にはまったく相関は認められなかった。したがって，これら2つのパラダイムが幼児の衝動性とセルフコントロールに関して同一の行動特性を測定しているのかどうかについては疑問が残されたが，この結果のみで結論することは早計であろう。今後は，被験児の年齢を幅広くとり，実験条件を精査した上で，この実験と同様に2つのパラダイムを被験児内で直接比較する実験の実施が必要である。

6. 結　語

以上に論じてきたように，セルフコントロールのパラダイムは，多動児や自閉症児を含む発達障害児の衝動性を測定し，さらにセルフコントロールの訓練をおこなう手続きとして有益である。しかし，そのような立場にたった実験的研究は現在のところ極めて少なく，それゆえに研究間の知見の不一致に関して必ずしも十分に解釈することが

できない．さらに，被験児の知的能力にも大きな変動があることから，それに伴う方法論的な課題も数多くある．しかし，セルフコントロールのパラダイムの背後にある対応法則の理論等は，十分に検証可能な仮説を提供しうるものとして今日までに多大な発展をみてきている（たとえば，伊藤，1996）．したがって，実験装置や実験手続きの改良，適切な教示や強化子の査定を通じて，さらに多くのデータを蓄積し，その制御変数の詳細を明らかにすることは，発達障害児についての理解およびその療育に大いに貢献するものと期待される．

引用文献

上里一郎（編）(1988). 心身障害児の行動療育．同朋社．

Albert, P. A. & Troutman, A. C. (1986). *Applied behavior analysis for teachers: Second edition*. Columbus, OH: Bell & Howell Company. (佐久間徹・谷晋二（監訳）(1992). はじめての応用行動分析．二瓶社．)

Ainslie, G. & Herrenstein, R. J. (1981). Preference reversal and delayed reinforcement. *Animal Learning and Behavior, 9*, 476-482.

American Psychiatric Association (1994). *Diagnostic Criteria from DSM-IV*. Washington D. C. (高橋三郎・大野裕・染矢俊幸（訳）(1995). DSM-IV 精神疾患の分類と診断の手引き．医学書院．)

Burns D. J. & Powers, R. B. (1975). Choice and self-control in children: A test of Rachlin's model. *Bulletin of the Psychonomic Society, 5*, 156-158.

Eisenberger, R., Masterson, F. A., & Lowman, K. (1982). Effects of previous delay of reward, generalized effort, and deprivation on impulsiveness. *Learning and Motivation, 13*, 378-389.

Gordon, M. (1979). The assessment of impulsivity and mediating behavior in hyperactive and non-hyperactive boys. *Journal of Abnormal Child Psychology, 6*, 317-326.

井上雅彦・小林重雄（1992a）．自閉症児における感覚性刺激による遅延報酬間選択行動に関する分析．日本教育心理学会第34回大会発表論文集，399．

井上稚彦・小林重雄（1992b）．自閉症児における遅延報酬間選択行動に関する分析—セルフコントロールと衝動性の要因分析—．日本行動分析学会第10回大会発表論文集，15-16．

伊藤正人（1996）．幼児の選択行動におけるセルフコントロールと衝動性．日本行動分析学会第14回大会発表論文集，24-25．

片山さおり（1995）．ラットのセルフコントロール（SC）における一研究—SCを促進する操作の効果について—．関西学院大学文学部卒業論文．

Logue, A. W. (1988). Research on self-control: An integrating framework. *Behavioral and Brain Sciences, 11*, 665-709.

Logue, A. W., King, G. R., Chavarro, A., & Volpe, J. S. (1990). Matching and maximizing in self-control paradigm using human subjects. *Learning and Motivation, 21*, 340-368.

Mazur, J. E. & Logue, A. W. (1978). Choice in a "self-control" paradigm: Effects of fading procedure. *Journal of the Experimental Analysis of Behavior, 30*, 11-17.

Mischel, W. (1966). Theory and research on the antecedents of self-imposed delay of reward. In B. A. Maher (Ed.) *Progress in experimental personality research*. New York, NY: Academic Press. pp.85-132.

Mischel, W. & Ebbesen, E. B. (1970). Attention in delay of gratification. *Journal of Personality and Socidl Psychology, 16*, 329-337.

Mischel, W., Ebbesen, E. B., & Zeiss, A. R. (1972). Cognitive and attentional mechanisms in delay of gratification. *Journal of Personality and Social Psychology, 21*, 204-218.

Mischel, W., Shoda, Y., & Rodriguez, M. L. (1989). Delay of gratification in children. *Science, 244*, 933-938.

宮下照子（1994）．自閉症児の認知機能に関する実験研究．心理学モノグラフ，23，日本心理学会．

Overmier, J. B. (1988). Expectations: From animal laboratory to the clinic, *Presidential Address to MPA*, Chicago.

Rachlin, H. (1974). Self-control. *Behaviorism, 2*, 94-107.

Rachlin, H. & Green, L. (1972). Commitment, choice, and self-control. *Journal of the Experimental Analysis of Behavior, 17*, 15-22.

Ragotzy, S. P., Blakely, E., & Poling, A. (1988). Self-control in mental retarded adolescents: Choice as a function of amount and delay of reinforcement. *Journal of the Experimental Analysis of Behavior, 49*, 191-199.

Rapport, M. D., Tucker, S. B., DuPaul, G. J., Merlo,

M., & Stoner, G. (1986). Hyperactivity and frustration : The influence of control over and size of rewards in delaying gratification. *Journal of Abnormal Child Psychology, 14*, 191-204.

Schweitzer, J. B. & Sulzer-Azaroff, B. (1988). Self-control : Teaching tolerance for delay in impulsive children. *Journal of the Experimental Analysis of Behavior, 50*, 173-186.

Schweitzer, J. B. & Sulzer-Azaroff, B. (1995). Self-control in boys with attention deficit hyperactivity disorder : Effects of added stimulation and time. *Journal of child Psychology and Psychiatry, 34*, 671-686.

Sidman, M. (1971). Reading and auditory-visual equivalences. *Journal of Speech and Hearing Research, 14*, 5-13.

Sidman, M. (1986). Functional analysis of emergent verbal classes. In T. Thompson & M. D. Zeiler (Eds.), *Analysis and integration of behavior units*. Hillsdale, NJ : Lawrence Erlbaum Associates. pp.213-245.

嶋崎まゆみ (1990). セルフコントロールの枠組みにおける幼児の選択行動. 異常行動研究会誌, 30, 23-30.

嶋崎まゆみ (1996). SSTと刺激性制御—弁別刺激の2つの機能と多項随伴性—. 行動科学, 35, 17-25.

嶋崎まゆみ (未発表). 発達障害児のセルフコントロールに関する実験的研究.

嶋崎まゆみ・山路恭子・今田 寛 (1989). 幼児の遅延報酬間における選択行動. 日本心理学会第53回大会発表論文集, 18.

嶋崎まゆみ・今田寛 (1990). 幼児の遅延報酬間選択行動. 日本心理学会第54回大会発表論文集, 637.

嶋崎まゆみ・西村暁子・今田 寛 (1991). ラットのセルフコントロールにおけるフェイディング法の効果. 日本心理学会第56回大会発表論文集, 445.

嶋崎まゆみ・丸山智美・今田 寛 (1996). 幼児のセルフコントロールの測定—4つの測定法の相関的関係—. 日本心理学会第61回大会発表論文集, 760.

Sonuga-Barke, E. J. S., Taylor, R., Sembi, S., & Smith, J. (1992). Hyperactivity and delay aversion-I. The effect of delay on choice. *Journal of Child Psychology and Psychiatry, 33*, 387-398.

Sykes, D. H., Douglas, V. I., Weiss, G., & Minde, K. K. (1971). Attention in hyperactive children and the effect of methylphenidate (Ritalin). *Journal of Child Psychology and Psychiatry, 12*, 129-139.

Wasserman, T. H. (1987). The effects of cognitive coping statements and cognitive development level on delay of gratification behavior of emotionally disturbed children. *Southern-Psychologist, 3*, 41-44.

山本淳一 (1992). 刺激等価性—言語機能・認知機能の行動分析—. 行動分析学研究, 7, 1-39.

Yates, B. T. & Mischel, W. (1979). Young children's preferred attentional strategies for delaying gratification, *Journal of Personality and Social Psychology, 37*, 286-300.

Zental, S. S. & Zental, T. R. (1976). Activity and task performance of hyperactive children as a function of environmental stimulation. *Journal of Consulting and clinical Psychology, 44*, 693-697.

出典：嶋崎まゆみ (1997). 発達障害児の衝動性とセルフコントロール. 行動分析学研究, 11, 29-40.

▶▶▶コメント―――――――――――――――――――――――――――――

発達障害児の衝動性とセルフコントロール研究の展開

立教大学
大石幸二

　本研究では，発達障害児を対象として，「対応法則の理論」をにらみながら，次の3点を展望しています．すなわち，(1)いかに「衝動性」を測定しうるか，(2)どのようにセルフコントロールの訓練を行うことができるか，(3)強化子の選定と弁別をどのように促進するのか，についての検討です．これらの検討課題は，今なお応用行動分析の中心的テーマのひとつです．

　本研究の主対象は，注意欠陥・多動性障害（AD/HD）のある子どもと自閉性障害のある子どもです．即時小強化と遅延大強化の選択事態（セルフコントロール・パラダイム）において，A

D/HDでは報酬遅延の嫌悪（Sonuga-Barke, Taylor, Sembi, & Smith, 1992）や衝動性（Schweitzer & Sulzer-Azaroff, 1995）を示します。そして，選択反応機会が一度限りで，その反応待機時間が測定される「満足の遅延パラダイム」を用いた場合にも，この傾向は確認されるようです（i.e., Rapport, Tucker, DuPaul, Merlo, & Stoner, 1986）。一方，自閉性障害では前記のような一貫した傾向を見出すことができていません（井上・小林，1992 b）。また，セルフコントロールの訓練を行う際には，報酬遅延の時間を徐々に延ばすようなフェイディングの手続きが，AD/HDにおいて有効であるとされています（i.e., Schweitzer & Sulzer-Azaroff, 1988）。（自閉性障害に関する直接的な言及はありません。）さらに，AD/HDや自閉性障害においてセルフコントロールの訓練を行う際は，強化子の選定と弁別の問題が重要になります。対象となるAD/HDや自閉性障害のある子どもが，①単純な弁別ができ，②強化量の弁別，それから，③遅延時間の弁別ができることが上記のパラダイムを適用する際の前提となるからです。これらの課題は知的障害をともなう自閉性障害（無発語であることも多い）においてとりわけ重要となるでしょう。知的障害をともなう自閉性障害では，しばしば選択事態が"正反応の探索事態"となり，行動の文脈が変質してしまうことがあるからです。この指摘は，セルフコントロールの操作的定義を考える上で，とても興味深いものだと思います。

本研究では，自閉性障害におけるセルフコントロールの問題について，明確な結論は導かれていません。たとえば，自閉性障害では，学習履歴などの影響を被るために行動の文脈が変質してしまうことがしばしば起こります。けれども，この「学習履歴」をどのように扱うかは明示されていません。また，強化量や遅延時間の弁別訓練が衝動性の測定と評価，およびセルフコントロールに関する訓練手続きとして重要であることが述べられています。しかし，「対応法則の理論」（Herrnstein, 1961）において示唆されている強化率（強化時間）に対する個体の感受性や反応努力などのパラメータを操作することについての言及もありません（e.g., Baum, 1974；Oliver, Hall, & Nixon, 1999）。

近年のセルフコントロール研究は，個人の水準だけでなく，グループや組織，およびコミュニティの水準でも検討されています（大石，2009）。これらの事態では，機能している並列強化スケジュールがより複雑で，変動性も高いはずです。ですから，反応努力，反応-強化間時間，強化強度により導かれる反応効率性（Forzano & Logue, 1994）がいかに反応を制御するかという研究や，同一の結果をもたらす機能等価な反応クラスの拡大をいかにはかることができるか（e.g., Horncr, Sprague, O'Brien, & Heathfield, 1990）という研究も並行して進める必要があるでしょう。行動分析家にとって「セルフ」は重要な行動研究の対象です。本研究はその行動的な「セルフ」を研究する一助となるはずです。

文　献

Baum, W. M. (1974). On two types of deviation from the matching law: Bias and undermatching. *Journal of the Experimental Analysis of Behavior, 22*, 231-242.

Forzano, L. B. & Logue, A. W. (1994). Self-control in adult humans: Comparison of qualitative different reinforcers. *Learning and Motivations, 25*, 65-82.

Herrnstein, R. J. (1961). Relative and absolute strength of response as a function of frequency of reinforthment. *Journal of the Experimental Analysis of Behavior, 4*, 267-272.

Horner, R. H., Sprague, J. R., O'Brien, M., & Heathfield, L. T. (1990). The role of response efficiency in the reduction of problem behaviors through functional equivalence training: A case study. *Journal of the Association for Persons with Severe Handicaps, 15*, 91-97.

大石幸二（2009）．応用行動分析におけるセルフコントロール研究の課題．立教大学心理学研究, 51, 39-45.

Oliver, C., Hall, S., & Nixon, J. (1999). A molecular to molar analysis of communicative and problem behavior. *Research in Developmental Disabilities, 20*, 197-213.

Rapport, M. D., Tucker, S. B., DuPaul, G. J., Merlo, M., & Stoner, G. (1986). Hyperactivity and frustration: The influence of control over and size of rewards in delaying gratification. *Journal of Abnormal Child Psychology, 14*, 191-204.

Schweitzer, J. B. & Sulzer-Azaroff, B. (1988). Self-control: Teaching tolerance for delay in impulsive children. *Journal of the Experimental Analysis of Behavior, 50*, 173-186.

Schweitzer, J. B. & Sulzer-Azaroff, B. (1995). Self-control in boys with attention defacit hyperactivity disorder: Effects of added stimulation and time. *Journal of Child Psychology and Psychiatry, 34*, 671-686.

Sonuga-Barke, E. J. S., Taylor, R., Sembi, S., & Smith, J. (1992). Hyperactivity and delay aversion--I: The effect of delay on choice. *Journal of Child Psychology and Psychiatry, 33*, 387-398.

Effects of Differential Reinforcement on Behavioral Variability in Humans

NAOKI YAMAGISHI

Komazawa University

Abstract

The effects on behavioral variability of differential reinforcement of response sequences that differed from preceding response sequences were investigated in college students. Two-response sequences were used as response units in Experiment 1 and three-response sequences were used in Experiment 2. Development of variability was compared across the following two settings: (a) systematic changes in the number of preceding responses used as the reference for differential reinforcement, and (b) two kinds of yoked conditions, within-subject yoking and between-subject yoking, in which response sequences were not differentially reinforced but distribution and frequency of reinforcement were equal to the differential reinforcement condition. Both experiments showed high behavioral variability and more frequent responses that differed from preceding re-sponses under the differential reinforcement condition, but less variability and less frequent responses under the yoked condition. The effect was smaller when the number of preceding responses used as a reference for differential reinforcement was one than when greater than one. These results suggest that the increase in be-havioral variability was produced by the differential reinforcement of responses that differed from preceding responses.

Key words: behavioral variability, differential reinforcement, within-subject yoking design, between-subject yoking design, sequential responses, button press, adult humans

人間行動の変動性に及ぼす強化随伴性の効果

駒沢大学　山岸直基

　直前の反応と異なる反応を分化強化する手続きが行動の変動性に及ぼす効果を大学生を対象に調べた。実験1と実験2において1反応の単位としてそれぞれ2反応系列と3反応系列を使用した。行動の変動性は，(a)分化強化するために参照される直前の反応の数が系統的に変化する分化強化条件と，(b)分化強化条件と強化率の等しい，被験者内および被験者間の2つのヨークト条件において比較された。その結果，どちらの実験においても，分化強化条件では，行動の高い変動性と直前の反応と異なる反応の出現数が高い頻度で確認され，ヨークト条件では，行動の変動性は低く，直前の反応と異なる反応の出現数も少なかった。また，参照される直前の反応の数が1のときよりもそれ以上のときに，より大きな変動性が観察された。本実験の結果より，直前の反応と異なる反応を分化強化する手続きによって直前の反応と異なる反応の出現数が増加し，その結果として，行動の変動性が増加することが示された。

Key words：行動の変動性，分化強化，被験者内ヨークトデザイン，被験者間ヨークトデザイン，系列反応，ボタン押し，成人

実験的行動分析において様々な変数が行動の変動性に影響を与えることが知られている。たとえば消去手続き（Antonitis, 1951；Eckerman & Lanson, 1969；Eckerman & Vreeland, 1973；Morgan & Lee, 1996；Schwartz, 1980, 1982 a；Stokes, 1995），強化率の減少（Antonitis, 1951；Eckerman & Vreeland, 1973；Ferraro & Branch, 1968；Stebbins & Lanson, 1962；Tatham, Wanchisen, & Hineline, 1993），各反応の後にタイムアウトを設定した反応分離手続き（Morris, 1987, 1989；Neuringer, 1991），そして変動的な行動を出現させる分化強化手続き（Machado, 1989, 1992；Morgan & Neuringer, 1990；Neuringer & Huntley, 1991；Page & Neuringer, 1985）などである。また，現在の行動は過去の変異と選択（variation and selection）の結果として存在する（Skinner, 1981）という視点により行動の変動性について研究することの重要性も指摘されている（Richelle, 1987）。

　行動の変動性を扱ったこれまでの研究はそれを測定するために乱数の性質あるいはその一部を利用していた。乱数は一般に等確率性と無規則性という性質を持ち（脇田, 1970），起こりうるすべての事象の生起確率が等しいことを等確率性と呼び，生起する事象に規則性がないことを無規則性と呼ぶ。そして等確率性と無規則性という2つの性質と行動の変動性の測度との関係に着目すると，これまでの研究は等確率性を行動の変動性の測度とした場合（Antonitis, 1951；Eckerman & Lanson, 1969；Eckerman & Vreeland, 1973；Schwartz, 1980；Stebbins & Lanson, 1962；Tatham, Wanchisen, & Hineline, 1993）と，等確率性と無規則性の両者をその測度とした場合（Machado, 1989, 1992；Page & Neuringer, 1985）の2つに分類することができる（山岸, 1997）。前者に分類される研究では主に，出現した反応の種類，個々の反応の出現分布の記述[1]，各反応の相対頻度をもとに計算されたU値の3つの測度のうちの1つを使用していた。これら3つの測度はいずれも等確率性と関連のある測度である（行動の変動性の測度については山岸, 1997を参照；また，U値についてはMiller & Frick, 1949；Machado, 1989を参照）。ここでU値について簡単に説明しておく。U値は以下の式によって示される。

$$U = -\sum [p_i \log_2 (p_i)]$$

UはU値を示し，p_iは特定反応iの相対頻度を示す[2]。これにより，U値は起こりうる各反応の相対頻度が等しくなったときに最高値をとり，相対頻度の分布に偏りがでるにつれて減少し，特定の反応のみが出現したときに最小値をとる。

　このように従来は，行動の変動性という1つのキーワードのもとで，乱数的な行動とは無関係に行動の等確率性を統制する変数の探究と，乱数的な行動が出現するために必要な条件の探究という2つの異なった目的をもった研究が行われていたのである。それゆえ，本稿でも行動の変動性を，複数の行動が出現可能な状況で出現した各行動の等確率性，あるいは等確率性および無規則性の両者とする。従って，複数の行動の出現確率の等確率性が高い，あるいは等確率性および無規則性の両者が高いとき，行動が変動的であるといい，その逆に等確率性が低い，あるいは等確率性および無規則性の両者が低いとき，行動が定型的であるという。しかし，厳密に行動の変動性に言及する場合には，それが行動の等確率性のみを指しているのか，あるいは等確率性および無規則性を含んだ乱数的な行動を示しているのかを区別する必要があろう。

　上記のように定義された行動の変動性について，これまで人間以外の動物を対象として多くの研究

---

[1] 全種類の反応がそれぞれどの程度出現していたのかを示したもの。

[2] U値は情報理論におけるエントロピー（entropy）という概念と同義である。情報理論によれば，事象Eの生起確率がpであるときその情報量は$-\log p$で表される。そして事象E_iの生起確率がp_iであるとき，複合事象E（E_1, E_2, …, E_n）の持つ情報量の数学的期待値が先の方程式によって表されるのである。これがU値である。

が行われている。特に変動的な行動を出現させる分化強化手続きは，行動の変動性が強化の対象になるのかという問題と関連して注目されるようになった。Schwartz（1980, 1982 b）の一連の研究は，ハトを被験体として，変動的な行動を出現させるために直前の試行と異なる反応を分化強化する手続き（以下，便宜的に異反応強化手続きと呼ぶ）を，系列反応に対して適用した初めてのものである。Schwartz は左右 2 つのキーに対してそれぞれ 4 回ずつ反応するという制限をつけ，8 反応を要素とする系列反応（8 反応系列）の生成を 1 試行とする課題を設定した。このとき左右 2 つのキーに対する反応の順序は問われなかったので 70 種類の系列反応が出現可能である。また 1 試行中にどちらかのキーに対して 5 回目の反応が生起した時点でタイムアウトになった。このような課題において，直前の 1 試行で生起した系列反応と異なる系列反応を強化する異反応強化手続きを導入したとき，連続強化手続きと比較して行動の等確率性（出現した反応の種類）は増加しなかった。Schwartz はこの結果から，異反応強化手続きにおいても，必然的に定型的な反応が生み出されると結論づけた。

それとは反対に，Page & Neuringer（1985）はハトを被験体として，Morgan & Neurigner（1990），Neuringer & Huntley（1991）はラットを被験体として，行動の変動性が異反応強化手続きの影響を受けることを報告している。Page & Neuringer（1985）は Schwartz（1980, 1982 b）の行った実験の手続きに含まれていた制限をなくすことにより，反応が乱数的に出現するようになることを明らかにした。そして，行動の変動性は行動の頻度や持続時間と同様，強化に対して感受性を持つ 1 つのオペラント次元（operant dimension）であると主張した。Page & Neuringer は 1 試行に左右 2 つのキーに対して 4 回ずつ反応するという制限をなくし，左右のキーに対して合計 8 回反応すれば 1 試行が終了するように手続きを変更した。これにより出現可能な系列反応は 256 種類になる。手続きをこのように変更したことで，異反応強化手続きが行動の変動性を増加させることが確認された。なお，この手続きは，出現した反応の種類とは無関係に先の手続きと等しい量の強化子が提示されるヨークト手続き[3]との比較によりその効果が確認された。さらに，Schwartz（1980, 1982 b）は直前の 1 試行と異なる系列反応に対する分化強化の効果を調べたが，Page & Neuringer（1985）はその追試だけでなく，参照される直前の試行数を 5 から 50 まで変化させ，参照される試行数の増加に伴う行動の変動性の増加を報告している。また，変動的な反応の出現率と定型的な反応の出現率が弁別刺激によって制御されることも報告している。

Morgan & Neurigner（1990）と Neuringer & Huntley（1991）は，ラットを被験体として，Page & Neuringer（1985）と同じ手続きを使用し，異反応強化手続きがヨークト手続きと比較した場合に直前の試行と異なる反応と行動の等確率性の両者を増加させることを報告している。しかし，異反応強化手続きの直接の効果である直前の試行と異なる反応の増加と，行動の等確率性の増加との間の関係について分析を行っていなかった。そのため，異反応強化手続きがなぜ行動の等確率性を増加させたのかという問題が残る。またこれらの研究では，結果の分析方法が Page & Neuringer（1985）と異なっていた。Page & Neuringer（1985）では系列反応を構成する個々の反応（右あるいは左のキーに対する反応）における等確率性と無規則性を行動の変動性として測定していたのに対して，Morgan & Neurigner（1990）と Neuringer & Huntley（1991）は，各試行で生起した系列反応を単位として，反応の等確率性のみを測定していた。

このように調べている行動の変動性の性質に違いはあるものの，人間以外の動物を対象にした研究は，一定の条件下では行動の変動性が強化随伴

3）ヨークトとは"連動"という意味であり，独立変数を適用した条件とおなじタイミングで強化子を提示することである。その際，強化率は等しくなるが，強化子は特定の反応とは無関係に提示されることになる。

性の影響を受けることを明らかにしてきた。
　一方，人間を被験対象としたGoetz & Baer (1973) の研究は4歳児を被験対象として，同一セッション内でこれまでに作られたブロックの組み合わせと異なる組み合わせを作ったときに社会的強化子を提示する手続きと，同一セッション内でこれまでに作ったブロックの組み合わせと同じ組み合わせを作ったときに社会的強化子を提示する手続きとを比較した。その結果，前者の条件において行動の等確率性（出現した反応の種類）が増加することを確認した。しかし，人間およびそれ以外の動物を被験対象とした研究において，強化率の変化が行動の変動性に影響を与えることがすでに報告されているので（Antonitis, 1951; Eckerman & Vreeland, 1973; Ferraro & Branch, 1968; Stebbins & Lanson, 1962; Tatham, et al., 1993），行動の変動性に対する分化強化手続きの効果を調べるためには比較する条件の間で強化率を等しくする必要がある。Goetz & Baer (1973) では，条件間で強化率の統制がなされていなかった点で問題が残る。

　本研究では人間を被験対象として，第1に2つのボタンを押すことによって生起する系列反応の変動性，その中でも等確率性に対する異反応強化手続きの効果を調べることを目的とした。そしてその効果を，個体内および個体間において，強化率を等しくしたヨークト手続きと比較することにより調べた。第2に短い系列を対象とした場合に上記の手続きが行動の等確率性に対してどのような効果を持つのかを検討した。これまでの系列反応の変動性についての研究は，8反応系列や4反応系列という比較的長い系列を使用していた。本研究では比較的単純な系列反応を使用することで，異反応強化手続きの基本的な機能が明らかになると考え，実験1では2反応系列を，実験2では3反応系列を使用した。このとき，実験1では4種類の反応（右右，左左，右左，左右）が，そして，実験2では8種類の反応（右右右，右右左，右左右，右左左，左右右，左右左，左左右，左左左）が出現可能になる。さらにこの手続きにおいて，参照する試行数を系統的に変化させることによって行動の等確率性がどのような影響を受けるのかを調べた。本研究では分化強化手続きの効果は，U値および直前の試行と異なる反応の出現数という2つの測度により検討された。このようにMorgan & Neurigner (1990) およびNeuringer & Huntley (1991) と同様の分析方法を使用することにより，人間における行動の変動性，特に行動の等確率性に及ぼす強化随伴性の効果を，人間以外の動物を被験対象としたときと比較することができる。

実験1

　本実験では，2反応系列を使用した。従って4種類の系列反応を生起させることが可能になる。そして，系列反応の変動性に及ぼす異反応強化手続きの効果を個体内および個体間ヨークト手続きによって検討した。

方法

被験者　大学生15名（男性7名，女性8名）。

装置　1.2 m×2.25 mの小部屋の中のテーブルに設置されたパーソナルコンピュータNEC PC 9801 RXを使用した。実験プログラムの実行にはN 88 BASIC ver. 6.0を使用した。そして，コンピュータマウスについた2つのボタンを反応装置とした。

　図1に実験中のコンピュータ画面を示す。画面上部に被験者の得点が表示され，中央部には得点が増加するときに点灯するランプがあり，下部には反応の入力を促す枠があった。コンピュータマウスの右側のボタンを押すと枠内部の右よりのところに右ボタンが押されたことを示す四角形が提示され，左側のボタンを押すと枠内部の左よりのところに四角形が提示された。

手続き　15名の被験者のうち5名を個体内ヨークト群に，10名を個体間ヨークト群に振り分けた。個体内ヨークト群の被験者は分化強化条件，ヨークト条件，分化強化条件の順に3つの実験条件にさらされた。個体間ヨークト群の被験者につ

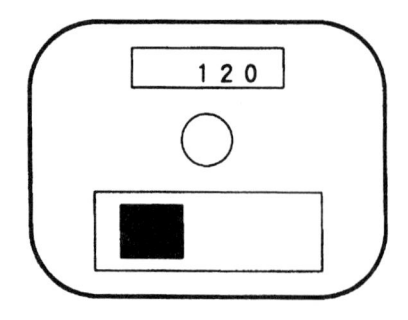

図1 実験中のコンピュータ画面。枠が提示されているときにコンピュータマウスの左側のボタンを押したときの画面の様子を示した。

いては5つのペアに分け，そのペアのうちの一方の被験者を分化強化条件に，もう一方の被験者をヨークト条件に振り分けた。分化強化条件とヨークト条件の内容については後述する。

すべての被験者は実験室に入り，コンピュータの前の椅子に座った後で実験者から以下の教示を受けた。

　　これから簡単なゲームをやっていただきます。マウスについた2つのボタンを使います。2つのボタンを好きな順序で2回押すと（反応の入力を促す枠を示しながら）この枠が消えてある時はポイントが10点増えます。ある時にはポイントは増えません。しばらくするとまた枠が出てきます。そうしたら先ほどと同じように好きな順序で2回押して下さい。どのような順序でも構いません。そして，できるだけ多くのポイントを得られるようにがんばって下さい。ゲームを始めてしばらくすると"これで終わりです"という文字が表示されます。そうしたら部屋の外に出て下さい。少し休憩をした後，続きを行ってもらいます。それを何度か繰り返していただきます。何か質問はありますか。

被験者の質問に対しては教示内容の範囲内で答えた。各試行は反応の入力を促す枠が現れることで始まった。本実験では2反応系列を使用したので，この枠はコンピュータマウスに対する2回の反応（右右，左左，右左，左右のいずれか）が生起することによって消え，あるときは10点が増加した後に一時的にボタン押しが反応として入力されないようになり（タイムアウト），あるときは得点が増加せずにタイムアウトに移行した。ポイントが得られるか得られないかは以下に示す2つの条件（分化強化条件，ヨークト条件）に従っていた。10点増加した場合，それに伴ってポイント増加を示すランプが点灯し，ブザーが鳴った。タイムアウト中に反応が生起した場合，その反応はタイムアウト時間をリセットし，そこから再びタイムアウトが始まった。いずれの場合も，タイムアウト終了後，次の試行が始まった。100試行のセッションが終わった後，実験者は被験者と入れ替わって実験室に入り，次のセッションの設定をした。

分化強化条件とヨークト条件の内容は以下の通りだった。

1．分化強化条件：被験者はこの条件において，直前のN試行と異なる反応を分化強化する強化スケジュールにさらされた。今，仮にある試行で左を押して右を押したとする。この2反応系列"左右"は，その直前の試行で生起した2反応系列と異なっている場合（つまり直前の試行で生起したのが"右右"，"右左"，"左左"のいずれかの反応系列だった場合）に強化子を随伴させることをN＝1の分化強化手続きと呼ぶことにする。同様に直前の2試行において生起した反応系列と異なる反応系列が生起した場合に強化子が伴うことをN＝2の分化強化手続きと呼ぶ。2反応系列の場合，4種類の反応系列が出現可能であり，すべての試行において強化対象となる系列反応が出現可能なのはNの値が3までのときであるので本実験においてNの値は1から3までの値をとることとする。

分化強化条件においてNの値は順に1，2，3，2，1と移行した。また，Nを次の値に移行させる基準は，同一のNのセッション2回以上経過していること，および，得点が1セッション中80％以上の試行においてポイントを獲得したときとした。ただし，同一のNのセッション

を4回繰り返した時点で自動的に次のNに移行した。

2．ヨークト条件：個体内ヨークト群のヨークト条件は，前に行った分化強化条件と連動していた。個体間ヨークト群のヨークト条件はペアとなった被験者の分化強化条件と連動していた。これがヨークト条件における群間の手続きの違いである。被験者は，ヨークト条件において，分化強化条件においてポイントが与えられたのと同じ試行でポイントが与えられた。たとえば，分化強化条件の第2セッションにおいて，5，6，8，11，12回目の試行においてポイントを得たとき，ヨークト条件の2セッション目においても5，6，8，11，12試行目にポイントが与えられた。このような設定を"連動している"と呼ぶ。その結果，強化率（ポイントの獲得率）も等しくなった。

データの分析　行動の等確率性の測度としてU値（Machado, 1989；Miller & Frick, 1949；Page & Neuringer, 1985）を使用した。U値を計算するために各セッションにおける4種類の反応系列の出現数を利用した。あるセッション（100試行）においてすべての反応系列が均等に生起したとき，すなわち25回ずつ生起したとき，最大値2になり，1種類の反応系列のみが生起したとき最小値0になる。また，もう1つの従属変数として直前の1，2，3試行と異なる反応の出現数を各セッションごとに調べた。これにより，分化強化手続きを適用した反応の出現数がどのように推移したのかを調べることができる。

直前の試行と異なる反応の出現数を測定する理由はこれ以外にも存在する。特定のN試行（たとえば直前の2試行）と異なる反応の出現数だけではなく，複数のNについて同時に測定することにより（たとえば直前の2試行と異なる反応および直前の3試行と異なる反応についてというように），複数の系列反応を生成する際のパターンを知ることが可能になる。たとえば，本実験のように4種類の反応が出現可能な状況において，3種類の反応が一定の順序で出現していたとする。直前の2試行と異なる反応の出現数のみを測定していたときにはどのような反応が出現していたのかを正確には把握することができない。そのデータから知ることができるのは"少なくとも直前の2試行と異なる反応"がどれだけ出現したのかということである。3種類の反応が一定の順序で生起していたのか，4種類の反応が一定の順序で生起していたのか，あるいはそれらが混ざり合っていたのかは知ることができない。しかし直前の2試行と異なる反応と共に直前の3試行と異なる反応を測定することにより，この例の場合，直前の2試行と異なる反応が多く出現し，直前の3試行と異なる反応はほとんど出現しなかったことが確認できる。このとき初めて3種類の反応を一定の順序で出現させていたことが明らかになる。このように複数のNについて直前のN試行と異なる反応の出現数を調べることにより，分化強化手続きの効果だけでなく，系列生成のパターンを知ることが可能になる。

また系列反応の出現周期を計算した。これにより複数の系列反応が一定の順序で生起していたのかを知ることができる。出現周期の計算方法は以下の通りである。例えば，A，B，C，Dの4つの系列反応が生起可能な場面においてABBAC-BAACDAという順序で反応が出現したとする。ここで最初のAが出現した試行を基準（0の位置）とし，その次の試行を1の位置，さらにその次の試行を2の位置とし，各試行に位置の番号を対応させる。このとき，基準となった試行で出現した系列反応（A）と同じ反応は3，6，7，10の位置において出現している。そして，基準となった試行において出現した系列反応と同じ反応が出現した位置の得点をそれぞれ1点ずつ加算する（3，6，7，10の位置の得点を1点ずつ加算する）。次に，2番目の試行を基準とし，基準の試行と同じ系列反応（B）が出現した位置の得点をさきほどと同様に1点ずつ加算する（1と4の位置に同じ系列反応が出現しているので，1と4の位置の得点が1点ずつ加算される）。これを100試行で構成されるセッションの1試行から99試行まで繰り返した。この方法により例えば，

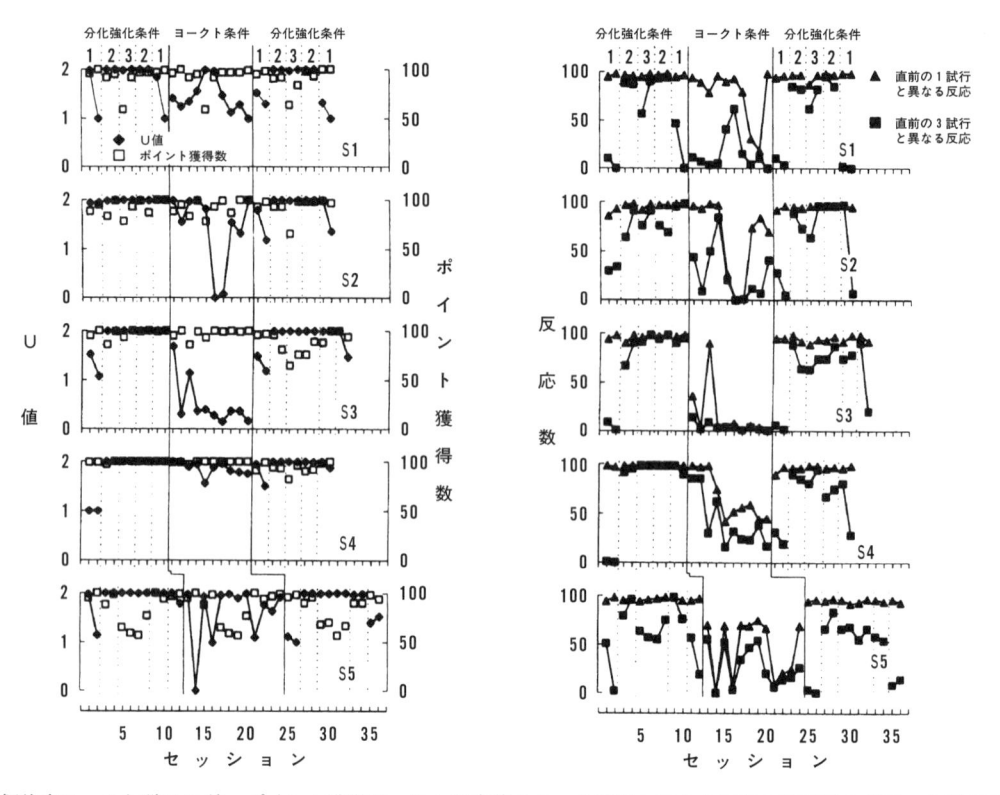

図2 個体内ヨークト群のU値，ポイント獲得数，および直前の1，3試行と異なる反応の出現数の推移。左側がU値とポイント獲得数の推移を示すグラフである。左縦軸はU値，右縦軸はポイント獲得数を示している。横軸はセッション数である。実線で結ばれた黒塗りの菱形がU値を，白抜きの四角形がポイント獲得数を示す。右側が直前の1，3試行と異なる反応の推移を示すグラフである。縦軸が反応数を，横軸がセッション数を示している。三角形が直前の1試行と異なる反応の，四角形が直前の3試行と異なる反応の出現数を示している。両グラフ中において，各条件の変化は垂直な実線で，分化強化条件内でのNの変化は破線で区切られている。また各グラフの右下に被験者番号を示す。

ABCAB-CABCABといったパターンが生起したときには，それぞれの位置の得点は1の位置から順に7の位置までで0，0，8，0，0，5，0となる。このように2つおきに鋭いピークがあるときを周期3といい，3つの系列反応が一定の順序で出現していたことを表す。一般に，N個おきにピークがあるときは周期N+1であり，N+1個の系列反応が一定の順序で出現していたことを表している。

結果と考察

図2に個体内ヨークト群のU値，ポイント獲得数，および直前の1，3試行と異なる反応の出現数の推移を示す。直前の2試行と異なる反応の出現数は，直前の3試行と異なる反応の出現数と同じように推移していたので，見易さを考慮して図から除いた。まず，U値についてであるが，すべての被験者は分化強化条件において最大値2に近い値を示し，ヨークト条件ではその値を減少させた。そして分化強化条件内でのNの変化は，N=1のときにのみU値が減少することを示した。なお，U値は反応の等確率性を示し，ポイントは反応の等確率性とは無関係に，それぞれの条件に適合した場合に与えられるのでU値とポイント獲得数は必ずしも同じように変化するとは限らない。たとえば，あるセッションにおいて初めの25試行において"右左"系列のみを作り，次の25試行において"左右"，そして次の25試行で"左左"，最後の25試行で"右右"のみを作ったとすると，4種類の系列反応は均等に出現し

たことになるのでU値は最大値2を取る。そして，直前の1，2，3試行と異なる反応はそれぞれ反応を切り替えたとき（たとえば"右左"から"左右"へ）すなわち3回だけ生起したことになる。この場合，U値とポイントは全く異なった値をとる。

　直前の1，3試行と異なる反応の出現数はU値と同様，分化強化条件では最大値に近い値を示し，ヨークト条件では顕著な減少を示した。分化強化条件内のNの変化は，N＝1のときには直前の1試行と異なる反応の出現数のみが高かった。そして，N＝2およびN＝3においては，直前の1試行と異なる反応の出現数と同様に，直前の2および3試行と異なる反応の出現数も高い値を示した。これは直前のN試行と異なる反応を分化強化する手続きが対象とするオペラントに対して適切に機能していたことを示している。そしてそれと同時にN＝1のときに2種類の系列反応が交互に出現し，N＝2およびN＝3のときには4種類の系列反応が一定の順序で出現していたことを示している。

　図3に示された個体間ヨークト群におけるU値の推移および直前の1，3試行と異なる反応の出現数の推移の結果は，個体内ヨークト群の結果と同じだった。

　ところで，個体内および個体間ヨークト群におけるU値の推移と直前のN試行と異なる反応の出現数の推移を比較した場合，ヨークト条件において直前のN試行と異なる反応の出現数が顕著に減少しているが，そのときU値は必ずしも顕著な減少を示していない（S5，S11，S12）。U値と直前のN試行と異なる反応の出現数という2つの変数が必ずしも分化強化条件から同程度の影響を受けるわけではなく，U値は分化強化条件の除去に対して必ずしも強い影響を受けないことを示している。

　図2および図3は分化強化条件において複数の系列反応が一定の順序で出現していたことを示唆していたので，分化強化条件における系列反応の出現周期を調べた。その結果，すべての分化強化条件において周期性が確認された。また，特に個体内ヨークト群の2回目の分化強化条件においてNの変化に伴う系列反応の出現パターンの顕著な変化が確認された（図4）。N＝1のときには周期が2であり，N＝2および3のときには周期が4だった。これはN＝1のときには2つの系列反応を交互に出現させ，N＝2および3のときには4つの系列反応を順番に出現させていたことを示している。その一方で，個体内ヨークト群の1回目の分化強化条件と個体間ヨークト群の分化強化条件でも周期的な反応が出現していたが，いったん周期4の反応パターンがN＝2において確立するとそれ以降，最後のN＝1の条件までそのパターンは変化しなかった。この違いは分化強化条件を繰り返し経験しかたどうかということが関係しているだろう。結局，実験1ではすべてのNの値において一定の順序で系列反応が出現していた。

　実験1では結果として，U値および，直前のN試行と異なる反応の出現数が，直前の反応と異なる反応を分化強化する手続きによって増加することが，個体内ヨークトと個体間ヨークトの両群において示された。分化強化条件内では，N＝2および3のとき，N＝1のときより大きな行動の等確率性が確認された。それと同時に，一定の順序で数種類の反応を生起させていたことが確認された。

実験2

　実験1では2反応系列を使用した場合，異反応強化手続きは対象とした反応および行動の等確率性を増加させることが明らかになった。また，異反応強化手続きが複数の系列反応を一定の順序で生起させることが明らかになった。実験2では3反応系列を使用したときにも実験1と同様の結果を得ることができるかを検討する。なお，3反応系列を使用した場合，出現可能な系列数は8種類である（右右右，左右右，右左右，左左右，右右左，左右左，右左左，左左左）。

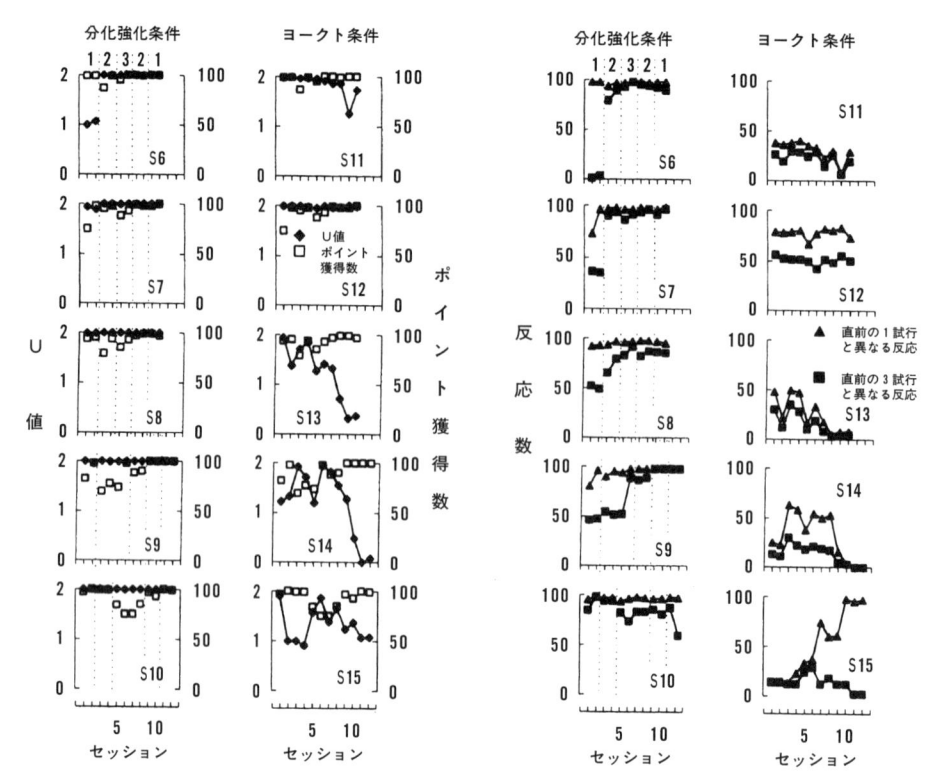

図3 個体間ヨークト群のU値，ポイント獲得数，および直前の1,3試行と異なる反応の出現数の推移。左側がU値とポイント獲得数の推移を示すグラフである。左縦軸はU値，右縦軸はポイント獲得数を示している。横軸はセッション数である。実線で結ばれた黒塗りの菱形がU値を，白抜きの四角形がポイント獲得数を示す。右側が直前の1,3試行と異なる反応の推移を示すグラフである。縦軸が反応数を，横軸がセッション数を示している。三角形が直前の1試行と異なる反応の，四角形が直前の3試行と異なる反応の出現数を示している。両グラフにおいて分化強化条件内でのNの変化は垂直な破線によって区切られている。各グラフの右側に被験者番号を示した。S6～S10までが分化強化条件に，S11～S15までがヨークト条件にさらされた。それぞれ隣り合う被験者同士（たとえばS6とS11）が手続き上のペアになっていた。

方法

被験者 大学生15名（男性6名，女性9名）。
装置 実験1と同じ。
手続き 実験1と同様に5名を個体内ヨークト群に，10名を個体間ヨークト群に振り分けた。1試行につきマウスのボタンを3回押すことが必要だったこと以外，手続きは実験1とほぼ同じだった。

1. 分化強化条件：Nの値は1,2,3,5,7,5,3,2,1の順に変化した。Nが変化するための条件は基本的に実験1と同じであるが，2回目のN=1のセッションではすべての被験者において反応の傾向に関わらず5セッション行った。

2. ヨークト条件：実験1と同じ。

データの分析 U値と，直前の1,2,3,5,7試行と異なる反応の出現数をそれぞれ計算した。また，分化強化条件における系列反応の出現周期を計算した。本実験の場合，3反応系列を使用したので，U値を計算するために各セッションの8つの反応の出現数を用いた。

結果と考察

図5に個体内ヨークト群のU値および直前の1,3,7試行と異なる反応の出現数の推移を示す。まずU値であるが，被験者17はヨークト条件において，1回目の分化強化条件で推移した値

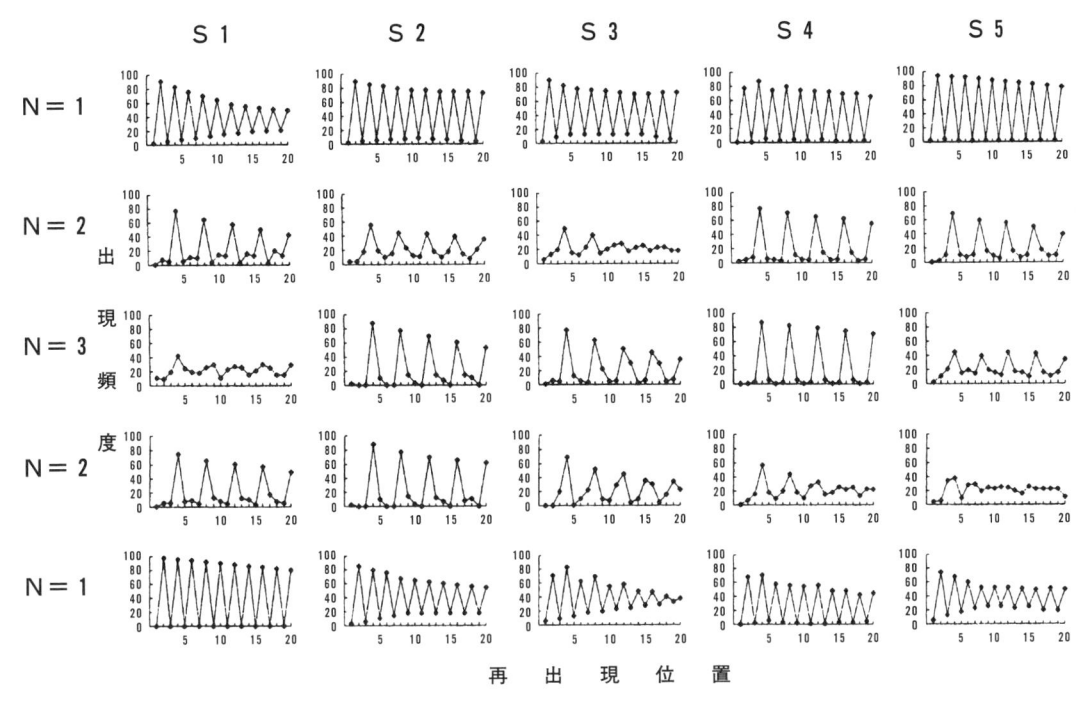

図4 系列反応の出現周期。個体内ヨークト群の系列反応の出現周期を示す。2回目の分化強化条件での各Nにおける最終セッションのデータを示した。左の1列目がS1のデータであり、順にS2、S3と続く。そして、上から順にN＝1，2，3，2，1と実際の実験の進行にそって示した。横軸は試行間の位置関係を表している。1は基準の試行の次の試行を、2はさらにその次の試行を表している。縦軸は，各位置における，基準の試行において出現した系列反応と同じ反応の出現頻度を表している。

より顕著に低い値を示したが，他の4名の被験者においては1回目の分化強化条件とそれに引き続くヨークト条件の間でU値の推移に顕著な違いはなかった。被験者18，19においてはヨークト条件の後半にU値が減少しているが，1回目の分化強化条件でもその終わりにU値が減少しているので，条件間の差はほとんどない。また，被験者16，20は条件の変化とは無関係に一貫して高いU値を維持した。分化強化条件のNの変化に着目した場合，N＝1のときに最も低い値を示し，N＝2のときにその次に低い値を示し，N＝3，N＝5，およびN＝7のときには一番高い値を示した。

次に個体内ヨークト群の直前の1，3，7試行と異なる反応の出現数の推移について検討してみる。1回目の分化強化条件とヨークト条件を比較した場合，4名の被験者（被験者17，18，19，20）はヨークト条件における反応数の減少を示し

た。ただし，被験者20におけるヨークト条件での減少は部分的であり僅かなものであった。分化強化条件のNの変化に着目した場合，N＝1のときには直前の1試行と異なる反応の出現数が他の反応より顕著に高い値を示した。またN＝2のときには直前の1，2試行と異なる反応の出現数が高い値を示した。そして，N＝3以上では全般的にすべての反応が高い値を示した。これはN＝1のときに2種類の反応が交互に生起し，N＝2のときには3種類の反応が一定の順序で生起したことを示している。そしてN＝3以上では4種類以上の反応がしばしば一定の順序で生起したことを示している。

図6に個体間ヨークト群のU値，ポイント獲得数，および直前の1，3，7試行と異なる反応の出現数の推移を示す。U値はすべてのペアにおいて分化強化条件では高い値が維持され，ヨークト条件では分化強化条件よりも減少した。そし

図5 個体内ヨーク卜群のU値，ポイント獲得数，および直前の1，3，7試行と異なる反応の出現数の推移。左側がU値とポイント獲得数の推移を示すグラフである。左縦軸はU値，右縦軸はポイント獲得数を示している。横軸はセッション数である。実線で結ばれた黒塗りの四角形がポイント獲得数を，白抜きの四角形がU値の変化を示す。三角形が直前の1試行と異なる反応の，四角形が直前の3試行と異なる反応の，そして丸印が直前の7試行と異なる反応の出現数を示す。右側のグラフは反応の推移を示すグラフである。三角形が直前の1試行と異なる反応の，四角形が直前の3試行と異なる反応の，そして丸印が直前の7試行と異なる反応の出現数を示している。また各グラフの右上に被験者番号を示す。S21〜S25までが分化強化条件，S26〜S30までがヨーク卜条件に，それぞれ被験者がさらされた。それぞれ隣り合う被験者同士（たとえばS21とS26）が手続き上のペアになっていた。

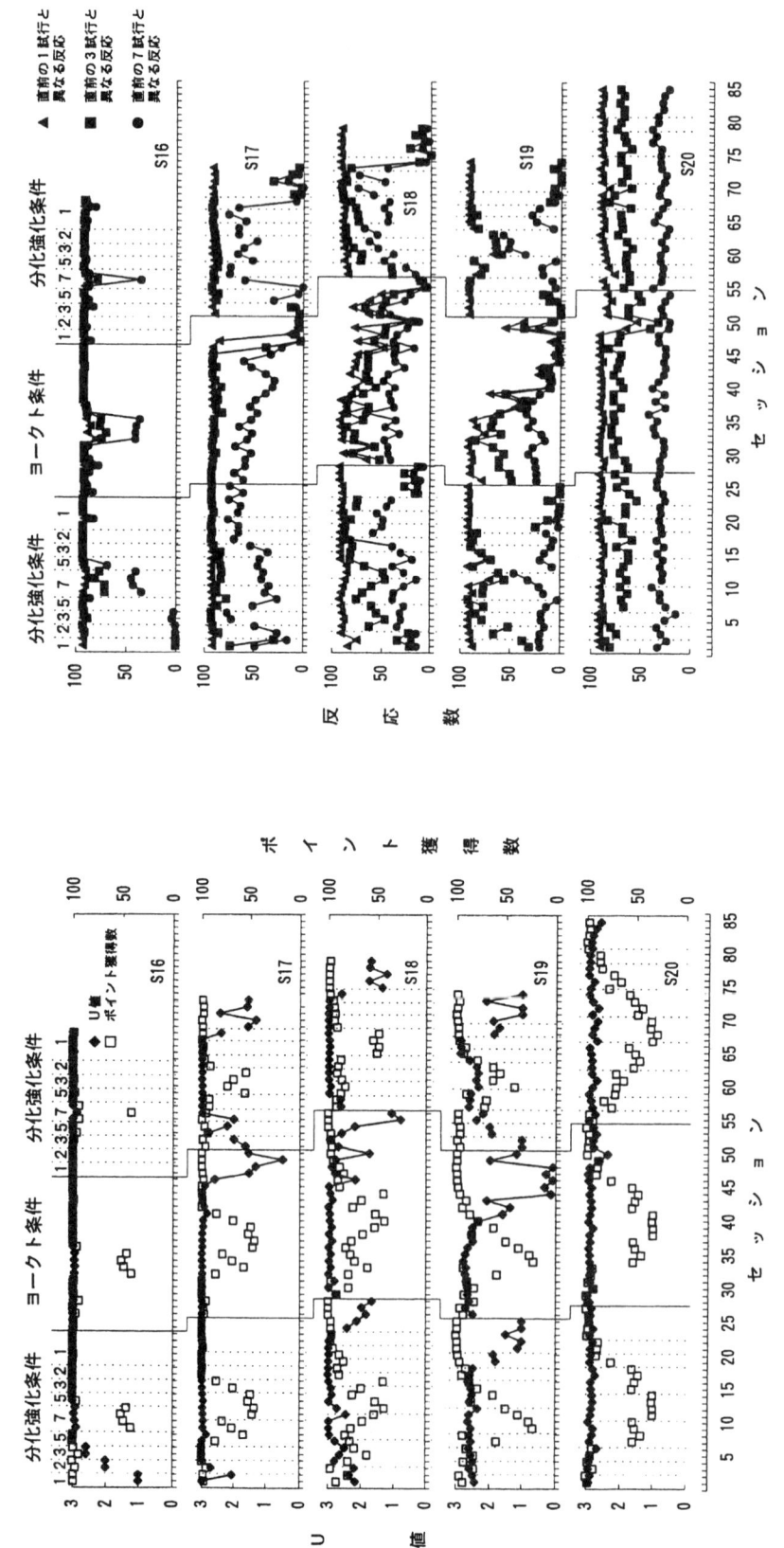

図6 個体間ヨーク卜群のU値，ポイント獲得数，および直前の1，3，7試行と異なる反応の出現数の推移　左側がU値とポイント獲得数の推移を示すグラフである。左縦軸はU値，右縦軸はポイント獲得数を，横軸はセッション数を示している。実線で結ばれた黒塗りの菱形がU値を，白抜きの四角形がポイント獲得数を示している。右側が直前の1，3，7試行と異なる反応の出現数の推移を示すグラフである。縦軸が反応数を，横軸がセッション数を示している。三角形が直前の1試行と異なる反応の，四角形が直前の3試行と異なる反応の，そして丸印が直前の7試行と異なる反応の出現数を示している。両グラフにおいて，分化強化条件内でのNの変化によって区切られている。各グラフの右側に被験者番号を示した。

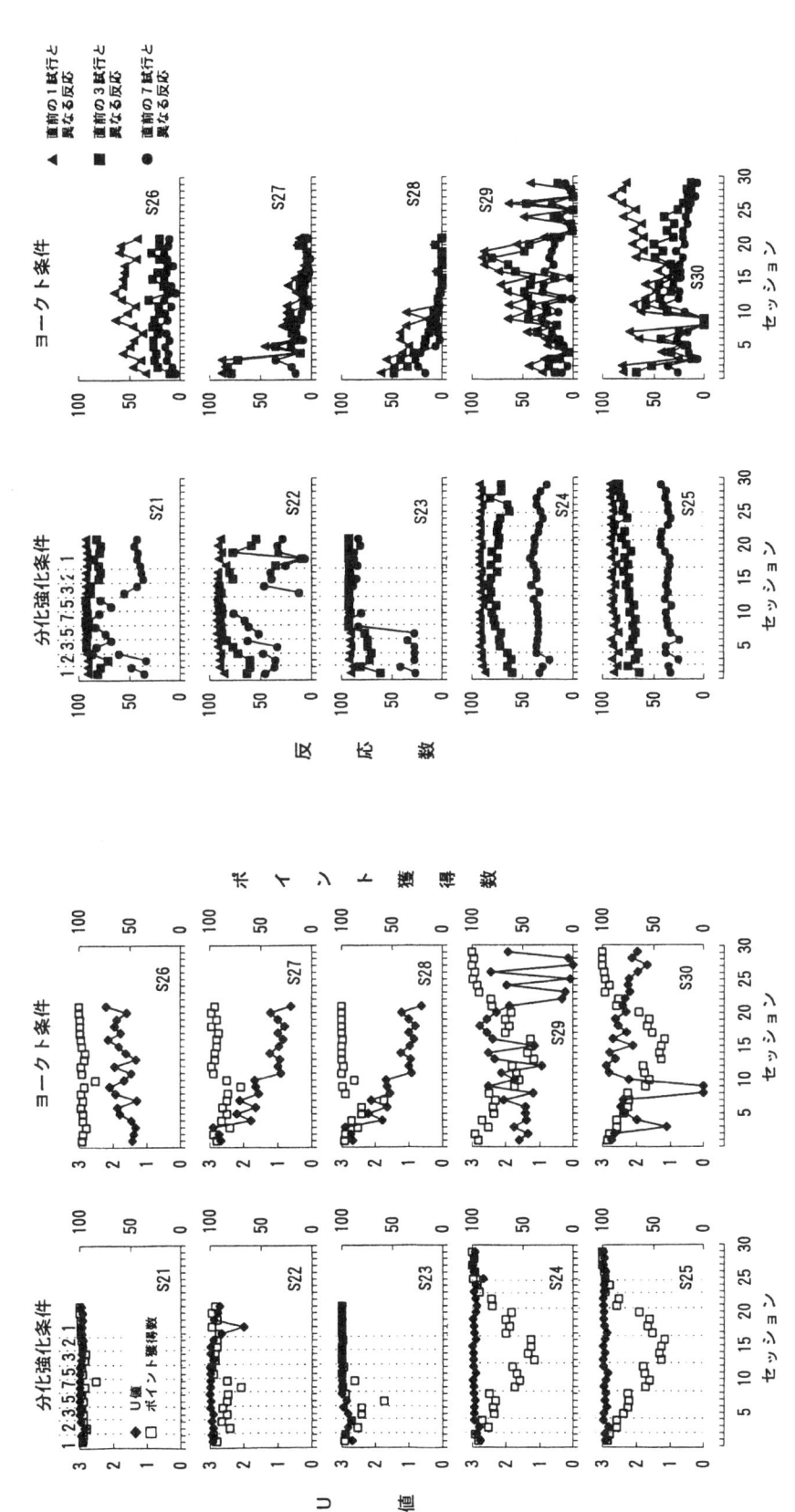

て，分化強化条件内でのNの変化によるU値の変化は確認されなかった。直前の1, 3, 7試行と異なる反応の出現数は，すべてのペアにおいて，分化強化条件ではすべての反応の出現数がヨークト条件よりも多かった。また，分化強化条件のNの変化に着目したとき，3名の被験者（被験者21, 22, 23）においてNの違いによる直前のN試行と異なる反応の出現数に変化が確認された。

U値と直前のN試行と異なる反応の出現数の推移を比較すると，個体間および個体内ヨークト群において，分化強化条件とヨークト条件における，直前のN試行と異なる反応の出現数の違いが明らかだったのに対して，U値は個体内ヨークト群において1名の被験者を除いて顕著な違いがなかった。この結果から，実験1と同様，直前のN試行と異なる反応を分化強化する手続きは，U値と直前のN試行と異なる反応の出現数に対して同程度の影響を与えるわけではなく，U値に対しては分化強化条件の除去が必ずしも大きな影響を与えないことを示唆している。

図5および図6はN＝1および2のときに複数の系列反応が一定の順序で出現していたことを示唆していたので，分化強化条件における系列反応の出現周期を調べた。その結果，特に個体内ヨークト群の2回目の分化強化条件においてNの変化に伴ってパターンの変化が確認された（図7）。N＝1のときは周期が2だったので，2種類の反応を交互に出現していたことが確認された。N＝2のときには周期が3または4だった。これは3種類あるいは4種類の反応が一定の順序で出現していたことを示している。N＝3以上のときにはピークが不明瞭な被験者が多くなった。系列反応の出現順序が一定ではなくなったことを示している。

3反応系列を使用した実験2の結果は，個体内ヨークト群では5名中4名の被験者においてヨークト条件において直前のN試行と異なる反応の出現数の減少が確認されたが，減少しはじめるまでに数セッションを必要とした。その一方で，U値については5名中1名の被験者においてのみ条件間の差が確認された。それに対して，個体間ヨークト群においては実験1の結果と同様に，変動的な行動を分化強化する手続きによりU値および直前のN試行と異なる反応の出現数が増加することを示している。分化強化条件内でのNの値の変化による反応傾向の違いは，数名の被験者において確認された。

また，実験1と2の結果と比較すると，第1に，2つの実験において分化強化条件の効果が確認された。第2に，実験1では分化強化条件において常に複数の系列反応の出現にパターンが見られた。

実験2では，N＝1および2のときには実験1と同様，系列反応の出現に一定のパターンが現れたが，N＝3以上では多くの被験者において，出現した系列反応に一定のパターンを確認することはできなかった。実験2の一部，特にNの値が大きいときにのみ系列反応の出現パターンがなくなったのである。

総合考察

人間を被験者として比較的短い反応系列を使用したときの，異反応強化手続きの基本的な機能を2つの実験を通して調べた。その結果，U値および直前のN試行と異なる反応の出現数が増加することが明らかになった。この結果はこれまでの人間以外の動物を用いた研究（Mogan & Neuringer, 1990；Neuringer & Huntley, 1991）の結果と一致する。また，Nの変化に伴って，U値および直前のN試行と異なる反応の出現数が系統的に変化することが明らかになった。特に，N＝1のときよりNが2以上の値を取るときに，その値が高かった。そして，分化強化条件において，しばしば数種類の系列反応が一定の順序で生起することが確認された。

行動の等確率性に焦点を当てたMogan & Neuringer (1990) とNeuringer & Huntley (1991) は，異反応強化手続きにより直前の反応と異なる反応および行動の等確率性が制御された

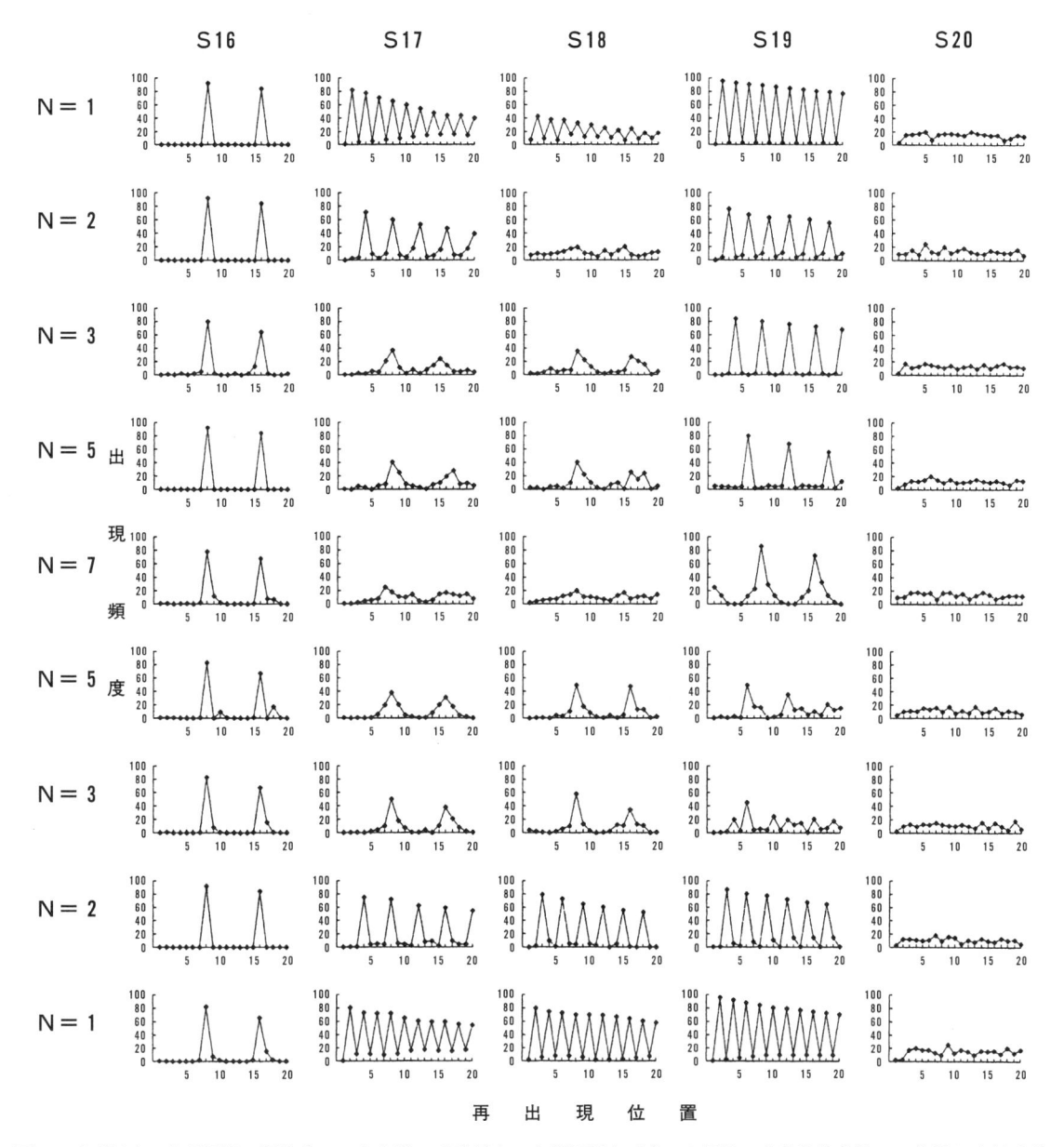

図7 系列反応の出現周期。個体内ヨークト群の系列反応の出現周期を示す。2回目の分化強化条件での各Nにおける最終セッションのデータを示した。左の1列目がS16のデータであり、順にS17，S18と続く。そして、上から順にN＝1，2，3，5，7，5，3，2，1と実際の実験の進行にそって示した。横軸は試行間の位置関係を表している。1は基準の位置の次の試行を、2はさらにその次の試行を表している。縦軸は、各位置における、基準の位置において出現した系列反応と同じ反応の出現頻度を表している。

という結果から、行動の変動性はオペラント次元の1つであるというPage & Neuringer (1985)の研究と同様の主張をしている。その一方で本研究の結果は、行動の等確率性が異反応強化手続きの影響を直接に受けたのではなことを示唆している。

まず本研究で使用した異反応強化手続きは、直前の試行と異なる反応を分化強化するように設定されていた。また本実験の結果は、この手続きが直前の試行と異なる反応を制御していたことを示している。それでは、直前の試行と異なる反応の出現数と行動の等確率性との間にはどのような関

係があるのだろうか。U値が最も低い状態を考えてみよう。これは1種類の反応が出現し続けることである。このとき直前の試行と異なる反応が増加することは出現する反応の種類が増加することを意味する。これにより反応が均等に出現する状態に近づくのでU値が増加する。従って，直前の試行と異なる反応の出現数の増加は必然的に行動の等確率性の増加を導く。次に，直前の試行と異なる反応の出現率が低いときのことを考えてみよう。たとえばA，B，C，Dの4種類の反応が出現可能な場面でAが10回，その次にBが10回出現しこれが繰り返された場合には直前の試行と異なる反応の出現率は低く，各反応の相対頻度に偏りがでるので行動の等確率性も低くなる。しかし，A，B，C，Dすべてが順番に10回ずつ出現し，これが繰り返されたとすると，直前の試行と異なる反応の出現率は低いが，各反応の相対頻度は均等になるので行動の等確率性は高くなる。このように直前の試行と異なる反応の減少は必ずしも行動の等確率性を減少させない。

さらに，本研究ではヨークト条件で直前の試行と異なる反応が減少しても，U値がそれほど減少しないという事態がしばしば確認されたことから，人間を被験対象とした場合には，異反応強化手続きによって直前の試行と異なる反応の出現率が制御された結果として行動の等確率性が変化したことが示唆される。

しかし，直前の試行と異なる反応が制御された結果として行動の等確率性が変化するという過程をさらに検討するためには，各試行が終了する度にU値の変化をフィードバックした場合の反応傾向との比較をすることが必要だろう。今後の研究課題である。

ところで，実験2において3反応系列を使用したときに，個体内ヨークト群の直前の試行と異なる反応の出現数において分化強化条件とヨークト条件の差がすぐには現れなかった。これは，ヨークト条件において，それ以前に経験した分化強化条件の影響がしばらく持続したことを示している。しかし，実験1で2反応系列を使用したときには2条件間の差はすぐに表れた。なぜ，3反応系列を使用したときにのみ，2条件間の差がすぐに表れなかったのだろうか。2反応系列を使用した実験1では，ほとんどの被験者において直前の1試行と異なる反応のみ出現することすなわち2種類の系列反応の繰り返し，および，直前の3試行と異なる反応すなわち一定の順序での4種類の系列反応が出現することを示した。それに対して，3反応系列を使用した実験2では，直前の1試行と異なる反応のみの出現は個体内ヨークト群のほとんどの被験者において確認されたが，他の反応パターンは1名の被験者を除いて現れなかった。実験1のように，分化強化条件において長い間パターン化した行動が強化された場合，ヨークト条件に移行するとそのパターン化した反応が強化されなくなるため反応傾向が変化するが，実験2のように，分化強化条件においてパターン化しない行動が強化された場合，ヨークト条件に移行してパターン化しない行動が維持されてもポイントが増加するので，反応傾向が変化しなかったのかもしれない。実際，実験2において，分化強化条件のNの変化に伴って反応出現の周期が顕著に変化した被験者14においては，ヨークト条件への移行後早い時期に直前の試行と異なる反応の出現数とU値が減少している。

各実験終了後に被験者に質問紙への回答を求めた。多くの被験者は"どのような押し方をしていましたか"という質問に対して系列を生成させる順序のみを答えた。そして，そのパターンは，Nの値が増加するに従って長くなっていったようである。たとえば2反応系列の場合，ある被験者は"右右""左左"を繰り返すか，あるいは"右右""右左""左左""左右"というパターンを繰り返していたと報告している。順序を手がかりとして，直前の試行と異なる反応というオペラントを出現させていたのである。順序を手がかりにするというのは，より具体的には，過去の自分の行動を手がかりとして行動していたということである。しかし，動物を対象とした過去の研究では，異反応強化手続きはランダムな反応を産むという結果を

得ている（Page & Neuringer, 1985）。ランダムな反応が生起するとき，過去の反応とは少なくとも確率的には無関係に出現しているので，過去の反応が手がかりとして機能していないと考えることもできる。本研究では3反応系列を使用した場合より，2反応系列を使用した場合にこのような一定のパターンがより多く確認されたことから，1つの可能性として，短い系列，あるいはそれが招く反応の種類の少なさが，過去の反応を手がかりとして反応することを容易にしたと考えられる。さらに長い系列を使用し，過去の反応が手がかりとして機能しないような場合について検討する必要があるだろう。

また，手がかりとするべき過去の反応の量が多くなると言語的な要因も関係してくるかもしれない。上述したように質問紙の回答からも，被験者は順序を言語化しそれに従って系列反応を生起していたことが示唆される。従って，特に言語的に未発達な幼児を対象とした場合，分化強化条件で強化子を得る方法が本研究で得られた結果とは異なり，よりランダムな反応をする可能性がある。この問題についての検討は今後の研究課題であろう。

行動の変動性に関する問題はさまざまな別の問題とも関係している。Joyce & Chase（1990）は，教示により行動の変動性を増加させることで，強化スケジュールの変化に対する感受性の増加を報告しているが，行動の変動性は強化スケジュールに対する感受性とどのように関係しているのだろうか。また，Pryor, Haag, & O'Reilly（1969）は，これまでのすべての泳ぎ方と異なる泳ぎ方が確認されたときに餌を与えるという手続きによってネズミイルカがこれまでにしたことのない新しい泳ぎ方をするようになったことを報告している。また，序においてもふれたようにGoetz & Baer（1973）もPryor et al.（1969）と類似した手続きによって，修学前の子どもが新しい積木の組み立て方をするようになったことを報告している。そしてこの2つの研究はこれらの行動を創造性という文脈で議論している。行動の変動性についての研究が発展することにより，強化スケジュールに対する感受性の問題や創造性の問題など多くの研究に新たな視点が与えられることが期待される。

本研究の一部は，日本行動分析学会第14回大会（於：名古屋），日本心理学会第60回大会（於：東京），および第3回行動主義と行動の諸科学に関する国際会議（1996年10月，於：横浜）において発表された。

本研究の遂行および本論文の作成にあたり，ご指導頂きました駒沢大学小野浩一教授に厚く御礼を申し上げます。

引用文献

Antonitis, J. J. (1951). Response variability in the white rat during conditioning, extinction, and reconditioning. *Journal of Experimental Psychology, 42*, 273-281.

Eckerman, D. A. & Lanson, R. N. (1969). Variability of response location for pigeons responding under continuous reinforcement, inter-mittent reinforcement, and extinction. *Journal of the Experimental Analysis of Behavior, 12*, 73-80.

Eckerman, D. A. & Vereeland, R. (1973). Response variability for humans receiving continuous, intermittent, or no positive experimenter feedback. *Bulletin of Psychonomic Society, 2*, 297-299.

Ferraro, D. P. & Branch, K. H. (1968). Variability of response location during regular and partial reinforcement. *Psychological Reports, 23*, 1023-1031.

Goetz, E. M. & Baer, D. M. (1973). Social control of form diversity and the emergence of new forms in children's blockbuilding. *Journal of Applied Behavior Analysis, 6*, 209-217.

Joyce, J. H. & Chase, P. N. (1990). Effects of response variability on the sensitivity of rule-governed behavior. *Journal of the Experimental Analysis of Behavior, 54*, 251-262.

Machado, A. (1989). Operant conditioning of behavioral variability using a percentile reinforcement schedule. *Journal of the Experimental Analysis of Behavior, 52*, 155-166.

Machado, A. (1992). Behavioral variability and frequency-dependent selection. *Journal of the*

Experimental Analysis of Behavior, 58, 241-263.

Miller. G. A. & Frick, F. C. (1949). Statistical behavioristics and sequences of responses. *Psychological Review, 56*, 311-324.

Morgan, D. L. & Lee, K. (1996). Extinction-induced response variability in humans. *The Psychological Record, 46*, 145-159.

Morgan, L. & Neuringer, A. (1990). Behavioral variability as a function of response topography and reinforcement contingency. *Animal Learning & Behavior, 18*, 257-263.

Morris, C. J. (1987). The operant conditioning of response variability : Free-operant versus discrete-response procedures. *Journal of the Experimental Analysis of Behavior, 47*, 273-277.

Morris, C. J. (1989). The effects of lag value on the operant control of response variability under free-opeant and discrete-response procedures. *The Psychological Record, 39*, 263-270.

Neuringer, A. (1991). Operant variability and repetition as functions of interresponse time. *Journal of Experimental Psychology : Animal Behavior processes, 17*. 3-12.

Neuringer, A. & Huntley, R. P. (1991). Reinforced variability in rats : Effects of gender, age and contingency. *Physiology & Behavior, 51*, 145-149.

Page, S. & Neuringer, A. (1985). Variability is an operant. *Journal of Experimental Psychology : Animal Behavior processes, 11*, 429-452.

Pryor, K. W., Haag, R., & O'Reilly, J. (1969). The creative porpoise : Trainning for novel behavior. *Journal of the Experimental Analysis of Behavior, 12*, 653-661.

Richelle, M. (1987). Variation and selection : the evolutionary analogy in Skinner's theory. In S. Modgil, & C. Modgil (Eds.), B. F. *Skinner : Consensus and controversy*. Philadelphia : Farmer Press. pp.127-137.

Schwartz, B. (1980). Development of complex, stereotyped behavior in pigeons. *Journal of the Experimental Analysis of Behavior, 33*, 153-166.

Schwartz, B. (1982a). Reinforcement-induced behavioral stereotypy : How not to teach people to discover rule. *Journal of Experimental Psychology : General, 111*, 23-59.

Schwartz, B. (1982b). Failure to produce response variability with reinforcement. *Journal of the Experimental Analysis of Behavior, 37*, 171-181.

Skinner, B. F. (1981). Selection by consequences, *Science, 213*, 501-504.

Stebbins, W. C. & Lanson, R. N. (1962). Response latency as a function of reinforcement schedule. *Journal of the Experimental Analysis of Behavior, 5*, 299-304.

Stokes, P. D. (1995). Learned variability. *Animal Learning & Behavior, 23*, 164-176.

Tatham, T. A., Wanchisen, B. A., & Hineline, P. N. (1993). Effects of fixed and variable ratios on human behavioral variability. *Journal of the Experimental Analysis of Behavior, 59*, 349-359.

脇田和昌（1970）．初等情報処理講座5．乱数の知識．森北出版．

山岸直基（1997）．行動の変動性の測定方法についての考察．駒澤心理，*4*, 1-9.

出典：山岸直基（1998）．人間行動の変動性に及ぼす強化随伴性の効果．行動分析学研究, *12*, 2-17.

▶▶▶コメント

環境適応，創造性，人間行動

大阪教育大学
大河内浩人

複数の行動が出現可能な状況で，それらの行動の出現頻度のばらつきの程度を行動変動性といいます。行動変動性も結果事象の影響を受ける，すなわちオペラントとしての機能があることを，過去の研究がハトやラットで確認していました。山岸論文は，この知見が人間においてもあてはまることを実証した基礎的な研究です。行動分析は基礎から応用までカヴァーしていますが，行動分析家の大多数は応用に強いようですから，本書の読者の多くはこの論文のような研究にはあまり関心を抱けないかもしれません。そのような方にも興

味を持っていただけることを目指して,山岸論文の意義を私なりに解説してみます。

　山岸論文の第一の意義は,行動変動性という現象に焦点をあてたことにあります。本論文の最後の段落に書かれているように,行動変動性は環境への適応と創造性とに関係があると考えられています。環境は不変ではありません。現在強化される行動が未来永劫強化されるとは限りません。現在強化されない行動も含めて多様な行動を自発する(すなわち行動変動性が高い)方が,現在強化される行動のうちのさらにごく限られたものだけをする(行動変動性が低い)より,環境すなわち強化随伴性が変わったときにいち早く強化されることは理解できるでしょう。いち早く強化されることはすなわち新しい環境への適応の可能性が高まるということにつながります。浅野俊夫(2009,私信)によると,2つの選択肢があり,その一方のみにエサがあるという状況であっても,動物は,エサのある選択肢を排他的に選んだりしません。ときどきエサのない選択肢を選ぶことがあるといいます。こうした変動性は系統発生的に受け継がれてきたものなのかもしれませんが,随伴性の変化に迅速に対応することを助けています。もし,その動物が,現在エサがもらえる選択肢のみを選び続けたとしたら,ある時からもう一方の選択肢の方で2倍のエサが手に入るようになったとしても,その恩恵に浴する日は永遠に来ないでしょう。動物の話についていけない方は,「動物」を「あなた」に,「エサ」を「あなたにとって大切な何か」と置き換えて,この例え話を読んでください。

　本論文を含む変動性の行動分析的研究は,行動変動性が結果事象の影響を受ける,すなわち制御可能であることを明らかにしています。この事実は,変動性が高くなるように子どもたちや大人たちを教育することが可能であることを暗示しています。すでに述べたように,行動変動性は環境への適応だけでなく創造性とも関係しているといわれています。特に,行動分析に基づく教育は,$1+1=2$というような,正解が決まっている問題を解くことを教えるのには向いているが,創造性を伸ばすことはできない,という誤った批判を受けることがありますが,行動変動性の分化強化という視点と方法によって,行動分析は創造性教育にも大きく貢献できることを,ここで強調しておきたいと思います(Skinner, 1968)。

　山岸論文の第二の意義は,人間以外の動物で見いだされた行動の規則性が人間にもあてはまることを例証したことにあります。実験的行動分析は,そもそも行動の原理は種を越えて共通しているという種間連続性仮説を前提に,もっぱらラットやハトなどの人間以外の動物の行動研究をすすめてきました(Skinner, 1956)。しかしながら,1950年代に人間をも研究対象とし始めて程なく,他の動物で繰り返し確認された行動の規則性が人間では再現されにくいことがわかってきました(Weiner, 1962)。これを機に,行動分析においても,人間の行動の原理は他の動物のそれとは本質的に異なるという説を唱える者が現れ(例えば,Lowe, 1979),そのような本質的な種差はなく,観察された人間と他の動物との差異は人間の研究における実験的統制の未熟さによるとみなす者(例えば,Peron, Galizio, & Baron, 1988)との論争が起こり,それは今日まで続いています。この問題について,山岸氏自身がどのような見解を持っているかはこの論文からは不明ですが,彼の結果は,後者の立場,すなわち種間連続性仮説を支持する立場,を補強する証拠を提供しています。

　「行動分析学研究」は,最近,「行動変動性の実験的研究とその応用可能性」という特集を組んでいます。行動変動性に興味を抱いた方は,同誌22巻2号と23巻2号を参照してください。

文　献

Lowe, C. F. (1979). Determinants of human operant behaviour. In M. D. Zeiler & P. Harzem (Eds.), *Advances in analysis of behavior*: Vol. 1. Reinforcement and the organization of behaviour (pp.159-192). Chichester, England: Wiley.

Perone, M., Galizio, M., & Baron, A. (1988). The relevance of animal-based principles in the laboratory study of human operant conditioning. In G.

Davey & C. Cullen (Eds.), *Human operant conditioning and behavior modification* (pp.59-85). New York : Wiley.

Skinner, B. F. (1956). A case history in scientific method. *American Psychologist, 11*, 221-233.

Skinner, B. F. (1968). *The technology of teaching.* New York : Appleton-Century-Crofts.

Weiner, H. (1962). Some effects of response cost upon human operant behavior. *Journal of the Experimental Analysis of Behavior, 5*, 201-208.

Formation and Long-Term Maintenance of Dietary and Exercise Habits in Persons with Mental Retardation : Providing Daily Assistance through Living Skill Support Tools

SYOZO TAKAHATA

The Special School attached to Toyama University

HIROHUMI MUSASHI

Faculty of Education, Toyama University

Abstract

The objective of this study was to implement an 8-month diet and exercise program for obese persons with mental retardation in the community, and to assure the formation and long-term maintenance of appropriate diet and exercize in their daily lives. To encourage the target behaviors on a daily basis, a two-fold support system was introduced. The "Living Skill Support Tool" consisted of two factors : (a) a "prompt tool" which facilitates the acquisition or performance of the target skills by developing the native abilities of the handicapped persons, and (b) the opportunities for the handicapped persons and their guardians to evaluate each other by keeping a record of their own behaviors. The "Community Suport Laboratory" provided support on a regular basis until the target behavior was acquired.

The four handicapped persons who underwent the program in fact acquired the desired habits ; they lost from two to five kg in weight, and at the follow-up 15 months after completion of the program were found to have maintained that weight. Also, the persons able to follow this program gained social validation. Strategies to encourage the person to perform the target behavior in daily life and maintain it for the long term are discussed from the standpoint of the support system for the family.

Key words : mental retardation, living skill support tool, community support, obesity, maintenance

---

知的障害者を対象とした食生活・運動習慣の形成と長期的維持：生活技能支援ツールによる日常場面での支援のあり方

富山大学教育学部附属養護学校　高畑庄蔵

富山大学教育学部　武蔵博文

本研究の目的は，地域で生活する肥満の知的障害者を対象として，8か月にわたる食生活・運動プログラムを実施し，障害者本人が日常場面において適度な食生活・運動習慣の形成を長期的に維持することである。日常場面での標的行動の自発を促進するための支援システムとして次の二つを導入した。"生活技能支援ツール"は，障害者本人が現有する能力を発揮して標的スキルの習得や実施を容易にする手がかりとなるものと，自己の行動を記録管理して障害者本人と保護者とが評価し合う機会を提供するものとで構成される。"地域生活支援教室"は，標的行動が定着するまでの定期的支援を行うものである。結果，対象者8名のうち4名について標的行動の実施が確認され，約2kgから5kgの体重の減少と指導終了1年3か月後のフォローアップでも体重の維持が確認された。また，プロ

グラム消費者となり得る人々の社会的妥当性でも肯定的な評価を得た。日常場面での標的行動の自発・長期的な維持の方略，家庭への支援システムの観点から考察がなされた。

Key words：知的障害，生活技能支援ツール，地域生活，肥満，維持

はじめに

地域で生活する知的障害者の健康的な生活を支援する上での問題点

近年，肥満は各種成人病のpre-patientとしてクローズアップされ（池田，1990），社会的に大きな関心を持たれている。横山（1996）は，食生活の改善による摂取カロリーの増加と少ない身体活動によるカロリー消費の停滞がもたらすアンバランスの結果として，肥満が知的障害児の身体発育障害において最大の問題であると結論づけている。肥満の予防・改善は，知的障害児・者の地域での豊かな生活を支援する上で避けて通れない課題であると思われる。

高畑・武蔵（1997）は，富山県内の養護学校卒業生を対象に健康・食生活・運動に関する調査を実施した。その結果，日常的に運動不足の状態であり，間食の習慣化に伴って肥満が増加傾向にあることが明らかとなった。しかも保護者の多くは肥満による成人病などの危険性を十分に認識しているにもかかわらず，それに対応できないでいる現状が示された。高齢化する保護者の負担を考慮すること，障害者本人の主体性を高めることなどが地域生活支援のポイントとして考察された。

地域で生活する知的障害児・者の肥満の改善や健康的な生活に関する指導・支援としては，保護者への栄養指導を主として，食事カロリーの制限や間食などの撤去を行うものがある（例えば，Amari, Grace & Fisher, 1995；米山・谷, 1995）。減量という点で一定の成果を上げているが，撤去に伴う攻撃行動や隠れ食いなどの二次的な問題行動の出現が指摘されている。また歩行プログラムやエアロビクス教室などのように本人の身体活動を高めることをねらいとしたものがある（例えば，Silverthorn & Hornak, 1993；日戸・衛藤・岡田・飯塚・佐藤・小林, 1992）。プログラム実施時，教室内での本人の達成度や態度の評価は行われているが，運動習慣として定着し，減量効果を長期的に維持したかについては明らかになっていない。

そこで本研究では，以下の点において，先の研究をさらに発展させることを計画した。第一に，減量を第一義的な標的とせずに，障害者本人が自発的に取り組みやすい標的行動を設定すること。第二に，障害者本人が日常生活の中で標的行動を長期にわたり遂行し続けるための支援システムを提案すること。第三に，指導終了後から長期間にわたって定期的にフォローアップを実施して，食生活・運動習慣として定着するまでの過程について検討することである。

長期にわたり実施し続けるための支援システムの方略

志賀（1990）は，社会参加・自立を進める上で，学校や治療機関などでの指導効果を般化・維持することが課題となると指摘している。いったん成立した技能が日常場面で直ちに実施されて長期に維持されるものではない（例えば，渡部・上松・小林, 1993；井上・井上・菅野, 1995）。

地域に生活する知的障害者が提供されたプログラムを実施に移すとき，付き添いが常時必要であったり，障害者本人では部分的にしか行えないものであっては，保護者や周囲の負担が高いものとなってしまう。また成果が現れるまでに時間を要したり，成果や結果が不明確で障害者本人にも周囲の者にも実感のわかないものであっては，障害者本人が標的行動を遂行に移すためのコストが高くなり，長期に継続することは難しいであろう。

武蔵・高畑（1997）は，家庭での自発・維持を促進する手だてとして"生活技能支援ツール"と，それを用いて長期的な支援を行う"地域生活支援

教室"を提案した。

生活技能支援ツールは，その果たす機能から二つに大別される。一つは標的行動を自発するための弁別刺激となるものである。視覚的プロンプト刺激（例えば，Pierce & Schribman, 1994；井上・飯塚・小林，1994）や補助具（例えば，高畑，1989；赤根，1995）のように標的スキルの習得や実施を容易にする手がかりとして働くものである。もう一つは条件性の強化刺激として働く交換記録である（例えば，高畑，1993；1998）。これは，障害者本人の標的行動の遂行を本人と家族・保護者が相互に記録して累積するもので，本人の行動を強化する機会を与えるものである。日常生活において強化機会を意図的に設定することにより，本人との間で相互的な"正の強化"随伴性の形成をめざすものである。

地域生活支援教室は，これらの生活技能支援ツールをパッケージ化して提供し，障害者本人が家庭において標的行動を遂行することをバックアップするために，定期的に開催するものである。そこでは，日常場面での生活技能支援ツールの活用を想定したシミュレーション指導，家庭での標的行動の遂行に対する社会的強化の機会の提供，標的行動が定着するまでの個別の支援を行う。

本研究では，障害者本人が日常場面において適度な食生活・運動習慣を形成し長期に維持するための食生活・運動プログラムを開発・実施することを目的とする。そのために生活技能支援ツールとして"カロリーびっくりブック""運動ビデオ通信""チャレンジ日記"を対象者へ提供し，月1回の割合で定期的に地域生活支援教室を開催して家庭での標的行動の遂行を支援した。さらに教室での指導終了後1年3か月にわたり定期的にフォローアップを実施した。加えてプログラム消費者（Schwartz & Baer, 1991）である対象者の保護者，および今後プログラム消費者となり得ることが予想される知的障害者の保護者，知的障害養護学校の教師に対して，本プログラムに関する社会的妥当性を測定する。

方　法

対象者　T県手をつなぐ育成会において肥満解消の希望者を募り8名の参加を得た。対象者のプロフィール及び事前調査の結果を表1に示した。いずれの対象者もBMI（body mass index）27以上の肥満であり，運動が苦手で，高カロリーの清涼飲料や間食を，毎日取っているという実態であった。本研究では，食生活・運動プログラムを通して参加した5名のうち，プログラムのあり方を検討する観点から，特に4名について詳しく経過を示して検討した。

標的行動　食生活プログラムでは，低カロリーの間食を自ら選択する行動を長期に維持すること，運動プログラムでは手軽な運動種目（ストレッチ体操，ステップリーボック，なわとびなど）を自ら行う行動を長期に維持することであった。その結果として，体重の維持もしくは緩やかな減少（1.0kg程度／月）の実現をねらいとした。

全体計画　対象者が家庭で標的行動を自発し長期に維持することをねらいとして，地域生活支援教室を1か月に1回程度，8か月にわたり計10回開催した。地域生活支援教室では，まず食生活プログラム（4か月間，教室を計5回実施）を行い，その後，運動プログラム（後の4か月間，教室を計5回実施）を加える手続きをとった。

地域生活支援教室での各プログラムは，対象者が家庭で標的行動に取り組むことを支援するものである。その内容は，事前調査及びベースライン測定，目標呈示，家庭で生活技能支援ツールを活用する指導，対象者が家庭で標的行動を遂行することの評価，標的行動の遂行についての聞き取り調査，保護者への健康指導と家庭への情報提供などから構成された。

プログラム終了から約3か月，8か月，1年，1年3か月後に体重測定及び標的行動の遂行状況について聞き取り調査を行った。以下に，場面設定と各プログラムで家庭へ提供した生活技能支援ツール，地域生活支援教室での支援手続きについ

表1 対象者のプロフィールおよび事前調査の結果

対象者	DU	RA	MN	RK	ON	KK	YY	HS
年齢・性別	29・男	26・女	28・女	30・女	28・女	30・男	27・男	19・女
障害及び疾患名	ダウン症候群	ダウン症候群	知的障害	てんかん	ダウン症候群	知的障害	ダウン症候群	ダウン症候群
就業先	福祉作業所	製造業	福祉作業所	福祉作業所	福祉作業所	福祉作業所	製造業	福祉作業所
家族構成（母親の年齢）	両親・妹(54)	両親(54)	両親・兄夫婦・姪(62)	両親・妹(55)	両親・兄夫婦・姪(57)	両親(58)	両親・妹(54)	両親・弟(55)
養護学校卒業時の身長・体重	—	142 cm / 45 kg	170 cm / 70 kg	156 cm / 66 kg	—	174 cm / 65 kg	—	142 cm / 48 kg
食生活プログラム開始時の身長/体重/BMI	158.0 cm / 70.9 kg / 28.4	143.5 cm / 58.3 kg / 28.3	168.5 cm / 119.9 kg / 42.2	156.0 cm / 75.4 kg / 30.9	143.7 cm / 79.8 kg / 38.6	175.5 cm / 86.5 kg / 28.1	157.5 cm / 72.5 kg / 29.2	140.8 cm / 50.5 kg / 25.5
卒業後の体重変化に関する母親の意識	かなり太った	太った	かなり太った	かなり太った	かなり太った	かなり太った	太った	太った
肥満・健康に関する母親の悩み	痛風で薬を飲んでいますが、これから成人病が心配。	現在、健康であるが、今後肥満が進むことが心配。	運動量が少なく、成人病が心配。トイレ・風呂に一人で入れない。	成人病、腰痛、足の痛み等が心配。着る服がない。	成人病が心配。運動すると息苦しくなる、呼吸が苦しくなる。着る洋服がない。	糖尿病になったらと心配。	心臓によくないと心配。動くことが少ないので、トイレ等が不便。	
食事・間食の様子	ジュースやコーラを日によく飲んでいる。パンにはバターやジャムをたっぷりつける。	お菓子やジュースが好きで毎日欠かさず食べている。	コーラが好きで毎日飲んでいる。脂っこい食べ物が好きである。	ジュースやお菓子は毎日食べる。スナック菓子は一袋食べてしまう。	ジュースを水代わりに飲んでいる。菓子パンやジュースをこっそり買ってきて食べることが多い。	ジュースやお菓子を毎日決まって食べている。デザートが多い。	今まで自分でお茶を買ったことがない。もらい物のジュースが多く、いつも冷蔵庫に置いてある。	ジュースやコーラが大好きで毎日飲んでいる。お菓子の時間が決まっていなく、好きな時に食べている。
運動・スポーツの様子	階段ではすぐ息が切れる。散歩に誘っても家から出ようとしない。自分から運動に取り組むことはない。	運動は嫌いではないが、最近は家の事情でプール等に連れて行くことができない。自分から運動に取り組むことはない。	自宅ではトイレ等必要以外は座ったまま。テレビの前から動こうとしない。階段では少し歩くことが遅いが、すぐ息切れする。	帰宅するとすぐテレビの前に座ったままで動こうとしない。歩くと活動のある行事には参加しない。自分から運動に取り組むことはない。	階段ではすぐ息が切れる。歩くことが嫌いで、歩くと活動のある行事には参加しない。自分から運動に取り組むことはない。	—	—	—

てまとめた。

場面設定　地域生活支援教室　1回の教室には約3時間を要した。食生活・運動プログラムの指導・支援が約2時間で，その前後に各対象者ごとに個別面接を約20分間実施した。運営スタッフは障害児教育を担当する教官，大学院生，学部生及び社会人ボランティアで構成した。教室長は教室の全体的な運営・統括を行った。プログラムマネージャーは支援教室の実施計画，個別の支援プログラムの作成，生活技能支援ツールの開発，スタッフミーティングの運営を担当した。

個々の対象者の家庭場面　家庭場面は，対象者が実際に標的行動を自発し長期にわたり維持する場面である。家庭に提供した生活技能支援ツールを必要に応じて対象者が携帯すること，家庭内の目につく場所に置くこと，運動プログラムが実施されやすいように環境を整えておくこと（具体的には，ビデオを見ながら運動できるスペースを確保することなど）を依頼した。

家庭へ提供した生活技能支援ツール　食生活プログラムでの生活技能支援ツール(a)カロリーびっくりブック（資料1）：対象者が携帯し，低カロリーの飲料やお菓子を購入するときに手がかりとした。前半にはコンビニエンスストアなどで購入可能なウーロン茶などの低カロリー食品，後半には缶ジュースやポテトチップスなどの高カロリー食品のカラー写真がごはん茶わんで何杯分に相当するか図示されている。食生活プログラムの進行に合わせて，新たな低カロリー食品を紹介して貼り加えた。(b)市販のカロリーブック（FYTTEカロリー手帖，学習研究社）：一般的な料理，各種定食類や低カロリー食品類など，1200種類が掲載されている。健康指導の際に，保護者へ配布して低カロリーの飲料や食品を購入する際に参考とした。(c)チャレンジ日記（資料2）：対象者が低カロリーの飲料やお菓子の選択を行ったときに，自ら日記にシールを貼り，保護者に見せてコメントを書いてもらった。保護者には，対象者が日記を見せに来たとき，励ましのコメントを必ず書くことを依頼した。日記は標的行動の遂行のたびに，新たなカードを綴じ込んで増やしていく形式であった。

運動プログラムでの生活技能支援ツール　(a)運動ビデオ通信：対象者が家庭で視聴しながら標的とする運動種目を実施した。対象者別の声援，低カロリー食品のテレビCM，準備体操としてのタオルストレッチ，対象者別の運動種目の例示で構成された。ポイントとなる動作や姿勢は矢印や文字を画面にインポーズして強調した。運動プログラムの進行に合わせてNo.1～3まで製作した。(b)運動器具：ストレッチ効果を確保するためのタオル，歩数計，高さの調節できるステップ運動用の台（プラットホーム：リーボック社製），カウンター付きなわとびなどを標的とする運動種目に合わせて各対象者に配布した。(c)チャレンジ日記：食生活プログラムと同様の形式であり，食生活プログラムの標的行動も継続して記録するように教示した。

地域生活支援教室での支援手続き　食生活プログラム (a)食生活に関する事前調査及びベースライン測定：面接で食生活の様子，肥満に関する悩みなどを聴取した。アンケートで学校卒業時の身長・体重，卒業後の体重変化に関する保護者の意識，食事・間食の様子，健康に関する保護者の悩みなどを調査した。身体測定で身長，体重，体脂肪率を測定した。ベースライン測定では夕食・間食のメニューを1週間分，記入するよう保護者に依頼した。間食に低カロリーの飲料やお菓子が選択されているかを調査した。(b)目標呈示："家や職場でウーロン茶やこんにゃくゼリー（低カロリーの飲料やお菓子）を食べたら，チャレンジ日記にシールを1枚はろう"と対象者に教示した。保護者には決して無理な減食をしないこと，今までに飲んでいたジュースなどを無理に禁止しないことを依頼した。(c)家庭で生活技能支援ツールを活用する指導：カロリーびっくりブックを参照しながらクイズに答えた。問題に出された飲料やお菓子がごはん茶わんで何杯となるかを三者択一で回答した。飲み物を買いにコンビニエンスストアなどに行き，カロリーびっくりブックを見ながら選

択させた。対象者が適切な回答や選択をするように補助して，適切な回答や選択には賞賛を与えた。(d)対象者が家庭で標的行動を行うことの評価：標的行動を遂行したらシールをはり，家族にコメントを書いてもらうチャレンジ日記の用法を指導した。家庭での実施状況を互いに報告しあい，たまったチャレンジ日記の枚数や厚みで評価し，全員で賞賛し合うよう指導した。(e)個別面接：教室ごとに毎回実施した。スタッフが家庭での取り組みを評価・賞賛し，チャレンジ日記に励ましのコメントを記入した。(f)保護者への健康指導と家庭への情報提供：健康指導は成人病の概要，低カロリー食品の効果的活用などについて保護者の感想を適宜聞きながら進めた。家庭への情報提供として"教室通信"を教室ごとに発行した。各対象者の家庭での取り組みの様子や低カロリー食品を紹介した。

運動プログラム (a)運動・日常生活の様子に関する事前調査及びベースライン測定：面接で家庭での運動・スポーツの状況，身体活動を伴う場面の様子を調査した。ベースライン測定では食生活プログラムで使用したチャレンジ日記のコメント欄において，運動・スポーツ活動が記入されているかを調査した。(b)運動種目に関する調査・試行とその選定：家庭で取り組める種目として散歩，ジョギング，ステップ運動，ダンベル体操，なわとびなどを例示し，対象者及び保護者との話し合いにより標的とする運動種目を選択した。ストレッチ体操は準備運動として対象者全員の必須とした。(c)目標呈示："家で課題となっている運動をしたら，チャレンジ日記にシールを1枚はろう"と対象者に教示した。保護者には家庭で少しでも取り組んだら賞賛すること，運動の実施を決して無理強いしないことを依頼した。(d)家庭で生活技能支援ツールを活用する指導：対象者が自分用のビデオテープをデッキに挿入し操作して，ビデオを視聴しながら運動種目を練習した。不適切な運動や動作の場合にはスタッフが必要なだけビデオを巻き戻し，言語指示と身体的ガイダンスを行って繰り返し練習させた。最後に全員から拍手と賞賛が与えられた。(e)対象者が家庭で標的行動を行うことの評価：チャレンジ日記の使用を引き続き指導した。家庭での実施の成果を実演するのに加えて，たまったチャレンジ日記の枚数や厚みを自発的に発表する機会を提供した。(f)個別面接及び保護者への健康指導と家庭への情報提供：健康指導は運動の必要性，ストレッチ体操の効用を話題とした。"教室通信"にはストレッチ体操をイラストで紹介した。

測度 食生活プログラムでは，保護者は間食・夕食の内容を記録し，対象者はチャレンジ日記に低カロリーの間食の選択行動を記録した。運動プログラムでは，対象者がチャレンジ日記に標的とした運動種目の実施を記録した。また支援教室ごとに，個別面接で標的行動に関する聞き取り調査を行い，体重を計測した。対象者が記録したチャレンジ日記の信ぴょう性は保護者に確認した。

本プログラムの社会的妥当性 対象者の保護者及び知的障害者の保護者，養護学校の教師に対して，ニーズとの関連性や介入の承認性，コスト，満足度などの評定を行った。質問項目は"標的行動""手続き""効果"の観点で作成して，5段階のリッカート尺度に構成された。なお一部の質問には，複数回答できるよう選択肢を設定した。評定者は本研究の調査に協力同意を得た次の3群であった。A群：対象者の保護者5名，B群：対象者を知っている知的障害者の母親9名，C群：本教室とは関係のない知的障害養護学校の教師28名であった。評定材料は，食生活・運動プログラムの指導の様子を12分間程度に編集したビデオを用いた。評定手続きは，口頭で食生活・運動プログラムの概要，対象者の実態，DU，RA，RKの経過のデータ，生活技能支援ツールの実物を提示しての説明を行い，評定用ビデオの視聴後，質問用紙に記入する形式で実施した。

結　果

日常場面での標的行動の自発・維持の経過 食生活・運動プログラムを通して参加した5名の内，

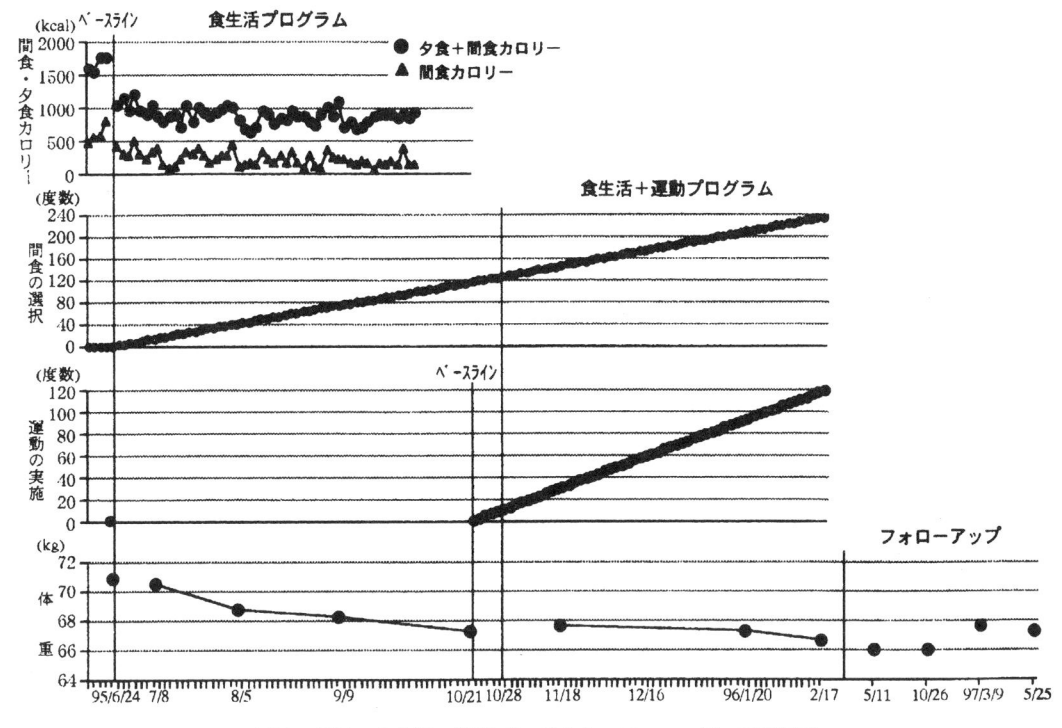

図1 DU の食生活・運動プログラム，フォローアップの経過

4名（DU, RA, MN, RK）について経過を詳しく検討した。図1から図4に，対象者別にそれぞれ4種類のグラフで示した。上から1番目のグラフに，母親が概算した夕食と間食のカロリーを示した。2番目のグラフに，対象者がチャレンジ日記に記入した間食時における低カロリー食品の選択行動の累積度数を示した。3番目のグラフには，同様に標的とした運動種目の累積実施度数を示し，4番目のグラフには食生活・運動教室時，フォローアップ期に測定した体重の経過を示した。横軸を2日単位で示した。

なお，カロリー計算の信頼性を検討するために，RAの母親の記録を抽出して誤差率を計算した結果，カロリー計算の誤差率は主食で10.9％，間食で1.0％であった。

対象者DUについて 図1に示したように，食生活プログラムでは，ベースライン期の間食カロリーは475.0kcalから810.5kcalの幅で1日当たり平均606.5kcalと高かった。第1回食生活教室（6/24）から第2回教室（7/8）までは，230.0kcalから513.0kcalの幅で平均342.2kcalであり，ベースライン期のカロリーの高い間食（コーヒー牛乳や菓子パン）が継続した。その後，間食カロリーは徐々に減少していった。第4回食生活教室（9/9）以降の間食カロリーは，平均178.5kcalとなり安定した推移を示した。食生活プログラムでは，238日の期間中，低カロリー飲料（ウーロン茶など）の選択行動が228回記録され，ほぼ毎日安定して実施された。

運動プログラムでは，ベースライン期にダンスや散歩などを試み出した。標的の運動種目としてステップリーボックが選択され，ほとんど毎日欠かさずビデオを見て運動に取り組んでいた。第1回運動教室（10/28）以降，運動プログラムの117日の期間中，114回実施された。また第2回運動教室（11/18）には，自ら散歩にも取り組むようになったことが報告された。

フォローアップの聞き取り調査では，低カロリー飲料の選択行動も，ステップリーボックの実施も継続されていた。プログラム実施中は体重が1か月に0.5kgから1.0kgのペースで徐々に減少した。終了時の体重とBMIは，66.6kgと26.7

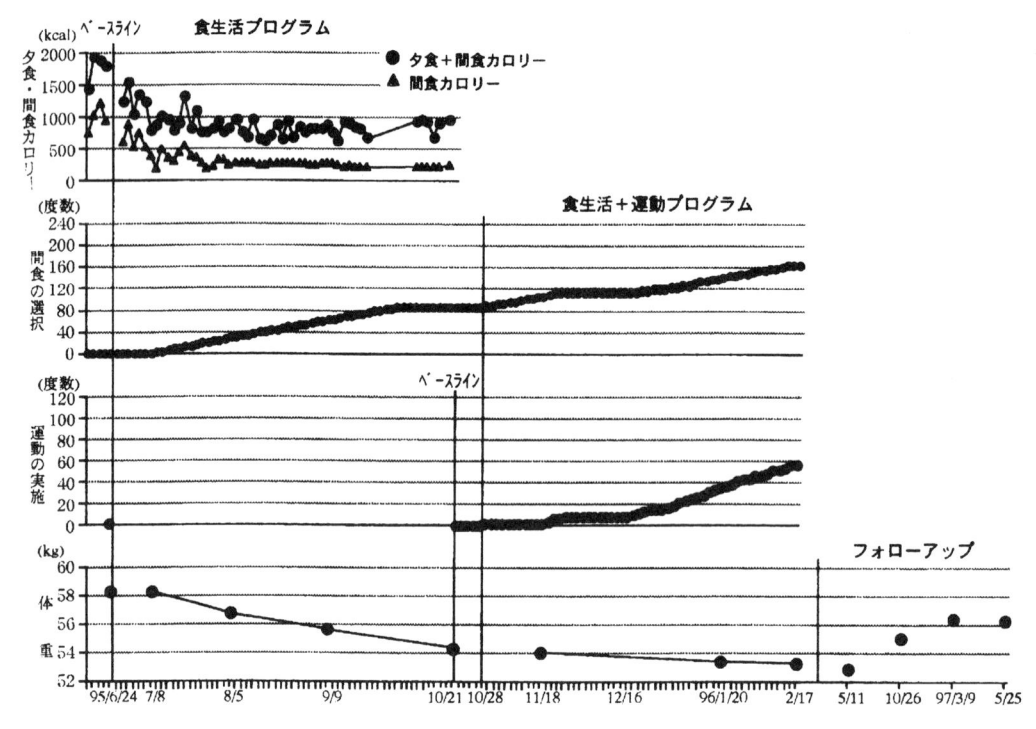

図2 RAの食生活・運動プログラム，フォローアップの経過

とBMI指数27未満にまで改善した。フォローアップでも終了時の体重をほぼ維持していた。

対象者RAについて 図2に示したように，食生活プログラムでは，ベースライン期の間食カロリーは743.0 kcalから1232.0 kcalの幅で平均992.0 kcalと高かった。第1回食生活教室（6/24）から第2回教室（7/8）までは，390.0 kcalから878.0 kcalの幅で平均616.3 kcalであり，ベースライン期に比べて若干カロリーが減少したものの，好きなコーラを思い通り飲めないことにいら立っている様子が報告された。第3回食生活教室（8/5）では，水筒にウーロン茶を入れて会社に行くことが習慣になったことが報告された。第4回食生活教室（9/9）以降の間食カロリーは，平均240.7 kcalとなり安定した推移を示した。また，ウーロン茶などを飲むことが定着するにつれて，甘いお菓子を取らなくなったことが報告された。食生活プログラムでは，238日の期間中，低カロリー飲料（ウーロン茶など）の選択行動が164回記録され，ほぼ安定して実施された。

運動プログラムでは，ステップリーボックが選択された。当初は運動教室での練習には取り組むものの，家庭では実施せずにいた。そこで第2回運動教室（11/18）において，運動ビデオ通信にRAの好むバンドグループの曲を収録したところ，家庭での運動が徐々に自発されるようになった。また第4回運動教室（1/20）では，歩数計をつけて犬の散歩をするようになったことが報告された。標的行動は，運動プログラムの117日の期間中，56回実施された。

フォローアップでは，低カロリー飲料の選択は継続されていた。ステップリーボックは行われていなかったが，犬の散歩やビデオを見ながら踊ることは実施されていた。プログラム実施中は体重が1か月に0.3 kgから0.8 kgの割合で徐々に減少した。終了時の体重とBMIは，53.2 kgと25.3とBMI指数27未満にまで改善した。フォローアップ8か月頃から体重の増加が見られたが，プログラム開始時より低い体重にとどまった。

対象者MNについて 事前調査でコーラやジュースが大好きで毎日必ず2ないし3本ずつ飲んでいることが報告された。図3に示したように，食

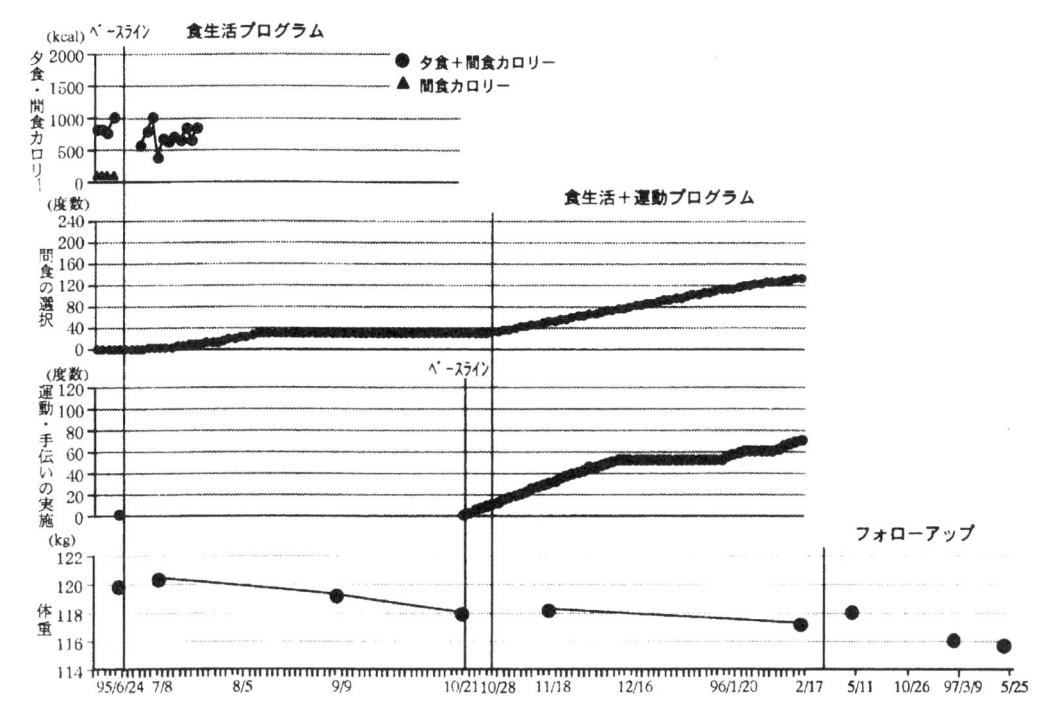

知的障害者を対象とした食生活・運動習慣の形成と長期的維持：生活技能支援ツールによる日常場面での支援のあり方　153

図3　MN の食生活・運動プログラム，フォローアップの経過

生活プログラムでは，ベースライン期の間食カロリーは平均 107.5 kcal であった。家庭の事情などで食生活プログラムの前半に欠席があり，十分な指導・支援がなされなかった。第 5 回食生活教室（10/21）には，風呂あがりにジュースの代わりにお茶を飲むようになったこと，カロリーびっくりブックを見て"○○は太る，××は太らない。"と家族に話すことが報告された。食生活プログラムでの標的行動は，後半からほぼ安定して実施された。238 日の期間中，低カロリー飲料（ウーロン茶など）の選択行動は 133 回記録された。

運動プログラムでは，ステップリーボックを選択した。ベースライン期に母親の指示で運動を実施しだした。第 3 回と第 4 回の運動教室（12/16, 1/20）を欠席した間は，家庭では標的行動が遂行されなかった。MN の身体能力からみて，ステップリーボックは負荷が高いと考えられたので，標的行動をストレッチ体操の実施のみに切り換えた。しかし MN は，自分の好むバンドグループのビデオを購入後，そのビデオを見ながらステッ

プを再び実施するようになった。標的行動は，運動プログラムの 117 日の期間中，断続しながら 71 回実施された。

フォローアップでは，低カロリー飲料の選択は継続されていた。ステップリーボックは行っていないが，ストレッチ体操は継続して行われていた。終了時の体重と BMI は 117.2 kg と 41.0 と若干の減少傾向を示していた。フォローアップにおいてもこの傾向を維持していた。

対象者 RK について　図 4 に示したように食生活プログラムでは，ベースライン期の間食は 360.0 kcal から 558.0 kcal の幅で 1 日当たり平均 456.2 kcal と高かった。食生活プログラム開始時に，好きなジュースやスナック菓子を我慢している様子が報告された。第 1 回食生活教室（6/24）から第 2 回教室（7/8）までの母親による間食カロリーの記録では，10.5 kcal から 122.5 kcal の幅で平均 49.2 kcal となり急激なカロリー減少が見られた。この母親による間食の記録ではお茶類が記録されていたが，本人のチャレンジ日記にはほとんど記録されていなかった。お茶類の

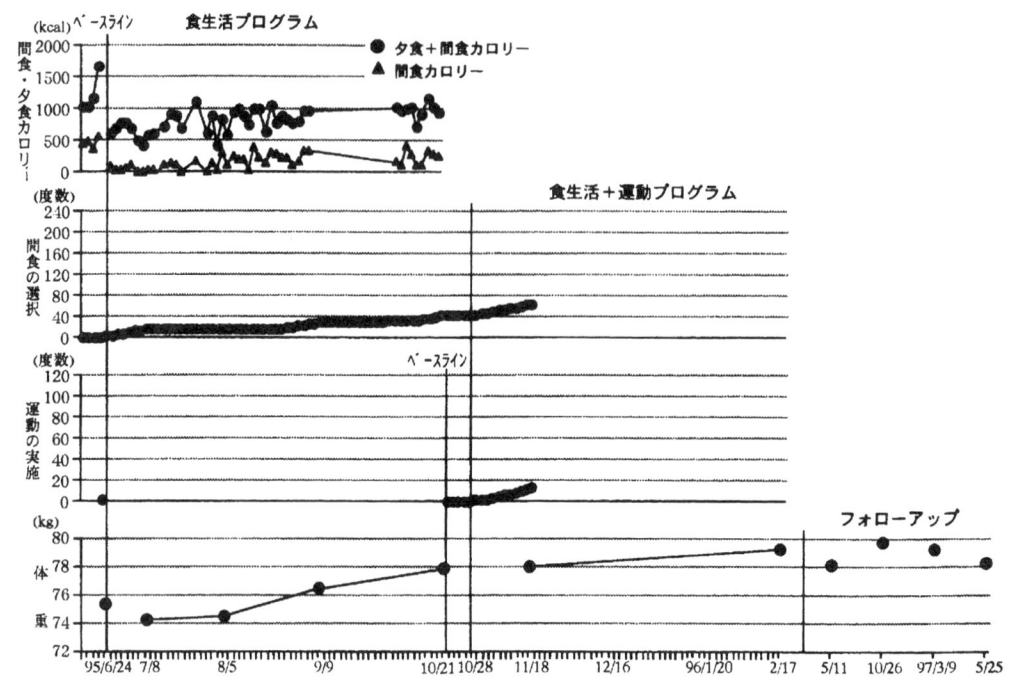

図4 RKの食生活・運動プログラム，フォローアップの経過

選択行動が，本人の自発とは異なったものであることが推測された。第3回食生活教室（8/5）以降，母親の目を盗んでスナック菓子や果物を食べていることが報告されるようになった。食生活プログラムでは，238日の期間中，低カロリー飲料（ウーロン茶など）の選択行動が断続的に63回記録され，11/18以降記録されなくなった。

運動プログラムでは，ステップリーボックを選択した。運動教室の練習場面では，ビデオを見ながら積極的に取り組んでいた。しかし，家庭の事情で第3・第4回運動教室（12/16, 1/20）を欠席すると，本人による記録自体が全くなされなくなった。運動プログラムの117日の期間中，13回のみの実施であった。

フォローアップでは，飲み物は本人の自由にまかせていること，ステップリーボックは行うことがあったと報告された。体重は，第2回食生活教室時（7/8）に若干減少したものの，終了時の体重とBMIは，79.2 kgと32.5と増加した。フォローアップでも，この傾向が継続した。

対象者ONについて 事前調査でジュースやコーヒー牛乳が大好きで毎日必ず2ないし3本ずつ飲んでおり，菓子パンを毎日買ってきて食べると報告された。食生活プログラムでは，ベースライン期の間食カロリーは，0 kcalから520.0 kcalの幅で平均190.0 kcalであった。食生活プログラム終了の頃には，必要以上にジュースを飲まなくなったこと，飲み物の変化に伴ってお菓子や菓子パンなどをあまり食べなくなったことが母親から報告された。食生活プログラムでは，238日の期間中，低カロリー飲料（ウーロン茶など）の選択行動が104回記録され，後半からほぼ安定して実施された。

運動プログラムでは，なわとびを選択した。中断しながらも約3か月実施されたが，天候や日照時間に左右され，その後記入されなくなった。なわとびは，運動プログラムの117日の期間中，29回実施された。チャレンジ日記には，なわとびの他に掃除などのお手伝い行動の記入がされ，母親からはお手伝いの自発の様子が報告された。

フォローアップでは，低カロリー飲料の選択，ストレッチとお手伝いは継続して行われていた。

なわとびは，時々実施されることが報告された。終了時の体重とBMIは，74.9kgと36.1と改善していた。フォローアップにおいても終了時の体重をほぼ維持していた。

対象者KKについて　事前調査では，ジュースが大好きで毎日決まったように飲んでいることが報告された。第1回食生活教室以降，グループホーム入所のため本プログラムに参加できなくなった。

対象者YYについて　事前調査では，缶コーヒーやネクターが大好きで，毎日会社や自宅で飲んでいること，買い置きのお菓子をよく食べていることが報告された。カロリーびっくりブックに興味を示し，飲み物の変化とともにお菓子をあまり食べなくなったことなどが報告された。教室開催日（土曜日）が，対象者の会社の出勤日と重なり，食生活教室に2回しか参加できなかった。

対象者HSについて　事前調査では，コーラや缶コーヒーが大好きで，毎日作業所や自宅で飲んでいることが報告された。ダイエットを強く意識しており，カロリーびっくりブックを毎日作業所に携帯して行くこと，作業所でウーロン茶を飲むようになったことなどが報告された。母親の勤務の都合で第3回食生活教室以降，不参加であった。

本プログラムの社会的妥当性　表2に，食生活・運動プログラムの社会的妥当性として，評定の結果を示した。5段階のリッカート尺度の⑤：全くその通り，④：その通りを"＋"，③：どちらでもないを"±"，②：その通りではない，①：全くその通りではないを"－"として示し，一部については複数回答による結果を示した。

評定の結果は，どの群からも概ね肯定的な評価を受けたといえよう。食生活プログラムの標的行動では"年齢相応か"について"±"とする回答もあった。手続きではA，B群とC群とで評価の傾向が分かれた。C群（養護学校の教師）の4割近くが手続きとして，カロリーブックやチャレンジ日記に"±""－"と回答している。

運動プログラムでは，標的行動，手続き，効果のいずれにおいてもA，B群とC群とで評価の傾向が分かれた。C群では，標的行動の"年齢相応か""一般的に必要か"で，手続きではチャレンジ日記の有効性で，効果では"自発的か"で，3割以上が"±""－"と回答している。全体についてでは，"ダイエット・運動指導の必要性""支援教室の必要性"について各群から高い評価を得た。

考　察

本研究の結果，対象者8名のうち5名が最後まで支援教室に参加した。内4名には，標的行動を家庭で継続して遂行したこと，約2kgから5kgの体重が減少し，指導終了1年3か月後のフォローアップでも体重が維持されていることが確認された。また，社会的妥当性の検討において，地域生活支援教室の必要性については高い評価を受けた。本プログラムの標的行動，手続き，効果については，知的障害者の保護者と養護学校教師とで，評価が分かれた。

食生活・運動プログラムの検討　生活支援のためのプログラムを家庭に提供していく上で考慮すべき点について検討を加える。

対象者のペースに合わせて，標的行動の遂行を徐々に評価・強化していくことが重要であった。RA，RKともに，食生活プログラム開始時に低カロリーの間食をしぶることが報告された。個別面接において，食事・間食を無理に制限しない指導がなされたにも関わらず，RKでは母親主導による食事・間食の制限が行われ，RKに隠れ食いなどが生じて，標的行動は定着することなく消失した。RAでは，保護者が従来の間食を許容しながら低カロリーの間食の選択を促し，その自発を確実に評価していった。食生活プログラム開始後も，夕食カロリーはほとんど変化せず，間食カロリーだけが徐々に減少・安定した。

標的行動が日常生活に定着するまで，支援教室のような外的で定期的な支援の必要性が示唆された。RAは，運動プログラムでの標的行動を家庭で遂行せずにいたが，RAの好むバンドグループ

表2 食生活・運動プログラムの社会的妥当性

(数字の単位は％)

	質問項目	A群 (対象者の保護者) +	±	−	B群 (知的障害者の保護者) +	±	−	C群 (養護学校の教師) +	±	−
食生活プログラム 標的行動	①お茶を飲む習慣をつける指導は有効である。	100.0	0	0	100.0	0	0	85.7	14.3	0
	②参加者にとって年齢相応である。	100.0	0	0	66.7	33.3	0	64.3	35.7	0
	③社会一般的に言って必要である。	80.0	20.0	0	88.9	11.1	0	82.1	17.9	0
手続き	①カロリーびっくりブックによるカロリークイズや自動販売機による指導は実際に役立つ。	100.0	0	0	100.0	0	0	78.6	14.3	7.1
	②チャレンジ日記による指導は有効である。	100.0	0	0	−	−	−	53.6	46.4	0
	②カロリーを示すのに茶碗一杯を基準とすることは自然である。	100.0	0	0	100.0	0	0	53.6	25.0	21.4
効果	①楽しそうに取り組んでいた。	80.0	20.0	0	100.0	0	0	100.0	0	0
	②自発的に取り組んでいた。	80.0	20.0	0	100.0	0	0	71.4	25.0	3.6
運動プログラム 標的行動	①年齢相応である。	100.0	0	0	66.7	22.2	11.1	67.9	25.0	7.1
	②社会一般的に言って必要である。	60.0	40.0	0	100.0	0	0	67.9	21.4	10.7
手続き	①運動ビデオ通信を各家庭に持ち返ってもらい、運動を実践してもらう必要がある	80.0	20.0	0	100.0	0	0	78.6	21.4	0
	②チャレンジ日記は有効である	100.0	0	0	−	−	−	57.1	39.3	3.6
効果	①楽しそうに取り組んでいた。	100.0	0	0	100.0	0	0	82.1	14.3	3.6
	②自発的に取り組んでいた。	100.0	0	0	100.0	0	0	64.3	32.1	3.6
全体について	①一般の健常者にとっても、ダイエット・運動指導は必要だと思う。	100.0	0	0	100.0	0	0	82.1	17.9	0
	②今回のような知的障害者への生活支援教室は必要である。	100.0	0	0	100.0	0	0	96.4	3.6	0
	③あなたが指導する立場であったなら、カロリーブックや運動ビデオ通信を使って指導してみたい。	100.0	0	0	100.0	0	0	67.9	32.1	0

の曲を運動ビデオ通信に収録し，派手なアクションをつけるなどの試みを続けたところ，約2か月後から家庭で運動が自発して継続するようになった。他の対象者でも，家庭で運動が実施され継続して安定するまでに時間を要した。

今後，本プログラムを提供する際の課題として，第一に，個別のケースに応じた標的行動の遂行・維持要因の評価法の検討が必要である。本運動プログラムの種目選定において，対象者の好み，自らの実施の機会，保護者の負担などに留意したにもかかわらず，対象者によって運動の実施はまちまちであった。日常場面での標的行動の遂行に対する動機づけの程度，対象者の家庭での生活の質をも考慮した評価が求められる。第二に，地域生活支援教室での指導を終了した後に，標的行動の遂行を長期的に支援するシステムを計画する必要がある。本研究では1年3か月にわたるフォローアップを行ったが，対象者が自発的に実施を継続できるフォローシステムが求められている。第三に，対象者やその保護者にプログラム全体の見通しを持たせることが必要である。成功例の標的行動の経過と体重の推移とを示し，食事カロリーを強制的に制限するのではなく，対象者が標的行動を自ら遂行することの重要さを理解してもらうことである。

日常場面での自発・維持を支援する方略の検討
本研究で導入したカロリーびっくりブックと運動ビデオ通信は，保護者の付き添いや直接的な援助を必要とせず，対象者が自ら利用して思い立ったときに標的行動を遂行することを可能とした。Pierce & Schreibman（1994）は写真による自己管理の利点について，新しい場面に簡単に移行できる，簡単にフェイドアウトできる，保護者の負担を軽減できることを指摘している。本研究の生活技能支援ツールも同様の働きがあると推測され，対象者の努力を容易に導き，常に反応し続けるための一貫したプロンプトであった（ケーゲル・ケーゲル，1992）と考えられる。

チャレンジ日記は，日常場面での標的行動の遂行を量化して蓄積することを可能とした。対象者がチャレンジ日記に記入することは，標的行動の遂行をわかりやすい物理的な量（日記の厚みや重さ）に換算することになる。標的行動を遂行し続けることが，物理的な量をためる行動と結びつき，標的行動の遂行の結果をはっきりとした形で残すことができる。分厚くなったファイルを大切にしたり，自慢したりする行動が観察されていることからも，対象者にとってチャレンジ日記の物理的な量の増加が強化となっていたものと考えられる。さらに，チャレンジ日記に記入する行動自体が，標的行動の遂行に対する強化として機能することにより，強化賦与者（保護者など）がいない場面での行動維持に貢献したと考えられる。

社会的妥当性の検討では，支援システム全体について，どの群からもおおむね肯定的な評価を得た。特に，地域生活支援教室の必要性についての高い評価は，現実にこうした機関の地域への設置と充実についての切実な願いの表れといえる。ただし，本プログラムの標的行動，手続き，効果については，対象者及び知的障害者の保護者と，養護学校教師との間で評価が分かれた。養護学校の教師は，それぞれが担当する児童生徒の実態に照らして評価したと考えられる。養護学校へ適用する場合，プログラム消費者の実態に即した改良が求められる。

相互的な"正の強化"随伴性の形成と家庭への支援　本研究では，保護者の直接的な援助を最小限にし，障害者本人が日常場面で生活技能支援ツールを活用することによって，対象者と保護者との相互的な"正の強化"随伴性を形成することを重視した。このことは，小林（1995）の指摘するなるべくわずかなプロンプト，環境条件の変化により"正の強化"の環境で暮らすという目的（望月，1995）を実現するものである。家庭への支援方略の重要なポイントとなるであろう。

従来の肥満指導は，保護者が対象者の減量で強化される事態を設定していた。そのため食事や間食の撤去，過度の運動を，対象者に一方的に課すこととなった。保護者は，対象者の減量を達成しない限り強化を得ることはできないであろうし，

対象者は，減量を達成するのに要した時間と労力に見合った強化を得ることが難しい。食物に容易に接近できるであろう家庭への支援としては，減量以外で互いに強化される関係を家庭内に形成することが重要であると思われる。

本研究では対象者と保護者に共通の強化事態が形成されたものと推測される。当初，保護者は対象者への支援手続きの一つとして標的行動の遂行を励ましていたにすぎない。対象者が標的行動を日常場面で遂行して，チャレンジ日記の枚数を重ねるうちに，対象者の毎日の取り組みに保護者自身が感心させられたことが報告された。どれだけ減量したかではなく，対象者が標的行動をどれだけ遂行したかが，保護者にとっても強化事態となっていったと考えられる。

また，対象者，保護者，支援スタッフの間で形成された相互的な"正の強化"随伴性が，標的行動とは異なった反応型を持つ社会的行動の機能化に寄与したと推測される。RKを除く対象者に，標的行動以外の運動やお手伝いの自発が報告された。肥満指導をねらいとし食生活・運動に関する標的行動の遂行を目的とした支援が，全く関連のない社会的行動の実施を促した。今後，家庭における相互的な"正の強化"随伴性と標的行動の自発，維持との関わりについて，さらに検討することが望まれる。

本研究に含まれる個人的資料の公表については，日本行動分析学会倫理綱領Ⅳ(1)項に基づき，対象者の法的保護責任者の同意を得た。

本研究において，富山県手をつなぐ育成会"みんなの青年の会"の方々及び保護者の皆様にご協力をいただきました。また身体測定の実施や，文献収集をご指導下さいました富山大学教育学部教授横山泰行先生に，深く感謝申し上げます。

引用文献

赤根昭英（1995）．知的障害を持つ児童の支払い行動の形成と地域との関わり．行動分析学研究, 8, 49-60.

Amari, A., Grace, N. C., & Fisher, W.W. (1995). Achieving and maintaining compliance with the ketogenic diet. *Journal of Applied Behavior Analysis, 28*, 341-342.

池田義雄（1990）．肥満の判定法と糖尿病患者に求められる理想体重．プラクティス, 7, 26-33.

井上雅彦・飯塚暁子・小林重雄（1994）．発達障害者における料理指導―料理カードと教示ビデオを用いた指導プログラムの効果―．特殊教育学研究, 32, 1-12.

井上雅彦・井上暁子・菅野千晶（1995）．自閉症者に対する地域生活技能援助教室：料理スキル獲得による日常場面の料理行動の変容について．行動分析学研究, 8, 69-81.

小林重雄（1995）．オペラント条件づけからノーマライゼイションまで：障害児の治療教育を通して．行動分析学研究, 8, 103-105.

ケーゲル R. L.・ケーゲル L. K.（1992）．第3章 反応性の般化と，その要となる行動．小林重雄・加藤哲文（監訳），自閉症，発達障害者の社会参加をめざして：応用行動分析学からのアプローチ．二瓶社, pp.42-66.（Horner, R. H., Dunlap, G., & Koegel, R. L. (Eds.) (1988). *Generalization and maitenance: Life-style changes in applied settings*. Baltimore: P.H. Brooks Pub.）

望月 昭（1995）．ノーマライゼイションと行動分析：「正の強化」を手段から目的へ．行動分析学研究, 8, 4-11.

武蔵博文・高畑庄蔵（1997）．知的障害者の地域生活の組織的支援をめざして―"生活技能支援ツール"を活用した"地域生活支援教室"のあり方―．富山大学教育学部紀要, A, 50, 33-45.

日戸由刈・衛藤裕司・岡田睦子・飯塚暁子・佐藤克敏・小林重雄（1992）．重度精神遅滞児に対するフィットネスクラブの試み(1)―アセスメントとシステムの検討―．日本教育心理学会第34回総会発表論文集, 483.

大野 誠（1988）．知的エリートのためのザ・ダイエットマニュアル．宇宙堂八木書店．

Pierce, K. L. & Schreibman, L. (1994). Teaching daily living skills to children with autism in unsupervised setting through pictorial self-management. *Journal of Applied Behavior Analysis, 27*, 471-481.

Schwartz, L. S. & Baer, D. M. (1991). Social validity assessments: Is current practice state of the art? *Journal of Applied Behavior Analysis, 24*, 189-204.

志賀利一 (1990). 応用行動分析のもう1つの流れ―地域社会に根ざした教育方法―. 特殊教育学研究, 28, 33-40.

Silverthorn, K. H. & Hornak, J. E. (1993). Beneficial effects of exercise on aerobic capacity and body composition in adults with Prader-Willi syndrome. *American Journal on Mental Retardation*, 97, 654-658.

高畑庄蔵 (1989). フープとびなわで,なわとびは誰でも跳ばせられる. 明治図書.

高畑庄蔵 (1993). ファイル式がんばりカード. 障害児の授業研究, 39, 56-57.

高畑庄蔵 (1998). "ほめたよ日記"にはんこを押して―適切行動の自発と問題行動の軽減―. 富山大学教育学部附属養護学校研究紀要, 19, 47-56.

高畑庄蔵・武蔵博文 (1997). 知的障害者の食生活,運動・スポーツ等の現状についての調査研究―本人・保護者のニーズの分析による地域生活支援のあり方―. 発達障害研究, 19, 235-244.

渡部匡隆・上松 武・小林重雄 (1993). 自閉症生徒へのコミュニティスキル訓練―自己記録法を含むバス乗車指導技法の検討―. 特殊教育学研究, 31, 27-35.

横山泰行 (1996). 精神遅滞児の身体発育. 風間書房.

米山直樹・谷 晋二 (1995). 重度知的障害者の肥満指導―通所作業所での試み―. 日本行動療法学会第21回大会発表論文集, 66-67.

出典：高畑庄蔵・武蔵博文 (1998). 知的障害者を対象とした食生活・運動習慣の形成と長期的維持：生活技能支援ツールによる日常場面での支援のあり方. 行動分析学研究, 13, 2-16.

ポケットサイズのキャラクター手帳（10 cm×7 cm）

低カロリー食品
　（ウーロン茶，こんにゃくゼリー等）
高カロリー食品
　（ジュース，ポテトチップ等）の写真

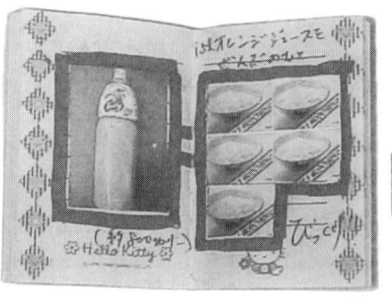

ごはん茶わんに換算して表示

資料1　カロリーびっくりブック

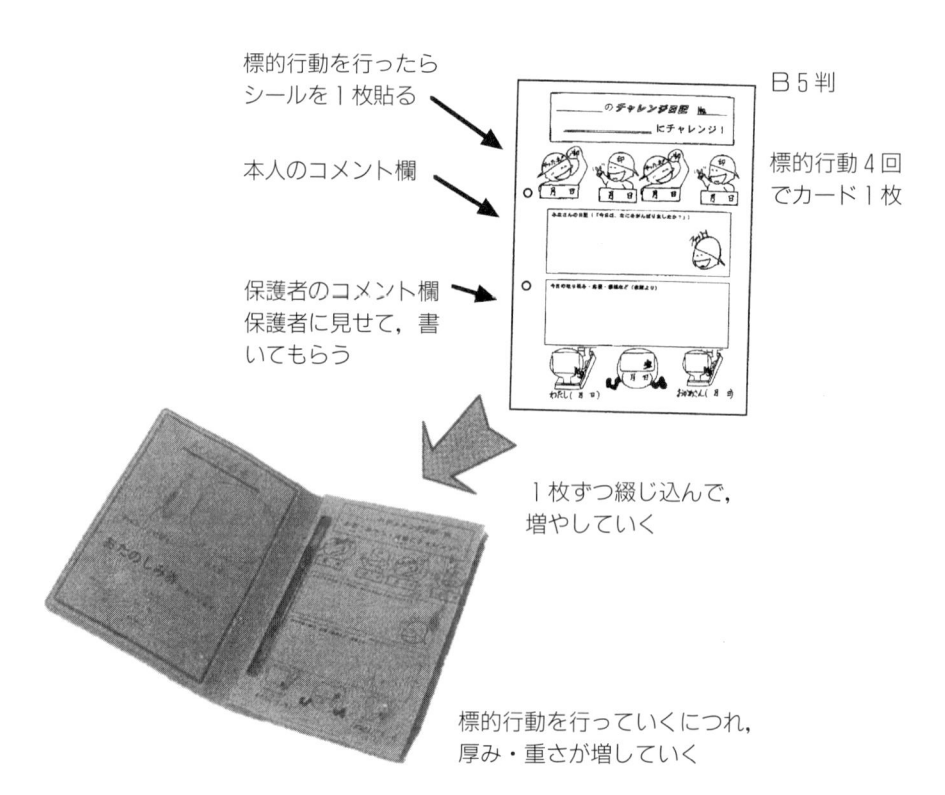

標的行動を行ったらシールを1枚貼る

本人のコメント欄

保護者のコメント欄
保護者に見せて，書いてもらう

B5判

標的行動4回でカード1枚

1枚ずつ綴じ込んで，増やしていく

標的行動を行っていくにつれ，厚み・重さが増していく

資料2　チャレンジ日記

▶▶▶ コメント

行動分析学と教育・支援現場とをつなぐツールとしての「支援ツール」

筑波大学

野呂文行

　本研究は，肥満の問題を抱えた知的障害のある人たちに対して，間食に低カロリーのものを自ら選択する行動と，手軽な運動種目に自ら取り組む行動とを，長期間持続できるよう支援することを目的とした実践研究です。その目的を果たす上で，様々な「生活技能支援ツール（カロリーびっくりブックなど）」を家庭に提供し，「地域生活支援教室」を月1回程度開催することの効果を検証しています。この実践に取り組んだ結果，8名中4名の対象者が，プログラム終了後1年3カ月の時点においても目標行動の遂行と体重の維持を示しました。

　知的障害のある人たちを支援するとき，家庭や学校などの日常生活の場で目標行動が生じること，さらにそれが長期間にわたって持続することが求められます。応用行動分析学では，このような日常生活上の長期にわたる目標行動の実現を，訓練効果の「般化」や「維持」の問題として扱ってきました。つまり特定の場所（指導室）で対象者を「訓練」し，段階的に訓練の要素（プロンプトや強化など）を撤去していくことで，その効果を「般化」「維持」させようと考えました。これは知的障害のある人たちを，定型発達の人たちの環境に一方的に適応させようという視点に基づいたものであったといえます。

　一方，指導室のような場所で，対象者の目標行動を促す環境条件が明らかになっているのであれば，その条件を日常生活環境（物理的・人的環境）に取り入れることで，障害のある人たちの目標行動の実現が可能になることが示され（望月・野崎・渡辺, 1988），日常環境の整備の重要性が様々な研究で示されるようになってきました。本研究は，障害のある人たちの目標行動を支えるための日常環境の整備を，生活技能支援ツールと地域生活支援教室を通じて実現した研究であるといえます。そのような環境整備の中で，特にチャレンジ日記は，対象者と周囲にいる人たちとがお互いに強化し合える関係づくりをするための鍵になるツールであり，重要なものであったといえます。

　著者らは，生活技能支援ツールを用いて，「家庭におけるゴミ出し（高畑・武蔵・安達, 1999）」「余暇としてのボウリング指導（高畑・武蔵・安達, 2000）」「就労指導（高畑・武蔵, 2002）」などでその効果を示し，また機能的アセスメントと生活技能支援ツールを組み合わせて，問題行動の低減に向けて家庭と学校の連携を促進させる研究（武蔵・高畑, 2003）など精力的に知見を重ねてきております。その成果は保護者や学校教員向けの著書としてもまとめられています（例えば，武蔵・高畑, 2006）。

　これら一連の研究を通じて，生活支援技能ツールは現在「支援ツール」という名称で，特に知的障害特別支援学校を中心に，その考え方が拡がりつつあります。言わば「支援ツール」という用語は，障害のある幼児児童生徒の行動を支える様々な環境整備を示す共通言語になりつつあるといえます。行動分析学は，使用する専門用語の難解さから，教育・支援現場への研究成果の普及がスムーズに進まなかったという苦い経験をしています。この点，弁別刺激やプロンプト刺激，あるいは強化刺激など行動を支える様々な環境条件を，「支援ツール」という用語を用いて表現することにより，行動分析学と教育・支援現場との協働作業のハードルが低くなっているのではないかと思います。

　「支援ツール」を窓口にして，教育や支援現場の先生方が行動分析学に触れる機会が増えるとともに，障害のある人たちのためのより良い日常環境整備について，さらに多くの実践研究が生み出されることが，今後期待できるのではないかと思います。

文　献

望月　昭・野崎和子・渡辺浩志 (1988). 聾精神遅滞者における要求言語行動の実現:施設職員によるプロンプト付き時間遅延操作の検討. 特殊教育学研究, 26 (1), 1-11.

武蔵博文・高畑庄蔵 (2003). 知的障害生徒の問題行動に対する家庭・学校連携による支援―支援ツール「ほめたよ日記」を活用して―. 特殊教育学研究, 40 (5), 493-503.

武蔵博文・高畑庄蔵 (2006). 発達障害のある子とお母さん・先生のための思いっきり支援ツール―ポジティブにいこう!. エンパワメント研究所.

高畑庄蔵・武蔵博文 (2002). 支援ツールを活用した現場実習における就労指導プログラムの効果と長期的維持. 特殊教育学研究, 39 (5), 47-57.

高畑庄蔵・武蔵博文・安達勇作 (1999). 生活技能支援ツールによるゴミ出し行動の自発と長期的維持―家庭での生活充実をめざした教育的支援―. 特殊教育学研究, 36 (5), 9-16.

高畑庄蔵・武蔵博文・安達勇作 (2000). 「ボウリングお助けブック」を活用した養護学校での余暇指導. 特殊教育学研究, 37 (5), 129-139.

Development of a Thinking-aid for the Sales Staff of a Small Computer-software Company and Remote Support for Its Continuous Use

SATORU SHIMAMUNE
Naruto University of Education

KOU ISOBE, YOSHIKI UWAZUMI, KAZUO SHOJI
Sun System, Inc.

Abstract

A thinking-aid for the sales staff was developed to facilitate their "creative" planning skills in a small computer-software company. The thinking-aid consisted of questions with regard to an article about a new product published in a newspaper or magazine that each sales staff member had read : (1) Who is the prod-uct customer? (2) What are the customer's needs? (3) What technologies are used to fulfill their needs? (4) How is the product different from others? And (5) How is the new product marketed to customers? Upon completion, each sales staff member was to propose his/her own plan by changing either (6) the target cus-tomer, (7) the technology used, or (8) the marketing strategy. First, the thinking-aid was introduced to five members of the sales staff and was shown to be effective in improving their oral presentations at the weekly sales meeting. The sales staff's continuous use of the thinking-aid was maintained through fax and e-mail for four months. Then, five new members of the sales staff participated, and their planning skills were trained with the thinking-aid and feedback using fax and e-mail. The continuous use of the thinking-aid was maintained up to more than a year. It was demonstrated that the "creative" planning skill could be guided by a simple thinking-aid, and the use of the thinking-aid could be remotely supported using fax and e-mail.

Key words : creative planning, thinking-aid, remote support, job-aid, performance management

小規模なソフトウェア開発会社における企画提案思考ツールの開発と遠隔支援

鳴門教育大学　島宗　理
株式会社　サンシステム　磯部　康・上住嘉樹・庄司和雄

都内のある小規模ソフトウェア開発会社において，営業担当者の企画提案を支援する"企画提案思考ツール"を開発し，その効果を検討した。企画提案思考ツールは新聞や雑誌などに掲載された情報処理サービスの記事について以下の質問に答えていくジョブエイドとして開発した。(1)対象となる顧客は誰か，(2)顧客のニーズは何か，(3)ニーズを満足させる技術は何か，(4)これまでの技術と異なるところはどこか，(5)どのように販売している

か。そして，(6)顧客，(7)技術，(8)販売方法のうち，どれか一つを変化させて自分なりの提案を作るように要求された。最初に，5人の営業担当者に対して企画提案思考ツールを導入し，週間営業ミーティングでの口頭発表が向上されることを確認した。その後4か月間，企画提案思考ツールへの適切な記入行動をファックスと電子メールとを使って遠隔より支援した。さらに別の5名の社員に対し，最長は1年間以上にわたり，今度はファックスと電子メールのみを使って遠隔より企画提案思考ツールの正確な使用を訓練し，継続的な利用を促進した。企画提案という複雑な言語行動の自発が比較的簡単なジョブエイドで導くことができること，そしてジョブエイドの継続的な利用を遠隔から支援できることが示された。

Key words：企画提案，思考支援，遠隔支援，ジョブエイド，パフォーマンス・マネジメント

　日本の情報処理産業は高度経済成長にも支えられ，1950年代の後半から安定して発展した。80年代には金融機関がコンピュータによるオンライン処理を業務に取り入れ始めたこともあり，情報処理システム化に対する巨額の資本投入がなされ，情報処理産業は急速な成長を遂げた（情報サービス産業協会，1998）。80年代後半には業界の年平均伸び率が12から13％と高く，通産省は17％台の安定した成長を予測していた（日本情報処理開発協会，1989）。こうした背景の下，大手のソフトウェア開発会社が金融機関などの顧客からソフトウェア開発の仕事を受注し，それを下請けの中小ソフトウェア開発会社へ発注する，あるいは下請け会社より人材を派遣させて開発を進めるという産業形態が確立した。

　しかしながら，90年代初めにバブルが崩壊し，また，金融システムのオンライン化が一段落したこともあって，企業の情報化投資は縮小し，前年度比がマイナスとなる年が続き，情報処理産業は大きな打撃を受けた（情報サービス産業協会，1998）。中小ソフトウェア開発会社の多くは，顧客と直接交渉して仕事を受注するという，いわゆる営業の経験が乏しかった。仕事は下請け構造の"お付き合い"で，上から流れてきたからである。しかしながら，業界全体でシステム開発の件数や規模が減少・縮小し，受注競争が激しくなった。これにより，中小ソフトウェア開発会社にも，顧客が何を望んでいるか（ニーズ）を汲み取り，提案し，受注を獲得する，いわゆる"提案型"の営業活動が求められるようになった。

　提案型の営業については，顧客ニーズを把握する方法や発想法，企画書の作成方法，企画のプレゼンテーション，売り込みのこつに至るまで，数多くのハウツー本が出版されている（例えば，岩下，1997；水越，1997）。ところが提案型の営業に関する心理学的な研究はほとんど行われていない。最も関連性が高いと考えられるのは企業における創造性開発の研究であるが，その多くは，より一般的な，標準化された質問紙で測定される"創造性"（Jacobson, 1993；Murdock, Isaksen, & Lauer, 1993）や"問題解決力"（Fontenot, 1993）を対象としており，実務に即した研究は見当たらない。一方実践的な事例については，訓練プログラムの概略のみで効果に関するデータの報告されていない事例が多かった（例えば，DeLellis, 1991；Higgins, 1994）。

　行動分析学では"創造性"を"これまで強化されたことのない新しい行動パターンの自発"として定義することがある（展望論文としてSloane, Endo, & Della-Piana, 1980を参照）。例えば，Goetz & Baer（1973）は，4歳児のブロック遊びを対象に，教師からの社会的強化が全く与えられない条件，前と同じ組み合わせにのみ与えられる条件，そして新しい組み合わせにのみ与えられる条件とを比較した。その結果，これまで強化されたことのない新しい組み合わせが社会的強化によって増加することが示された。水族館でのイルカの曲芸を対象にした研究（Pryor, Haag, & O'

Reilly, 1969) や，人間の行動パターンの変動性が強化スケジュールの関数であることを示した基礎研究（山岸, 1998）などからも，新しい行動パターンの自発は一つのオペラントとして強化できることが明らかにされている。

しかしながら，営業担当者の企画提案は，単に"新しい"だけでは不十分である。顧客のニーズや，ニーズを満たす方法，そして販売方法がすべて適切に考案されなくてはならない。これは一考するまでもなく非常に複雑な言語行動のレパートリーである。一握りの有能な営業担当者の持つ"才能"，あるいは長年の"経験"によってのみ獲得されるスキルとして捉えられがちなのも，無理はない。

本研究の一つの目的は，都内の小規模なソフトウェア会社において，企画提案のための思考を支援するジョブエイド（job-aid）を開発し，その効果を確認することである。ジョブエイドとは，チェックリストやフローチャートなど，文字どおり"仕事を支援する道具"をさす（Gilbert, 1979）。行動分析学的には，一連の標的行動の自発頻度を高める弁別刺激やプロンプトの集まりとも考えられる。Lineberry (1977) は，チェックリストの利点として，新しい行動を形成するトレーニング（例えばシェイピング）や維持するための動機づけ（例えばフィードバック）に比べ，低コストで短時間に開発，運営でき，仕事の変化に応じて改訂もしやすいという特長を挙げ，職場でのパフォーマンス・マネジメントには最適であるとしている。

本研究のもう一つの目的は，遠隔地からパフォーマンス・マネジメントを支援する方法を模索することにあった。一般に，コンサルタントなど，強化のエージェンシーがその場にいなくなると，パフォーマンス・マネジメントの実施の継続は困難になるといわれている。このため，強化のエージェンシーを徐々にフェードアウトしたり，組織内部に別の強化のエージェンシーを養成する試みがなされている（Redmon, Cullari, & Farris, 1985）。本研究では，内部コンサルタントとして仕事をしていた第一著者が転職のためこの会社を退職した後，ファックスと電子メールとを用いてジョブエイドの継続的な利用を支援する試みがなされた。

実践1

目的

バブル崩壊後の産業構造的変化に適応できなかった中小ソフトウェア開発会社は，倒産あるいは大規模なリストラを強いられるなど，大きな打撃を受けていた（日経パソコン, 1994, 4月）。本研究が遂行されたソフトウェア会社（資本金1千万円，従業員30名）も例外ではなく，受注の件数や規模，売上げが大幅に低下したため，事務所を移転するなど，本格的なリストラに取り組んでいた。この時期に，第一著者はこの会社の社員（内部コンサルタント）として，会社の理念や目的の明確化，社内教育カリキュラムの作成と実施，週間タスクリストとミーティングによる開発チームのプロジェクトマネジメントなど，様々なパフォーマンス・マネジメントに携わっていた[注1]。その内容に関しては，これまで学会などで発表してきた（島宗, 1994, 1995）。ここで報告する企画提案思考ツールの導入は，こうした活動の中の一部である。

提案する営業力を増強するために，これまで創業者である社長一人に頼っていた営業活動を，チームを組織して取り組むようにした。営業チームは毎週月曜日の午前中に30分間程度のミーティングを行い，その週の作業目標を週間タスクリストに記入し，前の週の目標達成を確認していた。この週間ミーティングは社内のすべての開発チームで同様に行われ，目標の達成率（作業目標のうち完了した作業の割合）はグラフ化され，事務所内に掲示されていた。こうしたパフォーマンス・フィードバックにより新規顧客への訪問件数などは増加したが，これが直ちに，目に見える形で受注へと結びついてはいなかった。これまで営業に携わったことのない社員に対して，少なくとも顧

客との会話を成立させるのに十分な新しい製品やサービスに関する知識を身に付けさせる必要性が，感じられていた。

そこで，営業チームの参加者の企画提案のための思考力を養うという目的から，週間ミーティングの最後のおよそ5分間を，新しい製品やサービスの情報を交換する発表会にあてることにした。毎週，新聞や雑誌から新しい製品やサービスに関する記事が紹介され，それに関する質疑応答を行なった。しかしながら，しばらく続けるうちに，発表が単に記事の紹介だけに終わり，新しい企画を提案するまでには至らないことが判明した。そこで，この発表時間に自分なりの提案をするために，新聞や雑誌記事に基づいて顧客のニーズや新しい技術，販売方法などを分析し，企画を立案する行動を標的行動として，これを支援するジョブエイドを開発することにした。更に，第一著者が退職後，ファックスと電子メールを使ってパフォーマンス・フィードバックを提供することにより，ジョブエイドの利用が維持されるかどうかについて検討した。

方法

参加者 5名の社員（すべて男性）が参加した。ほとんどは営業の実務経験がなく，チームに参加するまでは主にソフトウェア開発の仕事（設計やプログラミング）に携わっていた。

ジョブエイド 新聞記事などを分析し，新しい企画の立案を支援するためのジョブエイド，"企画提案思考ツール"を作成した。企画提案思考ツールは新聞記事に紹介されていた新製品やサービスについて，(1)対象となる顧客は誰か，(2)顧客のニーズは何か，(3)どのような技術でニーズを満足させているか，(4)これまでの技術と異なるのはどこか，(5)どのようにして販売しているか，を記入し，最後にこの記事を読んでの自分なりの提案を書き込むワークシート形式になっていた。提案は，(6)顧客，(7)技術，(8)販売方法のうち，どれか一つを変化させて作りだすようになっていた。図1に実例を示した。

マニュアル 企画提案思考ツールの記入の方法を教示するためのマニュアル（A4判，7頁）を作成した。マニュアルは次の3つのステップからなり，それぞれで以下の内容が教示された。(1)"提案の仕組みを知ろう"顧客のニーズとそれを満たす技術を組み合わせ，商品やサービスとして提示するのが企画提案の根幹であること。(2)"最低限の知識を身につけよう"どんなニーズがあるか，どんな商品やサービス，技術があるか，どんな営業方法があるかを調べるために，新聞や雑誌の記事を読んで分析すること。(3)"発想はモノマネから"新聞や雑誌に紹介されている新商品やサービスを分析し，ひと工夫することで，企画を考案できること。マニュアルの最後には企画提案思考ツールの記入例を示し，参加者が練習できるように空欄のワークシートも添付した。図2に，このマニュアルからニーズと商品と営業の関係を示すページを抜粋して示した。

手続 営業チームの週間ミーティングには第一著者がオブザーバーとして同席し，情報交換の時間には，担当者の発表について次の4点をチェックした。すなわち，(1)商品としての情報処理システムの説明の有無，(2)顧客のニーズについての分析の有無，(3)営業方法についての説明の有無，そして(4)新しい提案の有無，である。第一著者は記録に従事し，発言は一切せず，ミーティングが終了してからも，記録を発表者に見せたり，発表に関してコメントをすることはなかった。それぞれの発表の後には，参加者間で質疑応答がなされた。情報交換の時間の口頭発表は，オーディオカセットに録音された。

企画提案思考ツールの導入に際しては，第一著者がマニュアルに基づき，およそ30分間かけて記入の方法を説明した。参加者各々の仕事のスケジュールの都合で，ツールの使い方は3回に分けて説明した。参加者ISに対して5週目の終わりに，2回目は参加者UZ，TJ，MNに対して10週目の終わりに，参加者SJに対して17週目の終わりに説明を行った。このため，意図しなかったものの結果的に参加者間の多層ベースライン法

企画提案支援ツール

氏名	MN	日付	95/4/10	記事	日経産業新聞（3/27）

顧客について	
エンドユーザーは誰か？	パソコンユーザー及び情報提供会社
エンドユーザーのニーズは何か？	・画面上に表示された地図に各種情報を付加し，データベース化し，整理する。 ・観光地情報，レストラン情報など，各種情報を得る。提供する。

情報システムについて	
提供者／開発者は誰か？	昭文社
どのようにニーズをかなえるか？	・文字だけではなく，地図を必要とするデータ（地図主体）をデータベース化したい。 ・地図入り情報の取得（文字入り地図情報）
これまでの商品と違うのはどこか？	・地図上の場所に文字情報，写真，図表を入力でき，利用者独自の地図が作製できる。 ・カーナビシステムとしても利用できる。

販売方法について	
どのように販売しているか？	下記会社と提携して販売。 ・旅行会社（観光地情報） ・出版社（レストラン情報） ・家電メーカー（カーナビ機能）

自分の提案をつくる		
顧　客	商　品	営　業
□同じ顧客に □下の顧客に	□同じ商品を □下の商品を	□同じ販売方法で売る □下の販売方法で売る
運送会社	配達先情報を入力し，カーナビと連動させ，ドライバーの能力の均一化をはかる。	大手運送会社と提携する。

図1　企画提案支援ツールの記入例。参加者が手書きで書き込んだワークシートをワープロで打ち直したもの。

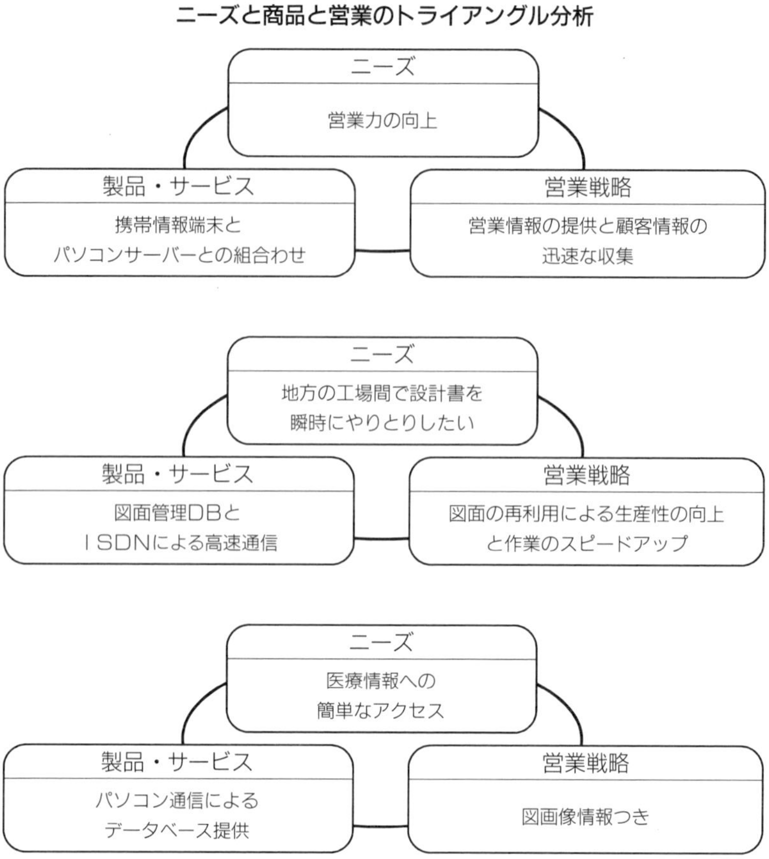

ニーズと商品と営業のトライアングル分析

```
          ニーズ
       営業力の向上

  製品・サービス         営業戦略
  携帯情報端末と      営業情報の提供と顧客情報の
パソコンサーバーとの組合わせ      迅速な収集


          ニーズ
    地方の工場間で設計書を
      瞬時にやりとりしたい

  製品・サービス         営業戦略
   図面管理DBと       図面の再利用による生産性の向上
 ISDNによる高速通信       と作業のスピードアップ


          ニーズ
       医療情報への
       簡単なアクセス

  製品・サービス         営業戦略
  パソコン通信による      図画像情報つき
   データベース提供
```

図2 マニュアルの一部。"最低限の知識を身につけよう"より抜粋。

を適用した型式となった。ツールの導入後も，第一著者は口頭発表に対するフィードバックは全く行わなかった。

18週目の終わりに第一著者が退職したので，19週目からの週間ミーティングは第一著者不在で行われた。発表者は，記入済みの企画提案思考ツールと元になった記事とを第一著者へファックスで送り，第一著者はこれを数日中に採点し，コメントをつけて電子メールで発表者へ送り返した。図3に実際の記入例とコメントを示した。ちなみに，このコメントは図1のワークシートに対するフィードバックとして送られたものである。ファックスと電子メールを利用した遠隔支援は，およそ4か月間続けられた。

結果と考察

図4に情報交換の時間の口頭発表の評価（1から18週）とファックスで送られてきた企画提案思考ツールの採点結果（21週以降）を示した。口頭発表については，4項目中言及のあった項目数（4点満点）を左軸にとった。企画提案思考ツールについては，8項目中，適切な分析を2点，不十分な分析を1点，誤った分析を0点とした合計点（16点満点）を右軸にとった。横軸はカレンダー通りの週であり大型連休なども省いていない。破線は条件の変化を示す。左から，"Baseline"が企画提案思考ツールの導入前，"Thinking-aid"が導入後，"Remote Support"が遠隔支援が行われたセッションをそれぞれ示した。

直接観察の信頼性を確認するために，各参加者の口頭発表から企画提案思考ツール導入前後の発表をランダムに1件ずつ選び，第三者にテープ起こしを依頼した（全10件のプロトコルは資料として添付）。更に，テープ起こしが完了した時点

項　目	評　価	コ　メ　ン　ト
顧客について		
エンドユーザ	△	もう少し詳しく創像してみましょう。どんなパソコンユーザーがこのソフトを必要とするでしょうか？どんな情報提供会社が利用しそうですか？
ニーズ	○	
情報システムについて		
開発者	○	
ニーズをかなえる方法	○	MNさんがここに書かれたことは，むしろ，ニーズですね。地図情報と文字情報をデータベース上で連結する仕組みをパソコンで提供するということが，「どのようにニーズをかなえるかということになります」
これまでと違う点	○	
営業戦略		
販売方法	◎	いいですね。こうしたソフトは基本ソフトなので，いろいろなニーズの実現のために，それぞれのベンダーと協力した幅広い営業が可能でしょう。
自分の提案		
顧　客	○	
商　品	◎	すばらしい提案だと思います。特に新人の立ち上げ（はじめは土地に不慣れでしょうから）には有効なのでは？
営　業	○	

図3　電子メールによるフィードバックの実例。送信した電子メール本文の一例を示す。

で，この記録者に企画提案思考ツールについて説明し，上記の4項目について各プロトコルを採点させた。第一著者の直接観察による採点と突き合わせたところ，観察者間の一致度は97.5％であった。

図4より企画提案思考ツールが導入されるたびに口頭発表の得点が上昇していることが確認される。これより，ツールが情報交換の場面における発表内容を改善するのに有効であったと考えられる。参加者TJにおいてはツールの導入前に得点が増加している（7，9週目）。これは，それより以前にツールが導入された参加者ISの発表の変化である可能性もある。しかしながら，参加者MNやSJのように，他の参加者のツール導入後の改善された発表を聞いていながら，自らの発表には変化のなかった参加者もいる。このことから，新聞記事から商品や顧客を分析し，新しい提案をするという行動は，他者の発表の観察だけでは生じないが，簡単なジョブエイドの導入により生じ得る行動であることが示唆される。

企画提案の質に関する妥当性を検討するため，徳島県内の大手ソフトウェア会社で開発に携わる技術者7名にプロトコルの評定を依頼した[注2]。評定者には，まず，すべてのプロトコルをランダムな順番で読んでもらい，その後，それぞれのプロトコルについて，(1)提案の有無を"あった"，"なかった"，"判断できない"の3項目で，(2)提案の適切さを"適切"，"不適切"，"判断できない"の3項目で評価させた。研究の目的（事前事後の比較）については知らせなかった。表1に各プロトコルについて提案があったと評価された割合と，また提案があったと判断されたプロトコルについては，それが適切な提案であったと評価された割合とを示した。

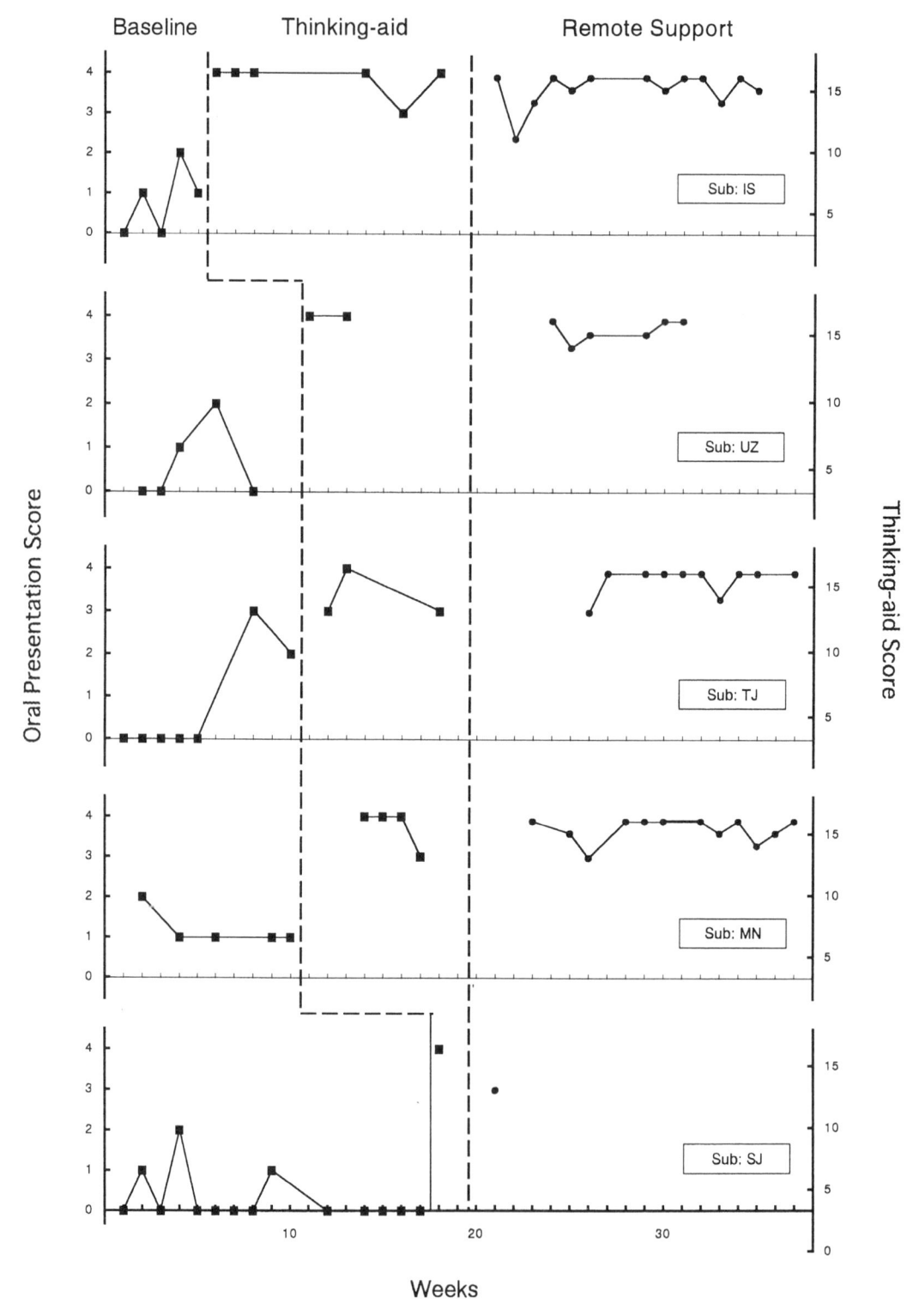

図4 実践1の結果。口頭発表の評価（4点満点）は左軸に，企画提案思考ツール記入の評価（16点満点）は右軸に示す。横軸はカレンダー通りの週である。条件は左から企画提案思考ツール導入前（Baseline），導入後（Thinking-aid），遠隔支援（Remote Support）。

企画提案思考ツールの導入前後を平均値で比較すると，提案があったと評価された割合は20.0％から77.1％へと増加しており，評定の妥当性が確認された。提案の適切さに関しても，専門家による評定は平均で6.7％から49.4％へと増加している。これより，相対的には，思考ツールによって提案の適切さが向上したと考えられる。事後データに対する絶対的な評価が高くない理由は，主にプレゼンテーションの技能に関する問題であると思われる。評定者の一人からは"ビジネス上の提案というものは，誰にでも理解されるように話しているかどうかが重要なわけで，決して相手の理解力に頼るものではありません。そういう側面から考えると，全ての発言は無意味だと感じました"という感想がよせられた。相手に分かりやすく，興味を持って聞いてもらえるように話すという，いわゆる"プレゼンテーション"のための技能は，このトレーニングの目的ではなかったが，もちろん，提案型営業にとっては重要であり，別にトレーニングを要する課題である。

21週目以降のデータは，社内のパフォーマンス・マネジメントの強化のエージェンシーを担っていた著者が退職した後も，ファックスと電子メールを使った遠隔支援によって，情報交換のミーティングと企画提案思考ツールの正確な利用が少なくとも4か月間は維持できたことを示している。営業チームの編成は四半期（3か月）ごとに見直し，そのたびにチームの目標や活動内容も変更できるようになっていた。実践1はおよそ3期（9か月）にわたって行われたことになる。3期目の終わりにはそれまで参加していた営業担当者がほぼ企画提案をマスターしたと考えられたので，遠隔支援も終了した。

実践2

目的

実践1の終了から約4か月後，営業チームに新しく5人の社員が加わることになった。ただし彼らは採用後3年以下の新人であり，社内教育の一環として，プログラミングの仕事を続けながら営業チームの活動の一部に参加するということであった。そこで，情報交換の時間における彼らの企画提案を支援するために，企画提案思考ツールが導入されることになった。この時点で第一著者はすでに退職していたので，ファックスと電子メールのみを使って企画提案思考ツールの正確な使い方を訓練できるか，そしてその継続的な利用を支援できるかどうかについて検討した。

表1 専門家によるプロトコル評定。7名の専門家による評定を集計した。

参加者	提案があったと評価された割合(%)		適切な提案だと評価された割合(%)	
	事前	事後	事前	事後
IS	28.6	100.0	33.3	57.1
UZ	42.9	71.4	0.0	33.3
TJ	14.3	85.7	0.0	66.7
MN	14.3	71.4	0.0	50.0
SJ	0.0	57.1	0.0	40.0
平均	20.0	77.1	6.7	49.4

方法

参加者 新しく営業チームに参加することになった5名の社員（AKとOGは女性，KG, OT, SHは男性）が対象となった。在職歴1から3年の若手で，これまで営業活動の経験はなかった。プログラミングの仕事に携わりながら，社会教育の一環として参加することになった。週間ミーティングなどは実践1と同様に行われていた。

ジョブエイドとマニュアル 実践1と同じ企画提案思考ツールを使用した。ただし，利用方法について著者からの説明は行わず，参加者にはマニュアルが手渡されただけであった。

手続 実践1の後半と同様の手続がとられた。参加者は営業チームの週間ミーティングに備えるため，新聞や雑誌記事を読み，企画提案思考ツールに従って企画提案を考案した。口頭発表の記録は取らなかった。週間ミーティングが終了すると，発表者は記入済みの企画提案思考ツールを第一著者にファックスで送った。第一著者はこれを16

点満点で採点し，数日中にコメントを電子メールで返送した．AK, KG, OG, OT, SH が，この順序で営業チームに参加した．また，OT と SH は途中からプログラム開発の仕事に専念するようになったので，5人の参加者が企画提案思考ツールを利用し始めた時期や期間はそれぞれで異なった．実践2では，実践1で効果が検証された企画提案思考ツールの利用を遠隔支援することを主な目的としたので，ツールの効果を検討するための実験計画は組まれなかった．

結果と考察

図5に，ファックスで送られてきた企画提案思考ツールを採点した結果を示した．横軸はカレンダーどおりの週を示し，縦軸は企画提案思考ツールの8項目についての合計点（16点満点：適切な分析は2点，不十分な分析は1点，誤った分析は0点）である．

企画提案思考ツール記入の得点は，すべての参加者において最初の数回でこそ低いが，回数を重ねるにつれて高くなった．これより，企画提案思考ツールの使い方は，実践1のように30分間程度の時間をかけて口頭説明しなくても，マニュアルを渡して数回の記入と添削というフィードバックによって学習できることが分かる．

また図5からは，時期によって頻度にばらつきがあるものの，参加者が営業ミーティングに参加している間は，2ないし3週間に1回の割合でファックスが送られていたことが分かる．前述したように，実践2の参加者の本務はあくまでプログラミングであり，営業チームでの活動は社内教育の一貫とみなされていた．このため，本務であるソフトウェア開発の作業が多忙になると営業ミーティングへの参加も難しくなった．図5の，33週から47週，50週から55週にかけてのデータが欠けているのは，こうした事情による．それにもかかわらず，最長で14か月にわたって企画提案思考ツールの利用が遠隔より支援できたことは，この時点で，著者が退職してからおよそ2年間が経過していたことを考えあわせると，興味深い．

この点に関しては最後に考察する．

総合的考察

バブル崩壊による産業構造の変化に対応するために，ソフトウェア開発会社における営業担当者の企画提案のための思考を支援するジョブエイド，"企画提案思考ツール"を開発した．実践1では，営業チームの週間ミーティングで行われる情報交換の口頭発表を分析し，企画提案思考ツールが提案の頻度と適切さを向上させることを確認した．ツールの継続的な利用は，ファックスと電子メールを活用した遠隔支援によって維持された．実践2においては，新しく営業チームに参加した社員に対し，ファックスと電子メールのみを活用した遠隔支援で，企画提案思考ツールの的確な使い方を訓練し，継続的な利用を維持できることが示された．

本研究では，企画提案思考ツールのような比較的単純なジョブエイドで，営業活動のための企画提案という複雑な言語行動を促進できることが示された．Gilbert (1979) が指摘するように，組織でパフォーマンス・マネジメントを試みるときには，最小のコストで最大の効果を発揮できる対象から始めるのが望ましい．企画提案思考ツールの場合，開発にかかったコストも，訓練にかかったコストも最小限であった．おそらく，最も大きなコストは，ファックスで送られてきたツールを採点し，コメントをつけて返送する採点者側の人的コストであったと考えられるが，それさえも1件につき5分間程度であった．企業における社内教育は，とかく時間を浪費しやすい．勉強会を開いたり，講習会へ派遣したりする教育形態には，移動時間も含めて，その時間に本来なら収入をもたらす労働機会が失われるという"機会コスト"が隠れていることが指摘されている（Mager, 1988）．その点，今回の企画提案思考ツールを利用した社内教育は，個人のペースで，個人の時間に学習を行うことができるという点で優れていると考えられる．

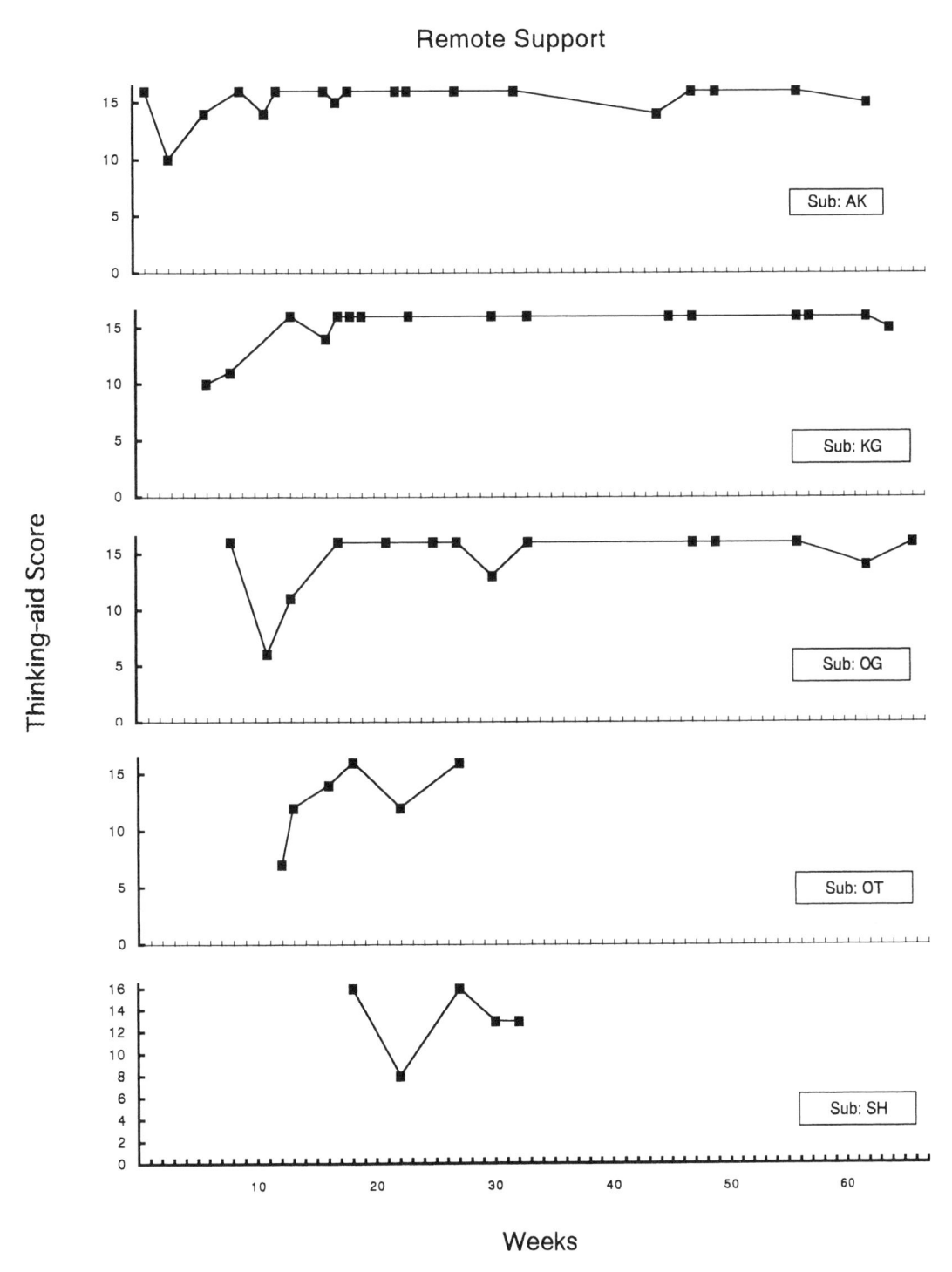

図5　実践2の結果。横軸はカレンダーどおりの週，縦軸は企画提案思考ツール記入の評価（16点満点）である。

企画提案思考ツールを利用して生じた企画提案の質については，プロトコルの専門家による評定によって検討した。このほかに，週間ミーティングで発表された企画が実際に顧客に提案された回数や，採用され受注にまで至った件数が記録されていれば，妥当性を検討するデータになったかもしれない。しかしながら，こうしたデータの評価は慎重に行わなくてはならない。実際の営業活動では，顧客ごとにニーズや予算や嗜好が異なり，ミーティングにおける提案がそのまま使えるとは限らない。そもそも，提案する機会があるかどうかは，営業担当者に提案レパートリーがあるかどうかとは別問題でもある。そして提案した企画が採用される確率は，提案の質だけではなく，競合会社の提案や顧客側の諸事情など，様々な外部要因によって左右される。また，営業チームに参加した社員は，これを機により頻繁に営業活動に携わるようになったが，それは企画提案思考ツールというよりは，週間ミーティングと達成率のフィードバックというプログラムによるところが大きいと思われる。

組織行動マネジメントにおいて，一つの介入プログラムが標的行動の改善を超え，会社全体あるいは事業所や部署レベルのパフォーマンス（売上げや利益など）に与えた影響を示した研究は少ない。*Journal of Organizational Behavior Management* に掲載された論文にも，こうした報告はほとんど見られない。これは，経営データの公開を企業が好まないという理由に加え，そこから介入プログラムを評価するのが困難なためと思われる。会社全体や事業所・部署レベルのパフォーマンスは，前述したような外部要因や，組織内のほかの要因によって影響されるからである。したがって，このことから，パフォーマンス・マネジメントの実践において最も重要なのは，組織レベルのパフォーマンスに確実に影響するような標的行動を選ぶことになるだろう。このために，システム的な分析手法がいくつか考案されているので参照されたい（Brethower, 1982；Gilbert, 1979；Krapfl & Gasparotto, 1982；Malott, & Garcia, 1987；Smith & Chase, 1990）。

企画提案が企業活動そのものに与えた影響を評価した組織行動マネジメントの研究としては，Smith, Kaminski, & Wylie（1990）がある。Smithらは，規制緩和による競争の自由化に対応しようとするガス会社において，会社に競争力をつけるため，コスト削減のアイディアを全社的に募り，アイディアの実施によって削減される経費に応じてボーナスを支払うという強化随伴性を設定した。つまり，提案の質は算定される経費の削減額として，客観的に計算された。

本研究の場合，売上げが低下して，経営的に苦しい状況に陥っていた会社が，会社全体にパフォーマンス・マネジメントを導入することによって，新規顧客の開拓に成功し，従来の下請け的な受注以外の提案型営業による受注も増加した。現在では，業界全体としては依然として不況が続いているにもかかわらず，利益を上げ事務所スペースも倍増するなど，健全な経営状況を維持している。本研究で営業チームに参加者していた社員が，今では会社の中核となっているという。前述した理由から，こうした会社全体の成果を，パフォーマンス・マネジメントの直接の結果であると結論づけることはできないが，評価の参考までに述べておく。

最後に，組織におけるパフォーマンス・マネジメントの維持について考察したい。実践1の途中から第一著者が退職し，以後はファックスと電子メールとを使って遠隔より企画提案思考ツール利用を支援した。しかしながら，電子メールによるフィードバックの行動随伴性のみがツールの継続的な利用を強化していたとは考えにくい。繰り返し述べたように，本研究が実践されたソフトウェア会社では，週間ミーティングを初めとする様々なパフォーマンス・マネジメントが実施されていた。会社全体の目的が明示され，開発チームごとの業務の目的や，個人のキャリアパスにそった目標も定義されていた。営業チームの参加者に提案型営業が"なぜ"必要かが伝えられていただけではなく，こうしたプログラムに沿った行動に強化

随伴性が設定されていた。例えば，営業チームの週間タスクリストには，自己学習の一環として，新聞や雑誌記事を読み，情報交換の発表に備えるという項目が含まれていた。発表の順番にあたった参加者がこれを忘ればチームの達成率は下がり，事務所内に掲示されるグラフの見た目も悪くなる。つまり，発表の準備をする行動には，回避の随伴性が設定されていることになる。

また，企画提案思考ツールの利用が浸透するにつれて，口頭発表直後の参加者間の質疑応答も変化した。質疑応答の内容は録音していなかったため，今回の報告では分析の対象としていないが，"その技術は〜にも使えますね"であるとか"〜にはこんなニーズもあるのではないでしょうか？"，あるいは取引先の名前をだして"〜さんのところで提案してみたらどうだろう"といった発言が生じていた。こうしたコミュニケーションは，発表者の発言を強化したり，矯正的なフィードバックになったり，実際の企画提案を促進するプロンプトになっていたと考えられる。実践2では，すでに実践1で企画提案思考ツールの使い方をマスターした先輩からの社会的強化や弱化があったに違いない。残念ながら，こうした相互作用についてのデータは収集していないので断定はできないが，企画提案思考ツールの利用を強化する行動随伴性が，第一著者からの遠隔支援のほかにもあったことは間違いないと思われる。これらの点も含めて考察すると，強化エージェンシーが離れた後でも組織においてパフォーマンス・マネジメントを維持するためには，組織の中に，できるだけ多くの相補的な行動随伴性を設定しておくことが有効であると言えよう。

注1）会社全体の会議やリーダー会議などで，社内のマネジメントについて議論を進めるために，第一著者の行動分析学の専門性を活かした意見を積極的に取り入れていくことが経営者より告知された。以降，経営方針を考えるチームや，営業チーム，教育チームなどが結成され，第一著者はファシリテータ，あるいはアドバイザーとして各チームの運営に携わった。

注2）第三者評定に協力していただいた㈱ジャストシステムの松浦宏枝氏に感謝いたします。

引用文献

Brethower, D. M. (1982). The total performance system. In R. O'Brien, A. Dickinson & M. Rosow (Eds.), *Industrial behavior modification*: *A management handbook*. New York: Pergamon. pp.350-369.

DeLellis, A. J. (1991). Tapping creativity in others. *Training & Development, 45*, 49-52.

Fontenot, N. A. (1993). Effects of training in creativity & creative problem finding upon business people. *Journal of Social Psychology, 133*, 11-22.

Gilbert, T. F. (1979). *Human Competence*. New York: McGraw Hill.

Glenn, S. S. (1988). Contingencies & matacontingencies: Toward a synthesis of behavior analysis & cultural materialism. *Behavior Analyst, 11*, 161-179.

Goetz, E. M. & Baer, D. M. (1973). Social control of form diversity and the emergence of new forms in children's blockbuilding. *Journal of Applied Behavior Analysis. 6*, 209-217.

Higgins, J. M. (1994). Creating creativity. *Training & Development, 48 (11)*, 11-15.

岩下禮二郎（1997）．「提案営業」必勝システム　誰にでもできる提案能力開発法．ジャニス．

Jacobson, C. M. (1993). Cognitive styles of creativity: Relations of scores on the Kirton Adaption-Innovation Inventory and the Myers-Briggs Type Indicator among managers in USA. *Psychological Reports, 72*, 1131-1138.

Krapfl, J. E. & Gasparotto, G. (1982). Behavioral Systems Analysis. In Frederiksen, L. W. (Ed.), *Handbook of organizational behavior management*. New York: Wiley. pp.21-38.

Lineberry, Jr. C. S. (1977). When to develop aids for on-the-job use and when to provide instruction. *Improving Human Performance Quarterly, 6*, 87-92.

Mager, R. F. (1988). *Making instruction work*. CA: David S. Lake Publishers.

Malott, R. W. & Garcia, M. E. (1987). A goal-directed model for the design of human performance systems. *Journal of Organizational Behav-*

ior Management, 9 (1), 125-159.

Mawhinney, T. C. (1992). Evolution of organizational cultures as selection by consequences: The Gaia hypothesis, metacontingencies, & organizational ecology. *Journal of Organizational Behavior Management, 12 (2)*, 1-26.

水越一雄 (1997). ていあん活動52週. 日本経営協会総合研究所.

Murdock, M. C., Isaksen, S. G., & Lauer, K. J. (1993). Creativity training and the stability and internal consistency of the Kirton Adaptation-Innovation Inventory. *Psychological Reports, 72*, 1123-1130.

日本情報処理開発協会 (1989). 情報化白書1989：80年代情報化を巡る歩みと今後の展望. コンピュータ・エージ社.

日経パソコン (1994). 情報処理市場展望：パソコンが回復をリードする. 日経パソコン4月号, pp.46-62.

Pryor, K. W., Haag, R., & O'Reilly, J. (1969). The creative porpoise: Training for novel behavior. *The Journal of the Experimental Analysis of Behavior, 12*, 653-661.

Redmon, W. K., Cullari, S., & Farris, H. E. (1985). An analysis of some important tasks and phases in consultation. *Journal of Community Psychology, 13*, 375-386.

島宗 理 (1994). 企業に行動分析学を導入するためには. 日本行動分析学会第12回大会発表論文集, 34.

島宗 理 (1995). 組織行動マネジメントにおけるシステム的視点. 日本行動分析学会第13回大会プログラム・発表論文集, 2.

Sloane, H. N., Endo, G. T., & Della-Piana, G. (1980). Creative behavior. *Behavior Analyst, 3*, 11-21.

Smith, J. M. & Chase, P. N. (1990). Using the vantage analysis chart to solve-organization-wide problems. *Journal of Organizational Behavior Management, 11 (1)*, 127-148.

Smith, J. M., Kaminski, B. J., & Wylie, R. G. (1990). May I make a suggestion?: Corporate support for innovation. *Journal of Organizational Behavior Management, 11 (2)*, 125-146.

山岸直基 (1998). 人間行動の変動性に及ぼす強化随伴性の効果. 行動分析学研究, 12, 2-17.

情報サービス産業協会 (1998). 情報サービス産業白書1998：エンドユーザー主役の時代に向けて. コンピュータ・エージ社.

資料　口頭発表のプロトコル

参加者：IS

[事前] えー，タイトルはですね，医療電送システムというものなんですけど，離島，離れた島ですね。そこからエックス線の写真を本島の大きな病院に送って，そして先生に診てもらうというようなシステムです。でまあ，それをマルチメディアというかどうかはわかんないんですけど，とりあえず画像情報のデジタル化ということで紹介しました。それがですね，面白かったのは，88年でですね，すでに札幌市でやったらしいんですよ。札幌市と中標津というちょっと遠い所なんですけど，そこでやった時にはですね，転送に時間がかかり過ぎて全然使い物にならなかったというような経緯があってここまで発展してきてます。えっと，はっきりと書いてないんですけど，話題になっているATMですか，そういうものを導入してるんだろうなということはわかります。まあ，マルチメディアの一例ということでご紹介いたしました。

[事後] 私の方からいきます。えー，10月8日，8日ですね。日本経済新聞朝刊，タイトルは，あー，ごめんなさい，首都圏経済かながわという欄で見つけました。タイトルはですね，横浜港の新管理システムという，横浜市が導入するということです。エンドユーザーは横浜市で，横浜市の港湾施設の管理をしている部分があるんで，ここがエンドユーザーになります。この人達は何を望んでいるかというと，コンテナ貨物の増加や，新しい港湾施設の管理ですね。それに対応していきたい，というようなことを思っているらしいです。で，情報システムなどの開発者は不明でして，どうやってこのニーズをかなえていくかということで，4点ほどあげてあります。現行のシステムに対して記憶容量は8倍，処理速度が10倍になる

と。それから，これまでは大型コンピュータ中心の集中管理だったものを，パソコンのクライアント・サーバ，分散システムに移行してくる。それから3点目が，船舶運行スケジュールのファックス送信とかですね，港湾施設使用料口座振り替えなどのインテリジェントなサービスをこれから提供できるようになるということです。それから4番目，通信回線の2重化ですとか，全端末のワクチンソフト導入による，安全性，信頼性の向上をしていきます，というようなシステムで。これをどうやって販売しているのかっていうのは記事の方にはちょっと無かったので，私見として，私が考えたことを発表したいと思います。導入した業者，どっかわかんないんですけど，これがですね，クライアントサーバの経験があるはずですけどね，これを売り言葉にして売っていったんじゃないかなと，あともちろん，さっきいったようなシステムのいいところですね，速いですとか，安全性が高いですとか，容量が大きいですとか，そういうものを宣伝文句にして営業活動したんではないかと，いうようなことを考えました。で，それを自分なりに解釈しまして，私の提案としては，えー，まぁ顧客を対象に考えてみました。まあ今，横浜港なんですけど，もちろん，日本は他に港がある国ですから，他の港に，港湾管理しているような港に売りつけりゃいいのかなと思っています。で，ま，それをする際には，直接行くんじゃなくて船舶を有しているような企業があると思うんですけど，そういう所と，ま，この実績を中心にした営業展開を行っていけばいいのかな，と考えました。以上です。

参加者：UZ

[事前]えーっと，私は，11月2日の新聞の，あまり開発とかには関係ないんですけど，IBMがですね，去年がえーと国内1位だったんですが，上半期で実は4位に落ちてしまって，そのためにパソコン販売で，もう少し補強して，新しい製品をいっぱいだしていこうということになったようです。私の意見としては，よくテレビで最近，アメリカ経済が上向いてきた，というようなことをいってるんですけど，まだまだそんなことはないかな，というふうに思っているんですが。来年から，パワーPC系で，力を入れてやっていきたいと思います。

[事後]はい，じゃあ報告します。えーとですね，バーコードで金型生産の管理を行うという記事で，この企画力トレーニングに従ってやってきました。で，えーとお客さんなんですけど，ニチダイという会社で金型のメーカーです。で，エンドユーザーがニチダイで，こちらの方が納期短縮化とコストの削減ということで，金型に関してのバーコード管理をやるシステムを開発した，というお話です。で，こちらの会社のニーズなんですけど，現在，システムは使っていないですね，このシステムを導入して，金型の工程管理をバーコードで行う。それと，原価計算の方法をこれによって正確に行う，ということを目標にしていると。バーコードを使ってこうやって管理をすることによって，納期短縮をして，どの工程でどのくらいかかるかを把握することによって原価計算の正確さを増して，コストの削減をしようというシステムです。で，えーと企画力ということで，このシステムに対して，どういうふうに，うちの会社がやっていけるかということなんですけど。作業工程を管理するということなので，えーと，いくつかの製造会社で使えるのではないかと。うちの会社としては，たとえば，どこかの会社にですね，全く同じようなものになっちゃうんですけど，工程管理のシステムを作りましたので，というふうに出すというのはできると。多分，こちらでやっているのと同じような営業方針でやっていくしかないだろうな，ということを考えました。以上です。

参加者：TJ

[事前]えーっと，えー11月10日の毎日新聞ですけれども，えーNTTの副社長が，えーと，ある会合でマルチメディアの現状と将来という題で話をしたということです。えーとアメリカから

較べて，日本のマルチメディアは遅れているということで，ちょっとコメントがあるのですが，電話回線のネットワークのデジタル化などはむしろ進んでいるが，問題は利用者の端末の部分が遅れている，という短い記事なんですけれども。この記事についてちょっとわからなかったんですけれども，利用者の端末の部分が遅れているということなんですけど，先ほどISさんの方で，開発が遅れているということだったんですけど。端末をワープロの代わりにして，それが遅れているということなのかなとも思うんですけど。ちょっとわからなかったです。

［事後］えとー，12月18日の毎日新聞の朝刊に出ていました。えー以前からあったと思うんですけども，えとニフティサーブを使ったパソコン通信で，通販を行うという記事です。えーと，私，この，あんまりよく知らなかったんで，興味あったんですけども，えとパソコンを使って，えー1988年から画面にでる文字や絵と，その商品を選んでキーボード操作で打ち込むと。そのスタート当時は12店舗ぐらい登録してあったらしいんですけど，今では5倍ぐらいになったと。えー最大の特徴としては，オンラインで決済できるということが書かれていました。えー，えとー，この記事を見まして，エンドユーザーがどういうことを欲しているのかということでは，忙しくて買い物する手間を省きたい人が，使って，商品を注文するとか，地方の人が，欲しいのに，手に入りづらいので，インターネットを使って手に入れるというのがニーズだと思われます。提供者はニフティで，先ほどのエンドユーザーのニーズにどう答えるかっていうことに対しては，えと，モニターに文字や静止画で商品をうつしまして，キーボード入力とかファックスで注文する。あるいはクレジットカードの番号をキーボード入力してオンライン決算するということです。どのように販売していくかということについては記事になかったんでわかりません。コンピュータ，情報産業の人がどう携わっているかというと，えー，ニフティサーブのオンラインの多ネット化をやっていったり，キーボード入力の所があると思うんですけれども，ソフト開発に携わっていると思います。この案を自分なりに展開させようとしたら，たとえば酒屋と飲食店という関係があると思うんですけれども，そこの関係で，酒屋さんには，この酒屋さんと飲食店をオンラインで結んで，酒屋さんには，このパソコンを販売管理のソフトなんかとセットで売り込んで，飲食店の方には経理のソフトなんかと一緒に売り込んで，営業していく，ということを考えました。ちょっと長くなっちゃいました。

参加者：MN
［事前］DBASEの新しいバージョンがでたという記事です。DBASEのバージョン5がでました。ウインドウズ版で。で，いろいろ機能が書いてあって，今までの資産が継承されますよと。えーとそれから，えー，だいぶ視覚的に訴えるようになっています。ただ，ウインドウを使うための命令と現在の命令の対応表がのっているんですが，全く違うものに見える，という感想でした。ちょっと，使ってみないとなんとも言えないのですが，えー今後のためによく読んどきたいなと，気にしておこうかな，というつもりです。これに印をつけときますので，よかったら読んどいてください。

［事後］じゃあ，私からいきます。新聞記事は読売新聞からは合うようなものがなかったので，このマニュアルから選ばせていただきました。えー，選んだものはザウルスを使った，金融機関の営業活動支援システムです。えっと，エンドユーザーは，えー金融機関，それからエンドユーザーのニーズは営業戦略の開発と，それから営業マンの仕事の効率化。えー，これがニーズですね。提供者は沖電気。どのようなニーズをかなえるか，えー，顧客リストの作成，それから営業日誌の作成の支援，こうした情報をDB化して各部署にあった営業戦略を作成しようということです。これまでの商品と違うこと，えー，2段階のクライエントサーバーということで，えーとクレイジーサーバー，それから，クライエントサーバーがありまして，それから情報の検索にはザウルスを使っ

ています。えー，どのように販売していくのだろうかということで，いろいろ考えたんですけど，まあ訪問して，デモをして，えーこういうことができますよ，というようなことなんだろうと思いました。えー，自分の提案としては，えーと，別のエンドユーザーに提供するということで，前にたまたま似たようなものがあって思ったんですけど，金融機関以外にも，保険会社などにも売れるんじゃないかと思いました。以上です。

参加者：SJ

[事前] 私のほうは24日の日経の夕刊なんですけど，あのー，強い経営とは何かということで，そういった記事が出てました。リストラとかですね，リエンジニアリングなどいろいろ言われていますが，そういった中で，強い経営は何だろうかということで，記事が書いてありました。その中で，アメリカのIBMがですね，45万人いた従業員を25万人に減らしたそうです。20万人減らしたそうですね。で，その減った方，辞めた方は全米で新しい事業を展開したりですね，いろいろ活躍している人が多いということで，残った20数万人の従業員の志気なんかは低下していないのだろうか，という記事が載っていましたので見ていただきたいとおもいます。私の方は以上です。

[事後] はい，それじゃ私の方はですね，日経産業新聞，あの，こないだSMさんからいろいろ教えていただきましたことで説明いたします。えーっとね，あの，川崎情報システムが電子ファイルシステムを開発しましてね，従来のシステムと違う点はですね，パソコンを活用したというところですね。えー，ファックスとパソコンを接続して価格を下げるということのようです。エンドユーザーは誰かということに関しては，小規模な事業所および個人ユーザーというのがエンドユーザーですね。それからニーズは何かというのは，あの，低価格の電子ファイルシステム。通常，電子ファイルシステムは200万ぐらいが通常の価格だそうで，それが14万8000円というところが低価格ですね。それから情報システムについては，提供者が川崎情報システム。それから，どのようなニーズをかなえられるかということは，えー，ファックスを活用した電子ファイルシステムということと，従来の200万円の10分の1の価格ということが人気になるだろうということ。これまでの商品と違うところはどこかというのは，ファックスを使用し，画像取り込みができる電子ファイルシステムだということですね。えー，営業戦略としては，あの，どのように販売していくかというのは，川崎情報システムの特販ですね。というふうなことが書かれています。私の提案は，同じ顧客に同じ商品をですね，えー，営業の戦略をですね，20万以下なので，ファックスのメーカーとですね，共同で販売したら面白いのではないかなと。ファックスを扱っている販売店ですね。えー，そういうふうに私は思いました。以上です。

出典：島宗 理・磯部 康・上住嘉樹・庄司和雄（1999）．小規模なソフトウェア開発会社における企画提案思考ツールの開発と遠隔支援．行動分析学研究, 14, 46-62.

▶▶▶ コメント

ビジネス活動における行動マネジメントの試み

愛知大学
浅野俊夫

この論文は，第1著者が従業員30名のソフトウエア開発会社にパフォーマンス・マネジメントの専門家として雇用され，社内教育カリキュラムの作成，開発チームのプロジェクトマネジメント等を経営者から任されているときに行った社内教育活動における応用行動分析の実践の一部の報告です。論文中でも紹介されているように，第1著

者はアドバイザーとして意見を取り入れることが経営者によって社内に告知され，"社内のパフォーマンス・マネジメントの強化エージェンシーを担っていた"という我が国では異例の権限を与えられた"教師"が行った実践報告であるということを良く理解して結果を見る必要があります。米国では産業分野での応用行動分析に特化した研究雑誌 Journal of Organizational Behavior Management が刊行されて30年になり，Aubrey Daniels International (ADI) といった行動コンサルタント専門の企業が大企業の抱える行動マネジメントに関する問題解決のために活躍していることは ADI の社長 Darnell Lattal, Ph.D.が日本行動分析学会第23回大会で特別講演をしたので会員の皆様は良くご存じかと思います。しかし，我が国では教育分野や医療分野に較べて産業分野への応用は遅れていたのですが，その先駆者となった第1著者の功績は大きいと思います。

実践1では，新しく営業チームに編入された営業経験の無い5名のプログラマーの週間ミーティングの最後に情報交換の時間を設け，そこで新聞や雑誌などに掲載された情報処理サービスの記事を一つとりあげ，1）顧客のニーズ，2）新しい情報技術，3）販売方法，を紹介し，4）企画を立案するという4種の言語報告行動（これが標的行動）が自発的にどれぐらい生じるかを測定しました（ベースライン）。第1著者はこの時間中発言はせず記録に従事し，発表後も一切コメントをしていません。手続きには明記されていませんが，少なくとも一度はこの情報交換会の目的や望まれる発言内容について何らかの言語教示があったはずであり，また，司会役もいたはずですが，上記4つの言語行動を分化強化することはできなかったという結果になっています。そこで，標的行動が自発しやすいように「企画提案支援ツール」という質問形式の言語プロンプトを印刷したワークシートとA4で7頁のマニュアルを作成し参加者に個別に説明・配布し（企画提案思考ツール導入期），ミーティングでの発言評価方法も標的行動の細分化を行って16点満点にして記録を続けた結果，フィードバックは何もしていないのにツール配布当初から標的行動がほぼ満点で生起している。第1著者が鳴門教育大学の教官になって退職したので，口頭発表後にワークシートをFAXで第1著者に送らせ添削して返すようになってから（遠隔支援期）標的行動は維持されている。実践2で別の5人の社内教育として最初から支援ツールとワークシートを配布し，遠隔支援手続きを実行したが，最初の数回は若干低い時もあったがすぐに十分な標的行動に達した。これらの結果から，効率的な口頭発表ができるようにするのに，簡単な言語プロンプトを含む支援ツールが効果的であり，遠隔支援だけでも可能であると結論しています。

この研究の結果には興味ある点が2つあります。一つは，実践2では開始当初は標的行動が明らかに不十分で始まるのに，実践1の企画提案思考ツール導入期では添削などのフィードバックは無いのに初めからかなり高得点で始まることです。これは"先生"が個別にマニュアルの説明をしたことや，その先生が口頭発表を聞いていることが先行子操作の効果 (Miltenberger, 2001) を高めているのではないかと思われる点です。もう一つは，ミーティングの形式をとり，質疑応答も許されており，チーム内に既習得者がいるのにそれがチーム内に不完全にしか伝播しないということです。週間ミーティングでアレンジされている強化の随伴性の詳細が不明なので断言はできませんが，先生がいなくてもチーム内で分化強化し合うような随伴性を司会者がアレンジするか，マニュアルに言語教示として含めておけば先生がいなくても標的行動が満点になる可能性があると思います。

この論文で扱っている標的行動は提案型の営業行動レパートリーの基礎となると想定される企画提案言語行動であり，企業としてのニーズである受注の獲得に実際にどれだけ貢献するかは測定されていません。そういう意味では大学のゼミ発表と似たような行動随伴性の産物とも言えます。論文の中で著者は"組織行動マネジメントにおいて，一つの介入プログラムが標的行動の改善を超え，

会社全体，あるいは事業所や部署レベルのパフォーマンス（売上げや利益など）に与えた影響を示した研究は少ない。*Journal of Organizational Behavior Management* に掲載された論文にも，こうした報告はほとんどみられない。"と言っていますが，それから10年経った今では，米国企業のニーズに直接的に貢献する適切な行動の増進，不適切な行動の低減に行動マネジメントを適用した報告が増えています。例えば最近では，高級家具の配送センターで，注文をうけてから家具を選び出し，包装を解き，傷などを点検し，修理してから梱包して配送トラックに積み込むという5人の作業チームの協力態勢への介入，顧客あるいはトラック運転手からの欠陥品クレーム情報のフィードバックの工夫などで，欠陥配送率を1/2〜1/3に減らした報告（Berglund and Ludwig, 2009）

があります。この論文では介入に要した費用とクレーム処理で節約できた金額つまり費用対効果の分析もやっています。もちろん，欠陥品低減による高級家具購入者の顧客満足度や企業イメージへの貢献も論じています。

文 献

Berglund, K. M. & Ludwig, T. M. (2009). Approaching Error-Free Customer Satisfaction Through Process Change and Feedback Systems. *Journal of Organizational Behavior Management. 29*, 19-46.

Miltenberger, R. G. (2001). *Behavior Modification : Principles and procedures. (2nd ed.)*. Wadsworth.（園山繁樹・野呂文行・渡部匡隆・大石幸二（訳）(2006). 行動変容法入門. 第16章. 二瓶社.

Introduction of Randomization Tests as Methods for Analyzing Single-Case Data

TSUYOSHI YAMADA

University of Tokyo

Abstract

Randomization tests have been proposed as a valid statistical method for analyzing the data from single-case design studies. Randomization tests can be used if the data have a serial dependency. Several researchers have suggested that randomization tests could be applied to various single-case designs. The purpose of this paper is to introduce a variety of randomization methods, including the random assignment of treatments to measurement times, the random assignment of interventions within a measurement sequence, and the random assignment of treatments to phases.

Key words: single-case data, randomization test, random assignment of treatments to measurement times, random assignment of interventions, random assignment of treatments to phases

単一事例実験データの分析方法としてのランダマイゼーション検定

東京大学　山田剛史

　単一事例実験計画（シングルケース研究法）で得られたデータの評価方法として，いくつかの統計的方法が提案されている。ランダマイゼーション検定は，(1)データの系列依存性を問題としない，(2)時系列分析ほど多くのデータポイントを必要としない，(3)様々なデザインに適した方法が考案されている，といった理由からシングルケースデータの分析方法として近年注目されてきている。本稿では，これまで多くの研究者によって提案されてきた，様々な単一事例実験データ分析のためのランダマイゼーション検定の方法を，(1)測定時期への処理のランダム振り分け，(2)介入ポイントのランダム振り分け，(3)フェーズへの処理のランダム振り分け，とランダム振り分けの方法の違いにより大別し，さらにそのカテゴリ下に分類される種々のランダマイゼーション検定の方法について概説するとともに，この検定を実際のデータに適用する際の問題点に関しての検討を行う。

Key words：単一事例実験データ，ランダマイゼーション検定，測定時期への処理のランダム振り分け，介入ポイントのランダム振り分け，フェーズへの処理のランダム振り分け

問題と目的

　単一事例実験データの，伝統的で，最も一般的な評価方法が視覚的判断（visual inspection）である[1]。視覚的判断とは，データを図示（グラフ化）して処理効果を目で見て確認するという方法である。この方法は多くの支持を集めてきた（Baer, 1977, 1988；Michael, 1974；Parsonson & Baer, 1978, 1986, 1992；Sidman, 1960）。例えば，Parsonson & Baer（1992）は，視覚的判断には少なくとも6つの長所があるとして，以下の事を挙げている。結論や仮定をすばやく導くことができる，データをグラフ化するのは早くて簡単である，グラフの様式が豊富である，様々な訓練水準の研究者が利用可能な方法である，データの変換を最小限にすることができる，統計的方法に比べ理論的前提が単純で分かりやすい。

　この様な長所がある一方，この方法に対する批判も多い。すなわち，方法の客観性，評定の信頼性についての批判である。主な問題を上げると，評定者間の評定の一致度が低い（e. g., De-Prospero & Cohen, 1979；Gibson & Ottenbacher, 1988；Ottenbacher, 1986；Park, Marascuillo, & Gaylord-Ross, 1990）。視覚的判断と他の統計的検定との評定の一致度が低い（Jones, Weinrott, & Vaught, 1978；Park, Marascuillo, & Gaylord-Ross, 1990）。グラフの様式によって評定結果が異なる（Knapp, 1983；Rojahn & Schulze, 1985），正の自己相関の存在により第1種の誤りの統制が悪くなる（Matyas & Greenwood, 1990），単一事例実験計画についての経験と知識によって判断が異なる（Furlong & Wampold, 1982；Wampold & Furlong, 1981 b），という点である。また，視覚的判断で処理効果を総合的に評価するためには，十分な知識と能力をあらかじめ習得しておくことが必要となる。定められた手続きを踏めば誰でも同じ結果を導くことができるように分かりやすく書かれたマニュアルは，視覚的判断については見あたらない。

　視覚的判断が，データの評価に対する客観的な基準となっていないことは，単一事例研究法の普及という問題に関しても重要な要因となっている。堀（1996）の指摘を借りれば，"公共性のない（同一のデータから複数の研究者が同じ結論に達する保証がない）方法が評価の中心的方法となっている限り，単一事例研究法は，全体として職人芸に終わってしまう恐れがある"し，"現状での単一事例実験計画は，ある種の職人ギルドの中でしか流通しない技術になっている"のかもしれないのである。

　このような評価方法としての視覚的判断の問題から，視覚的判断を助けたり，あるいは，視覚的判断に代わるものとして，単一事例実験データへ適用できる統計的検定手法が提案され，開発されるようになった。

　単一事例実験データは，1個体に対する継時的なデータの反復測定というデータ収集の性質上，データ相互に相関が存在するという系列依存性の問題があり，通常の F 検定のようなパラメトリック検定を用いることは不適切であるとされている（Hartmann, 1974；Kratochwill, Alden, Demudt, Dawson, Panicucci, Arntson, McMurray, Hempstead, & Levin, 1974；Michael, 1974；Thoresen & Elashoff, 1974）。系列依存性のあるデータにも適用可能な統計的方法として，時系列分析（Box & Jenkins, 1970；Glass, Willson, & Gottman, 1975；Gottman, 1995；Gottman & Glass, 1978；Hartmann, Gottman, Jones, Gardner, Kazdin, & Vaught, 1980；Horne, Yang, & Ware, 1982；Jones, Vaught, & Weinrott, 1977；McCain & McClearly, 1979；McClearly & Welsh, 1992）や C 統計を利用した処理効果の判断（河合, 1997；河合・河本・大河内, 1987；桑田, 1993；Tryon, 1982, 1984）が提案されている。C 統計以外の時系列分析は妥当な分析を行うために50以上のデータポイント

---
[1] 視覚的判断という語は筆者が独自で用いたものである。visual inspection には現在のところ定訳が見あたらず，精査，視察，外観検査などが訳語として用いられている。

を必要とする。単一事例実験計画では，これほどのデータを収集することは困難であり，現実のデータに時系列分析を適用することは難しい。C統計を利用した処理効果の検定は，各フェーズに最低8個のデータがあれば適用可能な簡便な時系列法として知られている。しかし，C統計による方法も，正の自己相関が存在するデータにおいて第1種の誤りの確率の統制ができない（Crosbie, 1989；山田，1997 a）問題が指摘されている。

こうした方法のほかに，単一事例実験データの分析法として近年注目されているのが，ランダマイゼーション検定である。ランダマイゼーション検定の理論は非常に単純で，条件をランダムに振り分けることだけを前提としている。この検定の目的は，処理の効果がないという仮説のもとで実験から得られた統計量が，可能なランダム振り分けの組み合わせのそれぞれで算出された統計量と比べて，どれだけ極端な値かを明らかにすることにある。通常の検定と異なり，母集団からのデータのランダム抽出を前提とせず，系列依存性も問題にしない。また，時系列分析ほどの多くのデータポイントがなくとも妥当な分析が可能である。様々な単一事例実験計画法のデザインに適用できるように，種々のランダマイゼーション検定が開発されている。

そこで，本稿では，単一事例実験データへ適用可能な統計的方法としてのランダマイゼーション検定についてまず概説し，次に様々なデザインに対応したランダマイゼーション検定の方法を概観する。これにより，ランダマイゼーション検定の，方法としての明快さと柔軟性とを示してみたい。

ランダマイゼーション検定の理論と問題

ランダマイゼーション検定は，母集団に関する仮定を持たないノンパラメトリック検定の一つである。この方法は通常のパラメトリック検定と異なり母集団からのデータの無作為抽出や分布の正規性を前提とせず，系列依存性も問題にしない。こうした特徴が単一事例実験データの分析に適し

ているとして，その利用が推奨されている。

しかし，単一事例実験計画を実践する立場から，ランダマイゼーション検定の適用については批判が提出されている。ランダマイゼーション検定は，そうした批判にどのように答えているのだろうか。

こうしたことを踏まえ，本節では，前半でランダマイゼーション検定の手続きを紹介し，後半では本検定への批判について論じることにする。

ランダマイゼーション検定の手続き

ここでは，Edgington (1967, p.196) が用いた例を引用して，ランダマイゼーション検定の手続きを紹介する。

ランダマイゼーション検定の手順は以下の通りである。

1. 片側検定か両側検定かを選ぶ（帰無仮説は条件の違いによる処理効果の差がないということ）。
2. 有意水準 α を決める。
3. 実験条件をランダムに振り分ける。
4. 検定統計量を決める。
5. 実験を行い，データを収集する。
6. 実験で得られたデータについて検定統計量の実現値を算出する。
7. 考えられる全てのランダム振り分けの組み合わせについて検定統計量を算出して，検定統計量の分布を得る。
8. 実験から得られた検定統計量の実現値以上の，検定統計量が得られるランダム振り分けの組み合わせが何通りあるか調べ，p値を算出する。$p \leq \alpha$ なら帰無仮説を棄却し，$p > \alpha$ なら棄却しない。

今，行動療法において，食物による強化技法と言語賞賛による強化技法とのいずれが自閉症児の見本合わせ反応の増加に効果的か，ということを比較するために実験を行うことになった。研究者は食物強化（処理A）の方が言語強化（処理B）よりも多くの見本合わせ反応（標的行動）を引き起こすことを期待して，片側検定によりランダマ

表1　2つの処理条件への反応データ（Edgington, 1967）

Days	1	2	3	4	5	6	7	8	9	10	11	12
処理	A	B	B	A	B	A	A	B	A	B	A	B
反応	17	14	14	17	14	19	21	16	20	16	20	18

イゼーション検定を行うことにした。有意水準は5％，測定回数は1日1回，12日間にわたって測定を行い，6回ずつ2種類の処理を実施することになった。

次に，測定時期に実験条件（2種類の処理）をランダムに振り分け，表1の順序で処理を行い，表1に示した結果が得られたとする。つまり，1日目食物強化，2日目・3日目言語強化，4日目は食物強化，…と各条件が6回ずつになるように，ランダムに振り分けて，1日1セッション計12日行ったことになる。反応は1セッション当たりの正答数を示す。これは単一事例実験計画の，操作交代デザイン（alternating treatment design）に相当するデザインである。

ここでは，2種類の処理のもとでのデータの平均値差を検定統計量として用いることにする。ランダマイゼーション検定に用いる検定統計量には，tやFのような一般的なものの他に，平均値の差といった，検定ではあまり使われないものを検定統計量として用いることができる。

表のデータから検定統計量の実現値を算出する。この場合，

$$\overline{A}-\overline{B}=3.5$$

となる。

さらに，可能な全てのランダム振り分けの組み合わせについて検定統計量を算出する。ここでは，12の測定時期に処理Aと処理Bを6回ずつランダムに振り分けるから，

$$_{12}C_6 = 12!/6!\,6! = 924$$

となり，924通りのランダム振り分けの組み合わせがあることになる。この924通りのそれぞれについて，検定統計量を計算して，その検定統計量の分布を求める。

最後にp値を計算する。考えられる924通りのランダム振り分けの組み合わせの中で，検定統計量の値が，実験から得られた3.5以上になるのは，5通りあった。よって，p値は，0.005（5/924）となり，先に定めた5％水準で有意になるので，帰無仮説は棄却される。食物強化（処理A）と言語強化（処理B）の効果に差がないとする帰無仮説が棄却されたということは，Aの食物強化の効果とBの言語強化の効果の間に統計的に有意な差があったということを意味している。

この検定の手順において重要なのは，検定を妥当なものにするために，最初の4つの段階はデータを集める前に決めておかなければならない（Edgington, 1980a, 1980b, 1987b, 1995；Wampold & Worsham, 1986）ということである。

さらに，最小のp値は，可能なランダム振り分けの組み合わせ数の逆数で与えられるので，組み合わせを増やすことによっていくらでもp値の最小値を小さくできる。また反対に，ランダム振り分けの組み合わせが20未満のときは，実験結果から得られた検定統計量の値がいくら大きくても，0.05より小さいp値を得ることができない。よって，5％水準で検定を行っても有意にならない。

なお，単一事例実験データへランダマイゼーション検定を適用する場合は，処理の効果をベースライン期のデータとの比較で検討することが多く，ここで紹介した例のように，検定は片側検定で行われることが多い。本稿においても，片側検定についてのみ取り扱うことにする。

Kazdin の批判とそれへの回答

ランダマイゼーション検定は単一事例実験デー

タの解釈にとって，妥当で用途の広い方法だと思われる。しかし，Kazdin (1980) は単一事例研究の性質上，ランダマイゼーション検定の適用は妥当でないと述べ，単一事例実験計画のデータの分析にランダマイゼーション検定を利用する際の障害として次のようなものを挙げている。

1．条件の急速な交代の必要性
2．導入される処理間の干渉（interference）の問題
3．計算の困難さ
4．ランダム振り分けの必要性

条件の急速な交代に関しては，単一事例実験では，処理の導入とともに効果がすぐに現れるとは限らず，また処理の撤回とともに効果がすぐに消失するとは限らない。実際的な問題で処理の撤回が許されないこともある。このようなことを上げて，ランダマイゼーション検定における急速な処理の交代を批判している。しかし，これはランダマイゼーション検定の方法を，測定時期への処理のランダム振り分けによる方法（後述）に限定して考えていることによる誤解である。ランダマイゼーション検定には，他のランダム振り分けの方法も用意されており，それらを利用すれば急速な処理の交代は必要でない。

次の，導入される処理間の干渉は，Campbell & Stanley (1963)，Cook & Campbell (1979) らによって示された内的妥当性に対する脅威要因のひとつである。すなわち，一人の被験者に対して，同時に複数の処理が施された場合，処理がお互いに他の処理に対し影響を与えてしまい，個々の処理効果が曖昧になることをさす。確かに，操作交代デザインから得られたデータにランダマイゼーション検定を適用しようとする場合は，処理間の干渉は重要な問題となる。しかし，これは単一事例実験計画という方法論に関する問題であって，計画された実験に従って収集されたデータを分析するランダマイゼーション検定の理論に問題があるわけではない。

計算の困難さは，操作交代デザインの場合，データ数を増やすと，ランダム振り分けの数が急激に増加することに起因している。例えば，40個のデータを2つの条件に20個ずつランダムに振り分けるとき，可能な組み合わせは137846528820通りにもなる（Onghena, 1994, p.247）。こうした莫大な数の組み合わせ一つ一つについての検定統計量の計算は，確かに時間のかかる作業である。近年ほどコンピュータの発達していなかった20年ほど前においては，特に大きな問題であった。しかし，最近のコンピュータ環境の充実を考えると，こうした膨大な計算もパソコンレベルで十分に可能である。Edgington (1987 b, 1995) によるランダマイゼーション検定の計算法を利用すれば，さらに計算時間の短縮が可能である。2種類の計算方法をEdgingtonは提供している。一つは，可能な全てのランダム振り分けの組み合わせについて検定統計量の算出を行う系統的数え上げ（systematic permutation）という方法であり，もう一つは，可能な全てのランダム振り分けの組み合わせの中から，指定した数のランダム振り分けの組み合わせを無作為に抽出して，その抽出された組み合わせを用いてランダマイゼーション検定を適用するランダム数え上げ（random permutation）という方法である。このランダマイゼーション検定のコンピュータプログラム RANDIBM (Edgington, 1987 a) は，こうした2通りの計算方法を利用でき，インターネットから入手することが可能である（Edgington, 1995, pp.391-393）。このほかにも SCRT (Van Damme & Onghena, 1993) や NPSTAT (May, Hunter, & Masson, 1993)，StatXact (Mehta & Patel, 1992) などのコンピュータプログラムが利用できる。また，SAS[2]でもランダマイゼーション検定が実行できる multtest procedure が用意されている。さらに，ランダマイゼーション検定のアルゴリズムは単純なので，コンピュータプログラミングの基礎知識があれば，自分でプログラムを書

---

[2] SAS は SAS institute の登録商標である。

くことも可能である。

　ランダム振り分けの必要性は，ランダマイゼーション検定の手続きのところでも述べたように，検定を妥当なものにするために，条件のランダム振り分けをデータを集める前に決めておかなければならない，ということである。しかし，実験を行う前に処理の導入や撤回を決めておくというのは多標本実験計画の方法であって，単一事例実験の特徴である被験者の反応を見ながら処理の導入や撤回を決定できる（例えば，ベースライン期のデータが安定したら処理を導入するという判断を，実験者自身が下すことが可能である）デザインの柔軟性が生かされない。このことは，Edgington自身も認めており，Edgington (1983) は，この性質にちなんで，単一事例実験を反応に応じた実験（response-guided experimentation）と呼んだ。この批判については，Ferron & Ware (1994) が提案した，反応に応じた単一事例実験デザインへのランダマイゼーション検定の適用の方法が，一つの回答となっている。

単一事例実験デザインへの適用法

　単一事例実験データ用のランダマイゼーション検定は，ランダム振り分けの方法の違いによって，大きく3つに分けることができる。すなわち，測定時期への処理のランダム振り分けと，介入ポイントのランダム振り分けと，フェーズへの処理のランダム振り分けである。これらは，さらに細分化され，様々な単一事例実験デザインに適するような，ランダマイゼーション検定のデザインが考えられている。以下に，それぞれのランダム振り分けの方法によるランダマイゼーション検定を紹介する。ランダマイゼーション検定の手続き自体は，前節で述したように，可能なランダム振り分けの組み合わせから算出した検定統計量全体の中で，実験から得られた検定統計量の実現値以上の極端な値をとる組み合わせがどれだけあるかを調べるのである。

測定時期への処理のランダム振り分けによるランダマイゼーション検定

　8回のデータ測定の時期があって，2種類の処理（ベースライン（A）と処理（B）のように）を4回ずつ測定時期に割り当てて実験を行うといった，主に操作交代デザインへ適用するための方法である。先の例で述べたもの以外に，条件の交代の方法が次のように4通り考案されている（Onghena, 1994）。

　完全ランダム交代デザイン　完全ランダム交代デザイン（completely randomized alternation design）は，前述のランダマイゼーション検定の手続きで紹介例の方法である。この方法では，8回の測定時期にAとBという2種類の実験条件をランダムに振り分けるとき，そのランダム振り分けの組み合わせは，

$$_8C_4 = 8!/4!\,4! = 70$$

すなわち，70通りになる。

　同様に，12回の測定時期にAとBとCという3種類の処理を4回ずつ割り当てるときは，

$$_{12}C_4 \times {_8C_4} = (12!/4!\,8!) \times (8!/4!\,4!)$$
$$= 12!/4!\,4!\,4! = 34650$$

よって，ランダム振り分けの組み合わせの総数は，34650通りになる。ただし，処理が3種類以上の場合は，検定統計量にtや平均値差を用いることができない。そこで，検定統計量として一要因の分散分析におけるFを用いる。可能な全てのランダム振り分けの組み合わせについてFを求め，実験から得られたFの実現値と比較する。

　ブロック化ランダム交代デザイン　ブロック化ランダム交代デザイン（randomized block alternation design）は，異なる処理条件をブロック化して，全ての条件が出そうまで，同一の条件の導入が保留される。例えば，AABBABABといった並び方は許されない。なぜなら，最初のブロック（初めの2個のデータ）でA，Bが各1

回ずつ出る前に，連続してAが2回出てしまっているからである。この方法では2種類の処理を4個のブロックで行うのであるから，

$$2^4 = 16$$

よって，16通りのランダム振り分けの組み合わせになる。

処理の数が増えた場合も，同様に考えることができる。例えば，15回の測定時期に3種類の処理を各5回ずつ実施するとすれば，3種類の処理をブロックにして，そのブロック内でランダム振り分けをすると，6（＝3!）通りになり，ブロックが5つあるから，

$$(3!)^5 = 7776$$

よって，ランダム振り分けの組み合わせは，7776通りになる。

制限付きランダム交代デザイン 制限付きランダム交代デザイン（restricted randomized alternation design（Onghena & Edgington, 1994））は，同一の条件の連続に制限をつけるデザインである。操作交代デザインにおいて，例えばAAAABBBBのような処理の導入はあまり適切とはいえない。こうした同じ条件が続く処理をランダム振り分けの組み合わせから除くのである。同一の条件の連続を3まで許す（すなわち，AAAAとBBBBと続くものは除く）とすれば，完全ランダム交代の70通りから8通り（AAAABBBB，BAAAABBB，BBAAAABB，BBBAAAAB，BBBBAAAA，ABBBBAAA，AABBBBAA，AAABBBBA）減り，62通りになる。

拡張ランダム交代デザイン 拡張ランダム交代デザイン（extended randomized alternation design）は，特定の処理の回数に制限をつけないデザインである。つまり，AAAAAAAAのようなAだけの場合も含める。このとき，ランダム振り分けの組み合わせは，

$$2^8 = 256$$

となり，256通りになる。

4つの操作交代デザインのランダム振り分けの組み合わせ数 上記の例で見たように，これら4種類のデザインのランダム振り分けの組み合わせ数を多い順に並べると，拡張ランダム交代デザイン（256通り），完全ランダム交代デザイン（70通り），制限付きランダム交代デザイン（62通り），ブロック化ランダム交代デザイン（16通り）の順になっている。Ongehna（1994）は，これら4種類の方法でランダマイゼーション検定を行った時の検定力をコンピュータシミュレーションにより推定し，制限付きランダム交代デザインが最も検定力が高くなることを示した（検定力については後述）。この結果は，ランダム振り分けの組み合わせ数の多少が，そのまま検定力の大小に反映されるわけではないことを明かにしている。

介入ポイントのランダム振り分けによるランダマイゼーション検定

短期間の間に複数の処理を急速に交代させる操作交代デザインなどについては，前述した測定時期への処理のランダム交代の方法を適用することができた。しかし，多くの単一事例実験データは，こうしたデザインではなく，ある条件（例えばベースライン期）が一定期間続いた後に他の条件が導入され，さらにその状態が継続されるというパターンになっている。例を上げると，ABデザインであれば，ベースライン期の測定を続けた後に，あるポイントで処理を導入し，その後に処理期を続ける形式である。この場合，測定時期へ処理をランダムに振り分けるという考え方は適用できない。なぜなら，あるポイントで介入がなされる前後では，同一の条件が連続するからである。そこで，こうしたABデザインを含むすべてのフェーズチェンジデザイン（Hayes, 1981）に適用できるように考えられたのが，ここで述べる介入ポイントのランダム振り分けである。すなわち，ABデザインであれば，いつからB期が始まるか，その処理導入のポイントを何番目にするかをランダムに選ぶ方法である。

Edgington (1975) は，AB デザインのようなフェーズチェンジデザインに適用できるように，ベースライン期から処理期に移る処理の導入のポイントを，ランダムに振り分ける方法を提案した。この方法はさらに拡張され，AB デザイン以外の様々なデザインへ適用するべく，多くの方法が開発されている。

ABデザイン AB デザインを用いて実験を行い，30 個のデータを測定するとする。ベースライン期，処理期にそれぞれ最低 5 個のデータを持つという制約をつける（この制約がないとベースライン期のみの A デザインといったものが可能になってしまう）と，処理の導入は 6 番目から 26 番目のデータのいずれかからということになる。つまり，21 通りのランダム振り分けの組み合わせが考えられる。

実際の実験における処理の介入ポイントが 15 番目のデータであったとする。実験から得られたデータから，処理期（B 期）のデータ（15 番目から 30 番目のデータ）とベースライン期（A 期）のデータ（1 番目から 14 番目のデータ）の平均値差（$\overline{A} - \overline{B}$）を算出し，これを検定統計量の実現値とする。可能なランダム振り分けの組み合わせ 21 通りについても同様に検定統計量を算出し，ランダマイゼーション検定を行う。この場合，最小の p 値は，

$$p = 1/21 \fallingdotseq 0.0476$$

となる。

ABAデザイン Edgington (1987 b) は，操作の導入ポイントと撤回のポイントのランダム振り分けのペアを考えることで，ランダマイゼーション検定を ABA デザインのデータに適用できるようにした。例えば，20 個のデータからなる ABA デザインのデータがあったとして，各フェーズに最低 5 個のデータがあるという制約をつけると，可能な導入と撤回のポイントのペアは，(6, 11), (6, 12), (6, 13), (6, 14), (6, 15), (6, 16), (7, 12), (7, 13), (7, 14), (7, 15), (7, 16), (8, 13), (8, 14), (8, 15), (8, 16), (9, 14), (9, 15), (9, 15), (10, 15), (10, 16), (11, 16) と全部で 21 通りあることになる[3]。よって，ランダマイゼーション検定を行ったとき，最小の p 値は，

$$p = 1/21 \fallingdotseq 0.0476$$

となる。

ABABデザイン 1 回目の処理導入，その処理の撤回，そして，2 回目の処理導入という 3 か所の介入ポイントのランダム振り分けを考えることになる。この ABAB デザインのランダマイゼーション検定には，Ferron & Ware (1994, 1995) による簡便な方法と，Onghena (1992) による精緻な方法がある。

Ferron & Ware の方法 例えば，32 個のデータからなる ABAB デザインのデータがあったとする。各フェーズに最低 5 個のデータを含むという制約をつけることにする。1 つ目の介入ポイントを 6 番目から 10 番目のデータから選ぶ。このように，介入ポイントの選択の領域 (region) を定義する。同様に，2 つ目の介入ポイントを 15 番目から 19 番目のデータから選び，3 つ目の介入ポイントを 24 番目から 28 番目のデータから選ぶ。こうして，3 か所の介入ポイントを選ぶと，そのランダム振り分けの組み合わせは，$5 \times 5 \times 5 = 125$ 通りあることになる。

よって，最小の p 値は，

$$p = 1/125 = 0.008$$

となる。

Onghena の方法 Ferron & Ware の方法によるランダム振り分けは，十分に精緻な方法とはいえない。先ほどの例において，各フェーズに最低 5 個以上のデータを含むという制約を満たせばよいなら，3 か所の介入ポイントの組み合わせ (Onghena にあわせて，triplet と呼ぶことにす

---

[3] ここで，(6, 11) というのは，例えば，最初のベースライン (A) を 5 日間行い，6 日目から食物強化による介入(B)を 10 日目まで行い，11 日目から再びベースライン(A)に戻して 20 日目まで終えた場合を表している。

る）として，(6, 11, 16) とか，(18, 23, 28) といったものでも構わないはずである[4]。ところが，Ferron & Ware の方法では，こうした組み合わせは含まれない。そこで，このような考えられる全てのトリプレットをランダム振り分けに取り入れるのが，Onghena (1992) の方法 (triplet method) である。

N 個のデータからなるシングルケースデータで，介入ポイントが k 個あるとき，その k 個の介入ポイントのランダム振り分けの総数は，

$$_{N+k}C_k$$

で求められる。24個のデータからなる ABAB デザインのデータがあるとき，ランダム振り分けの総数は，$_{24+3}C_3 = 2925$ 通りあることになる。この方法は次のように考えるとよい。つまり，$24+3=27$ 個の場所があって，そのどこかに3か所の仕切りを置けば，場所は4つのまとまりに分けられる。その4つの"場所のまとまり"がABABデザインのそれぞれのフェーズに当たる。そして，フェーズにおける個々の場所がデータを表す。

しかし，この分け方では，フェーズにデータが存在しない場合も含んでしまう。例えば，3か所の仕切りが，27個の場所のうち最初の3個に置かれた場合，初めの3つのフェーズにはデータがないことになる。つまり，Bデザインのようなデザインになってしまう。

こうした事態を避けるために，各フェーズに最低 n 個のデータを持つという制約をつける。つまり，N 個のデータが k 個の介入ポイントを持ち，各フェーズに n 個以上のデータを持つとすると，ランダム振り分けの組み合わせの数は，

$$_{N-n(k+1)+k}C_k$$

という式で与えられる。24個のデータからなるABABデザインで，各フェーズ4個以上のデータを持つとすると，

$$_{24-4(3+1)+3}C_3 = {}_{11}C_3 = 11!/3!8! = 165$$

よって，165通りのトリプレットのランダム振り分けがあることになる。

27個の場所に3か所の仕切りを置いて4つの"場所のまとまり"，すなわちフェーズを作るのは同じだが，どのフェーズも必ず4個のデータを持つので，$4 \times 4 = 16$ 個をあらかじめ27の場所から引いておく。つまり，$27-16=11$ 個の場所に，3か所の仕切りを置くと考えればよい。

32個のデータからなるABABデザインで，各フェーズに5個以上のデータを持つという制約をつける場合は，

$$_{32-5(3+1)+3}C_3 = {}_{15}C_3 = 15!/3!12! = 455$$

となり，455通りのランダム振り分けの組み合わせがある。これは，Ferron & Ware の方法による125通りに比べて3倍以上の数である。

このOnghenaの方法は，ABABデザインだけでなく，全てのフェーズチェンジデザインへ拡張できる。この方法では次の3つの値を定める。すなわち，

N：データポイントの数
k：介入ポイントの数
n：各フェーズの最小データ数

であるが，このうち，介入ポイントの数 $k=3$ のときが，ABABデザインである。この k の値を変えることによって，様々なフェーズチェンジデザインに対応できる。例えば，$k=1$ のときはABデザインであり，$k=2$ のときはABAデザインになる。

前に述べたABAデザインの例では，$N=20$, $k=2$, $n=5$ となるから，ランダム振り分けの組み合わせは，

$$_{20-5(2+1)+2}C_2 = {}_7C_2 = 7!/2!5! = 21$$

より，21通りとなって，先ほどの結果と一致する。

---

[4] (6, 11, 16) も同様に，最初のベースライン(A)を5日目まで実施し，6日目から食物強化による介入 (B) を10日目まで実施し，11日目から2度目のベースライン (A) に戻し，16日目からまた食物強化による介入(B)を行い，32日目まで続けた場合を表す。

表2 被験者間マルチベースラインデザインの仮想データ (Wampold & Worsham, 1986)

Days	1	2	3	4	5	6	7	8	9	10	11	12	13	14	15	16	17	18	19	20
被験者1 (Bob)																				
処理	A	A	A	A	B	B	B	B	B	B	B	B	B	B	B	B	B	B	B	B
反応	8	7	6	7	4	5	6	5	4	4	5	2	4	3	4	5	4	3	2	2
被験者2 (Candy)																				
処理	A	A	A	A	A	A	B	B	B	B	B	B	B	B	B	B	B	B	B	B
反応	6	7	8	7	5	7	6	8	6	5	4	4	4	3	2	5	3	4	3	6
被験者3 (Abby)																				
処理	A	A	A	A	A	A	A	A	A	A	A	B	B	B	B	B	B	B	B	B
反応	5	5	4	6	4	5	6	7	4	5	6	5	2	3	2	4	1	0	2	3
被験者4 (Dave)																				
処理	A	A	A	A	A	A	A	A	A	A	A	A	A	A	A	A	B	B	B	B
反応	8	6	7	7	8	5	7	8	7	6	7	8	5	6	8	8	6	4	4	5

このように，Onghena の方法は多くのデザインを表現できる非常に柔軟性の高い方法である。

マルチベースラインデザイン マルチベースラインデザインのデータを評価する方法としては，順位の R_n 検定という方法が考案されている (Revusky, 1967; Wolery & Billingsley, 1982) が，ランダマイゼーション検定としては，Wampold & Worsham (1986) や Marascuilo & Busk (1988) による方法がある。この二つの方法は検定に用いる検定統計量は同一であるが，ランダム振り分けの方法が異なっている。ここでは，Wampold & Worsham (1986, p.137) の例を引用して，二つの方法を説明する。

Wampold & Worsham の方法 あらかじめ研究者によって複数のベースラインに対して，いつ処理を導入するかという介入ポイントは設定される。その上で，設定した介入ポイントを，ベースラインに対しランダムに振り分けるのである。Wampold & Worsham の方法では k 個のベースラインがあるとき，ランダム振り分けの組み合わせは $k!$ 通りになる。

表2は4人の被験者の20のセッションについてのデータである。処理は5番目，9番目，13番目，17番目のセッションで導入されることがあらかじめ決められた。ランダム振り分けによって，Bob, Candy, Abby, Dave の順に処理の導入がなされることになった。

検定統計量は，Wampold-Worsham の片側検定統計量を用いる。これは，各被験者についてベースライン期と処理期のデータの平均値差を求め，それらを合計した値である。

$$W = \sum_{i=1}^{k}(\overline{A}_i - \overline{B}_i)$$

$\overline{A} - \overline{B}$ はベースライン期と処理期のデータの平均値差，添え字の i は i 番目の被験者を表す。

検定統計量の実現値は，

$$W = (7.00\text{-}3.88) + (6.75\text{-}4.08) + (5.17\text{-}2.13) + (6.94\text{-}4.75)$$
$$= 11.02$$

となる。可能なランダム振り分けの組み合わせ 4!＝24 通りについても同様の検定統計量の計算を行うと，11.02 以上の値が得られるのは，24 通りのうち5通りあるので，p 値は，5/24＝0.21 となる。つまり，有意水準5％で検定を行うと，$p > \alpha$ となるので，帰無仮説は棄却されない。よって，ベースライン期と処理期の間に有意差はみられなかったということになる。

Marascuilo & Busk の方法 簡単にいえば，AB デザインのランダマイゼーション検定をベースラインの数だけ反復する方法である。k 個のベースラインがあって，それぞれに可能な介入ポイントが i 個ずつあるとすれば，この方法におけるランダム振り分けの組み合わせは，i^k 通りになる。

表2のデータで説明しよう。それぞれの被験者

に対し，介入ポイントが5番目から17番目のデータの中からランダムに選ばれる。Bobは5番目，Candyは9番目，Abbyは13番目，Daveは17番目のデータが介入ポイントとして選ばれた。検定に用いる検定統計量はWampold-Worshamの片側検定統計量 W である。可能なランダム振り分けの組み合わせは，各ベースラインについて13通り（5から17番目のデータから選ぶので）あるので，$13^4=28561$ 通りある。実験のデータから得られる検定統計量の実現値は，上で求めたように11.02である。28561通りのランダム振り分けの中で，実現値以上の検定統計量の値が得られるのは，630通りあるから，p 値は $630/28561=0.0221$ となる。有意水準5％で検定を行うと，$p<\alpha$ となるので，帰無仮説は棄却される。よって，ベースライン期と処理期の間に有意差がみられたということになる。

応用場面での問題 マルチベースラインデザインへのランダマイゼーション検定の適用については，Wampold & Worsham と Marascuilo & Busk の間で意見の違うところがある。

Wampold & Worsham (1986) は，被験者間，行動間，事態間，どのマルチベースラインデザインにも適用できると主張する。

Marascuilo & Busk (1988) は同一被験者における行動間の相関として，異なる行動間にもともと相関がある場合と，一つの処理介入が異なる複数の行動に同時に影響を及ぼす場合を上げている。もともとの相関が高い行動間の変動が処理効果の影響よりも大きい場合は，その効果を検出できない。一つの処理介入が複数の行動に影響を及ぼす場合は，標的行動以外の行動が処理を施される前に変動してしまうので，処理効果の検出が困難になる。つまり，行動間における相関は処理効果の検出を妨げるので，行動間マルチベースラインデザインには適用できないと主張する。

反応に応じた単一事例実験デザイン 通常，フェーズチェンジデザインでは，フェーズ内のデータが安定してから次のフェーズに移行する。しかし，ランダマイゼーション検定は，その方法の妥当性を保証するため，実験を行ってデータを集める前に，処理の導入ポイントを決めておく必要がある。これでは，単一事例実験の長所であり独特な性質である被験者の反応を見ながらの柔軟な処理の導入と撤回を，用いないことになる。

Ferron & Ware (1994) によって提案されたデザインは，Edgington (1983) の言う responsive-guided experimentation，すなわち，反応に応じた処理の導入という単一事例実験計画の特徴を，部分的に取り入れることを目的としている。

具体的な手続きは，前に述べた Ferron & Ware (1994, 1995) の ABAB デザインへのランダマイゼーション検定に，もう一つ制約を加えるというものである。その制約とは，フェーズが上昇・下降といったトレンドを持ったまま次のフェーズに移行することを許さない，というものである。つまり，各フェーズに最低5個のデータを持つということに加え，フェーズにおける最後の3個のデータが，増え続けたり減り続けたりしないことを条件とするのである。

例えば，32個のデータからなるABABデザインのデータに，この方法を適用することを考えてみよう。最初の介入ポイントとしては6番目のデータが考えられるが，ここで5番目のデータでフェーズを終えてよいか評価しなければならない。この評価は，3，4，5番目のデータのトレンドの有無を見ることによって行う。3，4，5番目の3個のデータが増え続けていた場合，5番目のデータで第1フェーズは終了できない。よって，4，5，6番目のデータを見て6番目のデータまででフェーズを終了できるかを調べる。6番目のデータの値が5番目のデータの値よりも小さければ，4，5，6番目の3個のデータでトレンドがないと判断できるので，7番目のデータから第2フェーズへ移行してよいことになる。後は，通常のABABデザインのときと同様に，7番目から11番目の5つのデータを介入ポイントの選択の領域とすればよい。

残りの2か所の介入ポイントについても同様に，各フェーズが5個以上のデータを持ち，最後の3

個のデータがトレンドを作らないという制約を満たすように介入ポイントの領域を選ぶと，5×5×5＝125通りのランダム振り分けの組み合わせがあることになる。

このように，介入ポイントの領域という考え方を導入すると，部分的に被験者の反応に応じるという方法を取り入れながら，しかも，介入ポイントのランダム振り分けを行うことができるのである。

フェーズへの処理のランダム振り分けによるランダマイゼーション検定

Kazdin（1980）の批判にもあったように，測定時期への処理のランダム振り分けによるランダマイゼーション検定では，急速な処理の交代が問題になることがある。この問題を解決するために，複数のデータをまとめてフェーズとして，そのフェーズを分析の単位とする方法が提案された（Levin, Marascuilo, & Hubert, 1978）。フェーズを単位とすることで，遅延効果や持ち越し効果などを緩和することができ，データ間の系列依存性を減らすこともできる。

フェーズを分析の単位とするので，このランダマイゼーション検定には，フェーズ内のデータの平均値を1個のデータとして扱う。例えば，20個のデータを測定する単一事例実験があったとき，データを5個ずつまとめて1つのフェーズを作り，個々のフェーズを分析の単位に用いる。そして4つのフェーズにA，Bという2種類の処理を振り分け（例えばABABのように），実験を行う。各フェーズ内のデータの平均値を検定統計量を算出する際のデータとして利用する。

この場合，可能なランダム振り分けの場合の数は，$_4C_2 = 6$通りしかないので，最小のp値は$1/6$にしかならない。0.05のようなp値を得るためには，フェーズを6つ用意してABABABデザインのようなデザインを用いるか，複数の被験者に処理の順序を変えた同一のデザインの実施（被験者間マルチベースラインデザインの1種）といった方法が考えられる。

しかし，こうした工夫は多くのデータ数を必要とすることになり，実験の長期化を招くことにもなる。このデザインを利用する場合は，データポイントを増やすことによって安定した結果を得ることができるという長所と，実験が長引くという短所とを，天秤にかける必要がある。

まとめと留意点

本稿で述べてきたように，ランダマイゼーション検定は，理論が単純で分かりやすく，しかも，単一事例実験計画の様々なデザインに対応できる統計的方法である。ここで述べた方法を用いれば，すぐにでも実際のデータを分析することが可能であろう。しかし，この方法にも全く問題がないわけではない。

まず，データポイント数の問題がある。これは，ランダマイゼーション検定を実行するために必要な数のデータを収集することに関する，実験計画上の困難さである。時系列分析などに比べれば，はるかに少ないデータ数で済むとはいえ，例えばABデザインのデータにランダマイゼーション検定を適用する場合，5％水準で検定を行うためには最低23個のデータが必要となる。これは，A，B各期に最低2個のデータを持つという制約をつけた場合であり，各フェーズの最小データ数の制約をもっと増やせば，さらに必要なデータ数は増加する。これは，同じABデザインであれば，各フェーズ最低8個のデータがあれば分析可能なC統計による処理効果の検討に比べても，かなり多いデータ数である。

次に，検定力の問題がある。検定力とは，真の状態で処理の効果があるときにその効果を正しく検出できる確率のことである。第2種の誤りの確率を1から引いた形で表現される。第2種の誤りとは，帰無仮説が偽であっても，その帰無仮説を正しく棄却できない誤りのことで，ここでは，真の状態で処理の効果があるのに，その効果を正しく検出できないことをいう。

つまり，検定力とは，統計的検定を効果検出装置とみなしたときに，その装置の能力・精度を示す指標と考えることができる。検定力が低いということは，実際には効果があるのにもかかわらずその効果を発見できる確率が低いということである。統計的検定の検定力の基準としては，Cohen (1988, 1992) が0.8の検定力を提案している。残念ながら，単一事例実験データのためのランダマイゼーション検定は，必ずしもそうした基準を満たす検定力があるとはいえない。例えば，30個のデータを持つABデザインのデータにランダマイゼーション検定を適用する場合，効果量 (effect size) が1.4というかなり大きな効果を持つ状況のもとでも，検定力は0.5に満たない (Ferron & Ware, 1995)。

しかし，検定力が低いというだけで，ランダマイゼーション検定が利用価値の低い統計的方法であると結論するのは早急であろう。なぜなら，検定力はデータの数に依存し，単一事例実験データのデザインによってもその値が変わってくる。例えば，同じ30個のデータポイントからなる単一事例実験データであったとしても，それがABデザインか，ABABデザインかによって検定力は大きく異なる（山田，1997b）。また，ランダマイゼーション検定の方法によっても検定力は異なる。ランダム振り分けで紹介した，フェーズへの処理のランダム振り分けによるランダマイゼーション検定では，かなり高い検定力が得られることが報告されている (Ferron & Onghena, 1996)。

また，第2種の誤りに対して，第1種の誤りがある。これは，帰無仮説が真であるときにその仮説を棄却してしまう誤りのことをいう。ランダマイゼーション検定では，この誤りの確率の統制はよくなされることが確認されている (Ferron & Onghena, 1996；Ferron & Ware, 1995)。つまり，真の状態で効果がないにもかかわらず，効果があると判断してしまう誤りを犯す確率は十分低く統制されており，この点は十分に評価できる。

高い検定力を得るための方法としては，データポイントを増やすか，あるいは，検定を実行したときに高い検定力を示すデザインを見つけるという，異なる二つのアプローチ (Ferron & Ware, 1995) が考えられる。安易にデータポイントを増やしたり，複雑な条件交代のデザイン (ABABAなど) を導入することは，かえって実際の応用研究に適用しにくくなることに留意しながら，よりよいデザインを模索することが重要となるだろう。ランダマイゼーション検定を実際にABデザインなどのデータに適用するときは，その検定力が決して十分な値を持つとはいえないことに注意すべきである。

最後に，ランダマイゼーション検定が"統計的検定"であるがゆえの問題点を指摘したい。それは，ランダマイゼーション検定は，あくまで処理の効果が"ある"か"なし"かという，1・0の2値判断しか行えないという点である (e.g., Sedlmeier & Gigerenzer, 1989)[5]。実験で導入した処理がどのくらい効果があったのかということに関しては，統計的検定という道具は全く情報を与えてくれない。p値が小さい値を取ることと処理の効果が大きいこととは全く別の次元の話なのである。視覚的判断は，データをグラフ化して目で見てその処理の効果を判断するという，非常にプリミティブな方法であり，本稿でも述べたように，方法としての問題もかかえている。しかし，その方法が単純であるがゆえに，情報の損失は非常に少ない。実験者が行った介入の効果が，素データに近いレベルでグラフという表現手法によって生き生きと再現されているのである。こうした視覚的判断が持つ長所は尊重されるべきであろう。

以上のように，視覚的判断という方法に問題が指摘されてきたように，ランダマイゼーション検

---

[5] 教育学や心理学における統計的検定の利用に関する問題については，南風原 (1995) に詳しい。統計的検定の問題としては，南風原も述べているように，検定は2値判断でしかないという点と，データ数を増やせば，どんな小さな差であっても有意と判定されてしまう (e. g., Cohen, 1994) 点を指摘できる。しかし，これはt検定や分散分析のようなパラメトリック検定には当てはまるが，ノンパラメトリック手法であるランダマイゼーション検定には必ずしも当てはまらない (e. g., Onghena, 1994, p.188)。そのため，この第2の問題点については本稿では言及していない。

定にも解決されるべき問題は多い。しかし，どちらの方法もそうした問題点があるものの，利点も存在する。つまり，ランダマイゼーション検定の長所と視覚的判断の長所を，相互補完的に用いながらデータの分析を行うのが，目下のところ最良の策のように思われる。また，ランダマイゼーション検定については，信頼区間の概念を導入するなどして，単に1・0の2値判断以上の情報をもたらすような方法としての水準の向上も考えられるであろう。さらに，応用という意味において，現実的でしかも検定を適用したときに高い検定力が得られるような単一事例デザインと，それに適用できるランダマイゼーション検定法の開発も，残された研究課題といえるだろう。

引用文献

Baer, D. M. (1977). Perhaps it would be better not to know everything. *Journal of Applied Behavior Analysis, 10*, 167-172.

Baer, D. M. (1988). An autocorrelated commentary on the need for a different debate. *Behavioral Assessment, 10*, 295-297.

Box, G. E. P. & Jenkins, G. M. (1970). *Time-series analysis : Forecasting and control*. San Francisco : Holden-Day.

Campbell, D. T. & Stanley, J. C. (1963). *Experimental and quasi-experimental designs for research*. Chicago : Rand McNally.

Cohen, J. (1988). *Statistical Power Analysis for the Behavioral Sciences*. 2nd ed. Hillsdale, NJ : Lawrence Erlbaum.

Cohen, J. (1992). A power primer. *Psychological Bulletin, 112*, 155-159.

Cohen, J. (1994). The earth is round ($p<.05$). *American Psychologist, 49*, 997-1003.

Cook, T. D. & Campbell, D. T. (Eds.) (1979). *Quasi-experimentation : Design and analysis issues for field settings*. Chicago : Rand McNally.

Crosbie, J. (1989). The inappropriateness of the C statistic for assessing stability or treatment effects with single-subject data. *Behavioral Assessment, 11*, 315-325.

DeProspero, A. & Cohen, S. (1979). Inconsistent visual analysis of intrasubject data. *Journal of Applied Behavior Analysis, 12*, 573-579.

Edgington, E. S. (1967). Statistical inference from n=1 experiments. *Journal of Psychology, 65*, 195-199.

Edgington, E. S. (1975). Randomization tests for one-subject operant experiments. *Journal of Psychology, 90*, 57-68.

Edgington, E. S. (1980a). Overcoming obstacles to single-subject experimentation. *Journal of Educational Statistics, 5*, 261-267.

Edgington, E. S. (1980b). Random assignment and statistical tests for one-subject experiments. *Behavioral Assessment, 2*, 19-28.

Edgington, E. S. (1983). Response-guided experimentation. *Contemporary Psychology, 28*, 64-65.

Edgington, E. S. (1987a). RANDIBM.EXE : A package of randomization tests in executable BASIC for IBM-compatible computers [Computer program]. Canada : University of Calgary.

Edgington, E. S. (1987b). *Randomization Tests*. 2nd ed. New York : Marcel Dekker.

Edgington, E. S. (1992). Nonparametric tests for single-case experiments. In T. R. Kratochwill & J. R. Levin (Eds.), *Single-case research design and analysis : New directions for psychology and education*. Hillsdale, NJ : Lawrence Erlbaum. pp.133-157.

Edgington, E. S. (1995). *Randomization Tests*. 3rd ed. New York : Marcel Dekker.

Ferron, J. & Ware, W. B. (1994). Using randomization tests with responsive single-case designs. *Behaviour Research and Therapy, 32*, 787-791.

Ferron, J. & Ware, W. B. (1995). Analyzing single-case data : The power of randomization tests. *Journal of Experimental Education, 63*, 167-178.

Ferron, J. & Onghena, P. (1996). The power of randomazation tests for single-case phase designs. *Journal of Experimental Education, 64*, 231-239.

Furlong, M. J. & Wampold, B. E. (1982). Intervention effects and relative variation as dimensions in expert's use of visual inference. *Journal of Applied Behavior Analysis, 15*, 415-421.

Gibson, G. & Ottenbacher, K. (1988). Characteristics influencing the visual analysis of single-subject data : An empirical analysis. *Journal of Applied Behavioral Science, 24*, 298-314.

Glass, G. V., Willson, V. L., & Gottman, J. M. (1975). *Design and analysis of time-series experiments. Boulder, Colo: Associated University Press.

Gottman, J. M. (1995). *The analysis of change*. Mahwah, NJ: Lawrence Erlbaum.

Gottman, J. M. & Glass, G. V. (1978). Analysis of interrupted time-series experiments. In T.R. Kratochwill (Ed.), *Single subject research: Strategies for evaluating change*. New York: Academic Press. pp.197-235.

南風原朝和 (1995). 教育心理学研究と統計的検定. 教育心理学年報, 34, 122-131.

Hartmann, D. P. (1974). Forcing square pegs into round holes: Some comments on "An analysis-of-variance model for the intrasubject replication design". *Journal of Applied Behavior Analysis, 7*, 635-638.

Hartmann, D. P., Gottman, J. M., Jones, R. R., Gardner, W., Kazdin, A. E., & Vaught, R. R. (1980). Interrupted time-series analysis and its application to behavioral data. *Journal of Applied Behavior Analysis, 13*, 543-559.

Hayes, S. C. (1981). Single case experimental design and empirical clinical practice. *Journal of Consulting and Clinical Psychology, 49*, 193-211.

堀 耕治 (1996). 日本行動分析学会第9回大会シンポジウム「行動分析研究法にいま問われているもの―単一被験体法をめぐって―」における発言.
藤 健一. 行動分析研究法にいま問われているもの―単一被験体法をめぐって―. 行動分析学研究, 9, 53-72.

Horne, G. P., Yang, M. C. K., & Ware, W. B. (1982). Time series analysis for single-subject designs. *Psychological Bulletin, 110*, 291-304.

Jones, R. R., Vaught, R. S., & Weinrott, M. R. (1977). Time series analysis in operant research. *Journal of Applied Behavior Analysis, 10*, 151-166.

Jones, R. R., Wienrott, M. R., & Vaught, R. S. (1978). Effects of serial dependency on the agreement between visual and statistical inference. *Journal of Applied Behavior Analysis, 11*, 277-283.

河合伊六 (1996). 日本行動分析学会第9回大会シンポジウム「行動分析研究法にいま問われているもの―単一被験体法をめぐって―」における発言.
藤 健一. 行動分析研究法にいま問われているもの―単一被験体法をめぐって―. 行動分析学研究, 9, 53-72.

河合伊六・河本 肇・大河内浩人 (1987). 単一事例計画法における処遇効果のC統計による検定. 行動分析学研究, 2, 36-47.

Kazdin, A. E. (1980). Obstacles in using randomization tests in single-case experimentation. *Journal of Educational Statistics, 5*, 253-260.

Knapp, T. J. (1983). Behavior analysts' visual appraisal of behavior change in graphic display. *Behavioral Assessment, 5*, 155-164.

Kratochwill, T. R., Alden, K., Demudt, D., Dawson, D., Panicucci, C., Arntson, P., McMurray, N., Hempstead, J., & Levin, J. (1974). A further consideration in the application of an analysis-of-variance model for the intrasubject replication design. *Journal of Applied Behavior Analysis, 7*, 629-633.

桑田 繁 (1993). 新しい実験計画法としての単一被験者法の紹介（II）―データの分析評価法―. 全日本鍼灸学会雑誌, 43, 36-43.

Levin, J. R., Marascuilo, L. A., & Hubert, L. J. (1978). N=nonparametric randomization tests. In T. R. Kratochwill (Ed.), *Single-subject research: Strategies for evaluating change*. New York: Academic Press. pp.169-196.

Marascuilo, L. A. & Busk, P. L. (1988). Combining statistics for multiple-baseline AB and replicated ABAB designs across subjects. *Behavioral Assessment, 10*, 1-28.

Matyas, T. A. & Greenwood, K. M. (1990). Visual analysis of single-case time series: Effects of variability, serial dependence, and magnitude of intervention effects. *Journal of Applied Behavior Analysis, 23*, 341-351.

May, R. B., Hunter, M. A., & Masson, M. E. J. (1993). NPSTAT (version 3.7) [Computer program]. Canada: Department of Psychology, University of Victoria.

McCain, L. J. & McCleary, R. (1979). The statistical analysis of the simple interrupted time-series quasi-experiment. In T. D. Cook & D. T. Campbell (Eds.), *Quasi-experimentation: Design and analysis issues for field settings*. Chicago: Rand McNally. pp.233-293.

McCleary, R. & Welsh, W. N. (1992). Philosophical and statistical foundations of time-series experiments. In T. R. Kratochwill & J. R. Levin (Eds.), *Single-case research design and analysis: New directions for psychology and education*. Hillsdale,

NJ : Lawrence Erlbaum. pp.41-91.

Mehta, C. & Patel, N. R. (1992). StatXact (version 2.04) [Computer program]. Cambridge, MA : Cytel.

Michael, J. L. (1974). Statistical inference for individual organism research : Mixed blessing or curse? *Journal of Applied Behavior Analysis, 7*, 647-653.

Onghena, P. (1992). Randomization tests for extensions and variations of ABAB single-case experimental designs : A rejoinder. *Behavioral Assessment, 14*, 153-171.

Onghena, P. (1994). The power of randomization tests for single-case designs. (Katholieke Universiteit Leuven, Belgium. Dissertation.)

Onghena, P. & Edgington, E. S. (1994). Randomization tests for restricted alternating treatment designs. *Behaviour Research and Therapy, 32*, 783-786.

Ottenbacher, K. J. (1986). Reliability and accuracy of visually analyzing graphed data from single-subject designs. *American Journal of Occupational Therapy, 40*, 464-469.

Park, H. S., Marascuilo, L., & Gaylord-Ross, R. (1990). Visual inspection and statistical analysis in single-case designs. *Journal of Experimental Education, 58*, 311-320.

Parsonson, B. S. & Baer, D. M. (1978). The analysis and presentation of graphic data. In T. R. Kratochwill (Ed.), *Single subject research : strategies for evaluating change*. New York : Academic Press. pp.101-165.

Parsonson, B. S. & Baer, D. M. (1986). The graphic analysis of data. In A. Poling, & R. W. Fuqua (Eds.), *Research methods in applied behavior analysis : Issues and advances*. New York : Plenum Press. pp.157-186.

Parsonson, B. S. & Baer, D. M. (1992). The visual analysis of data, and current research into the stimuli controlling it. In T. R. Kratochwill & J. R. Levin (Eds.), *Single-case research design and analysis : new directions for psychology and education*. Hillsdale, NJ : Lawlence Erlbaum. pp.15-40.

Revusky, S. H. (1967). Some statistical treatments compatible with individual organism methodology. *Journal of the Experimental Analysis of Behavior, 10*, 319-330.

Rojahn, J. & Schulze, H.-H. (1985). The linear regression line as a judgmental aid in the visual analysis of serially dependent A-B time-series data. *Journal of Psychopathology and Behavioral Assessment, 7*, 191-206.

Sedlmeier, P. & Gigerenzer, G. (1989). Do studies of statistical power have an effect on the power of studies? *Psychological Bulletin, 105*, 309-316.

Sidman, M. (1960). *Tactics of scientific research : Evaluating experimental data in psychology*. New York : Basic Books.

Thoresen, C. E. & Elashoff, J. D. (1974). An analysis-of-variance model for intrasubject replication design : Some additional comments. *Journal of Applied Behavior Analysis, 7*, 639-641.

Tryon, W. W. (1982). A simplified time-series analysis for evaluating treatment interventions. *Journal of Applied Behavior Analysis, 15*, 423-429.

Tryon, W. W. (1984). "A simplified time-series analysis for evaluating treatment interventions." : A rejoinder to Blumberg. *Journal of Applied Behavior Analysis, 17*, 543-544.

Van Damme, G. & Onghena, P. (1993). Single-Case Randomization Tests (version 1.1) [Computer Program]. Belgium : Katholieke Universiteit Leuven.

Wampold, B. E. & Furlong, M. J. (1981). The heuristics of visual inference. *Behavioral Assessment, 3*, 79-82.

Wampold, B. E. & Worsham, N. L. (1986). Randomization tests for multiple-baseline designs. *Behavioral Assessment, 8*, 135-143.

Wolery, M. & Billingsley, F. F. (1982). The application of Revusky's Rn test to slope and level changes. *Behavioral Assessment, 4*, 93-103.

山田剛史 (1997a). 単一事例実験データへの統計的検定の適用について. 日本行動分析学会第15回年次大会プログラム発表論文集, 48.

山田剛史 (1997b). 単一事例実験データへの統計的検定の適用について. 東京大学大学院教育学研究科修士論文（未公刊）

出典：山田剛史 (1998). 単一事例実験データの分析方法としてのランダマイゼーション検定. 行動分析学研究, *13*, 44-58.

▶▶▶コメント

行動分析学における統計的検定の役割

立命館大学
藤 健一

　その独立変数が従属変数の反応変化の原因であるかどうかを調べようとするとき，群間比較法においては，まず群間に差があったか否かを検討し，次にその差をもたらした原因が独立変数にあるかを調べるという手続きをとります。この手続きにおける統計的検定法は，その実験で得られた差が偶然の範囲でも生ずる出来事だったのか，滅多に生じない出来事だったのかを判定する役割を担っています。仮に観察された差が滅多に生じない出来事だったとすると，次にこの違いを引き起こした原因が，本当に独立変数の処理によるものなのかどうかについて，いろいろな知識を動員して推定することになります。同じことを単一事例実験法では，処理フェーズ間の反応の差（違い）を視察（visual inspection）を用いて検討し，その違いの原因については，独立変数の投入・除去と反応の変化とのコインシデンスを調べるという，直接的な方法を用いて確認をします。つまり，群間比較法では，意味のある差の有無の判定には，客観性と信頼性とを備えた統計的検定法を用いますが，独立変数と従属変数との間の因果関係については，間接的な推定法をとります。一方，単一事例実験法では，条件間の差の判定は視察というやや客観性と信頼性の低い方法で行いますが，因果関係の判定には独立変数の投入・除去という直接的方法をとります。山田（1998a）の論文は，従来からなされていた視察法批判に対するひとつの提案として，ランダマイゼーション検定の導入を概説したものです。

　ランダマイゼーション検定（randomization test）の原理は，Fisher, R. A. が1920年代に考案したといわれています（Todman & Dugard, 2001）。この方法は群間比較で用いる統計検定法として元々考え出されました。分散分析法や t 検定では必要となる「標本を母集団から無作為抽出する」という条件を必要とせず，群間の無作為割り付けのみを唯一の必要条件とした検定法でした。ところがその計算には，用いたデータのすべての組み合わせについて行う必要があったため，計算量が膨大になりました。当時は大量データを高速に処理できる計算機も無かったため，いつしかこの方法は使われなくなってしまったようです。しかし，パーソナルコンピュータが普及した今日，再びこのランダマイゼーション検定が復活しました。Todman & Dugard（2001）では，Excel® やSPSS® で実行できる単一事例実験用のランダマイゼーション検定ソフトが，同書付録のCD-ROMで提供されています。なお，ランダマイゼーション検定の原理については，橘（1997）に詳しく紹介されています。

　山田（1998a）では，単一事例実験にランダマイゼーション検定を応用する方式に基づいて，比較する条件をランダムに測定時期（日やセッション単位）に割り付ける方法，介入の時期（タイミング）をランダムに割り付ける方法，比較する条件をそのフェーズ単位でランダムに割り付ける方法，この3種類を中心に概説しています。その上で山田（1998a）は，実際上臨床上の種々の制約から分析に必要なデータ数が確保できない可能性があり，このためにランダマイゼーション検定を使えない場合があること，また，検定が示すフェーズ間の有意差の判定と独立変数の効果の大きさ（影響の大中小）判定とは別物であること，について強調しています。

　単一事例実験における統計的検定法の利用については，以前から「行動分析学研究」や行動分析学会の年次大会において，取り上げられています（例えば，河合・河本・大河内，1987；日本行動分析学会，1996）。山田（1998a）については，桑田（1998）のコメント論文とそれに対する山田（1998b）のリプライがあり，この課題を考えるにあたって参考となります。

　ところで，ランダマイゼーション検定の分析に

必要なデータ数が得られない場合がある，という実施上の課題は残されたままです．すべての場面でランダマイゼーション検定を利用できる訳ではありません．この問題を回避する一つの方法として，高橋・山田（2008）は記述統計的手法を用いた効果量の比較という方法を取り上げて，詳細な検討を行っています．検定や効果量の比較を行うにあたっては，適用するデータの特性からくる制約と，実験場面からくる制約の二つからくる制約の下で，使用者であるわれわれは適切な方法を選択しなければなりません．山田（1998a）と高橋・山田（2008）とを読み合わせると，単一事例実験法におけるデータ評価の方法について，一つの方向が示されているように思います．

群間比較法においてよく用いられる分散分析法は，Fisher が 1920 年代に勤務していたロンドン北郊のローザムステッド農事試験場において，生物データである農事統計資料をいかにして分析するかを検討する中から生まれました（Fisher, 1925；芝村，2004）．行動分析学や単一事例実験法を用いる研究者が取り扱うのは，基本的には1個体の時系列データです．このような特性をもつデータを評価・分析できて，さらに誰もが容易に利用できるような統計的検定法やデータ評価法の工夫，そして利用環境の整備が今後益々必要となり，その重要性は高まることでしょう．これらを考え合わせると，単一事例実験において利用できるランダマイゼーション検定や各種の統計法，データの評価法，これらを過不足なく解説する邦文テキストの刊行は，一つのプランとなりうるでしょう．テキストの刊行が実現すれば，もしかするとそれは，日本行動分析学会にとって Fisher の "*Statistical Methods for Research Workers*" の出版に相当する出来事になるかもしれません．

文　献

Fisher, R. A. (1925). *Statistical methods for research workers*. New York：Hafner Press.（フィッシャー R. A. 遠藤健児・鍋谷清治（訳）（1970）．研究者のための統計的方法．森北出版．）

河合伊六・河本肇・大河内浩人（1987）．単一事例計画法における処遇効果のC統計による検定．行動分析学研究, 2, 36-47.

桑田 繁（1998）．心理学研究における評価の機能分析．行動分析学研究, 13, 59-62.

日本行動分析学会（1996）．シンポジウム 行動分析学研究法にいま問われているもの─単一被験体法をめぐって─．行動分析学研究, 9, 53-72.

芝村 良（2004）．R.A.フィッシャーの統計理論 推測統計学の形成とその社会的背景．九州大学出版会．

橘 敏明（1997）．確率化テストの方法 誤用しない統計的検定．日本文化科学社．

高橋智子・山田剛史（2008）．一事例実験データの処遇効果検討のための記述的指標について─行動分析学研究の一事例実験データの分析に基づいて─．行動分析学研究, 22, 49-67.

Todman, J. B., & Dugard, P. (2001). *Single-case and small-n experimental designs. a practical guide to randomization tests*. New Jersey：Lawrence Erlbaum Associates.

山田剛史（1998a）．単一事例実験データの分析方法としてのランダマイゼーション検定．行動分析学研究, 13, 44-58.

山田剛史（1998b）．単一事例研究における評価の専門性と一般性．行動分析学研究, 13, 63-65.

Reducing Inappropriate Parking of Bicycles and Motorcycles Near/On Braille Sidewalks: Contingencies for Parking Behavior

SHINJI SATO
University of Tsukuba

TAKASHI MUTO
Ritsumeikan University

KATSUHIKO MATSUOKA
Niigata University

SUGURU BABA
Council of Social Welfare, Ushiku-shi

KOTARO WAKAI
University of Tsukuba

Abstract

Study objective: Study objective: To evaluate the effects of the introduction of warning signs and reinforcers to reduce inappropriate parking of bicycles and motorcycles near/on Braille sidewalks (sidewalks with imbedded Braille indications) near buildings on a university campus in Japan. *Design*: A multiple baseline design across 5 settings was used. Settings: 5 areas around Braille sidewalks on the campus. Participants: 1,482 riders parking near/on those Braille sidewalks. Intervention: Signs indicating "PARKING BICYCLES & MOTORCYCLES NEAR/ON BRAILLE SIDEWALKS FORBIDDEN", data on the average number of vehicles inappropriately parked each week, and feedback on change in inappropriate parking. *Results*: After signs were introduced in the 5 areas, a reduction in the average number of inappropriately parked vehicles was observed in 4 of the 5 areas. A small increase was observed in the other area. Data on social validity indicated that students and staff of the university realized that an attempt was being made to reduce inappropriate parking. *Conclusion*: The signs contributed toward reducing inappropriate parking in 4 of 5 areas. The results are discussed in terms of environmental adjustment, as well as possibly more effective interventions.

Key words: Braille sidewalks, inappropriate parking, signs, behavioral community psychology, persons with visual impairment, university community.

点字ブロック付近への迷惑駐輪の軽減
——データ付きポスター掲示の効果——

筑波大学　佐藤晋治
立命館大学　武藤　崇
新潟大学　松岡勝彦
牛久市社会福祉協議会　馬場　傑
筑波大学　若井広太郎

(1)**研究の目的** 点字ブロック付近に置かれた迷惑車両に対する警告だけでなく，適切な場所へ駐輪するというルールに従う行動に対する強化も焦点化したポスターを掲示することの効果を検討した。(2)**研究計画** 場面間多層ベースライン・デザインを用い，ベースライン，介入，プローブを実施した。(3)**場面** A大学図書館，講義棟付近の点字ブロック周辺。(4)**対象者** 主に上記の場所を利用する学生，職員。(5)**介入** 不適切駐輪の定義とその防止を呼びかける内容のポスターと，1週間ごとの不適切駐輪台数のグラフとその増減に対するフィードバックを付したポスターを上記の地点に掲示した。(6)**行動の指標** 点字ブロック付近に置かれた迷惑駐輪車両の台数。(7)**結果** 介入を実施した5地点のうち4地点では，不適切駐輪台数は減少した。しかし，残りの1地点ではむしろ増加傾向にあった。また，駐輪スペースの利用者に対する事後調査の結果から，介入方法や結果の社会的妥当性が示された。(8)**結論** 不適切駐輪台数の増減に対するフィードバックを表示したポスター掲示は不適切駐輪台数を軽減させたが，その効果は明確なものではなかった。今後はより効果的な介入方略の検討とともに，物理的環境の整備も必要である。

Key words：点字ブロック，迷惑駐輪，ポスター，視覚障害者，行動的コミュニティ心理学

問題と目的

近年，我が国においても「行動的コミュニティ心理学（Behavioral Community Psychology）」あるいは「コミュニティ行動分析（Community Behavior Analysis）」と呼ばれる研究分野で，バリアフリー環境整備に対する行動分析的なアプローチが検討されるようになってきている（武藤・松岡・佐藤・張・岡田・高橋・馬場・田上，1999）。松岡・佐藤・武藤・馬場（2000a）では，大学構内に設置された視覚障害者誘導ブロック（以下，点字ブロックとする）に近接して置かれた迷惑駐輪台数の軽減を検討した。この研究では，欧米で検討されてきた身体障害者用駐車スペースの違法駐車を扱った研究（Cope, Allred, & Morsell, 1991；Cope, Lanier, & Allred, 1995；Jason & Jung, 1984；Suarez de Balcazar, Fawcett, & Balcazar, 1988；White, Jones, Ulicny, Powell, & Mathews, 1988）の知見が応用された。先行研究の知見によれば，違法駐車軽減に対する効果は，(1)垂直サイン（駐車スペースに車椅子のサインが標識として立てられている）は地面サイン（駐車スペースの地面に車椅子のサインがペイントされている）よりも高く，(2)垂直サインにメッセージ（「市民があなたの違法駐車を見ています」という社会的な罰を示唆するもの）を加えるとそれがない場合よりも高まるというものであった。松岡ら（2000a）では，注意を促すような垂直サイン（メッセージ付きのポスター掲示）を介入手続きに用いたが，先行研究の効果と比較すると明確な効果を示さなかった。そのような結果を導いた要因としては，1）付記したメッセージによって「不適切駐輪をしてはいけない」というルールに従っていない状態の嫌悪性を高めることができなかったこと，2）不適切な場所に駐輪するという反応に対する罰の随伴性のみを焦点化したことが考えられた。

そこで，本研究では，松岡ら（2000a）で用いられたポスターの他に，不適切駐輪台数のグラフと1週間の台数増減に対するフィードバックを掲示するという手続きを用いた。さらに，ポスターが掲示された場所での事後調査を行うことによって，より詳細なポスターの機能を検討した。また，その事後調査において，ポスター掲示の意義などの社会的妥当性に関する検証も行うこととした。

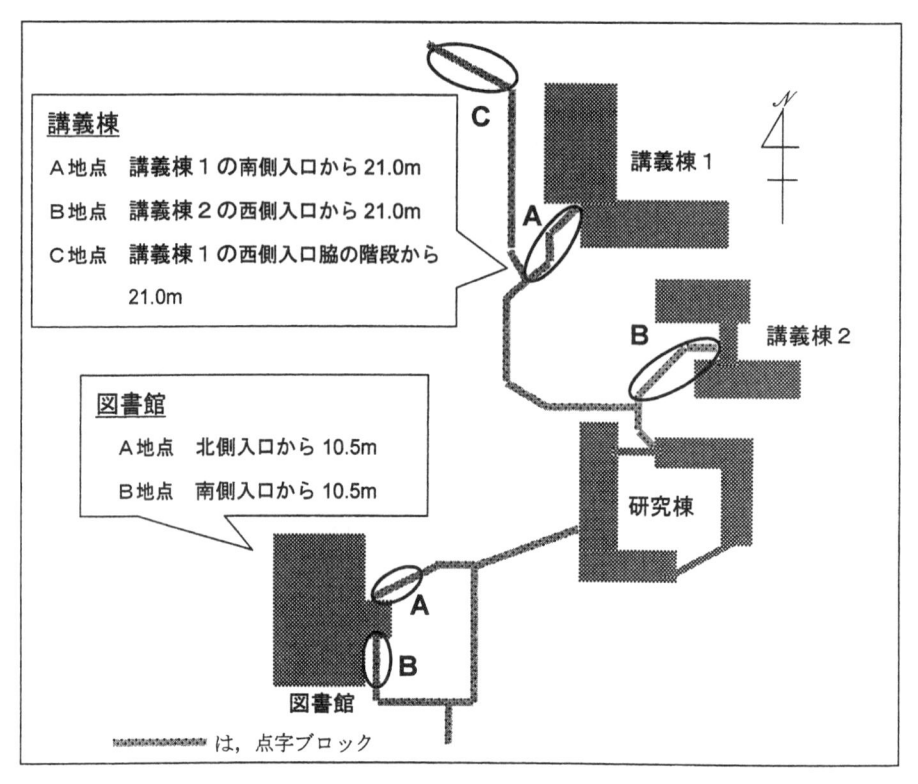

図1 大学構内における測定場所。各地点の21.0 m, 10.5 mの範囲は, それぞれ点字ブロック70個, 35個分に当たる。

方　法

対象

A大学構内に設置されている点字ブロック上, またはその付近に駐輪していた自転車およびバイクを対象とした。

測定場所

A大学構内の5地点（講義棟A地点, 講義棟B地点, 講義棟C地点, 図書館A地点, 図書館B地点）を測定場所とした（図1）。測定場所の選定にあたっては, 点字ブロック利用者への聞き取り（松岡ら, 2000 a）, およびA大学学生担当事務官からの要請に基づき, 点字ブロックが利用される頻度が高く, かつ自転車等による不適切な駐輪が多い地点を測定の対象とした。

測定日時

測定は, 1999年5月から2000年1月の間（ただし夏期休業期間および冬期休業期間は除く）の毎週火曜日と金曜日に, 午前・午後1回ずつ行われた。測定は自転車の移動が少ない講義時間中に行い, その時間帯は, 午前は11時から11時20分まで, 午後は3時30分から3時50分までの各20分間であった。また測定は, 図書館A地点, 図書館B地点, 講義棟C地点, 講義棟A地点, 講義棟B地点の順に行った。

不適切駐輪の定義, および行動の指標

松岡ら（2000 a）と同様に, 上述の測定場所に駐輪されている自転車およびバイクのうち, 以下の内容に該当するものを不適切駐輪と定義し, その台数を測定した。なお, 講義棟A地点付近は, 本研究開始以前から駐輪禁止区域となっていたため, この地点のみ, 駐輪禁止区域内に駐輪してある車両台数に対する, 以下の定義に該当した不適

図2 介入期に掲示したポスター。ポスターは，A3判（縦420 mm×横297 mm）の大きさで，全体をラミネート加工した。左側のポスターには青地に赤色でメッセージを付し，上部には点字ブロックのシンボルマークを配し，下部には点字ブロック付近の写真上に駐輪禁止の範囲を示した。右側のポスターには白地に赤色でメッセージを付し，上部には1週間ごとの不適切駐輪台数とその増減を示し，下部には不適切駐輪台数の推移のグラフを示した。

切駐輪台数の割合も算出した。

「車両，もしくはその一部（ハンドルやタイヤなど）が，一連の点字ブロックの左右両縁から外側に向かって幅50 cmの範囲内，もしくはその垂直上方にある（すなわち，点字ブロックおよびその左右50 cm幅を底面とした直方体を想定した場合に，車両の一部がその直方体と重なってしまうもの）。」

なお，点字ブロックの両端50 cm幅という数値に関しては，点字ブロック利用者への聞き取りおよび利用者の歩行の行動観察から，歩行に必要なスペースとして妥当なものであると考えられた。

マテリアル

ポスター 介入で使用したポスターを図2に示した。ポスターは，A3版（縦420 mm×横297 mm）2枚からなり，一方には点字ブロックのシンボルマークと点字ブロック付近への駐輪防止を呼びかけるメッセージ，および駐輪禁止の範囲が示された（松岡ら（2000a）で使用したものと同一のポスターである）。このポスターは，青地に赤色でメッセージを付してあり，この配色は道路標識における「駐停車禁止」標識等を参考にした。もう一方には，1週間ごとの不適切駐輪台数（火曜日と金曜日の累計）の推移がグラフで示されるとともに，前週と比較した台数の増減が表示され，減少した場合には"OH!! EXCELLENT!!"，増加した場合には"CAUTION!!"というメッセージが付された。増減が無かった場合には前週と同じメッセージが付された。なお，このグラフには，講義棟A地点と講義棟B地点においては，この両地点における台数を累計したもの，図書館A地点と図書館B地点においては，この両地点における台数を累計したもの，講義棟C地点のみ，

この地点における台数を累計したものが表示された。このポスターは，不適切駐輪をしない（適切に駐輪する）というルールに従う行動を強化する随伴性を設定するために用いられた。これらの2枚は並べて掲示された。ポスターの内容については，測定場所付近の点字ブロックを利用する視覚障害者1名にインタビューを行い，その妥当性を検討した。また，ポスターの掲示については，A大学学生担当事務官と交渉を行い掲示の許可を得た。

測定用メジャー 測定に要する時間的コストを軽減すること，また測定しているということを駐輪スペース等の利用者から観察されないようにするということを目的として，以下のような測定用メジャーを考案した。それは，50cmの目盛りが付された透明なビニール製の定規であった。観察者は，観察時にこれを携帯し，不適切駐輪の測定に使用した。

記録と信頼性 2名の観察者が，測定用メジャーを用いて独立に観察を行い，不適切駐輪の台数を記録した。記録の信頼性については，二者間の記録が一致した測定地点数を全測定地点数で除したものを，一致率として算出した。全データの38.7％（88回測定中34回）について二者間の一致率を算出したところ，89.4％であった。

実験デザイン 場面間多層ベースライン・デザインを用いて，ポスターが掲示されていないベースライン条件，及びプローブ条件（A）とポスターが掲示されている介入条件（B）について検討を行った。講義棟3地点では，条件を交代させてABABAデザインとし，図書館2地点ではABAデザインとした。

なお，観察日18日目の直後，A大学構内で不適切駐輪が最も顕著な講義棟C地点において点字ブロック付近に地面サインが導入された。これは，学生担当事務官が自主的に敷設したもので，点字ブロックの両側に「ここは，目の不自由な人が通ります。自転車等を置かないで下さい。」というメッセージを白地に黒い文字でペイントしたもの（縦181cm×横15cm）であった。

事後調査 適切な駐輪行動の制御変数やポスターの弁別機能を査定するための補助的な資料を得ること，およびポスターによる介入の社会的妥当性を検証することを目的として，事後調査を実施した。

対象者 本実験においてポスターを掲示した5地点の建造物の入口付近を通行していた，大学生，大学院生，大学職員の内，男性63名（講義棟A地点13名，講義棟B地点10名，講義棟C地点11名，図書館A地点16名，図書館B地点13名），女性51名（講義棟A地点10名，講義棟B地点10名，講義棟C地点10名，図書館A地点10名，図書館B地点11名）の計114名を調査対象とした。

期間 調査は，実験終了2週間後の平日午前11時から午後2時の間の約1時間行った。実験終了後であったため，各地点からポスターは既に撤去されていた。

手続き 調査者が，通行人に無作為に声をかけて調査を依頼し，了承が得られた者にのみ当該地点に関しての調査を実施した。調査は，原則として個別の聞き取り調査とした。ただし，同時に複数名に実施する場合は，所定の調査用紙に記入してもらうものとした。調査に要した時間は，対象者1名あたり5分程度であった。

内容 調査内容は，以下の通りであった。なお，質問1において「いいえ」と回答したものに対しては，質問2から4は実施しなかった。

質問1　ポスターの存在を知っていたかどうか
質問2　どんな内容のポスターであったか
質問3　不適切駐輪台数を測定していた曜日，時間帯を知っていたかどうか
質問4　本研究の取り組みに対する感想や意見

質問4に対する回答は，(1)「よい」，「感心した」，「頑張って下さい」等のことばを含むものや

介入効果があったと述べてあるものを「肯定」，(2)「無駄」，「かわらない」，「意味がない」等のことばを含むものや介入効果がなかったと述べてあるものを「否定」，(3)介入方法，及び介入者の代替案を述べてあるものや「肯定」，「否定」のどちらにも該当しないものを「その他」，(4)何も回答がなかったものを「無回答」と評定した。評定の信頼性については，二者間の一致率を算出したところ，90.7％（全75人中68人）であった。

結　果

　図3にA大学構内における点字ブロック付近の不適切駐輪台数を示した。不適切駐輪の総数は1482台であった。各プロットは，場所ごとの1日の累計台数を示している。

　講義棟A地点における平均不適切駐輪台数（不適切駐輪の割合）は，ベースラインで11.2台（31％），介入1で8.0台（28％），プローブ1で8.5台（31％）であった。また，介入2では8.4台（29％），プローブ2では7.4台（31％）であった。

　さらに，講義棟B地点では，ベースラインで7.7台，介入1で3.8台，プローブ1で2.8台であった。しかし，介入2を導入すると1.0台となり，プローブ2では0.4台へと減少した。

　講義棟C地点ではベースラインで25.5台，介入1（ポスター掲示）で20.6台，プローブ1（地面サイン敷設）で16.5台であったが，その後の介入2（ポスター＋地面サイン）では12.1台となり，プローブ2（地面サイン）では11.4台となった。

　図書館A地点のベースラインにおける1日あたりの平均不適切駐輪台数は3.7台，介入では2.0台，プローブでは1.3台であった。図書館B地点においては，ベースラインで5.9台，介入では6.1台，プローブでは7.2台であった。

　日によって増減はあるものの，全体的な傾向として，講義棟B地点，講義棟C地点，図書館A地点における不適切駐輪はかなりの減少が見られた。しかし，講義棟A地点では，平均の台数ではわずかな減少にとどまった。逆に，図書館B地点ではむしろ増加傾向にあった。

　事後調査の結果を図4～図6に示した。図4は質問1（ポスターの存在を知っていたかどうか）に対する回答を集計したものである。ポスターの存在を知っていたと回答したものは，講義棟A地点では23名中18名（78.3％），講義棟B地点では20名中15名（75.0％），講義棟C地点では21名中14名（66.7％），図書館A地点では26名中18名（69.2％），図書館B地点では24名中10名（41.7％）であった。全体としてみると，図書館B地点を除いて自転車の利用者の多くがポスターの存在を知っていたと考えられる。

　質問2（どんな内容のポスターであったか）に対する回答を図5に示した。その結果，今回改めて加えた部分（図2右側）について覚えていた回答者が75名中34名（45.3％）と最も多かった。

　また，質問3（測定曜日，時間帯を知っていたか）については，それを知っていた回答者はいなかった。

　さらに，質問4（本研究の取り組みに対する感想や意見）に対する回答の内訳を図6に示した。75名中49名（65.3％）が，本研究で行った取り組みに対して肯定的な回答を示した。

考　察

　本研究では，A大学構内の点字ブロックに対する不適切駐輪の台数を減少させることを目的とし，そのような駐輪をしないよう注意を促す内容のポスターと1週間ごとの不適切駐輪台数のグラフ，およびその増減に対するフィードバックを付したポスターを掲示した。その結果，ポスターを掲示した5地点のうち4地点においては，不適切駐輪台数の減少が見られた。以下，介入効果，ポスターの機能的分析，本研究の社会的妥当性，及び本研究の問題点と今後の課題について検討する。

　まず，介入効果についてであるが，結果の項で述べた通りポスターを掲示した5地点中4地点に

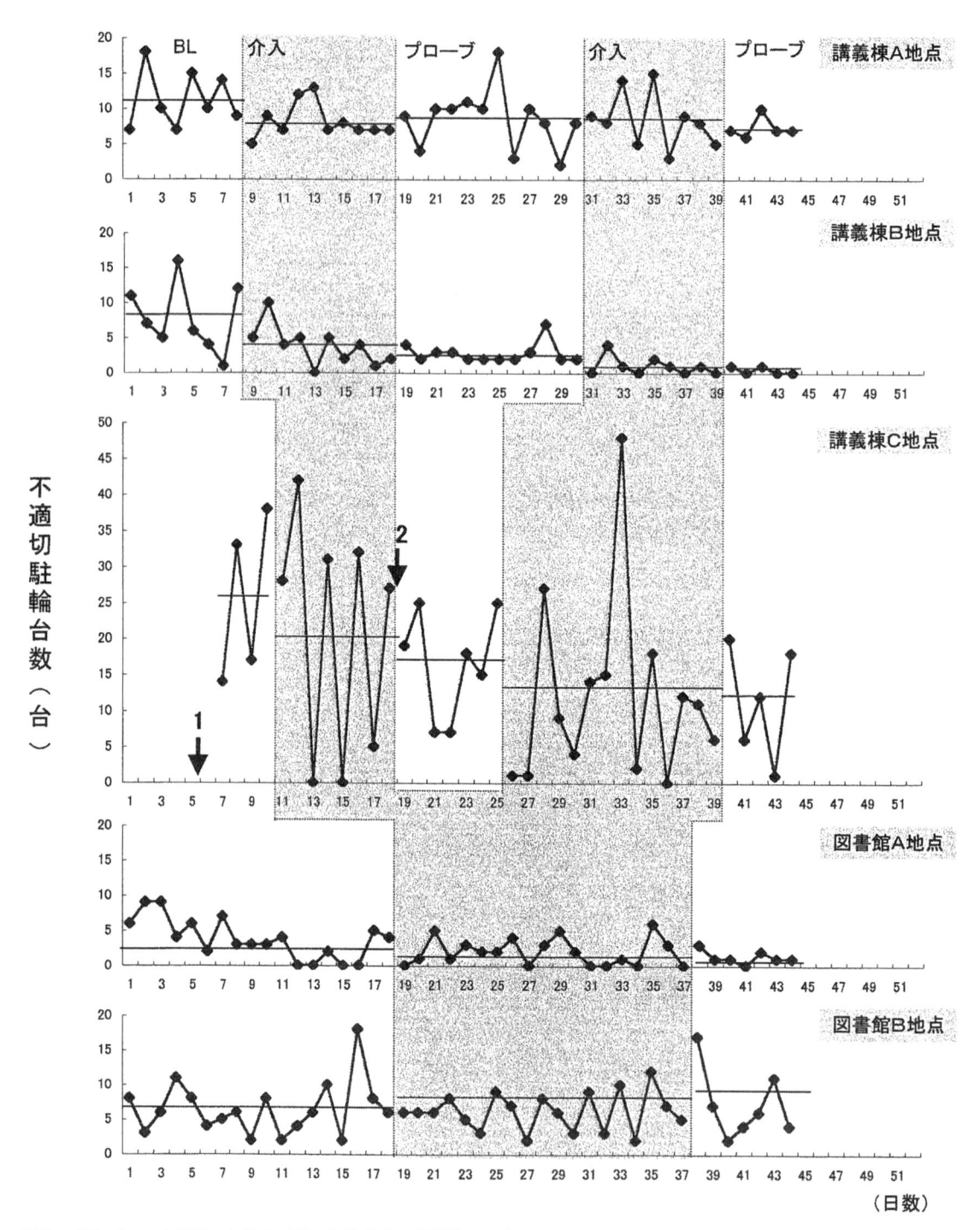

図3 点字ブロック付近における不適切駐輪台数。講義棟C地点のグラフ中の矢印1は，大学からポスター掲示を依頼された時期を示す。また，矢印2は地面サインが導入された時期を示す。

おいて不適切駐輪台数の減少が認められた。また，事後調査における質問3の結果から，不適切駐輪台数を測定している曜日や時間帯のみ不適切駐輪の減少が認められたわけではないと考えられる。

松岡ら（2000a）では，プローブが春期休業日と重なっていたため，この期間における不適切駐輪

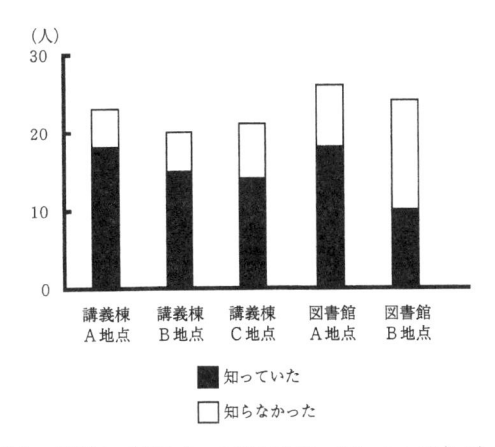

図4 質問1（ポスターの存在を知っていたかどうか）に対する回答の内訳

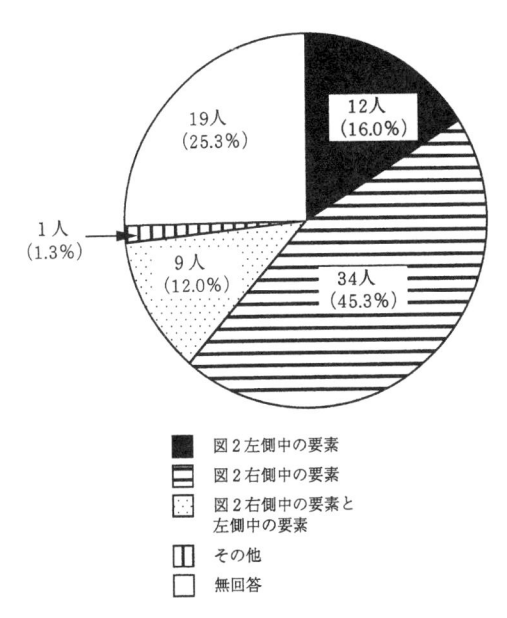

図5 質問2（どんな内容のポスターであったか）に対する回答の内訳．図2左側中の要素とは，松岡ら（2000a）と同様のポスターに含まれる要素であり，図2右側中の要素とは，本研究において新たに付加したポスター中の要素である．

台数の減少が介入の持ち越し効果によるものなのか，測定時期による自転車等の利用者の減少による影響なのかということを十分に検討できていなかった。このような測定時期による剰余変数の影響を棄却するためには，自転車等の利用者数が実験期間を通じて少なくとも減少していなかったということを示す必要がある。本研究では，データの測定を通常授業日のみに実施することで，自転車等の利用者数をある程度一定に統制できると考えた。しかし，人的コスト，時間的コストの関係から，講義棟A地点を除き，自転車等の利用者数を測定できなかった。このため，実験期間を通じての自転車等の利用者数が全地点とも減少していなかったということを示すことができなかった。また，講義棟A地点における不適切駐輪率は介入の方がベースライン，プローブに比べ低くはなっているものの，その減少率は大きくはなかった。本研究のように，不特定多数の者を対象とする研究においては，介入の際に各対象者がいつ独立変数にさらされるかは，全くの偶然に委ねられていたり，ベースラインと介入とで同一の対象者の行動が測定されているという保証もない。このため，多層ベースライン・デザインを用いた場合，介入による行動の変化が急激なものでないと，その因果関係が不明確になるということが考えられる。以上より，図書館B地点をのぞく4地点では，不適切駐輪台数の減少がみられたが，どの程度が

ポスター掲示という独立変数によるものなのかを判断することは困難である。この点を解決するためには実験計画の改善が必要であるが，例えば，以下のようなものが考えられる。それは，ベースラインで不適切駐輪を頻繁に繰り返している自転車を各地点数台ずつ特定し，その自転車が，介入やプローブにおいて適切に駐輪していたか，不適切に駐輪していたか，または登校（出勤）していなかったかを観察し，そのデータを併記するというものである。また，高橋（1992）は，野球場における適切なゴミ捨て行動を促進するために，1（地点）×6（条件）の要因配置による実験計画を用い，条件の効果を分散分析により検討している。このように，本研究の実験計画も，5（地点）×2（条件）の要因配置によるものへと変更していく必要があるとも考えられる。

最も不適切駐輪台数の減少が認められたのは講義棟C地点であった。この地点では介入1よりも介入2の方が不適切駐輪台数が減少していた。このことから，この地点において最も減少が見られたことの理由は，ポスター掲示による効果と観

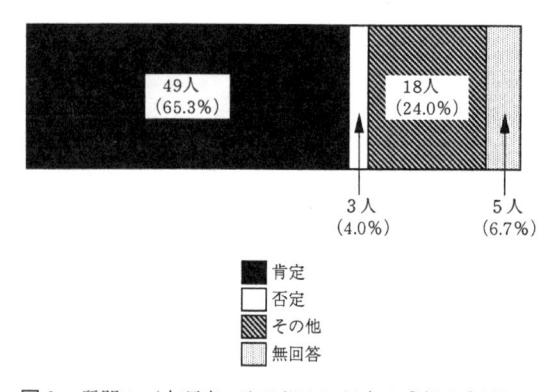

図6 質問4（本研究の取り組みに対する感想や意見）に対する回答の内訳。回答は以下の定義に従って評価された。(1)「肯定」は「よい」，「感心した」，「頑張って下さい」等のことばを含むものや介入効果があったと述べてある回答。(2)「否定」は「無駄」，「変わらない」，「意味がない」等のことばを含むものや介入効果がなかったと述べてある回答。(3)「その他」は，介入方法，及び介入者の代替案を述べてあるものや「肯定」「否定」のどちらにも該当しない回答。(4)「無回答」は，何も回答がなかったもの。

察日18日目直後に設置された地面サインの効果の複合されたものによるものであると考えられる。また，松岡・佐藤・武藤・馬場（2000b）は"二輪車（の適切な駐輪）については，地面サインの方が（ポスター掲示よりも）効果的な場合も出てくるだろう（括弧内は著者による加筆）"と指摘している。本研究の結果は，地面サインのみが存在するプローブ1，2においても不適切駐輪の減少が見られたことから，地面サインの方がポスター掲示よりも効果的だった可能性も考えられる。

次に，ポスターの機能的分析を試みる。松岡ら（2000a）で用いたポスターには問題と目的で述べたような問題点があった。このため，本研究ではポスターに不適切駐輪の増減に対するフィードバックを掲載することで，以下の2つの随伴性を設定しようとした。1つ目の随伴性は以下の通りである。まず，ポスターを見て「点字ブロック上に駐輪したら"CAUTION!!"というメッセージが表示されるかもしれない」などのルールが自発される。そのルールが確立化操作として，点字ブロック上に駐輪しようとしている状態，つまりルールに従っていない状態を嫌悪刺激として確立す

る。そのときに，この嫌悪刺激が十分に機能していれば，自転車を移動して適切な場所に駐輪するという行動が，嫌悪刺激の消失により強化される。2つ目は以下の通りである。まず，ポスターを見て「適切な場所に駐輪したら"OH!! Excellent"というメッセージが表示がされるかもしれない」などのルールが自発される。そのルールが確立化操作として，適切に駐輪しようとしている状態，つまりルールに従っている状態を強化刺激として確立する。そのときに，この強化刺激が十分に機能していれば，自転車を適切な場所に駐輪するという行動が強化される。しかし，上述した2つのルールが確立化操作として十分に機能していたなら，その制御下にないプローブでは不適切駐輪台数は明確に増加するはずであるが，本研究ではそのような結果とはならなかった。このことと事後調査における質問2の結果から，本研究で用いた不適切駐輪台数の増減に対するフィードバックは，それに対するタクトやイントラバーバルの弁別刺激としては機能していたが，不適切駐輪を軽減させる随伴性としては不十分であったと考えられる。この理由は，行動的コミュニティ心理学における共通した問題でもあると考えられる。つまり，個人の駐輪行動とフィードバックの関係が強固ではないため，一人一人の不適切駐輪行動が不適切駐輪台数の増減に対するフィードバックに直接随伴しておらず，その結果，上述したようなルールがルールに従っていない状況を十分に嫌悪刺激として確立していなかったからだと考えられる。このように考えると，より効果的な介入としては，各地点ごとに不適切駐輪台数の増減に対してフィードバックを与え，個人の行動とフィードバックの関係をより強固にするというものが考えられる。また，全地点のグラフをポスター中に表示することで競争の随伴性を付加するということも考えられる。本研究では，不適切駐輪台数に対してフィードバックを与えたが，Van Houten, Hau, & Marini（1980）では，スピード違反しなかった自動車運転者数の割合に対してフィードバックを与えていた。このように，適切行動（本研究の場

合，適切駐輪行動）をより強化する随伴性の設定が必要であるとも考えられる。

本研究の社会的妥当性に関しては，事後調査の質問4の結果から肯定的な回答が多かった。中でも，方法や結果に関する社会的妥当性について回答する人が49人中30人と多かった（例えば，「ポスターは貼った方がいいと思う」，「数で表すと増減がよくわかる」，「（不適切駐輪台数は）減っていたように覚えています」，「ポスターがあったときは減っていたのではないか」（括弧内は著者による加筆。以下，質問4に対する回答例の括弧内も同様））。しかし，実験終了後，点字ブロック利用者1名に「点字ブロック付近への不適切駐輪がどの程度減少したら，歩行に不便がないか」と聞き取り調査をしたところ，「不適切駐輪の台数だけでは回答できない。駐輪されているとあらかじめわかっている場所であればそこを避けて通るが，点字ブロックのように駐輪されていないだろうと考えている場所に駐輪されてあると，それがたとえ1台であっても困る」との回答を得た。このことから，本研究の結果に関する社会的妥当性は，駐輪スペース利用者にとっては高かったが，点字ブロック利用者にとっては低かったといえる。

また，図書館B地点においては，不適切駐輪の減少が認められなかった。これは，事後調査における質問1の結果から，ポスターを見ていた人が少なかったためであると考えられる。図書館A地点では，図書返却用ポストや傘立てと離れたところにポスターが掲示されていたが，図書館B地点では，これらのものと隣接して掲示されていたため，ポスターが目立たなかったものと考えられる。今後は，より効果的な介入方略を検討することが必要である。事後調査の質問4に対する回答で，これに関連すると考えられるものとしては，「やるなら（不適切駐輪車両を）全部捨ててしまうなど（しないと意味がない）」，「もっとインパクトのある方法でやれば（いいと思う）」などがあった。前者については，倫理的な問題があるということ，長谷川（1996）も述べているように大多数の教官・学生の十分な合意を得ておく必要があるといった点から，現実的な方法であるとは言えない。後者については，介入に用いたポスターの色をもっと目立つものにするとか返却用ポストや傘立てなどとの位置関係を考慮して掲示するなどの方法が考えられる。

さらに，事後調査の質問4に対する回答の中にはCope & Allred (1990)，長谷川（1996）と同様に，「（自転車等を）止める場所が少ないから，急いでいるときなど（不適切駐輪をするのは）仕方がない」，「（駐輪スペースの）構造にも問題がある」といった，不適切駐輪をする理由を述べているものもあった。このような回答が生じた原因としては，前者に関しては，利用されている車両数に比して駐輪スペースが少ないということが考えられる。後者に関しては，点字ブロックと駐輪スペースが近接しすぎて設置されているということが考えられる。つまり，駐輪スペースの広さや駐輪スペースと点字ブロックの位置関係が，建造物を建築する時点であまり考慮されなかったのではないかということを表している。今後は，建造物を建築する時点で前述のような点を考慮するということも，バリアフリー環境の実現のためには必要である。

本研究の実施に際し，筑波大学心身障害学系長 吉野公喜先生，同心身障害学研究科長 中村満紀男先生，同第二事務区学生担当 石濱悟様，同心身障害学研究科 青柳まゆみさん，川久保友紀さん，細川美由紀さん，同人間学類 小宮紘子さん（所属はいずれも研究実施時のもの）にご協力いただきました。心より感謝申し上げます。

引用文献

Cope, J. G. & Allred, L. J. (1990). Illegal parking in handicapped zones: Demographic observations and review of the literature. *Rehabilitation Psychology. 35 (4)*, 249-257.

Cope, J. G., Allred, L. J., & Morsell, J. M. (1991). Signs as deterrents of illegal parking spaces designated for individuals with physical disabilities. *Journal of Applied Behavior Analysis, 24 (1)*, 59-63.

Cope, J. G., Lanier. T. M., & Allred, L. J. (1995). Controlling illegal parking in spaces reserved for the physically disabled. *Environment and Behavior, 27 (3)*, 317-327.

長谷川芳典 (1996). バイク駐車の行動分析―社会的ジレンマ状況における個体識別の意義―. 岡山大学文学部紀要, 25, 67-85.

Jason, L. A. & Jung, R. (1984). Stimulus control techniques applied to handicapped-designated parking spaces: Deterring unauthorized use by the nonhandicapped. *Environment and Behavior, 16 (6)*, 675-686.

松岡勝彦・佐藤晋治・武藤 崇・馬場 傑 (2000a). 視覚障害者に対する環境的障壁の低減―駐輪問題への行動コミュニティ心理学的アプローチ―. 行動分析学研究, 15 (1), 25-34.

松岡勝彦・佐藤晋治・武藤 崇・馬場 傑 (2000b). 点字ブロックの設置メリットをいかすために―嶋崎論文への回答―. 行動分析学研究, 15 (2), 82-84.

武藤 崇・松岡勝彦・佐藤晋治・岡田崇宏・張 銀榮・高橋奈々・馬場 傑・田上惠子 (1999). 地域社会に根ざした「教育方法」から「援助・援護方法」への拡大―行動的コミュニティ心理学からの示唆―. 特殊教育学研究, 37 (3), 81-95.

Suarez de Balcazar, Y., Fawcett, S. B., & Balcazar, F. E. (1988). Effects of environmental design and police enforcement on violations of handicapped parking ordinance. *Journal of Applied Behavior Analysis, 21 (3)*, 291-298.

高橋 直 (1992). 野球場のゴミ捨て行動に対する行動変容の一例. 社会心理学研究, 7 (3), 200-209.

Van Houten, R., Nau, P., & Marini, Z. (1980). An analysis of public posting in reducing speeding behavior on an urban highway. *Journal of Applied Behavior Analysis, 13 (3)*, 383-395.

White, G. W., Jones, M. L., Ulicny, G. R., Powell, L. K., & Mathews, M. R. (1988). Deterring unauthorized use of handicapped parking spaces. *Rehabilitation Psychology, 33 (4)*, 207-212.

出典：佐藤晋治・武藤 崇・松岡勝彦・馬場 傑・若井広太郎 (2001). 点字ブロック付近への迷惑駐輪の軽減―データ付きポスター掲示の効果―. 行動分析学研究, 16, 36-47.

▶▶▶コメント

行動的コミュニティ心理学：
行動的"一発芸"から公開「援護」の方法として

立命館大学
望月 昭

「行動的コミュニティ心理学」と分類される研究は学生にも人気が高く、ゼミの自由発表でも、CiNii経由でまさにこの論文および先行研究（松岡ら、2000a）[注1]を紹介する学生が多く、また類似の研究が毎年卒業論文として取り上げられています。

また行動分析学というものが、個別的な臨床行為の場面のみでなく、環境保全（ゴミ捨て、ゴミ処理など）、交通問題、そして省資源などの社会的課題について早くから取り組んできたこと、さらにそれらの課題設定と対処の枠組みは、不特定多数の社会成員を対象にしていても、個人単位の行動問題の仕組み（とりわけセルフ・コントロールの困難さ）と同型的にとらえられるという、行動分析学の基本ロジックを説明する上でも格好な材料といえます。

70年代から始まった一連の行動的コミュニティ心理学研究には、具体的行動に具体的強化を随伴させることの重要性（Burgessら、1971）、罰や負の強化を用いた対応の限界（Gellerら、1980）といった、オペラント行動に関する"鉄板の原則"が網羅されています（望月,1989）。しかも、不特定多数を対象とするがゆえに、その具体的方法には"ポップ"なものも多く（McNeesら、1976；Van Houten, 1980）、それぞれの実践・研究者の創意（一発芸？）が楽しめる点からも、行動分析学のポジティブで闊達な側面をアピールすることもできます。

一方，武藤ら（1999）は，行動的コミュニティ心理学とは，「社会的に重要な問題に対して，その当事者との協同的（collaborative）関係に基づき，自らの価値（value）を継続的に検証しながら，行動分析学原理・技術を多層な次元（multilevel）で体系的に適用し，さらにその原理・技術自体すら発展させるという自己発見的な（heuristic）スタンスを持つ研究分野である」（p.83）と定義しています。これは，現在，応用行動分析学の定義といっても良いものです。当事者との協同的関係，自己発見的スタンスといった特徴は，応用行動分析学が持つ倫理的特性としても，現在，改めて社会的にアピールすべき要点でしょう。

さて，今回の佐藤らの研究は，視覚障害のある学生の移動に対する，不特定多数の"晴眼者"が行う対人援助行動の促進に関わるものと言えます（武藤ら，1999参照）。これは，車椅子マークの駐車スペースに"健常者"が止めないための対処（Copeら，1991）の場合などと同様，ターゲットとなる地域成員の行動変容に対する随伴性（たとえ遅延的であれ）を設定しにくいものです。それゆえその効果を挙げることは一層難しい課題ともいえます。このことは，ひろく対人援助実践において，新しい環境設定の創造である「援助」や，何よりその定着のための社会的要請である「援護」の具体的方法にも関わる問題ともいえます（望月，2010）。

そうした文脈から，改めて「行動的コミュニティ心理学」の実践作業総体を考えてみると，"看板を縦にするか横にするか"とか，そもそも看板を建てる申請が3度目にやっと許可されたとか，どこか絶えず"草の根"的，あるいは牧歌的な苦労がつきまとうこの作業は，まさしく当事者のみならず，ターゲットとなる社会成員との関係においても協同的に「援護活動」を行うことに他なりません。そこでは必然的にその援護活動の手続きを，それを選ぶ根拠や価値観とともに全公開しながら行うという，いわば手作り産地直送型作業となることを再認識することができると思います

（嶋崎，2000参照）。であればこそ，今後，効果がいまいちだからといって罰的な手段の誘惑に負けてその協同性を台無しにしては本末転倒。なんであれ，やはりポジティブかつポップなものでなければならないわけです（望月・川縁，2005）。

かの有名な出雲市における有料ゴミ袋システム（1992年施行）が，多くの人の記憶に残っているのも，それが有料だったからではなく，余ったゴミ袋を市が買い取ったこと，さらに利益を出産祝い金に充てたというポップでポジティブな共同性の随伴性だったからだと思います。

注1）読者には，ぜひ，武藤ら（1999），松岡ら（2000a），嶋崎（2000），松岡ら（2000b）も，表記の順に一読されることをお勧めします。

文 献

Burgess, R. L., Clark, R. N., & Hendee, J. C. (1971). An experimental analysis of anti-liter procedures. *Journal of Applied Behavior Analysis, 4*, 71-75.

Cope, J. G., Allred, L. J., & Morsell, J. M. (1991). Signs as deterrents of illegal parking spaces designated for individuals with physical disabilities. *Journal of Applied Behavior Analysis, 24*, 59-63.

松岡勝彦・佐藤晋治・武藤 崇・馬場 傑（2000a）．資格障害者に対する環境的障壁の低減―駐輪問題への行動コミュニティ心理学的アプローチ．行動分析学研究，*15* (1)，25-34．

松岡勝彦・佐藤晋治・武藤 崇・馬場 傑．(2000b)．点字ブロックの設置メリットを生かすために―嶋崎論文への回答―．行動分析学研究，*15* (2)，82-84．

McNees, M. P., Egli, D. S., Marshall, R. S., Schnelle, J. F., & Risley, T. R. (1976). Shoplifting prevention : Providing information through signs. *Journal of Applied Behavior Analysis, 9*, 399-405.

望月 昭（1989）．コミュニティの中の行動分析．小川 隆（監修），杉本助男，佐藤方哉，河嶋 孝（編）．行動心理ハンドブック．培風館，pp.368-371．

望月 昭・川縁明子（2005）．「猫のベンチに座って

ください」：具体的でポジティブな指示による迷惑行為の軽減．日本行動分析学会第23回大会発表論文集, 60.

望月 昭・中村 正・サトウタツヤ・武藤 崇（編）(2010). 対人援助学の可能性．福村書店．

武藤 崇・松岡勝彦・佐藤晋治・岡田崇宏・張 銀栄・高橋奈々・馬場 傑・田上恵子 (1999). 地域社会に根ざした「教育方法」から「援助・援護方法」への拡大―行動的コミュニティ心理学からの示唆．特殊教育学研究, 37 (3), 81-95.

嶋崎まゆみ (2000). 行動分析は"心のバリアフリー"を実現しうるか？：松岡・佐藤・武藤・馬場論文 (2000) へのコメント．行動分析学研究, 15 (2), 79-81.

Van Houten, R., Nau, P., & Zopito, M. (1980). An analysis of public posting in reducing speeding behavior on an urban highway. *Journal of Applied Behavior Analysis, 13*, 383-395.

An Economic Analysis of Choice of Reinforcer Amount by Rats: Absolute Reinforcer Amount, Weight Level, and Economic Conditions

MASATO ITO
NATSUKO KOBAYASHI
DAISUKE SAEKI

Osaka City University

Abstract

Study objective: The present experiments investigated the effects of absolute reinforcer amounts, weight level, and economic conditions on rats' choices between 2 alternatives differing in reinforcer amount. In Experiments 1 and 3, a relatively smaller supplemental food was provided after each session (open-economy condition), and a shorter session time was used (closed-economy condition) to maintain weight at about 80% of free-feeding weights, while in Experiment 2, a relatively larger supplemental food and longer session time were used to maintain weight at about 95% of free-feeding weights. A demand curve analysis was applied to the relation between food consumption and responding, in addition to an analysis of preference. Rats' preferences differed only between a 1:3-pellet and a 4:12-pellet condition. The slope of demand functions obtained was steeper in the open-economy condition than in the closed-economy condition, irrespective of the difference in weight. These results indicate that the slopes of demand functions are determined by differences in economic conditions, either open or closed economies, as defined, for rats, by the absence or presence of supplemental food.

Key words: choice, absolute reinforcer amounts, open and closed eonomies, demand analysis, concurrent-chains schedule, rats

強化量選択の行動経済学的研究：
絶対強化量・体重レベル・経済環境の効果

大阪市立大学　伊藤正人・小林奈津子・佐伯大輔

　本研究は，並立連鎖スケジュールにもとづく同時選択手続きを用いた3つの実験を通して，ラットにおける強化量の選択行動に及ぼす絶対強化量，体重レベル，経済環境の効果を，選択率と需要分析における価格弾力性を測度として検討した。強化量条件としては，相対強化量を1:3として，絶対強化量（1個 45 mg の餌ペレット数）を1個:3個から4個:12個の範囲の4条件設け，給餌が実験セッション内に限られる封鎖経済環境と実験セッション外給餌のある開放経済環境の下で各被験体に選択させた。また，セッション時間やセッション外給餌量により体重レベルを実験間で操作した。実験1と3では，体重を自由摂食時安定体重の約80％に維持し，実験2では，体重を自由摂食時安定体重の約95％に維持した。その結果，絶対強化量条件間を比べると，開放経済環境における1個:3個条件よりも4個:12個条件の方が高いことが認められた。選択期と結果受容期の反応に需要分析を適用すると，いずれの体重レベルにおいても，開放経済環境において弾

力性の高いことが示された。これらの結果は，経済環境の相違が体重レベルやセッション時間ではなく，セッション外給餌の有無に依存することを示唆している。

Key words：選択，絶対強化量，体重レベル，経済環境，需要分析，並立連鎖スケジュール，ラット

二者択一の選択場面の決定規則である一般対応法則（the generalized matching law；Baum, 1974, 1979）は，行動が二つの選択肢における強化率，強化遅延時間や，強化量などの強化事象の比（相対強化量）に対応するように配分されることを表している。例えば，強化量に関する(1)式の一般対応法則は，選択が相対強化量により決定されることを仮定している（伊藤（1983），高橋（1997）を参照）。

$$\frac{R_1}{R_2} = K \left(\frac{A_1}{A_2}\right)^S \quad (1)$$

ただし，R は，選択反応，A は，強化量を表す。添字の1と2は，選択肢を表す。s は，正の値をとるフリーパラメータで，選択行動の相対強化量に対する感度を表す。s の値が，1より大きいときは，過大対応（overmatching）と呼ばれる。s の値が，0から1の間のときは，過小対応（undermatching）と呼ばれる。k は，正の値をとるフリーパラメータで，その値が1より大きいときは，選択肢1への偏好を，また0から1の間のときは，選択肢2への偏好を表す。$s=1$ かつ $k=1$ のときは，選択反応が相対強化量に一致することを表し，これは完全対応（perfect matching）と呼ばれる。

強化量の相違には，相対強化量の相違とともに，同一の相対強化量で絶対強化量が異なる場合がある。例えば，前者は，強化子としてのペレットの個数が1個と3個や，1個と5個の相違，後者は，相対強化量が1：3で，ペレットの個数が2個と6個や，3個と9個の相違を指している。相対強化量の選択行動が(1)式の一般対応法則で記述できることは，これまでのいくつかの研究から明らかである（Catania, 1963；Ito, 1985；Ito & Asaki, 1982）。例えば，Ito (1985) は，並立連鎖スケジュールにもとづく同時選択手続きのもとで，相対強化量をペレット（1個45 mg）の個数で定義し，1個：1個，1個：2個，1個：3個，1個：5個の4条件設けて，ラットに選択させたところ，大強化量への選択率が，(1)式の一般対応法則で記述できることを明らかにしている。一方，絶対強化量について，Logue & Chavarro (1987) は，ハトを被験体とした並立スケジュールによる同時選択手続きのもとで，相対強化量を1：3に固定して，餌箱の呈示時間を0.75秒：2.25秒，2.25秒：6.75秒，3.75秒：11.25秒，5.25秒：15.75秒 の4条件設けて，選択させたところ，選択反応比は，絶対強化量の増加とともに，減少することを見いだした。この事実は，絶対強化量の効果を示しているが，しかし，ハトが実際に摂取した相対強化量は，1：3にはならず，特に，絶対強化量が2.25秒：6.75秒より大きい場合には，1：3よりかなり低いという問題があった。従って，現在のところ，絶対強化量が異なる場合，一般対応法則が仮定するように，絶対強化量に影響されないのか否かについては明らかとはいえない。強化遅延時間や強化率次元では，絶対遅延時間（Gentry & Marr, 1980；Omino & Ito, 1993；Williams & Fantino, 1978）や，全体強化率（Alsop & Elliffe, 1988；内田・伊藤, 2000）の効果が認められており，これらの次元では，相対量は一定でも，絶対量によって，一般対応法則の感度は，変化することが明らかになっている。例えば，Gentry & Marr (1980) は，並立連鎖スケジュールにもとづく同時選択手続きを用いて，相対遅延時間を1：4とした絶対遅延時間の異なる6条件（1秒：4秒から32秒：128秒の範囲）をハトに選択させたところ，短い遅延時間の選択率は，用いた絶対量について一定ではなく，絶対遅延時間が短い条件では，完全対応の場合の理論値

よりも低くなることが示された。強化率次元の例では，Alsop & Elliffe (1988) が，並立スケジュールにもとづく同時選択手続きを用いて，強化率に関する一般対応法則の感度に及ぼす全体強化率の効果を検討している。全体強化率を1分当たり10から0.22の範囲で6条件設け，各全体強化率条件の下で，相対強化率を8：1，4：1，1：1，1：4，1：8の5条件で変化させ，ハトに選択させた結果，全体強化率が増加するにつれ，強化率に関する一般対応法則の感度の値が0.52から0.72の範囲で単調増加することを見いだした。こうした遅延時間や強化率次元の事例から，強化量次元についても，相対強化量だけではなく，絶対強化量の効果を検討する必要があろう。

絶対強化量が一般対応法則にもとづいて扱えるかどうかという問題は，一般対応法則そのものの妥当性の問題だけではなく，絶対強化量が餌の豊富さ（餌密度）に関係することから，採餌選択の問題としても重要である。例えば，餌が豊富な時と豊富でない時では，2種類の餌の捕り方に相違があること，すなわち，餌が豊富なときは，より好ましい餌のみを選択するという餌の特殊化（specialization）という現象が最適化理論（Charnov, 1976；展望論文として内田・伊藤(1997) を参照）から予測され，実験（Abarca & Fantino, 1982, Ito & Fantino, 1986；Lea, 1979）で確かめられているからである。また，相対頻度の高い餌または低い餌を，その相対頻度より過剰に摂食するという頻度依存捕食（frequency-dependent predation）の現象にも全体的な餌の豊富さが影響すると考えられている（Gendron, 1987；展望論文として内田・伊藤(1997, 1998) を参照）。

採餌選択の問題は，採餌に伴う総摂食量とコストの関係を考察することから出発する（Charnov, 1976）。このため，総摂食量とコストを同定できる実験手続きが必要不可欠である。Lea (1979) を端緒とする採餌行動の実験室シミュレーション研究は，採餌行動に影響する様々な要因の効果や最適採餌理論の予測を検証する適切な方法として確立したが，多くの場合，実験セッション外にも給餌する方法を用いたために，採餌選択に伴う総摂食量とコストの関係が一義的に決まらないという問題点があった。この問題を回避するには，給餌を実験セッション内に限る実験手続きを用いる必要がある。Hursh (1980) は，この手続きを封鎖経済環境（closed economy）とし，実験セッション外にも給餌のある開放経済環境（open economy）と区別したが，自然状況における採餌行動が封鎖経済環境にあると考えられるので，封鎖経済環境における採餌行動の実験的研究が特に重要であるといえる（Collier & Rovee-Collier, 1981；Ito, Takatsuru, & Saeki, 2000）。一般に，封鎖経済環境における総摂食量とコストの関係は，横軸にコスト（価格），縦軸に総摂食量（消費量）をとると，コストの増加に伴う総摂食量の減少という需要の法則（a law of demand）に従うことが知られている（Lea, 1978）。

行動研究における開放経済環境と封鎖経済環境の区別の重要性は，Hursh (1980) により指摘されたが，このような経済環境の相違が，実際，行動にどの様な影響を及ぼすのかは，必ずしも明らかではない。この二つの経済環境は，実験セッション外給餌の有無，実験セッションの長さ，被験体の体重レベルなどの側面で異なっており，これらの要因の効果を明らかにすることを通して，二つの経済環境の特質を明確にする必要がある。この問題を扱ったいくつかの研究には，行動の指標として，単一反応を用いたものと複数反応（選択率）を用いたものがある。例えば，Timberlake & Peden (1987) は，固定比率（fixed-ratio：FR）または変動間隔（variable-interval：VI）強化スケジュール下のハトのキイつつき反応を指標として，二つの経済環境の行動への影響を検討したが，どちらの場合も，強化スケジュール値により定義される強化率が増加すると，反応率は低下するという傾向が見られ，経済環境の相違は明確ではなかった。一方，並立連鎖スケジュールにもとづく同時選択手続きにおける選択率を指標と

したLaFiette & Fantino (1989) では，選択率は経済環境の影響を受けないが，二つの選択肢に対する総反応数にもとづく反応率は，開放経済環境では，変化に一貫性がないものの，封鎖経済環境では強化率が増加すると，反応率も増加するという傾向が認められている。このように，現在のところ，経済環境の行動への効果に関しては，必ずしも一致した結果が得られているわけではない。

これらの研究では，二つの経済環境を実験セッション外給餌の有無により区別しているが，Timberlake & Peden (1987) は，セッション時間を3時間とする封鎖経済環境に対して，同じ3時間のセッション後に給餌のある開放経済環境と短いセッション時間（1セッション20強化で終了）の開放経済環境を設定して，実験セッション外給餌の有無の要因以外に，セッション時間の長さと体重レベル（自由摂食時安定体重の75％）要因の反応率への影響を調べたのである。これに対し，LaFiette & Fantino (1989) は，特に，体重レベルをそろえる操作を行っていない。彼らは，セッション時間を23.5時間とする封鎖経済環境に対して，セッション時間を1時間とする開放経済環境を比較したが，体重レベルは，封鎖経済環境では，自由摂食時安定体重の100％以上に対し，開放経済環境では，自由摂食時安定体重の80％で，二つの経済環境で大きく異なっていた。一般に，セッション時間の長短と体重レベルは，密接に関連しているが，Timberlake & Peden (1987) のように，セッション時間とは独立に体重レベルを操作することは可能である。体重レベルは，単一反応の反応率 (Hursh, 1978) や，一般対応法則の感度の値 (Baum, 1974, 1979) にも影響すると考えられていることから，二つの経済環境を検討する場合には，体重レベルをそろえる必要があろう。

本研究の目的は，強化量選択における絶対強化量の効果を，(1)一般対応法則にもとづいて検討すること，また，(2)行動経済学的枠組みにもとづく需要分析から検討することであった。さらに，開放経済環境と封鎖経済環境という二つの手続きのもとで，絶対強化量の効果を検討することを通して，(3)二つの経済環境の相違，特に，実験セッション外給餌の有無と体重レベルを取り上げ，いずれの要因が重要であるかを明らかにすることであった。

実験1

実験1では，並立連鎖スケジュールにもとづく同時選択手続きを用いて，実験セッション外に給餌のある開放経済環境と給餌が実験セッション内に限られる封鎖経済環境の下で，4つの絶対強化量条件を各被験体に経験させ，経済環境の相違が絶対強化量の選択行動にどのような効果を持つかを検討した。開放経済環境では，実験外給餌により，被験体の体重を自由摂食時安定体重の80％に保ったが，封鎖経済環境では，体重の統制は特に行わなかった。

方法

被験体：実験経験のない約100日齢のウィスター系雄のラット4個体（R60, R62, R63, R64）。実験期間中，個別ケージで自由に摂水することができた。また，開放経済環境では，個別ケージでの給餌により，自由摂食時安定体重の80％に維持した。

装置：2レバー付きの実験箱（31 cm×25 cm×29 cm）を用いた。実験箱の側面パネルと天井にはアクリル板，前面パネルと後面パネルにはステンレス板を使用した。床には，直径0.3 cmのステンレス製グリッドを1.5 cm間隔で配置した。前面パネルの中央，グリッド床から1 cmのところに給餌用開口部（5 cm×5 cm×2.5 cm）の底辺が位置していた。強化子（1個45 mgのペレット）呈示時には，あらかじめ決められた時間開口部上部の照明ランプが点灯した。強化量条件ごとに，1個：3個条件では6秒，2個：6個条件では18秒，3個：9個条件では36秒，4個：12個条件では48秒間点灯した。ペレットは，自動給餌装置（米国ガーブランズ社製）

により，300ミリ秒間隔（作動時間は100ミリ秒）で呈示された。開口部の両側面から4cm，グリッド床上5cmに左右のステンレス製反応レバー（2cm×2.5cm×0.2cm）が設置されていた。反応レバーは，ソレノイド駆動により自動引き込み可能であった。レバーの作動には，約15g（0.15 N）の荷重が必要であった。左右のレバー上2cmにパイロットランプ（24 VDC，2.6 W）があり，レバー呈示中点灯した。天井のパイロットランプは，セッション中の照明として用いた。実験箱は，木製防音箱（80cm×54cm×58cm）に収納され，防音箱に取り付けられた換気ファンによる音を外来音遮蔽のためのマスキングノイズ（75 dB）として用いた。刺激や強化子の呈示，反応の記録などは，防音箱の外に置かれたパーソナルコンピュータシステムにより制御した。

手続き：最初に逐次接近法によりレバー押し反応を形成した後，連続強化で6セッション訓練した。次に，選択期と結果受容期からなる並立連鎖スケジュールにもとづく同時選択手続き（図1）を導入した。選択期では，左右の選択肢での強化頻度を等しくするために，強制選択手続き（Stubbs & Pliskoff, 1969）を用い，変動間隔（VI）強化スケジュールにもとづいて，あらかじめランダム（$p=0.5$）にどちらの結果受容期に入るかを決めてあった。このため，被験体の選好とは独立に強化頻度を左右の選択肢間で一定にすることができた。選択期のVI値は，2秒から始め，3セッションかけて，30秒まで増加させた。選択期のVI値を満たし，かつ決められた側のレバーに反応があれば，押されなかったレバーは引き込まれ，結果受容期へ移行した。結果受容期（選択肢）はどちらも固定間隔（fixed-interval：FI）5秒強化スケジュールであった。FI値を満たし，かつレバーに反応があると，レバーは引き込まれ，給餌用開口部のランプが強化量条件にしたがって，あらかじめ決められた時間（強化時間）点灯した。強化量条件にもとづいて，ペレットが呈示された。強化時間終了後，再び左右のレ

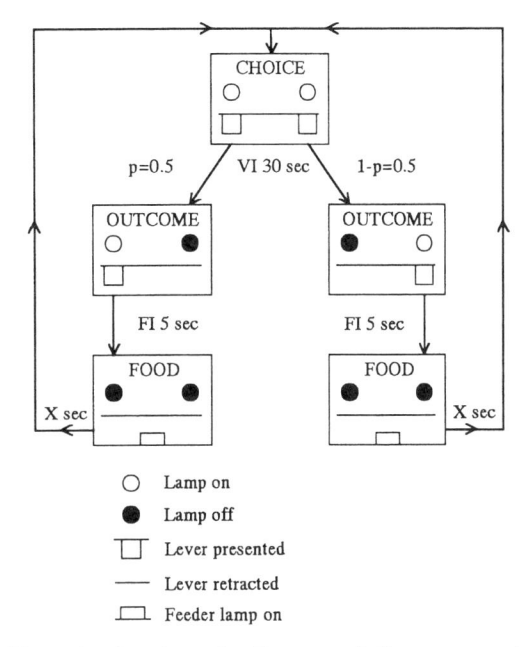

Figure 1. A schematic diagram of the concurrent-chains schedule used in Experiment 1 and 2.

バーが呈示され，選択期が始まった。これを1サイクルとした。

強化量条件として，二つの選択肢間で相対強化量を1:3に固定し，ペレットの絶対量を変化させた。すなわち，ペレット1個：3個，2個：6個，3個：9個，4個：12個の4条件を設定し，各被験体に選択させた。各強化量条件の呈示順序と大強化量選択肢の左右への割り振りは，被験体間で相殺した。

開放経済環境では，1セッション30サイクルとし，被験体の体重を自由摂食時安定体重の約80％程度に保つように，実験セッション終了後ホームケージで適量（10—15g）給餌した。封鎖経済環境では，1セッション2時間とし，実験セッション外給餌を行わなかった。各経済環境条件毎に，4つの強化量条件を経験させた。経済環境の呈示順序は，被験体間で相殺した。各被験体毎の強化量条件と経済環境の呈示順序は，表1に示してある。

各強化量条件は，最低14セッション行い，以下の安定基準を満たした場合に，次の条件へ移行した。安定基準は，まず最終6セッションの大強

Table 1. Sequence of conditions, number of sessions, number of initial-link and terminal-link responses for the larger (L) and smaller (S) reinforcer, number of cycles per session, number of food pellets per session, session time, and body weights relative to free-feeding body weights for each subject in Experiment 1. These data were averged over last six sessions.

Sub.	Order	Condition pellets	Economy	Session	Initial-link responses L/S	Terminall-link responses L/S	Cycles	Total number of pellets	Session time(s)	Percent weight(%)
R 60	3	1 : 3	Open	18	784/544	219/234	30	60	1122	86
	1	2 : 6		16	307/228	121/139	30	120	1220	84
	4	3 : 9		16	759/456	202/128	30	180	1336	88
	2	4 : 12		19	444/182	136/106	30	240	1367	87
	6	1 : 3	Closed	20	1790/1235	475/537	139	279	6384	78
	5	2 : 6		18	1131/569	409/351	103	414	5346	90
	8	3 : 9		15	716/336	184/229	74	441	4536	80
	7	4 : 12		14	297/214	94/79	47	368	4944	81
R 64	1	1 : 3	Open	17	254/218	108/100	30	60	1180	78
	3	2 : 6		18	380/241	142/115	30	120	1245	78
	2	3 : 9		14	234/173	79/104	30	180	1468	79
	4	4 : 12		15	243/182	60/108	30	240	1640	81
	5	1 : 3	Closed	18	3609/1176	705/686	139	278	6366	78
	7	2 : 6		15	1523/1041	363/453	90	360	5580	75
	6	3 : 9		16	1489/384	307/242	58	348	5112	77
	8	4 : 12		17	1056/263	200/158	45	360	5040	77
R 62	2	1 : 3	Closed	14	4644/1180	692/789	146	292	6324	83
	1	2 : 6		17	1773/603	353/494	100	400	5400	91
	4	3 : 9		15	2188/412	328/414	71	426	4644	99
	3	4 : 12		18	745/494	154/170	42	336	5184	88
	5	1 : 3	Open	18	1113/827	182/201	30	60	1117	84
	7	2 : 6		19	1129/853	177/188	30	120	1155	84
	6	3 : 9		17	1002/163	133/178	30	180	1607	81
	8	4 : 12		16	643/208	137/138	30	240	1434	84
R 63	3	1 : 3	Closed	18	5531/2141	491/608	145	290	6288	92
	4	2 : 6		15	2993/313	402/325	102	410	5364	98
	1	3 : 9		15	963/334	180/214	73	438	4572	89
	2	4 : 12		14	1214/213	160/116	62	497	4224	99
	8	1 : 3	Open	23	1045/699	139/126	30	60	1180	79
	6	2 : 6		18	953/326	126/114	30	120	1204	82
	7	3 : 9		20	1196/603	124/130	30	180	1211	80
	5	4 : 12		18	1017/500	129/129	30	240	1234	86

化量側への選択率から，2セッションずつの平均値を求め，これらの3つの平均値について，その変動量が0.05以内で，かつ単調増加も単調減少も見られないこととした。

結果と考察

選択期と結果受容期における最終6セッションの平均反応数，サイクル数，総強化量，強化時間を除くセッション時間および体重レベルが強化量条件と経済環境の呈示順序とともに，表1に示されている。選択期と結果受容期の反応数は，どち

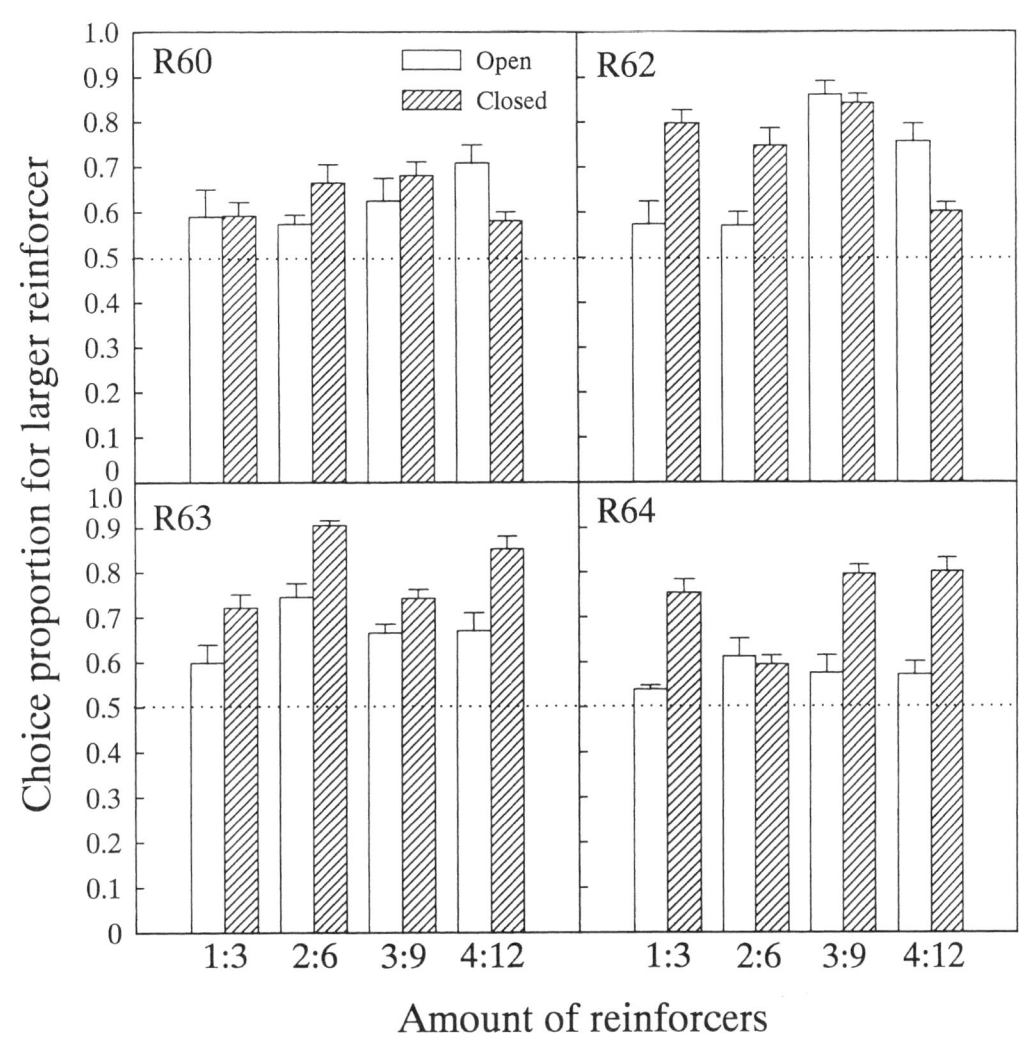

Figure 2. The choice proportions for the larger of two reinforcer amounts under open and closed economies obtained in Experiment 1.

らの経済環境でも，絶対強化量が増加すると，減少する傾向が認められた。

図2は，大強化量側の選択率を各強化量条件毎に表したものである。縦軸は，大強化量側の選択率，横軸は，強化量条件を表している。データは各条件最終6セッションの平均値である。白抜きの棒グラフは，開放経済環境を，斜線の棒グラフは，封鎖経済環境を表している。図から明らかなように，いずれの経済環境でも，選択率は，強化量条件の関数として組織的な変化を示さなかった。フリードマンの順位による分散分析（Siegel & Castellan, 1988）を行ったところ，有意差は認め られなかった（開放経済環境条件 $Fr=3.6, p>0.05$，封鎖経済環境条件 $Fr=2.1, p>0.05$）。この事実は，(1)式の一般対応法則が前提としている，「選択は，絶対強化量ではなく，相対強化量により決定される」という論理を支持するものといえる。経済環境毎に4つの強化量条件の平均選択率を求めてみると，開放経済環境では，0.64，封鎖経済環境では，0.73となり，封鎖経済環境の方が高かった。

図3は，需要分析を適用した結果を示す。縦軸に，消費量（10分当たりの総強化量），横軸には，選択期と結果受容期の総反応数にもとづく1強化

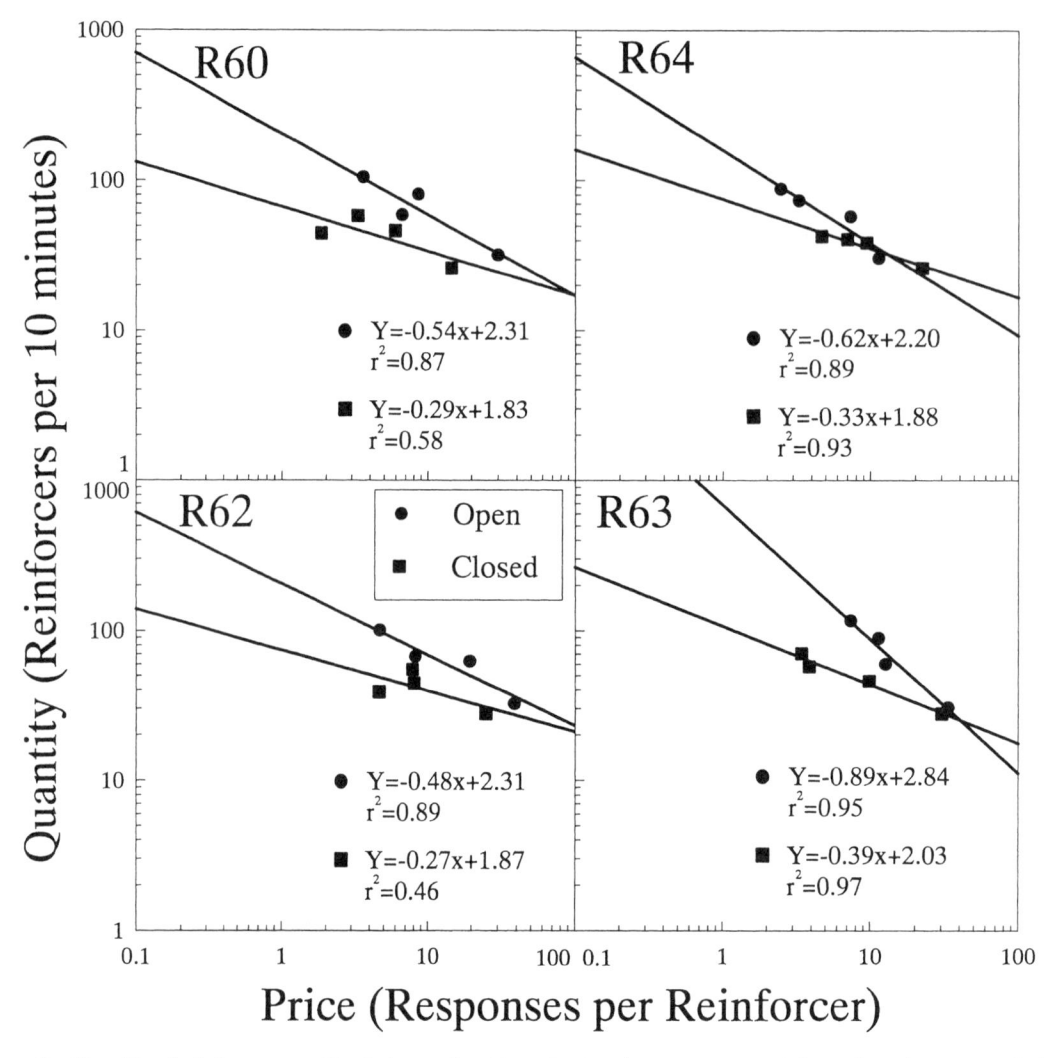

Figure 3. Quantity (reinforcers per 10 min.) as a function of price (responses per reinforcer) under open and closed economies in Experiment 1.

当たりの反応数（行動価格）をとり，データをプロットすると，需要の価格弾力性（price elasticity of demand）という観点から分析できる（Bickel & Madden, 1999；Madden, Bickel, & Jacobs, 2000）。消費量は，強化時間を除いたセッション時間にもとづいて求められた。4つのデータ点に直線回帰を行い，経済環境毎に直線の傾きと切片を求めた。その結果，いずれの被験体においても，直線の傾きは，封鎖経済環境よりも，開放経済環境の方が急であった。4個体の傾きの平均値は，開放経済環境で−0.63，封鎖経済環境では，−0.32となった。このことは，開放経済環境の消費量の方が，封鎖経済環境の消費量に比べて，より弾力的であることを示している。

本実験は，相対強化量1：3のもとで，1個：3個から4個：12個の範囲の異なる絶対強化量間の選択を行わせたが，(1)式において完全対応が成立するとした場合（$k=1$ かつ $s=1$），いずれの絶対強化量でも理論値（選択率）は，0.75である。封鎖経済環境では，この選択率に近い値が得られたが，開放経済環境では，これより低い値であった。開放経済環境の下で，本実験と同様の手続きにより，相対強化量の効果を検討したIto (1985) の実験1における，ペレット1個：3個

条件の選択率は，6個体の平均値で0.64であり，本実験の選択率と類似していた。この事実は，封鎖経済環境に比べて，開放経済環境では，相対強化量1：3に対する感度が低いことを示唆している。このことから，開放経済環境では，実験セッション外の給餌が，実験セッション内の選択行動に影響すると考えられる（Herrnstein, 1970）。相対強化量が1：3以外の場合にも，本実験の結果が適用できるか否かは今後の検討課題として残されている。

　また，二つの選択肢に対する総反応数と得られた総強化量に適用した需要分析から，経済環境の相違は，弾力性にも影響することが示された。このことは，Hursh (1980) を始めとする単一反応に需要分析を適用した研究の結果（Foltin, 1991；Hursh, 1991；Lea, 1978；展望論文として坂上 (1997)，恒松 (1999 a) を参照）と一致するものであり，選択場面の複数反応にも需要分析を適用できるとする Bickel & Madden (1999) と Madden et al. (2000) の研究を支持するものといえる。しかし，本実験の結果から，経済環境の相違を実験セッション外給餌の有無に帰属できるか否かについては，注意が必要である。本実験では，経済環境の相違として実験セッション外給餌の要因以外にも，体重レベルが異なっていたからである。体重レベルを見ると，開放経済環境では，自由摂食時安定体重の平均82％なのに対し，封鎖経済環境では，平均86％であった。このような体重レベルの相違が弾力性にどのような効果を持つのかを明らかにする必要があろう。

実験2

　Baum (1974, 1979) は，一般対応法則の感度に影響する要因の一つとして，体重レベル（餌剥奪の程度）を挙げている。本研究のように絶対強化量を扱う場合には，特に，セッション内飽和や体重レベルの効果を検討することが重要であると考えられる。そこで，本実験では，実験1と同様の手続きを用い，体重レベルが上がった場合に，大強化量の選択率や弾力性にどのような効果があるのかを明らかにすることを目的とした。

方法

被験体：実験経験のない約100日齢のウイスター系雄のラット4個体 (R 102, R 107, R 115, R 122)。実験期間中，個別ケージで自由に摂水することができた。どちらの経済環境においても，同程度の体重レベルを維持するため，開放経済環境では，個別ケージでの給餌により，封鎖経済環境では，セッション時間を実験1より長くして，自由摂食時安定体重の約95％に維持するようにした。

装置：実験1と同様な2レバー付きの実験箱を用いた。

手続き：反応形成，予備訓練および本訓練の強化量条件と経済環境条件は実験1と同じであった。ただし，実験1では，経済環境条件間で異なっていた体重レベルを自由摂食時安定体重の約95％にそろえるため，開放経済環境では，実験セッション外の給餌量を実験1より増やした（15 g−20 g）。また，封鎖経済環境では，実験セッションの長さを実験1より長い3時間とした。

　強化量条件は，実験1と同様に，相対強化量を1：3に固定し，絶対強化量を1個：3個，2個：6個，3個：9個とする3条件設け，各経済環境条件のもとで選択させた。各強化量条件は，最低14セッション行い，実験1と同様の安定基準を満たした場合に，次の条件へ移行した。強化量条件と経済環境条件の呈示順序は，被験体間で相殺した。各被験体毎の強化量条件と経済環境の呈示順序は，表2に示してある。

結果と考察

　表2は，強化量条件と経済環境の呈示順序とともに，選択期と結果受容期における最終6セッションの平均反応数，サイクル数，総強化量，強化時間を除くセッション時間および体重レベルを示している。選択期と結果受容期の反応数は，どちらの経済環境でも，絶対強化量が増加すると，減

Table 2. Sequence of conditions, number of sessions, number of initial-link and terminal-link responses for the larger (L) and smaller (S) reinforcer, number of cycles per session, number of food pellets per session, session time, and body weights relative to free-feeding body weights for each subject in Experiment 2. These data were averaged over last six session.

Sub.	Order	Condition Pellets	Economy	Session	Initial-link responses L/S	Terminal-link responses L/S	Cycles	Total number of pellets	Session time(s)	Percent weight(%)
R 102	2	1:3	Open	20	800/418	190/201	30	60	1243	96
	1	2:6		17	511/387	213/155	30	120	1338	96
	3	3:9		14	363/167	139/111	30	180	1888	96
	5	1:3	Closed	18	3267/773	664/474	158	316	9378	101
	4	2:6		18	1014/269	328/259	78	312	9396	101
	6	3:9		19	693/158	177/178	64	384	9072	102
R 107	4	1:3	Open	14	986/352	154/162	30	60	1178	102
	6	2:6		15	385/226	132/109	30	120	1450	100
	5	3:9		15	364/193	89/131	30	180	1887	104
	2	1:3	Closed	26	5369/672	777/777	146	292	9486	102
	3	2:6		21	1662/399	340/332	106	424	8892	102
	1	3:9		16	512/270	143/185	49	295	9477	94
R 115	5	1:3	Open	14	411/274	115/152	30	60	1343	97
	4	2:6		16	167/114	69/96	30	120	3239	98
	6	3:9		17	117/107	114/149	30	180	2217	96
	3	1:3	Closed	16	1394/575	342/490	102	204	9882	94
	1	2:6		17	311/186	118/214	56	222	9792	92
	2	3:9		17	173/111	56/84	38	225	9774	92
R 122	2	1:3	Open	16	247/139	51/37	30	60	1724	91
	3	2:6		19	125/96	19/38	30	120	1821	89
	1	3:9		21	148/137	16/44	30	180	2048	89
	4	1:3	Closed	14	1064/489	205/141	125	250	9675	88
	6	2:6		16	355/132	73/56	63	251	9666	88
	5	3:9		14	101/91	32/40	40	240	9720	88

少する傾向が認められた。

図4は，大強化量側の選択率を各強化量条件毎に表したものである。縦軸は，大強化量側の選択率，横軸は，強化量条件を表している。データは各条件最終6セッションの平均値である。白抜きの棒グラフは，開放経済環境を，斜線の棒グラフは，封鎖経済環境を表している。図から明らかなように，実験1の結果と同様に，いずれの経済環境でも，選択率は，強化量条件の関数として組織的な変化を示さなかった。フリードマンの順位による分散分析を適用すると，実験1の結果と同様に，どちらの経済環境でも，強化量条件による選択率の有意な変化は認められなかった（開放経済環境 $Fr=3.5, p>0.05$, 封鎖経済環境 $Fr=2, p>0.05$）。強化量3条件の平均選択率は，開放経済環境では，0.61，封鎖経済環境では0.72であり，実験1の結果と同様に，封鎖経済環境の方が高かった。体重レベルの平均値は，開放経済環境では，96％，封鎖経済環境では，95％であった。体重レベルが自由摂食時安定体重に近い値でも，低い場合（実験1）と同じ様な選択率が得られたことは，LaFiette & Fantino (1989) の封鎖経済環境における結果と一致している。従って，相対強化量1:3に対する選好は，体重レベルに

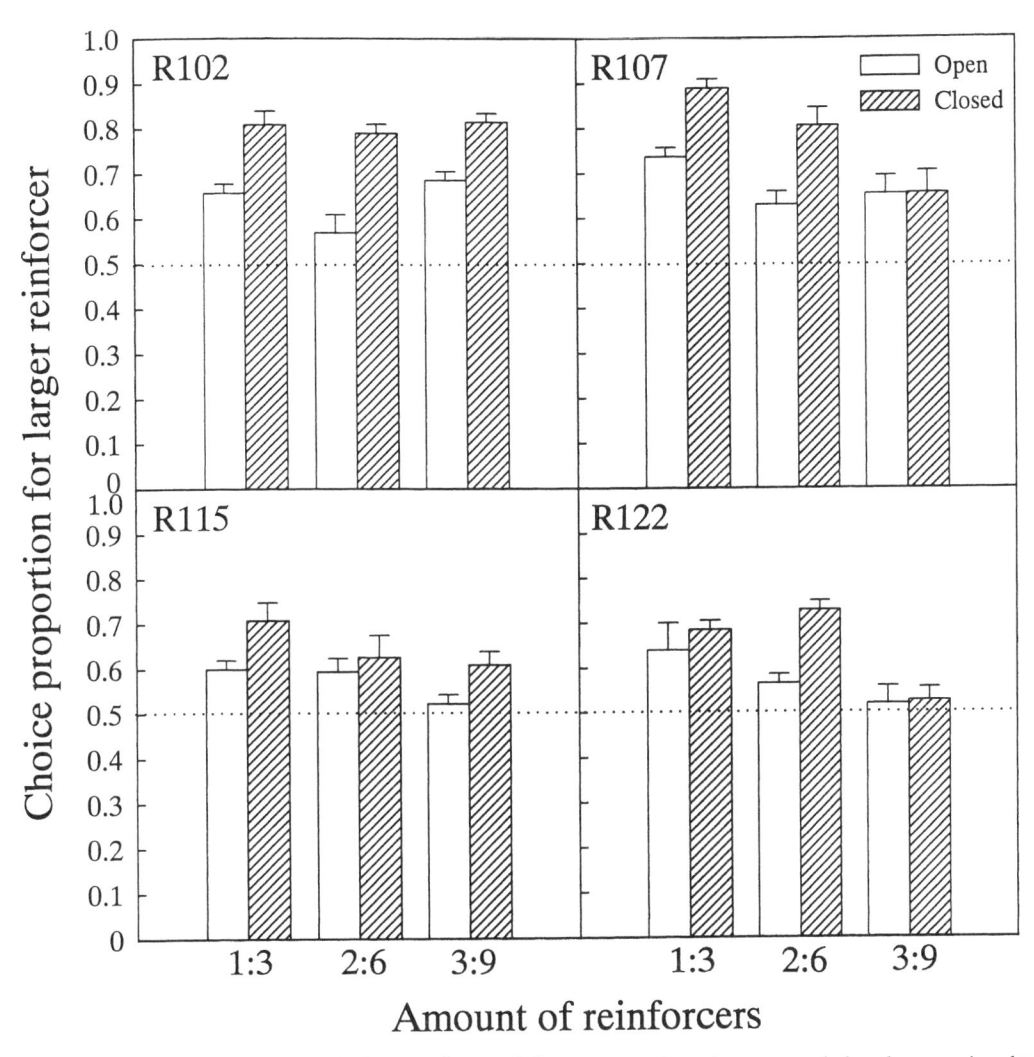

Figure 4. The choice proportions for the larger of two reinforcer amounts under open and closed economies obtained in Experiment 2.

影響されないことを示している。

図5は，需要分析を適用した結果を示す。縦軸に，消費量（10分当たりの総強化量），横軸には，選択期と結果受容期の総反応数にもとづく1強化当たりの反応数（行動価格）をとり，3つのデータ点に直線回帰を行い，経済環境毎に直線の傾きと切片を求めた。消費量は，実験1と同様に，強化時間を除いたセッション時間にもとづいて求められた。その結果，いずれの被験体においても，封鎖経済環境よりも，開放経済環境の方が傾きが急であった。4個体の傾きの平均値は，開放経済環境で-0.38，封鎖経済条件では，-0.07となっ

た。実験1の結果と同様に，封鎖経済環境と比べて，開放経済環境の方が，消費量は，より弾力的であることが示された。このことは，需要分析を適用するデータ点が3点でも，4点（実験1）の場合と同様な結果となることを表している。

体重レベルの増加は，大強化量側の選択率には大きな影響を及ぼさないが，需要分析における弾力性には影響することが示された。すなわち，封鎖経済環境における回帰直線の傾きは，実験1で得られた傾きに比べて，全体に，かなりフラットになるものの，なお開放経済環境よりも小さいことが認められた。

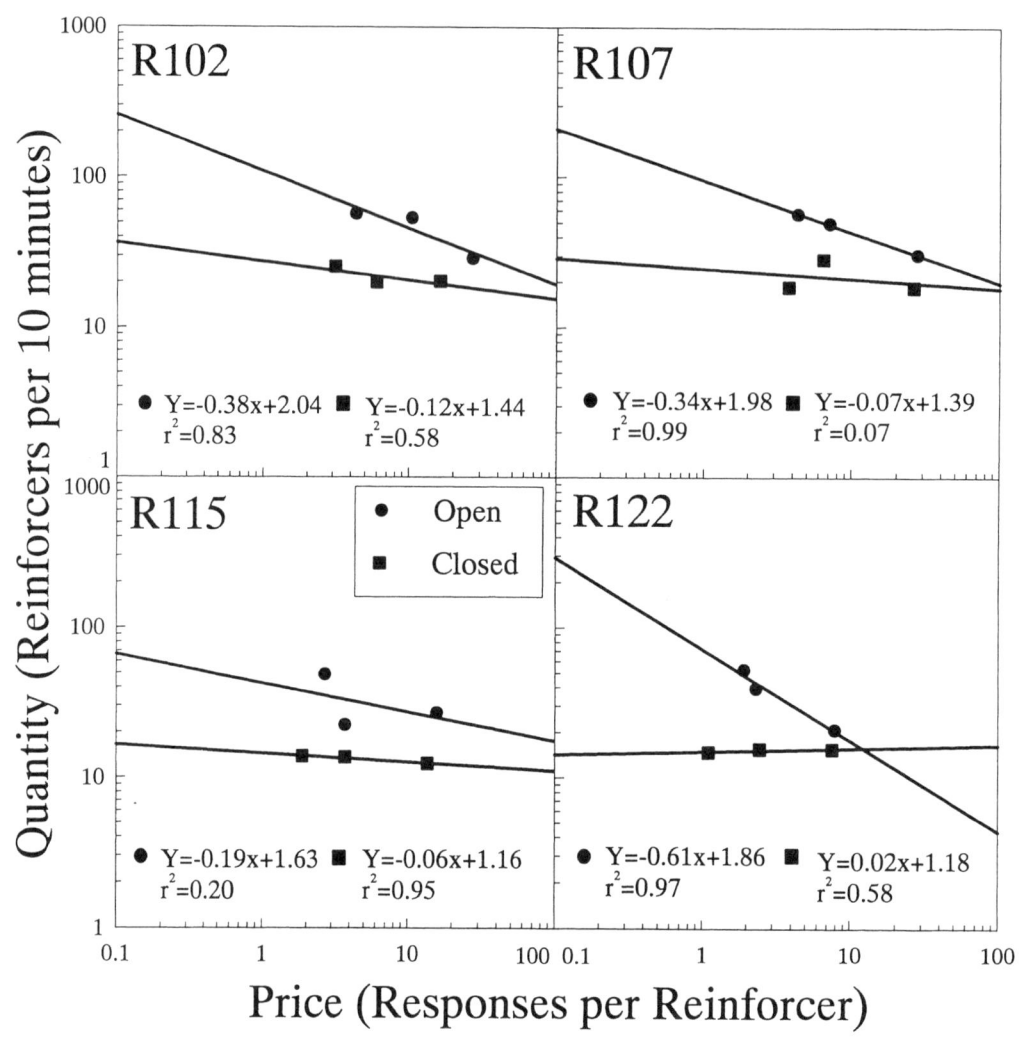

Figure 5. Quantity (reinforcers per 10 min.) as a function of price (responses per reinforcer) under open and closed economies in Experiment 2.

本実験では，組織的観察を行なってはいないが，絶対強化量が増加すると，しばしば強化後に長い反応の休止が生じることが観察された。同様の反応傾向は，実験1でも観察されており，強化量条件間で行動パターンに相違がある可能性がある。この事実は，強化量条件によっては，セッション内飽和が生じていることを示唆している。もしそうだとすると，セッション時間にもとづいて消費量を求める需要分析は，経済環境内で生じている実際の行動パターンを反映していない可能性があり，不適当であると考えられる。従って，需要分析にあたっては，被験体が実際に選択に従事して

いた時間を用いることが望ましい。

実験3

実験3では，実験1と実験2で用いたように，需要分析を適用する際に依拠する時間を，単にセッション時間とすることの妥当性を検討した。このため，セッション時間と，ラットが実際に選択に従事していた時間を区別するため，選択期で3分間どちらのレバーにも反応がない場合，休止期に移行する手続きを用いた。この手続きにより，被験体が選択に従事していた時間（従事時間）を

正確に同定することができる。また，両経済環境の体重レベルを約 80％に保つように，開放経済環境では，実験セッション外の給餌量を調整し，封鎖経済環境では，セッション時間を 2 時間とした。

方法

被験体：実験経験のない約 100 日齢のウイスター系雄のラット 4 個体（R 46, R 47, R 48, R 49）。実験期間中，個別ケージで自由に摂水することができた。どちらの経済環境においても，同程度の体重レベルを維持するため，開放経済環境では，個別ケージでの給餌により，封鎖経済環境では，セッション時間を実験 1 と同様に 2 時間とし，自由摂食時安定体重の約 80％に維持するようにした。

装置：実験 1 と実験 2 と異なり，スケジュール開始用のレバーを含む 3 レバー付きの実験箱を用いた。その他は，実験 1 と実験 2 と同様であった。

手続き：反応形成，予備訓練および本訓練の強化量条件と経済環境条件は実験 1 と実験 2 と同じであった。実験 3 では，実験 1 と実験 2 の同時選択手続きに休止期を加えた新しい手続きを用いた（図 6）。新しい同時選択の手続きでは，選択期で左右のレバーに 3 分間反応がない場合，左右のレバーは引き込まれ，休止期に入った。休止期から選択期への移行は，中央レバーへの反応によった。中央レバーへ 1 回反応すると，左右のレバーが呈示され，選択期が開始された。セッション時間（2 時間）から休止期と強化期の時間を除いた時間を従事時間として，10 分当たりの消費量を求めるための基礎時間とした。

体重レベルを自由摂食安定体重の約 80％にそろえるため，開放経済環境では，実験セッション外の給餌量（10—15 g）を実験 2 より減らした。また，封鎖経済環境では，実験セッションの長さを実験 1 と同様の 2 時間とした。

強化量条件として，2 個体（R 46, R 47）については，実験 2 と同様に，相対強化量を 1：3 に固定し，絶対量（ペレット数）を 1 個：3 個，2

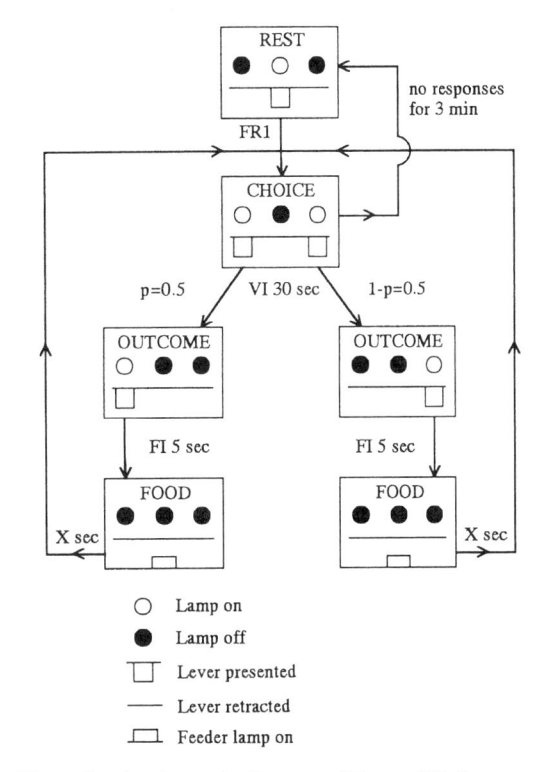

Figure 6. A schematic diagram of the modified concurrent-chains schedule used in Experiment 3.

個：6 個，3 個：9 個とした 3 条件設け，各経済環境のもとで選択させた。他の 2 個体（R 48, R 49）については，実験 1 と同様に，相対強化量を 1：3 に固定し，絶対量を 1 個：3 個，2 個：6 個，3 個：9 個，4 個：12 個とする 4 条件を設け，各経済環境のもとで選択させた。各強化量条件は，最低 14 セッション行い，実験 1 と実験 2 と同様の安定基準を満たした場合に，次の条件へ移行した。強化量条件と経済環境条件の呈示順序は，被験体間で相殺した。各被験体の強化量条件と経済環境の呈示順序は，表 3 に示してある。

結果と考察

表 3 は，強化量条件と経済環境の呈示順序とともに，選択期と結果受容期における最終 6 セッションの平均反応数，サイクル数，総強化量，強化時間を除くセッション時間および体重レベルを示している。実験 1 と実験 2 の結果と同様に，選択期と結果受容期の反応数は，どちらの経済環境で

Table 3. Sequence of conditions, number of sessions, number of initial-link and terminal-link responses for the larger (L) and smaller (S) reinforcer, number of cycles per session, number of food pellets per session, session time and work time, and body weights relative to free-feeding body weights for each subject in Experiment 3. Thse data were averaged over last six sessions.

Sub.	Order	Condition Pellets	Condition Economy	Session	Initial-link responses L/S	Terminall-link responses L/S	Cycles	Total number of pellets	Time(S) Session/Work	Percent weight(%)
R 46	2	1:3	Closed	15	1205/841	427/645	139	278	5949/5857	81
	1	2:6		14	576/352	163/181	104	416	5328/5158	82
	3	3:9		14	440/262	220/243	85	510	4905/4254	88
	4	1:3	Open	14	282/202	81/134	30	60	1197/1191	81
	6	2:6		14	206/111	54/133	30	120	1262/1125	81
	5	3:9		28	162/145	88/63	30	180	1261/1258	78
R 47	2	1:3	Open	14	296/115	94/63	30	60	1387/1357	80
	1	2:6		30	144/134	50/69	30	120	1503/1484	79
	3	3:9		14	202/144	59/104	30	180	1527/1497	79
	4	1:3	Closed	17	3431/823	569/578	141	282	5931/5903	78
	6	2:6		18	1167/387	299/252	83	332	5706/4445	78
	5	3:9		16	337/246	64/188	54	324	5742/3310	76
R 48	1	1:3	Open	21	410/317	94/100	30	60	1342/1236	78
	3	2:6		16	569/461	122/91	30	120	1132/1116	81
	2	3:9		14	552/258	83/84	30	180	1191/1188	81
	4	4:12		15	548/288	74/87	30	240	1214/1203	82
	5	1:3	Closed	14	3548/1924	633/440	152	304	5832/5796	84
	7	2:6		15	1212/562	234/205	104	414	5328/5133	81
	6	3:9		17	696/320	114/150	72	430	5256/4720	87
	8	4:12		19	434/223	78/91	54	434	5256/4559	86
R 49	2	1:3	Closed	14	4482/1359	301/928	153	306	5823/5779	78
	1	2:6		16	1214/653	260/409	113	450	5166/4852	83
	4	3:9		14	660/499	78/231	69	415	5337/3688	85
	3	4:12		17	239/185	74/60	55	440	5220/3178	82
	5	1:3	Open	17	615/449	219/65	30	60	1182/1126	79
	7	2:6		14	400/306	224/71	30	120	1247/1163	83
	6	3:9		16	310/211	44/177	30	180	2546/2287	81
	8	4:12		16	231/166	43/170	30	240	1365/1305	84

も，絶対強化量が増加すると，減少する傾向が認められた。

図7は，大強化量側の選択率を各強化量条件毎に表したものである。縦軸は，大強化量側の選択率，横軸は，強化量条件を表している。データは各条件最終6セッションの平均値である。白抜きの棒グラフは，開放経済環境を，斜線の棒グラフは，封鎖経済環境を表している。実験1と実験2の結果と同様に，いずれの経済環境でも，選択率は，強化量条件の関数として組織的な変化を示さなかった。強化量3条件と4条件の平均選択率は，開放経済環境では，0.59，封鎖経済環境では，0.65であり，実験1と実験2の結果と同様に，封鎖経済環境の方が高かった。体重レベルの平均値は，開放経済環境と封鎖経済環境のいずれも80％であった。

図8は，セッション時間と従事時間にもとづく需要分析を適用した結果を示す。縦軸は，消費量

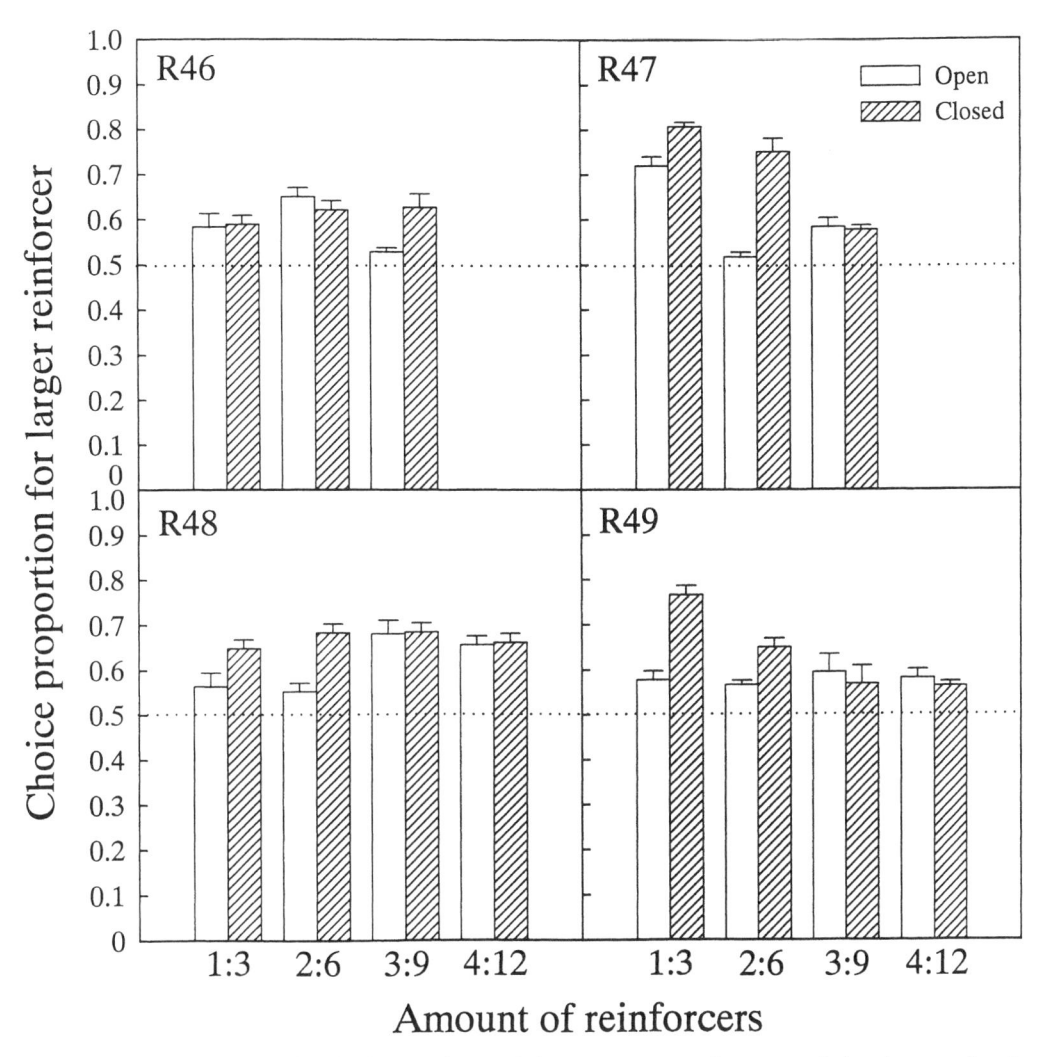

Figure 7. The choice proportions for the larger of two reinforcer amounts under open and closed economies obtained in Experiment 3.

(10分当たりの強化量），横軸は，選択期と結果受容期の総反応数にもとづく1強化当たりの反応数（行動価格）を表す。消費量は，強化時間を除いたセッション時間または従事時間にもとづいて求められた。左側は，セッション時間にもとづく消費量を用いた場合，右側は，従事時間にもとづく消費量を用いた場合を表す。3つまたは4つのデータ点に直線回帰を行った結果，どの時間を用いても，封鎖経済環境よりも，開放経済環境の方が傾きが急であった。4個体の傾きの平均値は，セッション時間を用いた場合，開放経済環境で－0.73，封鎖経済環境では，－0.23となった。一方，従事時間を用いた場合，開放経済環境で－0.72，封鎖経済環境で－0.37となった。このように，封鎖経済環境では，従事時間を用いると，回帰直線の傾きは，セッション時間を用いた場合に比べて，急になることが認められたが，実験1と実験2の結果と同様に，いずれの時間を用いても，開放経済環境の方が，封鎖経済環境と比べて，より弾力的であることが示された。

このように，セッション時間と従事時間を用いた需要分析の結果，封鎖経済環境における弾力性に相違が見られたことは，消費量を求める際に，実際の従事時間を用いることの必要性を示してい

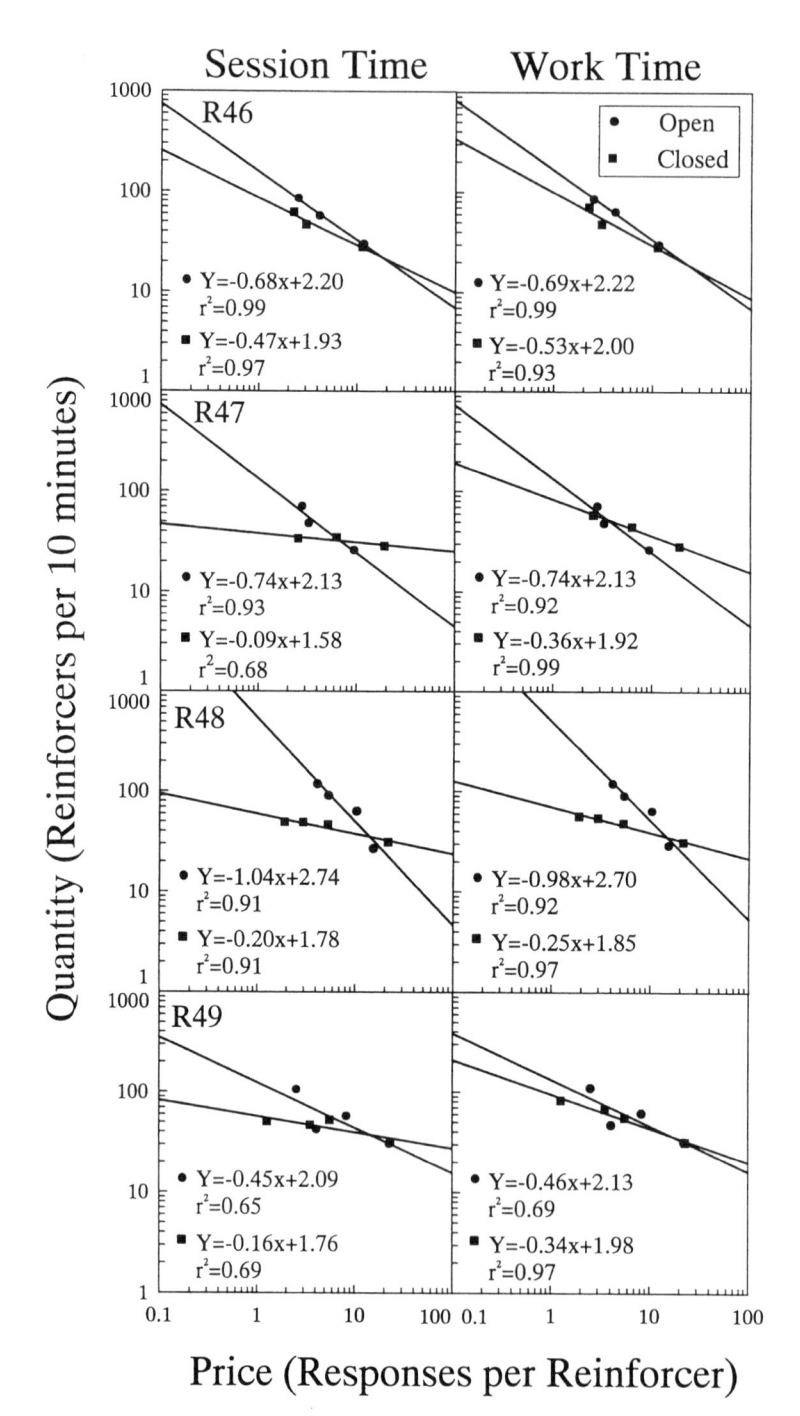

Figure 8. The session time-based and work time-based quantity (reinfocers per 10 min.) as a function of price (responses per reinforcer) under open and closed economies in Experiment 3.

る。一方，セッション時間を用いても実際の従事時間を用いても，需要分析の結果から得られる結論に大きな相違がないという事実は，実験1と実験2で用いたセッション時間にもとづく需要分析の結果が妥当であることを示していると考えられる。

体重レベルの変化は，大強化量側の選択率や需要分析における弾力性には大きな影響を及ぼさないことが示された。本実験のように，体重レベルをかなり低い水準にそろえた場合でも，経済環境の相違が認められたことは，経済環境の相違が，体重レベルではなく，実験セッション外給餌の有無に依存することを示唆している。

総合考察

本研究は，強化量の選択行動が絶対強化量や経済環境によりどのような影響を受けるかについて，対応法則や需要分析の枠組みから検討した。実験1では，大強化量への選択率は，4つの強化量条件を通して，どちらの経済環境でも，組織的な変化を示さなかったが，封鎖経済環境における選択率は，開放経済環境の場合よりも高い傾向が認められた。また，経済環境は，需要分析における弾力性にも影響すること，すなわち，封鎖経済環境では，回帰直線の傾きが，開放経済環境の場合よりゆるやかであることが示された。被験体の体重レベルを自由摂食時安定体重の約95％に維持した実験2でも，実験1と同様な結果が得られた。実験3では，被験体の体重を自由摂食時安定体重の約80％に維持した上で，被験体が選択に従事していた時間とセッション時間にもとづく需要分析を比較した。その結果，いずれの時間を用いても，実験1や実験2と同様な結果になることが認められた。また，大強化量への選択率も，実験1や実験2と同様な結果となった。

本研究の実験1から実験3を通して，絶対強化量の異なる3条件または4条件について，大強化量への選択率が組織的な変化を示さなかった事実は，強化遅延時間や強化率次元の絶対量の効果を検討した研究（Alsop & Elliffe, 1988；Gentry & Marr, 1980；Omino & Ito, 1993；内田・伊藤，2000）の結果と異なっている。しかし，絶対強化量1個：3個条件と4個：12個条件を比べてみると，開放経済環境では，4個：12個条件における大強化量への選択率が大きい傾向がある（実験1の4個体及び実験3の2個体）。実験1と実験3では，体重レベルに若干の違いはあるものの，これらの6個体について，ウイルコクソンの符号化順位検定（Siegel & Castellan, 1988）を適用すると，開放経済環境の4個：12個条件の選択率が有意に高いことが示された（開放経済環境について，$T=21, p<0.05$，封鎖経済環境について，$T=12, p>0.05$）。従って，強化量1個：3個条件と4個：12個条件間の比較から，一般に，絶対強化量に大きな違いがある場合には，絶対強化量の効果が生じるといえる。上述の絶対遅延時間や全体強化率の効果を見いだした研究は，いずれも開放経済環境のもとで行われており，本研究の開放経済環境と同様な手続きといえる。この分析結果は，開放経済環境では，強化量次元でも，選択が絶対強化量により影響を受けること，換言すれば，選択の決定因が相対強化量であるとする(1)式の一般対応法則には限界があることを示唆している。これら2条件以外でも絶対量の効果があるか否かという問題や，封鎖経済環境でも絶対強化量の効果が見られるか否かという問題は，今後の検討課題として残されている。

強化量条件の平均選択率には，いずれの実験においても，封鎖経済環境の場合の方が開放経済環境の場合よりも大きい傾向があったが，実験1から実験3のデータをまとめて，ウイルコクソンの符号化順位検定を行ったところ，この傾向は有意であった（$T=0, p<0.05$）。経済環境の相違が選択率に影響するという事実は，並立連鎖スケジュールにもとづく同時選択手続きを用いたLaFiette & Fantino（1989）の結果とは一致しないが，彼らの研究と本実験の手続きは，被験体の種（ハトとラット），選択の次元（強化遅延時間と強化量），封鎖経済環境における実験セッシ

ョンの長さ（23.5時間と2時間），体重レベル（自由摂食時安定体重以上とその約86％）などに違いがあるので，不一致の原因を特定するのは困難である。

　需要分析の結果は，実験1から実験3を通して，開放経済環境における回帰直線の傾きが封鎖経済環境における傾きよりも急になる傾向があった。実験1から実験3をまとめて，セッション時間にもとづくデータに符号化順位和検定を適用すると，開放経済環境における回帰直線の傾きの方が封鎖経済環境における傾きよりも有意に急であることが示された（$T=0$, $p<0.05$）。この事実は，需要分析の枠組みから単一反応と強化との関係を分析したHursh (1980) の指摘と一致するものであり，本研究と類似した同時選択場面における反応に適用された需要分析の結果（Bickel & Madden, 1999；Madden et al., 2000）とも一致するといえる。ただし，本研究は，選択反応（選択期）と摂食反応（結果受容期）を操作的に分離した並立連鎖スケジュールを用いているという点で，並立スケジュールを用いたBickel & Madden (1999) やMadden et al. (2000) と異なっていることに注意が必要である。そこで，結果受容期のない並立スケジュールと同様の分析として，選択期の反応（選択反応）のみに需要分析を適用したところ，回帰直線の傾きには相違が認められず，経済環境による価格弾力性の相違は，選択反応と摂食反応に需要分析を適用した本研究の結果と一致することが示された。並立連鎖スケジュールでは，選択期と結果受容期を区別する刺激の効果（条件性強化効果）が知られている（Omino & Ito, 1993；Williams & Fantino, 1978）ので，この条件性強化効果が需要分析の結果にどの様に影響するのかを，今後，明らかにする必要がある。いずれにせよ，本研究の手続きは，機能的に異なる反応に需要分析の適用を可能にするという点，従って，同時選択手続きを用いた場合の行動価格のより詳細な検討を可能にするという点に意義が認められる。また，絶対強化量を変化させて行動価格を操作した本研究の手続きは，FRスケジュールやVIスケジュールの値を変えて行動価格を操作する従来の手続きに，新たな価格操作の方法を提供するものといえる。

　本研究では，弾力性を求めるのに，4つのデータ点に直線回帰を行ったが，Hursh, Raslear, Shurtleff, Bauman, & Simmons (1988) は，以下のような等式を適用している。

$$\ln(Q) = \ln(L) + b(\ln(P)) - a(P) \quad (2)$$

　ただし，Qは消費量，Pは価格，aは，価格の変化に伴う需要曲線の傾きの変化量（弾力性），bは，初期価格における需要曲線の傾き（初期弾力性），Lは，初期価格における消費量を，lnは，eを底とする自然対数をそれぞれ表す。このような曲線を当てはめる場合には，ある程度のデータ点が必要である。試みに，実験1の4点のデータに(2)式を適用したところ，弾力性の指標であるaパラメータの値は，個体間でばらつきが大きく，経済環境間の違いが明確にはならなかった。本研究のようにデータ点が少ない場合（3点または4点），また，行動価格の変化の範囲が比較的小さい場合には，(2)式の適用よりも，回帰分析を適用した方が望ましいと考えられる。

　本研究では，経済環境が絶対強化量1個：3個と4個：12個の相違や，4つと3つの強化量条件を混みにした場合の大強化量の選択率に影響することが明らかになったが，二つの経済環境を区別する要因として，実験セッション外給餌の有無と体重レベルの要因を取り上げて検討した。二つの経済環境を実験セッション外給餌の有無で定義すると，これに伴って，封鎖経済環境における被験体の体重レベルが開放経済環境の場合と異なることを問題点として挙げることができる。本研究では，二つの経済環境における体重レベルを自由摂食時安定体重の95％や80％にそろえた場合でも，経済環境の相違の効果が認められた。この事実は，VIスケジュール下の単一反応を，二つの経済環境のもとで，体重レベルを自由摂食時安定体重の79％から101％の範囲で変化させて比較したHall & Lattal (1990) の結果と一致する。

従って，本研究の結果は，二つの経済環境を区別する要因が実験セッション外給餌の有無であることを示唆している。この見解は，経済環境を実験セッション外給餌の程度で区別することの妥当性を示した Imam（1993）の結果からも支持されよう。彼は，実験セッション内給餌に対する，実験セッション外給餌の割合（独立性指数）[1]から定義される一つの連続体上に開放経済環境と封鎖経済環境を位置づける試みをハトを被験体として検討した。その結果，独立性の関数として実験セッション中の反応率の変化が認められ，二つの経済環境を独立性指数で記述することの有効性が示されたのである。

本研究では，直接操作していないが，経済環境の相違の一つに，セッション時間がある。例えば，実験1の開放経済環境では，絶対強化量条件により，強化時間を含むセッション時間が約22分（1個：3個条件）から約51分（4個：12個条件）の範囲に対し，封鎖経済環境では，2時間という違いがあった。封鎖経済環境におけるセッション時間の効果を検討した恒松（1999b）では，1.5時間，3時間，4.5時間のセッション時間のもとで，ハトのFIスケジュール下の反応に需要分析を適用したところ，得られた需要曲線の形状に差異が認められなかった。一方，Foster, Blackman, & Temple（1997）は，ニワトリを被験体として，短いセッション時間（40分）と長いセッション時間（24時間）の封鎖経済環境と短いセッション時間の開放経済環境のもとで，FRスケジュール下の反応を比較したところ，短いセッション時間では，最大反応数が得られるとき（または，需要曲線の傾きが-1.0のとき）の価格を表すP_{max}の値が類似していたことから，短いセッション時間の封鎖経済環境と開放経済環境のデータに類似性のあることを指摘した。しかし，彼らの実験データを子細に検討すると，需要曲線の傾きは，むしろ短いセッション時間の開放経済環境と長いセッション時間の封鎖経済環境で類似しているようにみえるし，また，長いセッション時間でも，FRの値を変化させる仕方（上昇系列と下降系列など）によっては，需要曲線の傾きが変化することが示されており（彼らのTable 3 参照），需要曲線の傾きの相違を，一義的にセッション時間の長短に帰属させることはできない。従って，これまでの研究結果から，実験セッション時間は，経済環境の相違を決定する要因ではないと考えられる（Hall & Lattal, 1990；Imam, 1993；Timberlake & Peden, 1987）。

以上の結果は，Imam（1993）が示しているように，経済環境の相違が実験セッション外給餌の有無を両端とする連続体上に位置づけられる，実験セッション内給餌に対する実験セッション外給餌の程度に依存することを示唆している。

引用文献

Abarca, N. & Fantino, E. (1982). Choice and foraging. *Journal of the Experimental Analysis of Behavior, 38*, 117-123.

Alsop, B. & Elliffe, D. (1988). Concurrent-schedule performance：Effects of relative and overall reinforcer rate. *Journal of the Experimental Analysis of Behavior, 49*, 21-36.

Baum, W. M. (1974). On two types of deviation from the matching law：Bias and undermatching. *Journal of the Experimental Analysis of Behavior, 22*, 231-242.

Baum, W. M. (1979). Matching, undermatching, and overmatching in studies of choice. *Journal of the Experimental Analysis of Behavior, 32*, 269-281.

Bickel, W. K., & Madden, G. J. (1999). Similar consumption and responding across single and multiple sources of drug. *Journal of the Experimental Analysis of Behavior, 72*, 299-316.

Catania, A. C. (1963). Concurrent performances：A baseline for the study of reinforcement magnitude. *Journal of the Experimental Analysis of Behavior, 6*, 299-300.

Charnov, E. L. (1976). Optimal foraging：Attack

---

1) Imam（1993）は，独立性指数を，実験セッション内の反応に随伴した給餌だけではなく，反応に随伴しない給餌（不労食物）を含めたものに対する実験セッション外給餌の割合として定義している。本実験では，実験セッション内の不労食物は存在しないので，独立性指数は，本文中に述べたように，実験セッション内外の給餌の割合に還元できる。

strategy of a mantid. *The American Naturalist, 110*, 141-151.

Collier, G. H. & Rovee-Collier, C. K. (1981). A comparative analysis of optimal foraging behavior : Laboratory simulations. In A. C. Kamil & T. D. Sargent (Eds.), *Foraging behavior : Ecological, ethological, and psychological approaches* (pp.39-76). New York : Garland STPM Press.

Foltin, R. W. (1991). An economic analysis of "demand" for food in baboons. *Journal of the Experimental Analysis of Behavior, 56*, 445-454.

Foster, T. M., Blackman, K. A., & Temple, W. (1997). Open versus closed economies : Performance of domestic hens under fixed-ratio schedules. *Journal of the Experimental Analysis of Behavior, 67*, 67-89.

Gendron, R. P. (1987). Models and mechanisms of frequency-dependent predation. *The American Naturalist, 130*, 603-623.

Gentry, G. D. & Marr, M. J. (1980). Choice and reinforcement delay. *Journal of the Experimental Analysis of Behavior, 33*, 27-37.

Hall, G. A. & Lattal, K. A. (1990). Variable-interval schedule performance in open and closed economies. *Journal of the Experimental Analysis of Behavior, 54*, 13-22.

Herrnstein, R. J. (1970). On the law of effect. *Journal of the Experimental Analysis of Behavior, 13*, 243-266.

Hursh, S. R. (1978). The economics of daily consumption controlling food-and water-reinforced responding. *Journal of the Experimental Analysis of Behavior, 29*, 475-491.

Hursh, S. R. (1980). Economic concepts for the analysis of behavior. *Journal of the Experimental Analysis of Behavior, 34*, 219-238.

Hursh, S. R. (1991). Behavioral economics of drug self-administration and drug abuse policy. *Journal of the Experimental Analysis of Behavior, 56*, 377-393.

Hursh, S. R., Raslear, T. G., Shurtleff, R. B., Bauman, R., & Simmons, L. (1998). A cost-benefit analysis of demand for food. *Journal of the Experimental Analysis of Behavior, 50*, 419-440.

Imanm, A. A. (1993). Response-reinforcer independence and the economic continuum : A preliminary analysis. *Journal of the Experimental Analysis of Behavior, 59*, 231-243.

伊藤正人（1993）．選択行動．佐藤方哉（編）．現代基礎心理学　学習II．東京大学出版会．

Ito, M. (1985). Choice and amount of reinforcement in rats. *Learning and Motivation, 16*, 95-108.

Ito, M. & Asaki, K. (1982). Choice behavior of rats in a concurrent-chains schedule : Amount and delay of reinforcement. *Journal of the Experimental Analysis of Behavior, 37*, 383-392.

Ito, M. & Fantino, E. (1986). Choice, foraging, and reinforcer duration. *Journal of the Experimental Analysis of Behavior, 46*, 93-103.

Ito, M., Takatsuru, S., & Saeki, D. (2000). Choice between constant and variable alternatives by rats : Effects of different reinforcer amounts and energy budgets. *Journal of the Experimental Analysis of Behavior, 73*, 79-92.

LaFiette, M. H. & Fantino, E. (1989). Responding on concurrent-chains schedules in open and closed economies. *Journal of the Experimental Analysis of Behavior, 51*, 329-342.

Lea, S. E. G. (1978). The psychology and economics of demand. *Psychological Bulletin, 85*, 441-466.

Lea, S. E. G. (1979). Foraging and reinforcement schedules in the pigeon : Optimal and non-optimal aspects of choice. *Animal Behaviour, 27*, 875-886.

Logue, A. W. & Chavarro, A. (1987). Effect on choice of absolute and relative values of reinforcer delay, amount, and frequency. *Journal of Experimental Psychology : Animal Behavior Processes, 13*, 280-291.

Madden, G. J., Bickel, W. K., & Jacobs, E. A. (2000). Three predictions of the economic concept of unit price in a choice situation. *Journal of the Experimental Analysis of Behavior, 73*, 45-64.

Omino, T. & Ito, M. (1993). Choice and delay of reinforcement : Effects of terminal-link stimulus and response conditions. *Journal of the Experimental Analysis of Behavior, 59*, 361-371.

坂上貴之（1997）．行動経済学と選択理論．行動分析学研究，*11*，88-108．

Siegel, S. & Castellan, Jr. N. J. (1988). *Nonparametric statistics for the behavioral sciences (2nd Ed.)*. New York : McGraw-Hill.

Stubbs, D. A. & Pliskoff, S. S. (1969). Concurrent responding with fixed relative rate of reinforcement. *Journal of the Experimental Analysis of*

Behavior, *12*, 887-895.

高橋雅治 (1997). 選択行動の研究における最近の展開：比較意思決定研究にむけて. 行動分析学研究, *11*, 9-28.

Timberlake, W. & Peden, B. F. (1987). On the distinction between open and closed economies. *Journal of the Experimental Analysis of Behavior, 48*, 35-60.

恒松 伸 (1999a). 行動経済学における価格研究の展開. 動物心理学研究, *49*, 19-39.

恒松 伸 (1999b). ハトの食物需要曲線に与える単位価格とセッション時間の効果. 動物心理学研究, *49*, 189-199.

内田善久・伊藤正人 (1997). 採餌行動の実験室シミュレーション：心理学と生物学の対話. 行動分析学研究, *11*, 71-87.

内田善久・伊藤正人 (1998). 頻度依存捕食は実際に餌の頻度に依存するか？：心理学からの展望. 動物心理学研究, *48*, 121-148.

内田善久・伊藤正人 (2000). ラットの餌選択における相対強化率と全体強化率. 動物心理学研究, *50*, 49-59.

Williams, B. A. & Fantino, E. (1978). Effects on choice of reinforcement delay and conditioned reinfrocement. *Journal of the Experimental Analysis of Behavior, 29*, 77-86.

出典：伊藤正人・小林奈津子・佐伯大輔 (2001). 強化量選択の行動経済学的研究：絶対強化量・体重レベル・経済環境の効果. 行動分析学研究, *16*, 122-140.

▶▶▶ コメント

実験的行動分析を志す初学者にとっての必読論文

東京女学館大学

井垣竹晴

実験的行動分析を志す初学者が必ず出合う研究テーマのひとつとして選択行動研究が挙げられるでしょう。選択行動研究では，マッチングの法則 (Herrnstein, 1961) や一般化マッチングの法則 (Baum, 1974；1979) をもとに動物個体の選択行動のメカニズムが検討されてきました。マッチングの法則とは，一方の選択肢に対する反応の割合が，その選択肢で提示される強化子の割合に一致することを予測します。この法則の成立をめぐって，様々な研究がなされてきましたが，伊藤・小林・佐伯 (2001) の論文では強化の絶対的価値の問題を扱っています。これは左右の相対的な強化の割合を一定にしておいて，強化子の提示率（強化率）や提示量（強化量）を変えるとどうなるのかという問いです。例えば，1:3の強化割合を保ちつつ，強化子の数を2個：6個や，3個：9個にした場合，反応の割合に違いはないのでしょうか。マッチングの法則は，絶対的な強化の程度が変わっても反応の割合が変わらないことを予測しますが，先行研究はこれを支持していません。例えば，絶対強化率が増加するにつれ，より強化率の高い選択肢への反応割合が増加することが分かっています (Logue & Chavarro, 1987)。伊藤らの実験では，Logue & Chavarro の問題点を改良し，絶対強化量の効果について3つの実験で徹底的に検討しています。

伊藤らの論文ではさらに行動経済学の視点を選択行動の分析に取り入れています。行動経済学とは，オペラント条件づけの実験事態をミクロ経済学の観点から捉える研究分野を指し，Hursh (1980) の研究を筆頭に重要な知見が実験的行動分析にもたらされてきました。特に行動価格が増加した場合の強化子の消費量の減少の程度を需要弾力性の観点から捉える試みは，革命的ともいえるインパクトを実験的行動分析に与えました。Hurshはさらに，実験セッション外でも給餌される開放経済と，実験セッションのみで給餌が行われる封鎖経済とを区別し，両経済では弾力性が異なることを指摘しました。では両経済環境の違いは，選択行動にどのような影響を及ぼすのでしょうか。伊藤らの論文では，絶対強化量を用いて，経済環境が選択行動に及ぼす影響についても検討しています。

このように伊藤らの論文は，(1)絶対強化量と経済環境というマッチングの法則の成立要因に関わる重要な問いを扱っている点で，さらに(2)実験的行動分析の主要テーマと言っても過言ではない選択行動と行動経済学の両分野を視野に入れている点で，重要な意義があると考えられます。

伊藤らの結果ですが，絶対強化量に関しては，一部の条件で違いが見られましたが，全条件で通してみると体系的な変化はなく，Logue & Chavarro (1987) の結果とは異なっていました。絶対強化量を変化させた場合の，マッチング法則の成立については，さらなる検討が必要でしょう。また強化量に関しては，マッチングの法則が成り立つケース（例えば，Ito, 1985）もあれば，そもそも成り立たないケース（例えば，Schneider, 1973）もあり，"強化量"が選択行動に及ぼす影響は，まだ不明な点も多くあり，今後さらに検討が加えられる必要があるでしょう。一方，伊藤らの経済環境の違いですが，全実験とも，選択行動に影響を及ぼしました。強化量を用いた場合に経済環境が選択行動に影響を及ぼすという結果は初めて報告された重要な結果ではないでしょうか。今後は，強化量だけでなく強化遅延についても経済環境の違いが影響するのか検討してほしいところです。

関連する論文ですが，強化の絶対的な価値の問題を扱ったものとして，既に引用したもの以外には Alsop & Elliffe (1988) を読んでおくといいでしょう。他にも内田・伊藤 (2000) はラットを用いて絶対強化率の効果を検討しています。行動経済学と選択行動の関係は，坂上 (1997) が詳しいです。強化量に関する興味深い研究として，単一のVIスケジュールにおいて強化量を増加させると反応率が逆に減少していくというReed (1991) の報告を挙げておきます。伊藤らの論文でも引用されている Imam (1993) ですが，反応に随伴しない強化子の提示も経済環境の違いに影響することを指摘しており，経済環境の違いについての新しい考え方を提供したという点で価値があるでしょう。

最後に，伊藤らの論文は，マッチングの法則や弾力性の概念を初めとして，並立連鎖スケジュール，強制選択手続きなど実験的行動分析を志す学徒が知っておくべき，重要な事項が目白押しです。初学者がいきなり読むのは難しいかもしれませんが，この論文を読み解くことができれば，卒業研究も恐れることはないでしょう。またそれ以外にも，実験1の結果を踏まえ，実験2（体重レベルの統制），実験3（実験セッション時間の統制）と剰余変数をひとつひとつ検討していく実験構成の展開など，実験論文のお手本としての価値もあるでしょう。学部生は本論文を読んだ後は，「JEAB (*Journal of the Experimental Analysis of Behavior*)」に挑戦してほしいです。大学院生は，この論文を参考に「行動分析学研究」に投稿してみてはいかがでしょうか。

文献

Alsop, B. & Elliffe, D. (1988). Concurrent-schedule performance: Effects of relative and overall reinforcer rate. *Journal of the Experimental Analysis of Behavior, 49*, 21-36.

Baum, W. M. (1974). On two types of deviation from the matching law: Bias and undermatching. *Journal of the Experimental Analysis of Behavior, 22*, 231-242.

Baum, W. M. (1979). Matching, undermatching, and overmatching in studies of choice. *Journal of the Experimental Analysis of Behavior, 32*, 269-281.

Herrnstein, R. J. (1961). Relative and absolute strength of response as a function of frequency of reinforcement. *Journal of the Experimental Analysis of Behavior, 4*, 267-272.

Hursh, S. R. (1980). Economic concepts for the analysis of behavior. *Journal of the Experimental Analysis of Behavior, 34*, 219-238.

Imam, A. A. (1993). Response-reinforcer independence and the economic continuum: A preliminary analysis. *Journal of the Experimental Analysis of Behavior, 59*, 231-243.

Ito, M. (1985). Choice and amount of reinforcement in rats. *Learning & Motivation, 16*, 95-108.

伊藤正人・小林奈津子・佐伯大輔 (2001)．強化量選

択の行動経済学的研究：絶対強化量と経済環境の効果．行動分析学研究, 16, 122-140.

Logue, A. W. & Chavarro, A. (1987). Effect on choice of absolute and relative values of reinforcer delay, amount, and frequency. *Journal of Experimental Psychology：Animal Behavior Processes, 13*, 280-291.

Reed, P. (1991). Multiple determinants of the effects of reinforcement magnitude on free-operant response rates. *Journal of the Experimental Analysis of Behavior, 55*, 109-123.

坂上貴之（1997）．行動経済学と選択理論．行動分析学研究, 11, 88-108.

Schneider, J. W. (1973). Reinforcer effectiveness as a function of reinforcer rate and magnitude：A comparison of concurrent performances. *Journal of the Experimental Analysis of Behavior, 20*, 461-471.

内田善久・伊藤正人（2000）．ラットの餌選択における相対強化率と全体強化率．動物心理学研究, 50, 49-59.

"Personality" Studies in Behavior Analysis

KANAME MOCHIZUKI
National Institute of Multimedia Education

MASAYA SATO
Teikyo University

Abstract

In the present article, we propose a new definition of personality from the standpoint of behavior analysis, and review some empirical studies. Through conceptual analysis, "personality" was defined as the total behavioral repertoire of a particular individual, and "personality trait", as a class of respondents and/or operants that are controlled by common, stable variables within an individual. The empirical studies we reviewed showed that "personality" could be studied behaviorally as individual differences in sensitivity to certain reinforcement schedules, but the studies were unable to identify variables controlling such individual differences. The present authors argue for the importance of identifying those controlling variables, and provide an example of conceptual analysis for finding the main controlling variable of 2 widely used personality inventories, NEO-PI-R and TCI.

Key words: "personality", behavior repertoire, higher-order operant, schedule performances

行動分析学における"パーソナリティ"研究

メディア教育開発センター　望月　要
帝京大学　佐藤方哉

　本稿は行動分析学の立場から"パーソナリティ"の概念的分析と実証的研究の展望を試みたものである。従来，人間の個体差を示す"パーソナリティ"という概念は，個体の内部にあって，その人間の行動を決定する仮説構成体と考えられてきた。この定義は現在でも広く用いられているが，言うまでもなく，行動の内的原因を排除する行動分析学からは容認できない。しかし，"パーソナリティ"について行動分析学の立場から新たな定義を与えることは不可能ではない。本稿では"パーソナリティ"に対して「特定個人の行動レパートリーの総体」という定義を，また"パーソナリティ特性"に対して「個人において安定している共通の制御変数によって制御されるレスポンデントおよびオペラントのクラス」という行動分析学的な定義を提案し，これに基づいて"パーソナリティ特性"の概念的分析を行なうとともに，行動分析学的立場から行なわれた幾つかの実証的研究について展望を試みた。行動分析学は行動を制御する主要な制御変数の探求を完了しつつあり，今後は，制御変数間の相互作用の分析に力を注ぐべき段階にさしかかっている。制御変数の相互作用を解明するとき，同一環境下で発生する行動の個体差は研究の重要な糸口となり，その意味においても行動分析学における個体差研究の意義は大きい。

Key words："パーソナリティ"，行動レパートリー，高次オペラント，スケジュール・パフォーマンス

本稿の目的は，行動分析学における"パーソナリティ"研究の展望である。多くの書物が，B.F. Skinnerを"パーソナリティ"の主要な理論家のひとりとして扱っているにも拘らず（川崎・佐藤・若山・渡辺，1989），行動分析学においては，これまでのところ"パーソナリティ"に関連する研究は微々たるものであった。試みに"personality"という検索語で，1958年創刊の"Journal of the Experimental Analysis of Behavior"（JEAB）と1968年創刊の"Journal of Applied Behavior Analysis"（JABA）に掲載された論文を検索すると，現在見いだされる論文はJEABで4編，JABAで5編に過ぎない。しかも，そのうち実証的研究論文はJEABで2編JABAで1編のみで，それ以外は評論と書評である。

　このような現状ではあるが，われわれは，"パーソナリティ"の問題は行動分析学がこれから取り組んでいかなければならない重要な課題のひとつであると考え，幾つかの研究に取り組んできた。これが，今，われわれが"パーソナリティ"研究の展望を試みる理由である。

　行動分析学においてなぜ"パーソナリティ"の研究が従来ほとんど行なわれなかったのかについては，2つの理由が考えられよう。第1は，行動の制御変数を個体の内部ではなく，外部環境のなかに見出すことを目的とする行動分析学にあっては，個体差というものへの関心は，個体差そのものには向けられないからであろう。Reynoldsは行動分析学における実験的研究について，次のように述べている（佐藤，1987）。

　被験体間には不一致がないことが不可欠です。……被験体間に不一致——個体差——が生じるのは，通常，その研究で操作された独立変数の効果が非常に弱いからです。このような場合は，被験体のうちのあるものでは他のいくつかの変数が独立変数の効果をみえなくしてしまっているのですから，みえなくしているのはどのような変数で，その変数を統制するにはどうしたらよいかを，ぜひはっきりさせねばなりません。ある変数が効果があると本当にいうことができるかどうかは，それ以外の変数をどれだけ統制できるかにかかっています。個体差をすべて説明することができるまでは，ということは，ある変数がどんな条件では有効でどんな条件では有効でないかが明らかにされるまでは，実験的分析がなされたとはいえません。このような基準は厳しいものですが，行動の科学をみのりあるものにしていくためにはどうしても必要なものなのです。

　第2は，行動の内的原因は排除するという行動分析学の基本姿勢が，"パーソナリティ"という概念を受け入れ難いものにしているからである。"パーソナリティ"の定義にはさまざまなものがあるが，例えばAllportは「パーソナリティとは，個人の内部にあって，その人に特徴的な行動と思考を決定する，精神物理系の動的機構である（Allport, 1961, p.28）」と定義した。これは，仮説構成体観に基づく"パーソナリティ"の定義の典型である。この定義でAllportは，"パーソナリティ"を行動と思考を引き起こす個体の内部にある何かとみなしている。伝統的な"パーソナリティ"の研究者の多くは，このような仮説構成体観に立ち，"パーソナリティ"を行動の内的原因とみなしている（渡邊・佐藤，1993）。徹底的行動主義の立場から見れば，このような"パーソナリティ"の概念は虚構であり，行動分析学はこのような概念を受け入れることはできない。

　それにも拘らず，われわれが"パーソナリティ"の問題は行動分析学がこれから取り組んでいかなければならない重要な課題のひとつであると考えるのはなぜであろうか。周知のように行動分析学は，ラットとそれに続くハトを用いた実験的行動分析から発展した。そして，われわれのみるところ，行動分析学はすでに行動の主要な制御変数を明らかにすることには成功している。しかしながら，それらの制御変数がどのように相互作用を及ぼすのかについての知見は，非常に乏しいのである。制御変数間の相互作用の分析は，行動する個体を丸ごと取り扱うことによってのみ可能で

ある。そのためには個体差そのものへ目を向けねばならない。

Watson は，Allport とは対照的な次のような"パーソナリティ"の定義を提案した。「パーソナリティとは，長期間にわたる行動の信頼できる観察によって見出すことのできる活動の総体である (Watson, 1930, p.274)」。これは，行動レパートリー観に基づく"パーソナリティ"の定義の一例である。Watson は，"パーソナリティ"を行動の原因となる個体の内部にある何かとはみなさず，行動そのものと考えている。Watson は，行動は外的刺激によってのみ引き起こされるとして行動の内的原因は認めていない，方法論的行動主義に立つ心理学者としては例外的な存在である。このように行動レパートリー観に基づく定義を採るならば，"パーソナリティ"という概念は必ずしも行動分析学が排除しなければならないものではないのである。本稿では，"パーソナリティ"を「特定個人の行動レパートリーの総体」と定義して議論を進めていくことにする。

"パーソナリティ"の概念的分析

"パーソナリティ"を特定個人の行動レパートリーの総体と定義した場合，"パーソナリティ"という用語は「行動レパートリーの総体」という用語に置き換えることができ，"パーソナリティ"という概念はもはや必要ないようにも思える。これに関連して Morris は，行動と"パーソナリティ"の関係を，天候と気候の関係になぞらえた (Morris, 2000)。熱帯気候というのは，熱帯に属する個々の土地の天候の特徴を集約したものである。天候（個々の行動レパートリーの例え）について十分な知識があれば，それは気候（"パーソナリティ"）についても理解したことになる。では気候という概念は不要かと言えば，そういうことはなく，時に現象を巨視的に把握するには，気候という概念の方が有効であることもあろう。"パーソナリティ"と行動レパートリーの間にも同様のことを言うことができる。

さて，"パーソナリティ"を「特定個人の行動レパートリーの総体」と定義すると，行動分析学における"パーソナリティ"研究の目標は，行動レパートリーの構造を明らかにすることになる。個人の行動レパートリーは，さまざまなレスポンデントとオペラントから成り立っている。したがって，その構造を解明するためには，個々の行動レパートリーを形成する随伴性を明らかにしたうえで，行動レパートリーに含まれるさまざまなレスポンデントおよびオペラントの相互の影響関係，すなわち各レスポンデントおよびオペラントの間の相互作用を分析する必要がある。

行動の基本単位としてのレスポンデントの概念は明白であり，議論の余地はない。それは無条件反射および条件反射である。それに対し，行動の基本単位としてのオペラントの概念は必ずしも明白ではない。ここに何人かの行動分析家によるオペラントの定義がある。

強化随伴性によって定義された行動の単位 (Ferster & Skinner, 1957)。

その結果により制御される反応のクラス (Powers & Osborne, 1976)。

共通の環境への効果のクラスとの関数関係によって定義された反応のクラス (Johnston & Pennypacker, 1993)。

オペラントの定義は……それが行動の基本単位であるにも拘らず，研究者の間で微妙に違っている。同時に，これらの定義は，いずれも曖昧であるように思われる。

自動販売機にコインを入れ，コカコーラと表示されたボタンを押すとコカコーラが得られる。喫茶店で店員に「コカコーラ」と言ってもコカコーラが得られる。ここでは，2つ全く異なる反応が同じ結果を生み出している。この2つの反応は同一のオペラントに属していると言えるであろうか。その答えは，分析のレベルによって違ったものに

なるように思われる。まず第1のレベルとして，特定の強化子と特定の弁別刺激とによってオペラントを定義する場合を考えてみよう。このレベルでの分析では，上記の2つの反応は弁別刺激が違っているゆえに，同一のオペラントに属しているとは言えないことになる。このように定義されるオペラントは，当該の強化子の確立操作と当該の弁別刺激により制御される。

第2のレベルとして，弁別刺激や反応トポグラフィーとは関係なく，特定の強化子によってオペラントを定義することが考えられる。このレベルでの分析では，上記の2つの反応は，コカコーラという同じ強化子により強化されているゆえに，同一のオペラントに属していると言える。このように定義されるオペラントは当該の強化子の確立操作により制御される。

ところで，自動販売機にコインを入れボタンを押すことで，コカコーラの他にも色々なものを手に入れることができる。これを同一の結果あるいは共通の環境への効果と看做すことができるであろうか。そうだとするならば，第3のレベルのオペラントが考えられることになる。特定の強化子には関わりなく特定のオペランダムによって定義されるオペラントである。この特定のオペランダムによって定義されるオペラントは高次オペラントの1種であると考えられる。般化模倣（generalized imitation），一般化した同一見本合せ（generalized identity matching to sample），およびルール支配行動（rule-governed behavior）などは，どれも高次オペラントであると言える。高次オペラントとは，特定の強化子あるいは弁別刺激とは関わりなく，何らかの側面で等しい機能を共有する反応のクラスと定義することができよう。高次オペラントは文脈刺激により制御される。文脈刺激とは特定の高次オペラントを制御する弁別刺激の一種である。例えば，ハト用オペラント箱の3個のキーといった同一見本合せのための実験設定は，一般化した同一見本合せを制御する文脈刺激であろう。文脈刺激はすべての高次オペラントに必須のものであろうが，常に明白であると

表1　オペラントの3レベル

レベル	オペラント	主要制御変数
I	強化子と弁別刺激により定義されたオペラント	確立操作と弁別刺激
II	強化子により定義されたオペラント	確立操作
III	高次オペラント	文脈的弁別刺激

は限らない。高次オペラントの概念は"パーソナリティ"の理解にとって重要なものと思われるが，まだ充分に分析のなされていない概念である。

上記の分析で，少なくとも3レベルのオペラントを区別できることが明らかとなった（表1）。

行動分析学における"パーソナリティ"研究の目標が，行動レパートリーの構造を明らかにすることにあるとすれば，ある人の"パーソナリティ"を知ることは，その人の全行動レパートリーを知ることである。行動レパートリーは種々のレスポンデントとオペラントから成り立ち，それらは互いに機能的に相互作用をもち，階層的に体制化されていると考えられる。全てのレスポンデントとオペラントが同定され，それらの間の相互関係が解明されたとき，行動分析学における"パーソナリティ"研究のこの目標は達成される。しかしながら現在までに明らかになっている事実はあまりにも少ない。例えば，恐怖に関わるレスポンデントの強度と逃避および回避のオペラント一般の強度との間にどのような関係があるのであろうか。さまざまな強化子の確立操作は互いにどのような相互作用をもつのであろうか。神経症的オペラントとか，外交的オペラントとか，知的オペラントとか，調和性オペラントとか，あるいは誠実性オペラントといった高次オペラントは存在するのであろうか。多くの問題が問われ答えられなければならない。

もしも行動分析学における"パーソナリティ"研究の目標が達成されたならば，ある人の行動レパートリーの一部を知るだけで，その人の全行動

表2 TCIの4気質と3性格の主要制御変数

特性	主要制御変数
新奇性追求（NS）	刺激変化追求の強化価
損害回避（HA）	嫌悪的出来事の弱化価*
報酬依存（RD）	他者と親密関係を持つことの強化価
固執（P）	設定した目標を完全に達成することの強化価
自己志向性（SD）	嫌悪的出来事のレスポンデント非感受性
協調性（CO）	他者のポジティヴな反応の強化価
自己超越性（ST）	神秘的体験の強化価

*弱化価とはオペラント行動の抑制的制御力である

レパートリーを推定でき，その人の遺伝的背景や生活史を知ることなしに行動の予測と制御を実現することができる。この目的を達成するためには，伝統的な"パーソナリティ"心理学の成果も役立つはずである。行動分析学者は，伝統的な"パーソナリティ"心理学者が徹底的行動主義とは立場を異にするからといってその研究の成果を無視してはならない。

われわれは，かって類型論の1つである"パーソナリティ"の分裂質・躁鬱質・癲癇質の3類型による分類を行動分析学の枠組から考察したことがある（浅野・佐藤，1972；Sato & Sugiyama, 1992）。それによれば，躁鬱質の人は随伴性形成行動が優勢であるが，分裂質および癲癇質の人はルール支配行動が優勢である。そして分裂質の人の行動を制御するルールは自分が独自に創ったものであることが多いのに対し，癲癇質の人の行動を制御するルールは既成のものであることが多い。

本稿では，伝統的な"パーソナリティ"特性論を対象に，行動分析学的な立場からの概念的分析を試みることにする。特性論者の間にも，特性に関する考え方には違いがあり，原因観（causal view），傾向観（dispositional view），要約観（summary view）という3つの立場が認められる。原因観では，特性を行動の原因の1つと捉え，それによって個人の行動を説明しようとする。原因観からの特性の定義には次のものがある。

個人の行動を決定する持続的パーソナリティの特徴（Goldensen, 1984）。

傾向観は，特性とは，ある状況である行動をとる傾向であると考え，それによって個人の行動を予測する。傾向観からの特性の定義として次のものがある。

予測可能な一定に行動する傾向（Bruno, 1986）。

要約観は，特性を，個人の過去の行動についての記述的要約と看做し，それは単に個人の行動を記述するだけであると考える。要約観からの特性の定義として次のものがある。

個人の資質を基に，経験によって変容する個人の持続的な特徴的行動様式（Warren, 1934）。

以上の3つの見解は，どれも行動分析学の立場からは受け入れがたい。原因観は"パーソナリティ"特性を行動の内的原因の1つとみなしており，内的原因を認めない行動分析学とは相容れない。傾向観は"パーソナリティ"特性を行動を予測するものとしているが，この見解をとる研究者達は，特性の制御変数を同定しようとはせず，従ってその行動予測は相関的事実に基づくもので，因果的事実には基づいていない。因果ないし関数分析は行動分析学の根幹であり，この意味で行動分析学は傾向観を受け入れることはできない。要約観は特性を行動の記述としているが，いかなる科学も単なる記述のみが目標ではない。それでは，行動分析学者が受け入れることのできる特性とはどのようなものであろうか。われわれは，そのようなものとして高次行動単位観を提出したい。この見解に至る出発点として要約観を考えてみよう。要約観は特性をある個人の行動の記述とみなす。行動分析学の用語で述べるならば，特性とは特定個人においてその生起頻度が一定で安定している行動のクラスである。したがって，特性は次のように定義することができよう。

特性とは，個人において共通の制御変数によって制御されるレスポンデントおよびオペラントの安定しているクラスである。

これは高次行動単位観からの特性の暫定的定義である。この定義に基づき，われわれは，近ごろ広く用いられているTCI (Temperament and Character Inventory；木島ら, 1996) およびNEO-PI-R (Revised NEO Personality Inventory；Costa & McCrae, 1992) という2つのパーソナリティ・インベントリーのそれぞれの特性を制御する主要な変数を質問項目から思弁的に推論することを試みた。

TCIは4つの気質と3つの性格があるとしている。4つの気質とは，新奇性追求（NS），損害回避（HA），報酬依存（RD），固執（P）であり，3つの性格とは，自己志向性（SD），協調性（CO），自己超越性（ST）である。表2は，推定したTCIにおけるそれぞれの気質と性格の主要制御変数を示したものである。

NEO-PI-Rは，5つの特性があるとしている。5つの特性とは，神経症性（N），外向性（E），開放性（O），調和性（A），誠実性（C）である。表3は推定したNEO-PI-Rにおけるそれぞれの特性の主要制御変数を示したものである。

もしこの推定が正しいならば，TCIおよびNEO-PI-Rにおけるそれぞれの特性の得点間に次のような相関が予測される。

　高い正の相関
　　TCIの報酬依存（RD）とTCIの協調性（CO）
　　TCIの報酬依存（RD）とNEOの外向性（E）
　　TCIの報酬依存（RD）とNEOの調和性（A）
　　TCIの損害回避（HA）とNEOの神経症性（N）
　　TCIの協調性（CO）とNEOの調和性（A）

表3　NEOの5特性の主要制御変数

特性	主要制御変数
神経症性（N）	嫌悪的出来事へのレスポンデント感受性
外向性（E）	他者の存在の強化価
開放性（O）	新奇的出来事の強化価
調和性（A）	他者のポジティヴな反応の強化価
誠実性（C）	社会的に有意義な行動遂行の強化価

　　TCIの固執（P）とNEOの誠実性（C）
　高い負の相関
　　TCIの損害回避（HA）とTCIの自己志向性（SD）
　　TCIの自己志向性（SD）とNEOの神経症性（N）

表4は，TCIおよびNEO-PI-Rの日本語版を467名の青年男女に施した結果（慶應義塾双生児研究プロジェクト〔代表：安藤寿康・大野裕〕によるデータ）の各特性間の相関係数である。上記の6つの予測はいずれもデータとよく一致している。

"パーソナリティ"とスケジュール・パフォーマンス

冒頭にも述べたように，行動分析学の立場からパーソナリティに取り組んだ実験研究は，残念ながら少数である。その嚆矢となったHarzemは，強化スケジュールへの適応に見られる個人差に注目し，これを大学入学試験の成績と比較した（Harzem, 1984）。

強化スケジュールはオペラント行動を強力に制御し，スケジュールの性質に応じた独特の反応率や，反応率の変動性，あるいは反応率の規則的な変動を生み出す（堀ら, 1989）。定時隔（FI）スケジュールの下で特徴的に生じるFIスキャロップはその典型例で，強化直後の反応休止を経て，次の強化が時間的に接近するにつれて反応率は正の加速を伴って増加し，強化と強化の間に円弧状の累積記録が現れる（杉山・島宗・佐・マロッ

表4　TCI 7因子およびNEO 5因子間の相関係数。TCI 7因子・NEO 5因子（N=467）

因子	NS	HA	RD	P	SD	CO	ST	N	E	O	A
NS											
HA	−.41										
RD	.10	−.08									
P	−.16	−.20	.13								
SD	.07	−.52	.06	.22							
CO	.02	−.26	.49	.25	.32						
ST	.13	−.21	.13	.22	.06	.20					
N	−.19	.65	.01	−.14	−.59	−.29	−.03				
E	.45	−.61	.41	.17	.31	.33	.24	−.38			
O	.17	−.27	.12	.22	.24	.23	.39	−.09	.32		
A	−.12	−.02	.44	.07	.13	.58	.16	−.12	.12	.14	
C	−.30	−.23	.12	.57	.40	.24	.11	−.40	.21	.18	.10

ト・マロット, 1998)。このような反応のパターンは，一般にスケジュール・パフォーマンスと呼ばれ，その特徴は強化スケジュールの性質によって決定され，オペラント行動や強化子の違い，種の違いなどを超えた共通性が認められる (Blackman, 1974/1981)。

しかし，人間だけは，例外的に他の動物とは異なるパフォーマンスを示すことが多い。その原因は完全には解明されていないが，人間の場合，スケジュールの種類や強化率（スケジュール値）が変わっても，それに対応したパフォーマンスの変化が生じないことが多く，強化随伴性の変化に対する感受性が他の動物に比べて低いことが知られている（藤田・佐藤, 1985)。同時に，この感受性には個人差が大きく，スケジュールが変化しても，全くパフォーマンスが変わらない者もいれば，他の動物とほぼ同様の敏感さで新しいスケジュールに特有のパフォーマンスを示す者もいる。Harzem (1984) は，人間にみられるスケジュールへの感受性の個人差に注目して，行動分析的立場から初めて"パーソナリティ"の実験的研究を行なったのである。

実験はウェールズ (Wales) 大学を受験した高校生54名に対して行なわれた。実験に使われたのは5種類の成分からなる混合 (mixed) スケジュールで，FI 30秒，定比率 (FR) 40，低反応率分化強化 (DRL) 10秒，DRL 30秒，FR 20の5種のスケジュールが，この順番で，外的な手掛かりの変化を伴わずに変化していく。各成分の長さはFI 30秒が10分，FR 40が5分，DRL 10秒が15分，DRL 30秒が15分，FR 20が5分であった。高校生達は，電鍵を押すとカウンター上の得点が増加することと，できる限り高い得点を獲得するよう教示された。

Harzemは高校生達のスケジュール・パフォーマンスを5種類に分類した。第1はFR下では高率で反応し，DRLでは反応率が低くなるというように混合スケジュールの各成分に対して適応的にパフォーマンスが変化した者で，これは54名中10名存在した。残りの適応的なパフォーマンスが見られなかった者は，(1)反応率がスケジュールの要求とは無関係に変動し，平均反応率が低い変動低率群11名，(2)同様に反応率が変動するが平均反応率が高い変動高率群10名，(3)終始低反応率を示す一貫低率群8名，(4)終始高反応率を示す一貫高率群15名，の4つに分類できた。これを，入試成績と比較すると，入試合格者は，適応群では10名中9名，不適応群では，変動低反応率群が11名中2名，変動高反応率群が10名中6名，一貫低反応率群が8名全員，一貫高反応率

群が15名全員であった。特に入試成績が優秀だったのは，適応群と一貫高率群で，それぞれ10名中9名，15名中14名が「優秀（special offer）」か「無条件合格（nonconditional offer）」の判定で合格していた。一方，変動低率群は11名中2名が「無条件合格」したが，残る9名は不合格となり，最も入試成績が劣っていた。このようにしてHarzemは"パーソナリティ"の"知的"側面と，スケジュール・パフォーマンスとを対応させることで"パーソナリティ"の実験的行動分析の可能性を示したのである。

Harzemの研究が契機となり，既存の各種心理検査により判定される"パーソナリティ"特性と，スケジュール・パフォーマンスの対応関係を検討した研究が試みられた。現在までに，スケジュール・パフォーマンスとの関係が検討された心理検査は，"パーソナリティの固さ"尺度（Scale for Personality Rigidity）（大河内，1996 a，1996 b；Wulfert, Greenway, Farkas, Hayes, & Dougher, 1994；Mochizuki, Ohba, & Sato, 1996），Matching Familiar Figures Test (MFF)（大河内，1996 a，1996 b），集団用ロールシャッハ方式新版人格診断検査A型（大河内，1996 a，1996 b；陸田・佐藤，1988），PETEL（大河内，1996 a，1996 b；陸田・佐藤，1988；Mochizuki et al., 1996），精研式文章完成法テスト（Seiken's Sentence Completion Test：SCT）（陸田・佐藤，1988；Mochizuki et al., 1996），MPI（陸田・佐藤，1988；Mochizuki et al., 1996），Jenkins Activity Survey (JAS) (Nakano, Mochizuki, & Sato, 1996)，NEO-PI-R（松崎・深沢・佐藤，2000）であり，このうち，スケジュール・パフォーマンスとの間に何らかの対応関係が見出されたものは，NEO-PI-R，PETEL，MMF，"固さ"尺度，SCT，JASである。

一方，検討された強化スケジュールには，Harzem (1984) と同等か類似した混合スケジュールが多く（以下，このようなスケジュールを便宜的に"Harzem型スケジュール"と呼ぶことにする）（陸田・佐藤，1988；望月，2001；Mochizuki et al., 1996；Sato & Sugiyama, 1992），FIの単一スケジュール（大河内，1996 a，1996 b），全成分がDRLで値だけが異なる混合スケジュール（松崎ら，2000），多元 (multiple) FR DRLスケジュール (Wulfert et al., 1994)，反応系列強化スケジュール（所謂ラグ・スケジュール〔lag schedule〕）(Mochizuki et al., 1996) があり，他に，1回の強化量と強化率が異なるが期待値は等しい2選択肢間の選択と (Ribes-Inesta & Sosa, 1992)，Mazur (1987) に倣った遅延調節手続 (Nakano et al., 1996) を利用した研究がある。

PETELは行動分析学の枠組による人格類型論（宮・佐藤，1972）を踏まえ，顔の描き方の特徴から行動類型を判定するテストである。陸田・佐藤 (1988) はHarzem型スケジュールに対し適応的に反応する者と一貫した高反応率を示す者には，PETELで「自らルールを作り出しそれを弁別刺激として行動する」傾向が適度である（中程度であって過度ではない）と判定されるものが多いことを明らかにし，その結果はSato & Sugiyama (1992) およびMochizuki et al. (1996) によっても確認された。

大河内 (1996 a) はFIスケジュールに対する反応率と固さ尺度およびMMFとの比較から，"パーソナリティの固くない"者が随伴性への感受性が高く，衝動的でない者が時間弁別に優れていることを示し，Wulfert et al. (1994) が報告した多元FR DRLスケジュールに対する感受性と"パーソナリティの固さ"の関係が，FIスケジュールにおいても見られることを明らかにした。

Mochizuki et al. (1996) は，Harzem型スケジュールに加え，系列反応分化強化スケジュール（山岸，1998）を用いてスケジュールへの適応と4種類の心理検査の関係を検討した。その結果，Harzem型スケジュールへ適応的に反応した者は，SCTが示す知的水準が高いことが示され，Harzem (1984) が明らかにした入学試験成績と混合スケジュールへの適応の関係を裏付けた。

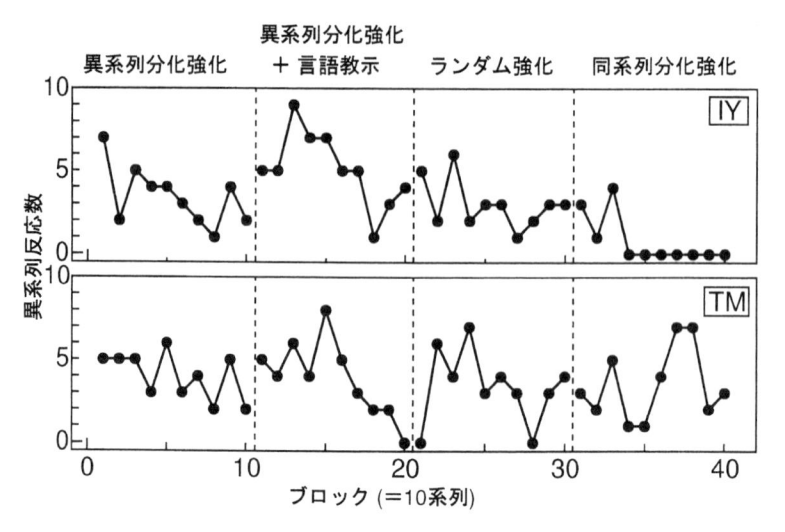

図1 反応系列分化強化スケジュールの各セッションにおける異系列反応数。実際の随伴性に対して最も適応的に行動したIYと、随伴性よりも教示に従う傾向が顕著に見られたTMの比較。

系列反応分化強化スケジュールでは、参加者に左右2つの押しボタンを押させ、連続した8回の反応を1系列と定義したとき、ある系列中の左右の反応パターンを、過去10系列の反応パターンと比較して強化／非強化を決定した。実験は4セッションで構成し、第1セッションでは、ある系列の反応が過去10系列のいずれとも異なっているときだけ強化子を提示し、第2セッションでは、強化随伴性は第1セッションと同じであったが、8反応を1系列としてその反応パターンを評価していることと、「以前に作ったことが無い、新しい左右の反応パターンで反応すると得点を上げることができる」という言語教示を与えた。第3セッションは、参加者の反応とは無関係に一定率で強化子を提示し、第4セッションでは、ある系列の反応が過去10系列のいずれかと同じであったときにだけ強化子を提示した。第3セッション以降、新たな言語教示は与えていないので、第3セッションは言語教示と実際の随伴性は無関係であり、第4セッションは随伴性と言語教示が矛盾する状況であった。

このように、言語教示により与えられたルールと実際の随伴性の関係を変化させたときに、行動が新しい随伴性に応じた変化を示すか、あるいは、現実の随伴性とは矛盾するルールに支配され続けられるかは、対象者の"パーソナリティの固さ"やPETELで判定されるルール支配の傾向と関係すると予測された。結果は、ルールよりも随伴性に従う傾向を示した者と、無効になったルールに従い続け随伴性の変化に感受性を示さなかった者が存在し、個人差は認められたが（図1）、残念ながらPETELや"固さ"尺度との間に明確な対応関係は見出せなかった。

一方、同一の参加者がHarzem型混合スケジュールに示す適応程度と、系列反応強化に対して示す感受性の程度には差が認められ（図2）、このことは、2つの強化スケジュールが、それぞれ"パーソナリティ"の異なる側面と関係している可能性を示しており、行動レパートリーの相互関係を検討する際に、強化スケジュールへの適応の程度を指標として活用できる可能性を示唆している。

Nakano et al. (1996) は、Mazur (1987) の調整遅延（adjusting-delay）の手続によって測定された強化遅延時間の長さが、JASによりタイプAに分類される者は、それ以外の者に比べて有意に短いことを示した。この手続では、参加者に、強化率50％の選択肢と強化率100％の選択肢を選択させる。強化率50％の選択肢は、常に強化まで1秒の遅延があり、100％の選択肢の

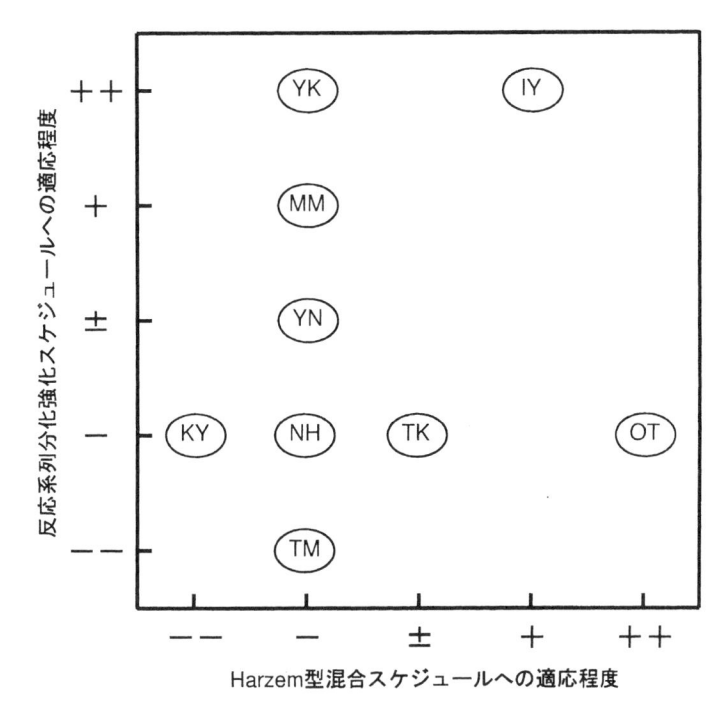

図2 Harzem型スケジュールへの適応程度と系列反応分化強化スケジュールへの適応度の関係。各スケジュールへの適応の程度を＋＋（非常に適応）から－－（非常に不適応）に分類し，両者の対応関係を示した。楕円は個々の参加者を示している。

強化遅延時間は過去の選択行動に応じて増減する。参加者が50％の選択肢を選ぶと100％の選択肢の遅延時間は1秒短縮し，100％の選択肢を選ぶと1秒延長する。すなわち，選択を重ねることで，1秒後の50％の強化が，何秒後の100％の強化と主観的に等価であるかを測定することができる。タイプAと分類された大学生16名の平均遅延時間は6.39秒（$SD=1.13$）であり，非タイプAの15名の平均14.42秒（$SD=2.87$）に比べて有意に短かった。

松崎ら（2000）は，Harzem型スケジュールの各成分の中でも特にDRLでのパフォーマンスに個人差が大きいことに着目し，NEO-PI-Rの特性得点とDRLスケジュールのパフォーマンスとの相関を分析した。ここで使われたのは，一種のプログレシブDRLともよぶべき混合スケジュール，すなわち，混合DRL 1秒DRL 2秒DRL 4秒DRL 8秒DRL 16秒DRL 32秒である。各成分はこの順序で1回ずつ，それぞれ5分間実施され，参加者は学部生28名であった。実験はパソコンを使用し，反応はマウスの右クリックであった。教示は以下の通りであった。「これはコンピュータを用いたゲームです。マウスの右クリックを適切な方法で続けていくと時折10点を獲得することができます。得点はディスプレイ上に表示されます。ゲーム終了後に得点に応じて賞品をさしあげますので，できるだけ多くの得点を獲得するようにして下さい」。実験終了後にNEO-PI-R日本語版を施行した。

スケジュール・パフォーマンスとNEO-PI-Rの特性得点の相関を算出するためには，DRL下でのパフォーマンスを数量化する必要があり，ここでは，DRL 1秒での1強化は1点，DRL 2秒での1強化は2点，DRL 4秒での1強化は4点，DRL 8秒での1強化は8点，DRL 16秒での1強化は16点，DRL 32秒での1強化は32点として換算し，その合計を個々の参加者のDRL得点とした。DRL得点の全参加者の平均は478.1点（$SD=334.1$，$Me=591.5$，最低0，最高924）であり，NEOの各特性得点とDRL得点の間に

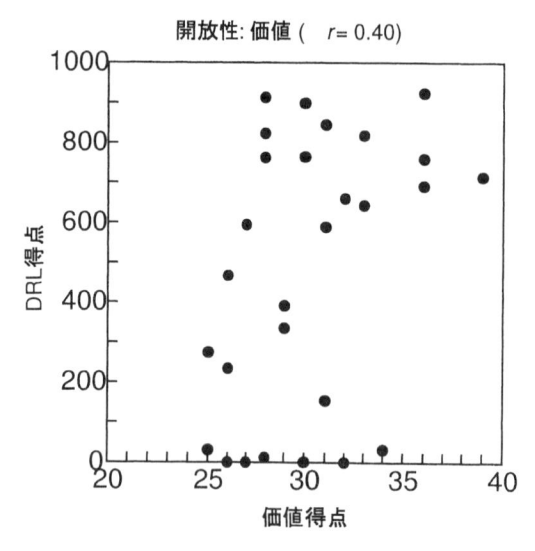

図3 価値得点とDRL得点の散布図

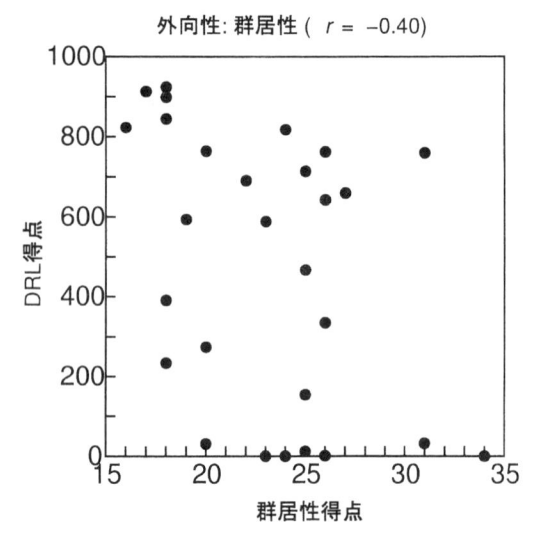

図4 群居性得点とDRL得点の散布図

0.40以上の正および負の相関係数が得られたものはなかった。しかし，NEO-PI-Rの各特性に含まれる5つの下位特性の得点とDRL得点との間の相関係数を求めると，開放性の下位特性の1つである価値の得点とDRL得点との間に$r=+0.40$，外向性の下位特性の1つである群居性の得点とDRL得点との間に$r=-0.40$の相関が得られた。図3および図4は，それぞれの散布図である。

この結果を踏まえ，価値＋反群居性得点を，価値得点＋（最大群居性得点－群居性得点）とし，この得点とDRL得点との相関係数を求めたところ$r=0.64$という高い値が得られた。図5は，その散布図である。

群居性得点の高い人々は大勢の人達と一緒にいることを好むといわれている。また，価値得点の高い人々は，1つの価値体系に固執せず多様な価値体系を認めることができるといわれている。従って，DRLへの適応の程度が価値＋反群居性得点の高い人々は，孤高を愛し，しかし偏狭に陥ることなく多様な価値を認めることができるということになろう。この相関分析から，各特性を制御している各変数は相互に複雑に相互作用を及ぼしていることが示唆される。

結　語

以上，展望したように，行動分析学における"パーソナリティ"の実証的研究は，スケジュール・パフォーマンスとして測定される実験場面の随伴性に対する感受性の個人差を指標にし，これと既存の"パーソナリティ"特性や学力との相関関係を分析する，という方向で進められてきた。その背景には，当然ながら，個人が示す随伴性への感受性の違いは，その参加者の過去の経験の違い，すなわち，レスポンデント随伴性，オペラント随伴性により形成された個人の行動クラスの構造の違いを反映している，という前提があると考えられる。しかし，こうした相関分析は，本稿前半で示した概念的分析と実証的研究を結びつけるための糸口を提供しているに過ぎず，今後は，個々の特性を生み出す原因となった随伴性の関数分析へと研究を進めて行かなければならない。現在の行動分析学は，体系的な個人差研究への入口にさしかかったところである。

かつてTolmanは"*Purposive Behavior in Animals and Men*"の中で心理学に3つの区別をした。一般心理学（normative psychologies）は，正常な個人や個体の行動と精神過程の研究を

目的とする。個人差心理学（individual psychologies）は個人差を探求する。そして，この一般心理学と個人差心理学を統合したものが，完全心理学（complete psychologies）である（Tolman, 1932）。では果して，心理学の歴史のなかでTolmanが完全心理学と呼ぶような心理学の体系は存在しただろうか？Tolman自身は，自らの心理学を完全心理学の名に値するものと考えており，精神分析学こそ完全心理学であるという意見もある。しかし，われわれは，そのどちらも完全心理学とは呼べないと考える。その理由は，Tolmanの心理学も精神分析学も，一般心理学と個人差心理学の両方を包含してはおらず，両者を統合したとは考えられないからである。われわれは未だに完全心理学と呼べる体系は持っていない。行動分析学は既に一般心理学として十分な発展を遂げた。行動分析学こそ唯一の一般心理学であると言っても過言ではない。そして，もし行動分析学が，実証的かつ概念的にも体系化された個人差心理学を確立することに成功すれば，その時こそ，人間は初めての完全心理学を手に入れることになるのである。

　本稿は，佐藤（2001）をもとに加筆したものである。また，その基本的構想についてはSato（2000 a, b）およびSato & Sugiyama（1992）で，パーソナリティ特性の実証的分析における特性得点間の相関分析についてはSato（2000 a, b）で，パーソナリティ特性の実証的分析における特性とスケジュール・パフォーマンスとの相関分析については松崎ら（2000）およびMochizuki et al.（1996）で報告されている。

引用文献

Allport, G. W. (1961). *Patterns and growth of personality*. New York, NY：Holt, Rinehart and Winston.

浅野俊夫・佐藤方哉（1972）．実験的行動分析の枠組からの人格類型論への試み．（未発表）

Blackman, D. E.（1981）．能見義博（監訳）．オペラント条件づけ．ブレーン出版．（原著刊行年1974）．

Bruno, F. J. (1986). *Dictionary of key words in*

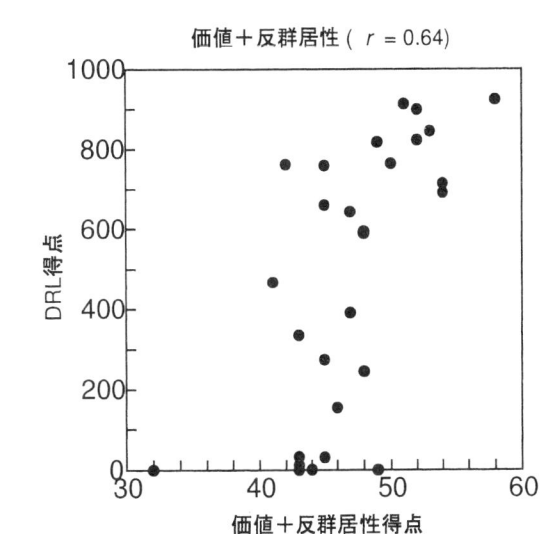

図5　価値＋反群居性得点とDRL得点の散布図

psychology. London：Routledge & Kegan Paul.

Costa, P. T. Jr. & McCrae, R.R. (1992). *NEO-PI-R professional manual*：*Revised NEO Personality Inventory (NEO-PI-R) and NEO Five-Factor Inventory (NEO-FFI)*. Odessa, Fla.：Psychological Assessment Resources.

Ferster, C. B. & Skinner, B. F. (1957). *Schedules of reinforcement*. New York, NY：Appleton-Century-Crofts.

藤田　勉・佐藤方哉（1985）．実験的人間行動分析．異常行動研究会（編）．オペラント行動の基礎と臨床．川島書店, pp.53-79.

Goldensen, R. M. (Ed.) (1984). *Longman dictionary of psychology and psychiatry*. New York, NY：Longman.

Harzem, P. (1984). Experimental analysis of individual differences and personality. *Journal of the Experimental Analysis of Behavior, 42*, 385-395.

堀　耕治・伊藤正人・河嶋　孝・小清水妙子・小山令子・森山哲美・坂上貴之（1989）．行動の維持．小川　隆（監修）．行動心理ハンドブック．培風館, pp.51-93.

Johnston, J. M. & Pennypacker, H. S. (1993). *Strategies and tactics of human behavioral research*. Hillsdale, NJ：Lawrence Erlbaum Associates.

川崎佐紀子・佐藤方哉・若山達子・渡辺恵子（1989）．パーソナリティ．小川　隆（監修）．行動心理ハンドブック．培風館, pp.339-353.

木島信彦・斎藤令衣・竹内美香・吉野相英・大野裕・加藤元一郎・北村俊則（1996）．Cloningerの

気質と性格の7次元モデルおよび日本語版 Temperament and Character Inventory (TCI). 季刊精神科診断学, 7, 379-399.

松崎美沙都・深沢綾美・佐藤方哉 (2000). ヒトのスケジュールパフォーマンスにおける個人差：DRLの場合. 日本行動分析学会第18回年次大会発表論文集, 66-67.

Mazur, J. E. (1987). An adjusting procedure for studying reinforcement. In M.L. Commons, J. E. Mazur, J. A. Nevin, & H. Rachlin (Eds.), *Quantitative analyses of behavior*：Vol.5. *The effect of delay and intervening events on reinforcement value* pp.53-73. Hillsdale, NJ：Erlbaum.

宮　清・佐藤方哉 (1972). PETEL 人格検査法試案. (未発表)

望月　要 (2001). ヒトの Harzem 型混合スケジュールの成績とパーセンタイル・スケジュール先行訓練の関係. 日本行動分析学会第19回年次大会発表論文集, 86-87.

Mochizuki, K., Ohba, S., & Sato, M. (1996, October). "Personality" and individual differences in schedule performance. 3rd International Congress on Bechaviorism and the Science of Behavior, Yokohama.

Morris, E. K. (2000, May). How to teach B. F. Skinner. Panel discussion at the 26th annual meeting of Association for Behavior Analysis, Washington, D.C.

陸田健一・佐藤方哉 (1988). スケジュール・パフォーマンスと個人差：パーソナリティとの関係. 日本行動分析学会第6回年次大会発表論文集, 11-12.

Nakano, K., Mochizuki, K., & Sato, M. (1996). Self-control and the type A behavior pattern. *Journal of Behavior Therapy and Experimental Psychiatry, 27*, 169-174.

大河内浩人 (1996a). FI パフォーマンスの個人差とパーソナリティ(1) 日本心理学会第60回大会発表論文集, 761.

大河内浩人 (1996b). FI パフォーマンスの個人差とパーソナリティ(2) 日本行動分析学会第14回年次大会発表論文集, 70-71.

Powers, R. B. & Osborne, J. G. (1976). *Fundamentals of behavior*. New York, NY：West Publishing Company.

Ribes-Inesta, E. & Sosa, S. S. (1992). Individual behavior consistencies as interactive styles：Their relation to personality. *Psychological Record, 42*, 369-387.

佐藤方哉 (1987). 追悼：G. S. レイノルズ博士―ジョージはきっといつまでも見守っていてくれる. 行動分析学研究, 2, 67-73.

Sato, M. (2000a, April). A behavioral analysis of personality. In Y. Ono & S. Kanba (Chair) Workshop：Biology of personality. The 3rd International Congress of Neuropsychiatry, Kyoto.

Sato, M. (2000b, October). A behavior analysis of personality traits. Invited address at the Fifth International Congress of Behaviorism and Sciences of Behavior, Xalapa, Mexico.

佐藤方哉 (2001). パーソナリティに関する行動分析学的一考察. 帝京心理学, 19-30.

Sato, M. & Sugiyama, N. (1992, October). A behavior analysis of "personality". Invited Address at the First International Congress of Behaviorism and Sciences of Behavior, Guadalajara, Mexico.

杉山尚子・島宗　理・佐藤方哉・リチャード W. マロット・マリア E. マロット (1998). 行動分析学入門. 産業図書.

Tolman, E. C. (1932). *Purposive behavior in animals and men*, New York, NY：Century.

Warren, H. C. (1934). *Dictionary of psychology*. Cambridge, MA：The Riverside Press.

渡邊芳之・佐藤達哉 (1993). パーソナリティの一貫性をめぐる「視点」と「時間」の問題. 心理学評論, 36, 226-243.

Watson, J. B. (1930). *Behaviorism* (rev.ed.). Chicago, IL：University of Chicago Press.

Wulfert, E., Greenway, D. E., Farkas, P., Hayes, S. C., & Dougher, M. J. (1994). Correlation between self-reported rigidity and rule-governed insensitivity to operant contingencies. *Journal of Applied Behavior Analysis, 27*, 659-671.

山岸直基 (1998). 人間行動の変動性に及ぼす強化随伴性の効果. 行動分析学研究, 12, 2-17.

出典：望月　要・佐藤方哉 (2002). 行動分析学における"パーソナリティ"研究. 行動分析学研究, 17, 42-54.

▶▶▶ コメント

未踏の領野をめざせ：
パーソナリティに関する行動分析的研究

立教大学

堀　耕治

　心理学を大学で学ぼうとする人たちのかなりの部分は、今でも〈性格〉への関心をきっかけにこの学問に入ってくるようですし、社会が期待する心理学の姿も〈性格〉に関係するものが多いと思います。ところが行動分析は〈パーソナリティ〉に対して歴史的にきわめて冷淡です。某サイトで、望月・佐藤 (2002) と同じく"personality"という検索語で行動分析の二大専門誌（Journal of the Experimental Analysis と Journal of Applied Behavior Analysis）を検索してみると、両誌とも5篇がヒットしました。望月・佐藤の記述から推測すると、彼らとだいたい同じ論文がヒットしたようです。しかしそうなると、二大専門誌に関する限り、この7～8年の間パーソナリティに直接関係する論文はたった1篇しかなかったことになります。もちろん"personality"による検索が（内容的に）パーソナリティを研究したものと一致するわけではありません。それにしてもこの事実は、依然としてパーソナリティが行動分析でほとんど〈未踏の領野〉であることを象徴しているように思います。

　たしかにパーソナリティ概念は、多くの古典的な心理学概念がそうであるように、そもそも行動分析とは異質の哲学や体系から生まれたものです。しかし古典的概念が表現している事柄のある部分は、行動分析の方法でもアプローチされてきましたし、行動分析の概念体系で整合的に理解できるようにもなりました。そしてその結果として、理論的にも応用的にも生産的に扱えるようになってきたと思います。〈動機づけ〉などは典型的な例かもしれません。パーソナリティについても、行動分析からのアプローチがさかんになることが望まれるところです。実際、ここ数年の間に今後の展開のヒントになるような知見も出てきました（内容を紹介するだけの紙幅はありませんが、たとえば Dixon, Marley, & Jacobs, 2003 や伊藤・佐伯, 2002 など）。ただしこれらの研究が扱っているのは、個別の〈パーソナリティ特性〉に対応するような限定的な行動の側面ですから、それらの知見をつなぎ合わせたところで、パッチワーク（それも不完全な）にしかならないでしょう。パーソナリティの包括的研究の姿はまだ見えてきません。

　望月・佐藤の論文はこのような現状にあるパーソナリティ研究の展望論文です。一般に、展望論文の役割は大きく分けて二つあると思います。一つは、ある研究テーマに関する研究を概観することによって、そのテーマに関心を持つ者に基礎的知識を整理して提供する役割です。もう一つは、同じく研究を概観しながらも、新しい研究の方向性を示唆することによって、研究を刺激したり活性化する役割です。望月・佐藤の論文は、とりわけ後者の役割において優れています。ただし粗削りな部分も多少あります。たとえば「行動レパートリーの構造を明らかにすること」をパーソナリティ研究の目標に位置づけていますが、構造なるものは単に「さまざまなレスポンデントおよびオペラントの（中略）相互作用を分析する」だけでは生まれて来ないでしょう。枚挙に陥ることなく事実を集約しながら研究を進めていくには「構造」について何らかの枠組みが必要になってくる。望月・佐藤も述べているように、その際に「高次オペラント」の概念が鍵になるかもしれませんが、具体的な研究方略につながる形で提案されてはいません。また「パーソナリティ」と「パーソナリティ特性」の間の整理はやや不十分で、理解しにくいところがあるかもしれません。ただ、以上のようなことは決してこの論文の欠点ではありません。むしろ粗削りな分、読者がアイデアを自由に広げる余地を与えてくれます。要するに、ここには決して直截の答えは用意されていません（そもそもないものねだりです）。そうではなく、未踏

の領野であるパーソナリティ研究に向けて，行動分析の哲学と道具をたずさえて踏み出していく行為を強力に刺激するような論文と言えるでしょう

文献

Dixon, M. R., Marley, J., & Jacobs, E. A. (2003). Delay discounting by pathological gamblers. *Journal of Applied Behavior Analysis, 36*, 449-458.

伊藤正人・佐伯大輔 (2002). 日本の大学生はこんなに利己的：他者との共有による報酬の価値割引から見た日米韓異文化比較研究. 日本心理学会第66回大会発表論文集, 164.

望月 要・佐藤方哉 (2002). 行動分析学における"パーソナリティ"研究. 行動分析学研究, *17*, 42-54.

Stimulus Control by Conspecifics in Pigeons: Control by Two Conspecifics With Different Functions as Discriminative Stimuli

NAOKI NAKASHIKA

Ritsumeikan University

Abstract

Study objective: The present study examined whether pigeons could perform 2 kinds of conditional-discrimination tasks using the location of a conspecific's response as the discriminative stimulus. Whether pigeons could perform those tasks differentially according to 2 conspecifics was also examined. *Procedure*: Birds responded in a situation in which the location of pecking by another pigeon (stimulus bird) was the discriminative stimulus for reinforcement. In order to get reinforced, the response bird had to peck the key corresponding to the key that one of the stimulus birds was pecking, whereas, when another stimulus bird was presented, the response bird had to peck the key on the side opposite to the key that the stimulus bird was pecking. *Subjects Participants*: There were 2 response pigeons, and 3 stimulus pigeons. *Measures*: Percent of correct choices and number of responses were measured. *Results*: Response birds could perform 2 kinds of conditional-discrimination tasks using the location of a stimulus bird's pecking as the discriminative stimulus. Also, they were able to perform those tasks differentially, depending on which of 2 birds was the stimulus bird.

Key words: conspecific stimuli, discrimination, stimulus control, key peck, pigeons

ハトにおける他個体による刺激性制御
―― 弁別刺激として異なる機能を持つ2羽の他個体による制御 ――

立命館大学　中鹿直樹

　研究の目的：ハトが他個体の反応位置を手がかりにして，2種類の条件性弁別課題を行うことができるかどうかを調べた。またその行動を2羽の他個体に応じて使い分けられるかどうかを検討した。**手続き**：被験体（反応ハト）は強化子を得るために，他個体（刺激ハト）の反応位置を弁別刺激として反応することが求められた。2羽の刺激ハトのうち1羽の刺激ハトが提示されたときには，反応ハトは，刺激ハトが反応しているのと同じ側のキーに反応しなければならなかった。一方，別の刺激ハトが提示されたときには，反応ハトは，刺激ハトの反応しているキーの反対側のキーに反応しなければならなかった。**被験体**：2羽のハトを反応ハトとして用いた。さらに3羽のハトを刺激ハトとした。**行動の指標**：反応ハトの正答率と反応数を指標とした。**結論**：反応ハトは，刺激ハトの反応位置を手がかりにして，2種類の条件性弁別課題を行うことができた。また2羽の刺激ハトに応じてその行動を使い分けることができた。

　Key words：他個体刺激，弁別，刺激性制御，キーつつき，ハト

問題と目的

　群れや集団で生活をする動物では個体と個体の関係が重要となる。さまざまな関係がそこにはある。親と子・きょうだいのように生まれた時から関係が始まっているもの，配偶者，エサやメスを奪い合うライバル，エサのありかの手がかりとなる相手，敵の存在を知らせてくれる相手などのように，個体が生活をしていく中で関係が構築されていくものもある。個体と個体の関係では，コミュニケーション・協力・競争それに社会的学習など社会的な行動が重要な問題となる。行動分析の枠組みから考えると，社会的な行動は相手の行動を弁別刺激とした行動だと言える。それゆえ他個体刺激による刺激性制御の問題を分析することで，社会的行動の基礎過程についての知見が得られると考えられる（Fushimi, 1990）。

　他個体の行動が弁別刺激として機能するかどうか，という点については多くの研究がある。この問題を実験的に最初に示したのは，Skinner (1962) である。彼は，2羽のハトを隣接する2つのオペラント箱に入れて実験を行った。2つのオペラント箱は透明板で区切られていて，それぞれの前面パネルには透明板をはさんでキーが3つずつ縦に設置されていた。各試行では，3つのキーの内のどれかが正解であるが，正解を示す刺激は提示されなかった。2羽のハトは，正解のキーをほぼ同時に（0.1秒以内に）つつくことで強化子を手に入れることができた。すると，2羽のうち一方のハトが"リーダー"，他方が"フォロワー"と役割に分かれ，リーダーがランダムにキーをつつき，フォロワーがリーダーのつつく位置を弁別刺激として行動することをすぐに学習した（どちらがリーダーあるいはフォロワーになるかは，実験者が指定したのではなく，摂食制限の度合いなどにより自然と決まった）。

　また Herrnstein (1964) は"Will"と題した論考の中で，次のような実験を紹介している。彼は2羽のハトを使い，透明板で区切られた2つのオペラント箱に1羽ずつ入れて実験を行った。2羽を一緒にする前に1羽ずつ訓練を行い，フィーダーのライトが点灯しているときには，エサを食べられることを学習させた。また一方のハト（教師と呼ばれる）は，シェイピングによって区切り板に設置されたキーをつつく反応を学習し，この反応は間歇的に強化された。2羽のハトが一緒に実験箱に入れられた時の随伴性は次の通りであった。教師がキーをつつくと他方のハト（生徒と呼ばれる）にのみエサが提示された。教師がキーをつつく時に，生徒が実験箱の一角に設けられたスイッチの上にいると，両ハトともエサが与えられた。しばらくすると，教師は生徒がスイッチの上に行くのを待ってから反応するようになった。つまり，教師は生徒の反応位置を弁別刺激として行動できるようになった。

　Skinner や Herrnstein の実験以降，動物が他個体を弁別刺激として行動できるかどうか，という問いのもとでいくつかの実験が行われてきた。例えば，Danson and Creed (1970), Millard (1979) や Millard, Deutsch-Klein, and Glendon (1981) は個体の反応率が別の個体の行動を制御できるようになることを示した。また青山・岡市 (1991) は，条件性弁別課題を用いて，他個体の位置が弁別刺激として働くことを示した（同様の研究は他にも Hake, Donaldson, & Hyten, 1983; Hogan, 1986; Fushimi, 1990 などがある）。

　またハトを被験体として"利他的"行動や"コミュニケーション"行動と等価な行動パターンを作る実験も行われてきた（Epstein, Lanza, & Skinner, 1980; Killeen & Snowberry, 1982; Lanza, Starr, & Skinner, 1982; Lubinski & MacCorquodale, 1984; Lubinski & Thompson, 1987, 1993）。これらの研究はやはり他個体を弁別刺激とした行動について問題としていると言える[1]。

　これまでのところ，他個体の弁別刺激としての機能は，物理的刺激（ライトの On/Off やライトの色といった刺激）と同じように働きうることは

示されてきた。しかし，いまだ他個体が弁別刺激として働く時の，その機能については十分に研究されているとはいいがたい。集団を形成している動物に目を向けると，ある個体にとって弁別刺激として機能する他個体は1個体のみではなく，複数の他個体が弁別刺激として機能していると考えられる。さらに，同じ場面でもすべての他個体が同じ機能を持った弁別刺激として働くわけではなく，異なる機能を有していることも考えなければならない。個体が適切に行動するには，複数の個体を弁別し，それらの機能に応じた行動をとる必要がある。こうした行動は，個体と個体の関係で生じる経験を通じて学習していくものである。Cataniaの言う，他の生体により供せられる弁別刺激は非生物の事物による弁別刺激よりも重要である，という指摘（Catania, 1992, p.214）は興味深い。生きた個体，あるいは生きた個体の行動を弁別刺激とした研究は，動物の社会的行動や学習において重要である。

本研究はハトを用いて，他個体刺激による刺激性制御についての実験を行った。2羽のハト（弁別刺激）が異なる機能を持つように場面を設定し，生体のハトによる刺激性制御が確立するかどうかを確認した。被験体（反応ハト）は，2羽の刺激ハトを継時的に弁別し，さらに刺激ハトの機能に基づいて刺激ハトの反応位置を弁別刺激として反応することが求められる。すなわち刺激ハト間の弁別が高次の弁別刺激として機能することとなる。また刺激性制御が確立する過程についても検討することを目的とした。

---

1) ただしこれらの研究の中には，必ずしも他個体の行動が弁別刺激とはなっていないものもある。例えばEpstein et al.の実験では，他個体の行動の結果（産物），すなわち他個体が反応したことによって点灯したキーの色に注目していれば適切な行動が行えることになり，必ずしも他個体の行動に注意する必要はなかった。今回の実験は他個体の行動による産物ではなく，他個体の行動そのものを弁別刺激とする場面で実験を行った。

方　法

被験体

2羽のデンショバト（*Columba livia*）を被験体とした。この2羽は他個体の行動を弁別刺激として反応するハト（反応ハト。個体名はB2とB3）であった。それとは別に3羽のデンショバトを，反応ハトにとっての弁別刺激となるハト（刺激ハト。個体名はS1，S2，S3）として用いた。5羽のハトとも実験中は自由摂食時の約85％体重になるように摂食制限を受けていた。反応ハトの2羽は以前の実験で，今回と同じ装置において今回の課題（詳細は手続きを参照）の一部をすでに学習済みであった（室伏・中鹿・石河，1998）。その際に反応ハトB2，B3はそれぞれS2，S3を刺激ハトとして訓練されていた。

装置

自作のオペラント箱（48×43.5×35.5 cm）2つを，アクリル板で向かい合わせに設置し（図1），全体を木製の箱で覆った。双方のオペラント箱の構造は対称となっていた。一方に刺激ハトを，他方に反応ハトを入れて実験を行った。各オペラント箱には反応キーとフィーダーが3つずつ設置されていた（反応キーは反応ハト側から見て左からLキー，CキーそしてRキーと呼ぶ。図1参照）。Cキーは段階1-1で使用し，段階1-2以降は両側のLキーとRキーのみを使用した。ただしCキーは実験を通して設置されており，反応することは可能であった。刺激ハトのオペラント箱にのみ，各反応キーの下に赤色の発光ダイオード（LED）を取り付けた。このLEDは刺激ハトにとっての弁別刺激として働いた。反応ハトからは見えない位置に取り付けられていて，反応ハトがこのLEDを手がかりにして行動していないことは以前の実験（室伏ら，1998）で確かめられていた。実験の制御と記録は2台のパーソナルコンピュータ（NEC PC-9801 VX）によって行った。強化子にはアサノミを使用した。

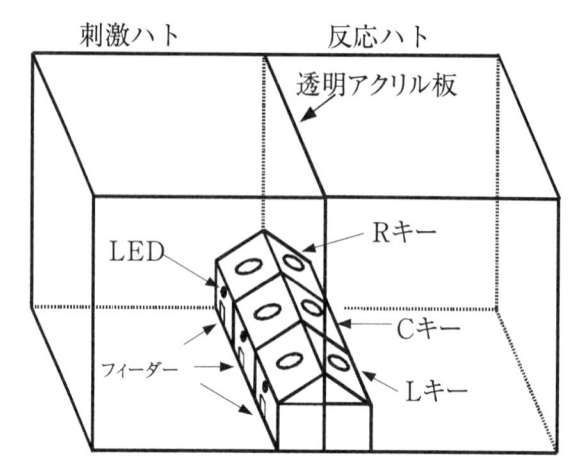

図1 装置の概略図。左側に刺激ハト，右側に反応ハトをいれて実験を行った。刺激ハト側にのみ，キーとフィーダーの間にLEDが設置されていた。

手続き

装置全体の照明を消した状態で刺激ハトを先に入れ，次に反応ハトを入れて照明をつけ，その約10秒後に実験を開始した。

刺激ハト

実験が始まると刺激ハト側のオペラント箱で，LキーあるいはRキーの下のLEDが点灯した。刺激ハトがLEDの点灯した上のキーを15回つつく（FR 15）とLEDは消灯し強化子が提示された。強化時間は2.5秒間で，強化の後に5秒間の試行間間隔（ITI）が続いた。ITIが終了すると，再びLEDが点灯して次の試行が開始した。1セッションは60試行で，LキーとRキーのLEDが30回ずつランダムに点灯した。位置偏好の形成を防ぐため，同じ側のLEDが連続して点灯するのは30回までとした。刺激ハト側の条件は全実験を通じて変化しなかった。刺激ハトはこの課題に習熟しており，誤反応（LEDの点灯後にLEDの点灯していない側のキーをつつくこと）とITI中の反応は，全実験を通じてほとんどなかった（1セッションあたりの平均は誤反応数が2.5回，ITI中の反応数が1.8回であった）。

反応ハト

反応ハトが強化子を得るためには，刺激ハトがLEDの点灯しているキーを15回つついている間に，反応ハト側のLキーあるいはRキーをつつかねばならなかった。どちらのキーが正解となるか，つまり強化が得られるかは，刺激ハトの機能（同側条件か反対側条件）によって決まった。同側条件の機能を持つ刺激ハトの場合，刺激ハトがLキーに反応しているならLキーを，Rキーに反応しているならRキーをというように，同じ側のキーに対して反応することで反応ハトは強化子を得られた。一方，反対側条件の機能を持つ刺激ハトの場合，刺激ハトがLキーに反応しているならRキーを，Rキーに反応しているならLキーをというように，反対側のキーに反応することが反応ハトにとっての正反応であった。反応ハトが誤反応（正解ではないキーをつつく，あるいはCキーをつつく）をしても，刺激ハトが反応をしている間に正反応が出現すれば強化子を提示した。この点については第3段階で変更した。反応ハトの強化時間も2.5秒間だった。

反応ハトが強化されうる期間（以下強化期と呼ぶ）は，刺激ハトがLEDの点灯しているキーをつつき始めてから15回目の反応を終えるまでであった。刺激ハトに強化子が提示されてから次の試行でLEDが点灯し，そのキーに対して刺激ハトが反応を開始するまでは，反応ハトは強化されることはない期間（以下非強化期）であった。反

応ハトが強化期中に正反応を自発して強化を受けた後も，強化期が続くことがあった。つまり刺激ハト側から言うと，同一の試行においてまだ15回の反応を終えていない場合であった。この間の反応ハトによる反応には強化子を提示しなかった。分析では強化期中の第1反応の正誤によって正答率を計算した。

実験は3段階からなっていた。以下に段階ごとの手続きをまとめた。

段階1（反体側刺激ハトでの訓練）

段階1-1（同側刺激ハトでの再訓練）　段階1-1では，すでに獲得していた課題の再訓練を行った。すなわち，反応ハトは，刺激ハトが反応しているキーと向かい合うキーを選択すると強化子が与えられた。過去において反応ハトはこの課題を30セッション以上経験しており，正答率もほぼ90％以上を維持していた。反応ハトと刺激ハトとの組み合わせ（B2とS2，B3とS3）もすでに経験済みだった。段階1-1ではLキー，Rキーに加えCキーも使用した。各キーを20回ずつランダムに正解に割り当て（合計60試行），10セッションの訓練を行った。

段階1-2（反対側刺激ハトでの訓練）　段階1-1に続き，LキーとRキーを用いて反対側刺激ハトでの訓練を行った。反応ハトと刺激ハトの組み合わせは，B2とS3，B3とS1で，この組み合わせで実験を行うのは初めてだった。反応ハトにとっては，刺激ハトがLキーをつついていればRキーを押すことが，刺激ハトがRキーをつついていればLキーを押すことが正反応であった。正答率90％以上のセッションが3回連続することを達成基準とした。

段階2（同側刺激ハトと反対側刺激ハトの交替訓練1）

段階2以降は，LキーとRキーを使い，同側刺激ハトと反対側刺激ハトでの弁別訓練を交互に行った。同側条件，反対側条件ともCキーは用いなかった。刺激ハトと反応ハトの組み合わせは段階1と同じだった。B2に対してはS2を同側，S3を反体側刺激ハトとした。B3に対してはS3を同側，S1を反体側刺激ハトとした。

同側条件からスタートし，正答率が90％を越えた時点で，反対側条件に変更し，再び正答率が90％を越えるまで続けた。これを1サイクルとして，90％に達したら再び同側条件というように繰り返し行った。つまり正答率が90％を越えるごとに条件を変更して，同側条件から反対側条件，反対側条件から同側条件と訓練を行った。

段階3（同側刺激ハトと反対側刺激ハトの交替訓練2）

段階2ではセッションが進行しても反応の安定が見られなかったため，手続きを変更して段階3を行った。段階1，2では，反応ハトは，強化期の第1反応で誤反応をしても，強化期中であれば正しいキー（条件に応じて刺激ハトと同じ側のキー，あるいは反対側のキー）を選択すれば強化子を獲得することができた。この点について段階3では，反応ハトが強化子を得るためには，強化期の第1反応で正しいキーを選択しなければならず，第1反応が誤反応なら，その後で正しいキーを選択しても強化子は提示されない，という制限を設けた。その他の条件は段階2と同じであった。正答率が90％を越える毎に刺激ハトを交替し，同側条件・反対側条件と連続してそれぞれ1セッションずつで90％以上の正答率を示すまで実験を行った。

全段階とも実験は1日につき1セッションずつ行った。

結果と考察

段階1

段階1の結果を図2に示した。段階1の目的は反対側条件で刺激性制御が確立する過程をみることであった。図2上段の正答率を見ると，段階1-1での以前に経験ある組み合わせ（B2とS2，B3とS3）では，B3において少し変動がみら

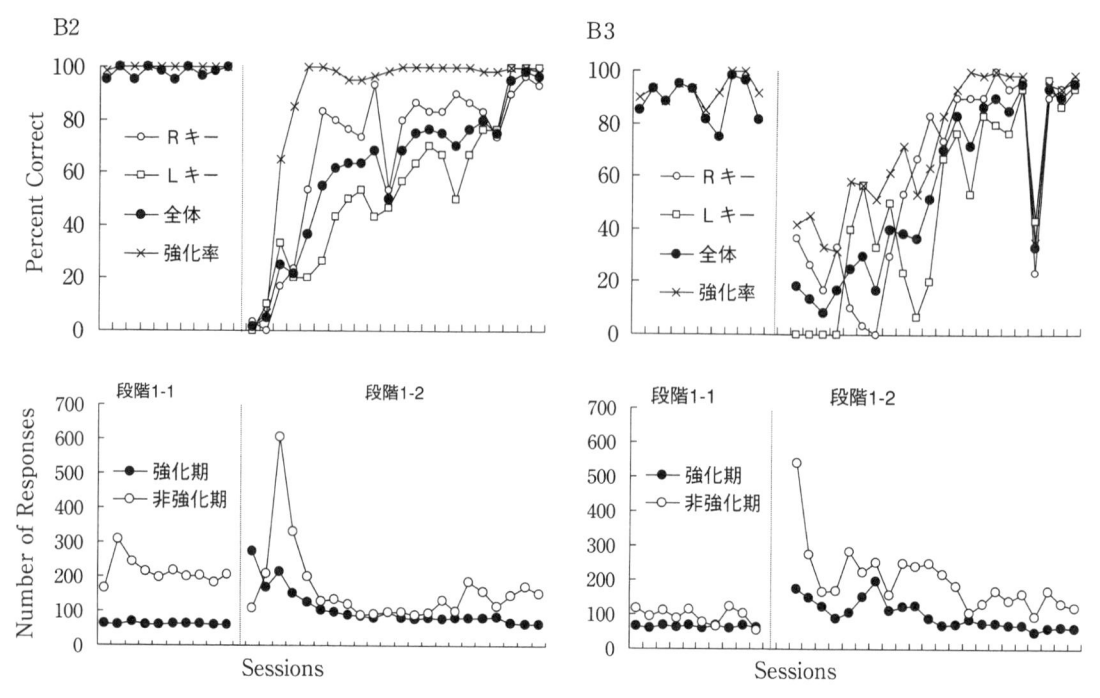

図2 段階1の正答率と反応数の推移。上段が正答率，下段が反応数を示し，左側がB2，右側がB3を示す。段階1-1の正答率は3つのキー全体の平均のみを示した。なおB2の，段階1-1における最初のセッションのデータは装置の故障により記録されなかった。

れたが，総じて高い正答率が維持されていた。次に段階1-2の反対側条件では，2羽の反応ハトとも初めのうちは偶然水準の50％より低い正答率であった。これは同側条件からの般化が生じ，刺激ハトが反応しているキーと向かい合ったキーを選択するという行動が生じたためだと考えられる。しかしセッションの進行に伴って徐々に正答率が上昇し，B2は22セッション，B3は23セッションで基準（90％以上の正答率を3セッション連続で示す）に達した。B3では第20セッションにおいて正答率が33％に落ちた。この理由については不明であるが，次のセッションですぐに回復を示した。

図2の上段には正答率とともに強化率（全強化期のうち実際に強化を受けた割合，正答率とは異なる）が示されている。B2の強化率を見ると，第1，第2セッションでは，ほぼ0％であった。第3セッションでは65％に上昇し，第4セッションでは85％，そして第5セッション以降では，ほぼ100％の強化率となった。強化率が85％に

なった第4セッションの正答率は22％であったことから，B2はこの時点では，強化期の第1反応で誤反応をした後に，反応をシフトさせることにより強化子を手に入れていたことになる。このことから，段階1-2の反対側条件におけるB2の学習過程は次のように考えられる。第2セッションまでは，段階1-1までに訓練されていた行動が強く現れ，強化期中は，刺激ハトの向かいにあるキーに反応するばかりだった。第3，第4セッションでは，まず刺激ハトの向かいにあるキーを選択し，強化されないので，反対側のキーに反応をシフトさせることを学習した。その後に，刺激ハトがいるのとは反対側の位置にあるキーを選択するという，より効率的な行動が次第に現れて，刺激ハトの弁別刺激としての機能に基づいた行動を学習していった。

一方B3について考えると，第2セッションですでに強化率が42％になった。しかしその後，強化率は急激に上昇することはなく，80％を越えたのは，第13セッション目であった。この時

点での正答率は70％だった。B3では強化率と正答率が連動して上昇していった。段階1-2の反対条件におけるB3の学習過程は，B2のように刺激ハトに向かい合うキーを選択して，反応をシフトさせることを先に学習したのではなく，どちらかのキーへの偏好を示しながら学習が進行した。そのため強化率は初めからある程度の水準であったが，上昇の仕方は緩やかだった。ただし図でLキーとRキーの正答率が交錯していることから，一貫して特定の一方のキーへの偏好ではなく，偏好を示すキーはセッション間で変化していったことがわかる。そしてようやく第13セッションで，刺激ハトの反応位置による統制が強く現れる，という形で学習が進んだと言える。

図2の下段は強化期と非強化期の反応数の推移を示している。強化期の反応数は，段階1-2，反対側条件の初期には両反応ハトとも1セッションに200回以上もみられたが，セッションの進行に伴い次第に60回に近くなっていった。反応ハトが強化を得るためには，各強化期で1回の正反応だけでよい。1セッションには60回の強化期があるので，1セッションあたりの強化期中の反応数が60に近いということは，他個体刺激による刺激性制御が確実に形成されていることを示している。

非強化期の反応数を見ると，段階1-1ではB2，B3ともほぼ安定した反応数を示した。それが段階1-2，反対側条件に入ると，2羽とも初めの数セッションで反応数が急激に増大し，続いて急速に減少した。非強化期とは刺激ハトの強化開始から次の試行の第1反応までの期間である。非強化期の反応は何の結果ももたらさない。この期間の反応数は，刺激ハトの行動を弁別刺激として，いつ反応したらよいかという，制御の指標と考えられる。反対側条件の初期に見られた非強化期中の反応数の急激な増大と減少は，いつ反応すればよいか，という制御（これは段階1-1までにすでに形成されていた）が一時的に崩壊し，その後で徐々に回復したことを示すものと考えられる。

先に述べた通り，B3は初めの2セッションでは正答率・強化率ともに低く，第3セッションで強化率が65％に急上昇した。このことと第3セッションでの非強化期の反応数の増大は関連しているようだ。第3セッションでは，いつ・どこに反応すべきか，という刺激ハトのもつ機能がほとんど働かず，多くの反応を自発するという効率的ではない方法で強化を得ていた。第4セッションからは，非強化期・強化期の反応数ともに減少し（この時点での強化率は85％だった），少なくともいつ反応すればよいか，ということについての学習が進んだことを示していると考えられる。

またB3では，正答率と強化率がそれぞれ70％と80％を越えた第13セッション目から，非強化期の反応数が減少していった。この前後のセッションを境に，刺激ハトの機能に基づいて，いつ・どこに反応すれば良いのかという学習が進んでいったと考えられる。

段階2

段階2の結果を図3に示した。段階2はLキーとRキーを使い，正答率が90％を越える毎に，同側条件と反対側条件とを交替する手続きだった。第1サイクルの初めは同側条件で，2羽の反応ハトとも同側条件の刺激ハトでの訓練は長く経験していたにも関わらず，第1セッションの正答率は非常に低かった（B2では32％，B3では35％）。段階1-1の同側条件から段階1-2の反対側条件に移行したときに見られた正答率の低下と同じ現象だと考えられる。これまで反応ハトは，複数の刺激ハトを弁別した上で，それぞれの機能に応じた反応を自発するという随伴性にさらされたことがなく，直前の反対側条件での行動が生じて正答率が低くなったのであろう。しかし，第1サイクルの同側条件における正答率は急激に上昇し，両反応ハトとも6セッションで正答率が90％を越えた。それに続く第1サイクルの反対側条件での第1セッションでは，2羽とも約50％の正答率を示し，セッションの進行に伴い，やや緩やかに上昇した。

第2サイクル以降は，正答率が90％を越える

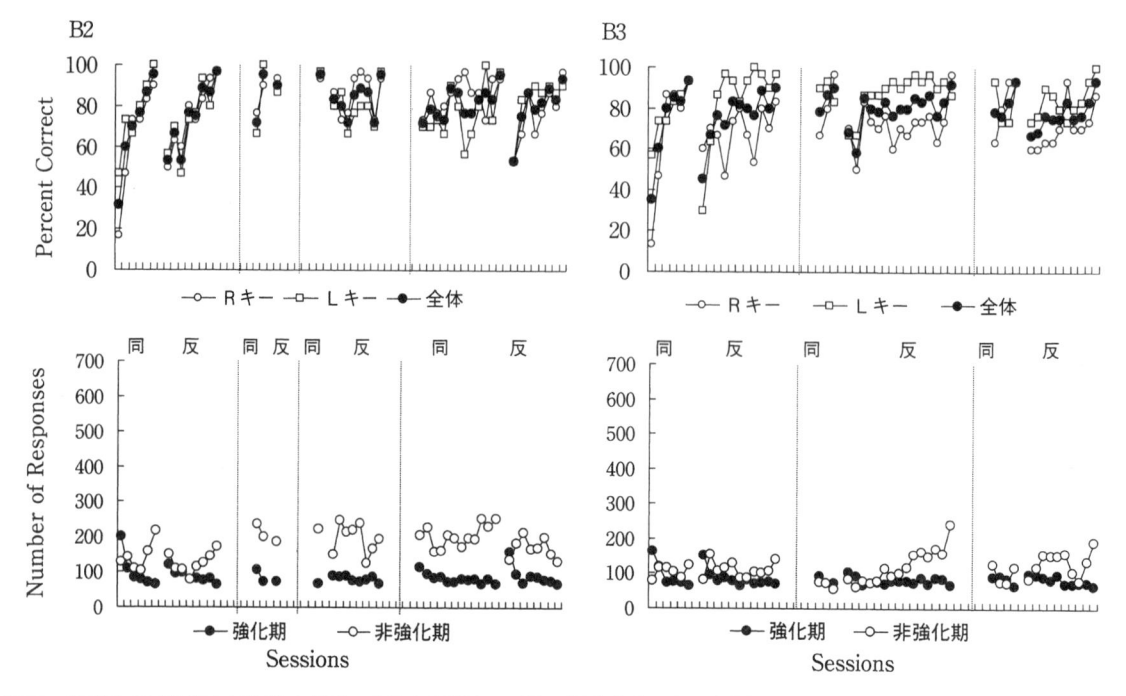

図3 段階2の正答率と反応数の推移。上段が正答率，下段が反応数を示し，左側がB2，右側がB3を示す。垂直線はサイクルの区切りを示し，同は同側条件，反は反対側条件を示している。

のに要したセッション数に違いはあるものの，条件が交替した直後は成績がやや悪く，その後で上昇する，という同様のパターンを示した。段階2でB2は4サイクル，計46セッションの訓練を受け，条件交替直後のセッションにおける正答率は，同側・反対側の順で32％・53％，72％・90％，95％・83％，72％・53％であった。B3は3サイクル，計49セッションの訓練を受け，条件交替直後のセッションの正答率は，同側・反対側の順で35％・45％，78％・68％，78％・67％であった。なお，強化率（強化期中に正反応を自発した割合）については，B2が第1サイクル同側条件の第1セッションで83％，第4サイクル反対側条件の第2セッションで48％の強化率であり，B3は第1サイクル同側条件の第1，第2セッションでそれぞれ50％，78％の強化率であった。それ以外のセッションでは両反応ハトとも90％を越える強化率を維持していた。このことは，正答率を算出する強化期第1反応は誤反応であることが多くとも，その強化期中に反応をシフトさせ，ほぼ確実に強化を受けていたことを示している。

各条件内での正答率の推移を見ると，B2はLキー・Rキー間にそれほどに差はなく学習が進行した。B3は各条件内で一方のキーへの偏好を示しながら正答率を上昇させた。両反応ハトとも，段階1-2で見られたのと同様のパターンが段階2の各条件内でも見られたことは興味深い。

図3の下段は反応数の推移を示している。強化期の反応数は，同一条件でのセッションが進行するにつれ，60近くに収束している。非強化期の反応数については，変動は見られるものの，段階1-2の初期に見られたような極端に多い反応数は生じていない。このことと，正答率がそれほど高くはないこと，そして強化率は総じて高く維持されたことは，刺激ハトの機能に応じてどちらを選択すればよいか，というコントロールは十分ではなかったものの，いつ反応すればよいか，という点についてのコントロールは維持されていたことを示す。

段階2においては，第1サイクルを除けば条件交替直後のセッションでの正答率は，全般的に

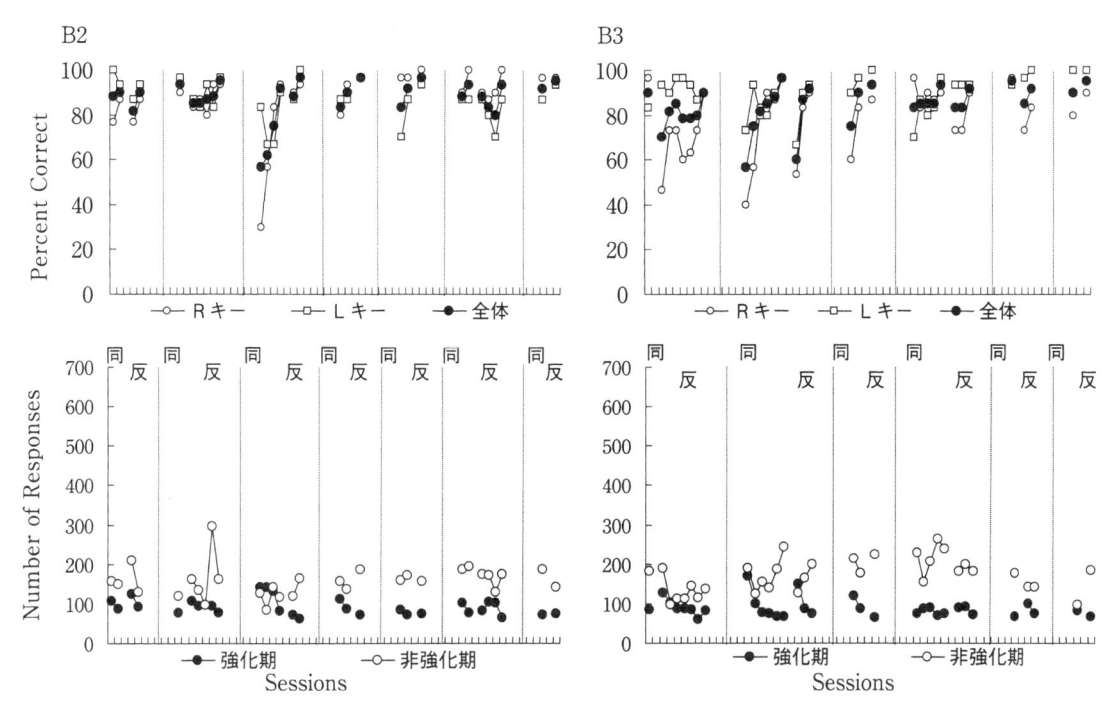

図4 段階3の正答率と反応数の推移。上段が正答率，下段が反応数を示し，左側がB2，右側がB3を示す。垂直線はサイクルの区切りを示し，同は同側条件，反は反対側条件を示している。

70％前後あるいはそれ以上で推移した。交替直後であることを考えると，良い成績だということもできる。交替直後で90％を越える正答率も見られたものの安定はしなかった。段階2では強化期中の第1反応が誤反応でも，強化期中であれば反応をシフトさせることにより強化を得られた。これが，条件の交替を繰り返しても，交替直後における高い正答率と安定をもたらさなかった原因と考えられる。そこでさらに正答率を高めて安定させるために，強化を与える基準を変更して段階3に移行した。

段階3

段階3では，段階2の手続きを変更し強化期中の第1反応のみを有効とした。つまり強化を得るためには強化期の第1反応で必ず正しいキーに反応しなければならない随伴性へと変更した。従って正答率がすなわち強化率を示すこととなる。

段階3の結果を図4に示した。B2は全部で7サイクル，計30セッションで基準（同一のサイクル内の同側・反対側それぞれ条件交替直後のセッションで正答率90％以上を示すこと）に達した。条件交替直後のセッションにおける正答率は同側・反対側の順で88％・82％，93％・85％，57％・88％，83％・97％，83％・97％，88％・88％，93％・93％であった。B3は6サイクル，計33セッションの訓練を受けた。条件交替直後のセッションでの正答率は，同側・反対側の順に90％・70％，56％・60％，75％・93％，83％・83％，93％・85％，90％・95％であった。両反応ハトとも段階2に比べて，条件の交替直後から比較的高い正答率を示すようになった。また，同一の条件内で90％を越えるのに要するセッション数も少なかった。反応ハトは継時的に2羽の刺激ハト間を弁別し，それぞれにおいて必要な反応を自発することができたといってよいであろう。段階3での手続き上の変更が，条件を交替した直後での正答率の上昇と，各条件内での速い正答率の上昇をもたらしたと考えられる。

反応ハトは同側条件と反対側条件を交互に繰り

表1 段階3の条件交替直後のセッションにおける第1強化期の反応の正誤

	1		2		3		4		5		6		7	
	同	反	同	反	同	反	同	反	同	反	同	反	同	反
B2	正	正	正	正	正	正	誤	正	正	誤	正	正	正	誤
B3	正	誤	正	正	正	正	誤	正	誤	正	誤	正	—	—

1行目の数字はサイクル数を示し，2行目の同は同側条件を反は反対側条件を示す。また正は正反応が生じたことを，誤は誤反応が生じたことを示す。なおB3は6サイクルで実験を終えたので第7サイクルは行っていない。

返し受けてきた。このため段階3における条件交替直後のセッションにおける正答率の高さは学習セットによっても説明が可能である。すなわち，条件交替直後の第1強化期における結果（反応が強化されたか否か）によって，その後の反応を同側にするか反対側にするかを決定するような学習をしていたとすれば，必ずしも刺激ハトを弁別していなくとも今回のような結果が得られることとなる。そこで段階3の条件交替直後のセッションにおける第1強化期の反応の正誤について表1に示した。表1から，条件交替直後の第1強化期で正反応が多く生じていることがわかる。つまり，段階3における反応ハトの行動は，学習セットの形成だけによるものではなく，まず2羽の刺激ハトを継時的に弁別し，その刺激ハトの機能に応じて同側あるいは反対側の反応をしていたと考えられる。

図4の下段は反応数の推移を示している。段階3での手続きの変更点は，全体的な反応数を抑制する働きを持つと考えられる。しかし非強化期の反応数は多いままだった。刺激ハトはLEDが点灯するとそのキーの前に移動する。モニタ観察によると，非強化期の時からすでに両反応ハトとも，条件が同側の場合は刺激ハトに向かい合う場所に，条件が反対側の場合は刺激ハトとは反対側の位置にいることが多かった。そして刺激ハトが反応する前からキーつつきを開始するという行動が多く観察された。この行動は段階1，2でも，正答率が高くなると見られた。1回の強化期に先立って3から4回の反応があると1セッションあたり180から240回の反応数となる。刺激ハトが反応を示す前から（強化期に入る直前から）反応を始

めることは，反応ハトにとっては強化を得るまでの遅延を減少させるという働きを持つのであろう。いわばFIスケジュールにおけるスキャロップに類似した行動が出現し，非強化期の反応数が0にはならなかったと考えられる。正答率が高く，かつ非強化期の反応数がある程度維持されるということは，他個体の位置という情報をうまく利用できている，すなわち刺激性制御がよく働いていることを示すと考えられる。

まとめ

本研究は，ハトにおける他個体刺激による刺激性制御について検討した。段階1では，すでに他個体（刺激ハト）の反応位置を弁別刺激として，その向かいのキーを選択するという行動を獲得していたハト（反応ハト）に，新しい刺激ハトを導入し，同一の場面において新たな機能（刺激ハトが反応しているキーの反対側のキーをつつくこと）を付加することができた。しかしこの段階では，まだ反応ハトは2羽の刺激ハトの弁別をしていることにはならない。

段階2では，機能の異なる2羽の刺激ハトを交替で提示することで，反応ハトが2羽の他個体を弁別し，それぞれの機能に応じた反応を示すかどうかを確認した。その結果，ある程度の弁別は認められたものの，刺激ハトが交替した直後からの高い成績は得られなかった。この段階では，必ずしも反応ハトは刺激ハトを弁別しなくとも，強化期中に反応をシフトさせれば強化子を獲得できたため，明確な弁別行動の形成には至らなかった。

段階3では，反応ハトが2羽の刺激ハトを弁別しないと強化を与えない随伴性，すなわち強化期

において第1反応のみが有効であるという手続きを導入した。その結果，刺激ハトが交替し，条件が変わったすぐ後のセッションから高い正答率を示した。反応ハトは2羽の刺激ハトを弁別し，それぞれの機能に応じた行動ができることが確認された。反応ハトにとっては，2羽の刺激ハト間の弁別をすることがその後の，同側あるいは反対側のどちらのキーを選択すれば強化を得られるかという行動にとっての条件性の弁別刺激として機能したと言える。

これまで，スライドやビデオ映像を使って，ハトが他個体を弁別できるという研究はいくつか行われてきた（Jitsumori, Natori, & Okuyama, 1999；Watanabe & Ito, 1991）。生体の個体（live pigeon）を使った他個体弁別の問題は，Ryan & Lea（1994）が扱ったのが最初である。彼らは脱馴化（dishabituation）を指標に，ハトは他個体の弁別が可能であることを示した。また，Murofushi（1996）は，やはり生きた他個体を使い，ハトが複数の他個体を，左あるいは右のキーを使うことで分類学習できることを示した。本研究の結果もハトが生体の他個体間の弁別をする能力があることを示唆するものである。しかし今回の実験からは，反応ハトがどのようにして継時的に2羽の刺激ハト間の弁別をしているのか，言い換えると，刺激ハトのどのような特徴（身体的特徴や行動的特徴）が反応ハトの行動の制御に決定的に働いたのかについては不明である。この点については今後の研究が必要である。

また今回の実験では，段階1-2（新しい刺激ハトが導入され，それまでの刺激ハトとは異なる弁別刺激としての機能をもつ場面での学習）において，2羽の反応ハトはそれぞれに特有な学習の進行の仕方を見せた。そしてこのパターンは，段階2（2羽の刺激ハトが交互に提示される条件）の各条件内でも確認された。このような個体に特有な学習の進め方が見られるのは，もちろん社会的な場面に限らない。例えば色刺激などを用いた逆転弁別学習においても見られるであろう。しかし社会的な場面においては，個体の持つ特有の反応パターンや学習パターンが，相手の行動に影響を及ぼし，ひいては自らの行動へも影響を与えることへとつながっていく。本研究では，反応ハトが刺激ハトに及ぼす影響については考えていないが，今回の実験で確認されたような個体に特有な学習パターンが，その後の相手個体との関係にどのような影響を及ぼすか，という視点に立った研究の可能性も考えられる。

実験の遂行にご協力いただいた立命館大学教授の藤健一先生，恒松伸氏に御礼申し上げます。また本論文を作成するにあたり，査読者によるコメントがとても参考になりました。感謝申し上げます。

引用文献

青山謙二郎・岡市広成（1991）．他の個体の行動を手掛かりに用いたラットの弁別学習．動物心理学研究，41, 116-124.

Catania, A. C. (1992). *Learning (3rd ed.)*. Englewood Cliffs, NJ：Prentice-Hall.

Danson, C. & Creed, T. (1970). Rate of response as a visual social stimulus. *Journal of the Experimental Analysis of Behavior, 13*, 233-242.

Epstein, R., Lanza, R. P., & Skinner, B. F. (1980). Symbolic communication between two pigeons (Columba livia domestica). *Science, 207*, 543-545.

Fushimi, T. (1990). A functional analysis of another individual's behavior as discriminative stimulus for a monkey. *Journal of the Experimental Analysis of Behavior, 53*, 285-291.

Hake, D. F., Donaldson, T., & Hyten, C. (1983). Analysis of discriminative control by social behavioral stimuli. *Journal of the Experimental Analysis of Behavior, 39*, 7-23.

Herrnstein, R. J. (1964). "Will". *Proceedings of the American Philosophical Society, 108*, 455-458.

Hogan, D. E. (1986). Observational learning of a conditional hue discrimination in pigeons. *Learning and Motivation, 17*, 40-58.

Jitsumori, M., Natori, M., & Okuyama, K. (1999). Recognition of moving video images of conspecifics by pigeons：Effects of individuals, static and dynamic motion cues, and movement. *Animal Learning and Behavior, 27*, 303-315.

Killen, P. R. & Snowberry, K. (1982). Information and cooperative behavior. *Behaviour Analysis Letters, 2*, 353-360.

Lanza, R. P., Starr, J., & Skinner, B. F. (1982). "Lying" in the pigeon. *Journal of the Experimental Analysis of Behavior, 38*, 201-203.

Lubinski, D. & MacCorquodale, K. (1984). "Symbolic communication" between two pigeons (Columba livia) without unconditioned reinforcement. *Journal of Comparative Psychology, 98*, 372-380.

Lubinski, D. & Thompson, T. (1987). An animal model of the interpersonal communication of interoceptive (private) states. *Journal of the Experimental Analysis of Behavior, 48*, 1-15.

Lubinski, D. & Thompson, T. (1993). Species and individual differences in communication based on private states. *Behavioral and Brain Sciences, 16*, 627-680.

Millard, W. J. (1979). Stimulus properties of conspecific behavior. *Journal of the Experimental Analysis of Behavior, 32*, 283-296.

Millard, W. J., Deutsch-Klein, N., & Glendon, F. M. (1981). 'Communication' in the pigeon. *Behaviour Analysis Letters, 1*, 305-315.

Murofushi, K. (1996). An attempt to train pigeons to discriminate the sex of conspecifics. *Annual Report of Grant-in-Aid for Scientific Research, Ministry of Education, Science, Sports, and Culture, The emergence of human cognition and language* (Vol. 3, pp. 111-113).

室伏靖子・中鹿直樹・石河玲子 (1998). ハトの社会的認知：他個体を弁別刺激とした弁別・分類行動の分析. 文部省科学研究費補助金, 重点領域研究(1)「認知・言語の成立」研究成果報告書　I, pp. 10-24.

Ryan, C. M. E. & Lea, S. E. G. (1994). Images of conspecifics as categories to be discriminated by pigeons and chickens：Slides, videotapes, stuffed birds and live birds. *Behavioural Processes, 33*, 155-176.

Skinner, B. F. (1962). Two "synthetic social relations". *Journal of the Experimental Analysis of Behavior, 5*, 531-533.

Watanabe, S. & Ito, Y. (1991). Discrimination of individuals in pigeons. *Bird Behaviour, 9*, 20-29.

出典：中鹿直樹 (2004). ハトにおける他個体による刺激性制御―弁別刺激として異なる機能を持つ2羽の他個体による制御―. 行動分析学研究, *19*, 137-147.

▶▶▶コメント

動物の社会的相互作用を形成する研究の魅力

同志社大学

青山謙二郎

少し前の話です。私が「ああ疲れた」と言うと，当時まだ2歳の娘が「はい，トントン」と言って肩を叩いてくれましたので，私は「ありがとう，肩をトントンしてくれたらパパは元気になるよ」と言いました。なぜ，娘はこのような向社会的行動を示したのでしょうか。

中鹿先生は論文の中で，社会的行動を「相手の行動を弁別刺激とした行動」と定義しています。娘にとっての相手の行動とは「ああ疲れた」という私の言語行動や私がその時に表出していた「表情」のこと等です。娘はおそらく以前の経験から，私がそのような行動をしているときに肩を叩くと，ほめられるという結果が伴うことを学習していたのでしょう。しかし，「疲れた」と言っている人の肩を叩いても皆がほめてくれるわけではありません。4歳上の姉の肩を叩くと「やめて！」と言われてしまいます。誰がその行動をしているのかに応じて行動を使い分ける必要があるのです。

中鹿先生はこの論文では，ハトが他のハトの行動（ここでは左右どちらの位置でキーをつつくか）を弁別刺激として利用できることに加えて，相手に応じて行動を使い分けることができることを見出しました。つまり，ハトは，あるハト（ハトA）が刺激ハトである場合にはそのハトAと同じ側のキーをつつき，別のハト（ハトB）が刺激ハトである場合にはハトBと反対側のキーをつつくことを学習できたのです。従来からハトは他の

ハトの行動を弁別刺激として利用できることがわかっていましたが，さらに複数の個体を弁別し，相手に応じた行動を行うことができることを発見したのです。

このような能力は，動物を用いて社会的行動の研究をする上で重要な要素となります。幼稚園で小さい子どもが棚の上のおもちゃに手を伸ばしているが届かないという場面があるとします。その場面で，年長の子どもがおもちゃをとって，小さい子に渡してあげると，それは向社会的行動です。その行動には幼稚園の先生がほめてくれる等の結果が伴います。このような経験をすれば，その年長の子は向社会的行動を以前よりも頻繁に行うようになるでしょう。一方，同じ場面で，年長の子がおもちゃをとって，小さな子に渡さなければ，これは反社会的な行動になります。その行動の結果として年長の子はおもちゃを手に入れるわけですから，この経験によってその行動が学習されると思われます。このように考えると，同じ社会的な弁別刺激（おもちゃに手を伸ばす行動）に対して，どのような行動が過去に強化されたかが，向社会的行動と反社会的行動のどちらを行うかを決定している可能性があります。

実際に，我々はこのようにして社会的行動を身につけているのでしょうか？　この問いに答える有力な方法が，まだ当該の社会的行動を学習していない個体に，上のような経験をさせることでその行動を形成できるかを調べることです。ただし，人間の子どもに反社会的行動を学習させてはいけません。ここで動物実験の出番です。動物が他の動物の行動を弁別刺激として利用できるのならば，それに基づき動物に向社会的行動や反社会的行動を行うように条件づけることができるはずです。これにより様々な社会的行動をシミュレートする

ことができます（このような研究の紹介としては伊藤，2005）。動物が生得的にその社会的行動を行うのかという研究以上に，可能性に満ちた研究領域です。中鹿先生の発見は，「相手に応じて行動を使い分ける」というさらに魅力的な研究対象へと道を開いています。

社会的行動のもう一つの重要な点は「相手の行動を強化子とした行動」であると思います。娘にとって私が「ありがとう，肩をトントンしてくれたらパパは元気になるよ」と言ったという行動は正の強化子として作用しているはずです。ハトにおいても，他のハトの行動が強化子として機能するのか，あるいは学習により条件性強化子として機能するようになるのかといった観点も加えることで，さらに研究が広がっていくと期待されます。

文　献

青山謙二郎・岡市広成（1994）．他個体の情動反応がラットのレバー選択に及ぼす効果．心理学研究，65, 286-294.

Epstein, R., Lanza, R. P., & Skinner, B. F. (1980). Symbolic communication between two pigeons (Columba livia domestica). *Science, 207*, 543-545.

Fushimi, T. (1990). A functional analysis of another individual's behavior as discriminative stimulus for a monkey. *Journal of the Experimental Analysis of Behavior, 53*, 285-291.

Howard, M. L. & White, G. W. (2003). Social influence in pigeons (Columba livia): The role of differential reinforcement. *Journal of the Experimental Analysis of Behavior, 79*, 175-191.

伊藤正人（2005）．行動と学習の心理学―日常生活を理解する―．昭和堂．

Nakashika, N. (2004). Pigeon's behavior as a discriminative stimulus. *International Journal of Comparative Psychology, 17*, 369-377.

Behavioral Consultation Services for School-Refusal Students With High-Functioning Pervasive Developmental Disorders: Token Economy and Changing Reinforcement Criteria

KENJI OKUDA

Ohka Gakuen University

Abstract

Study objective: To evaluate the effect of behavioral consultation for parents when they attended school activities for parents of children who had school refusal and high-functioning pervasive developmental disorders (PDD). *Design*: A combination of a multiple baseline across subjects and a changing criterion design was used. *Setting*: A counseling room and playroom associated with a Japanese university. *Participants*: 2 elementary school students (1 boy, 1 girl) with high-functioning pervasive developmental disorders and their parents. *Intervention*: Token economy and changing reinforcement criteria. *Measure*: Involvement in daily school activities from the time the students left home until they returned from school was counted to quantify the extent of attendance at school activities. *Results*: Both students' percentage of attendance at school activities greatly increased; the increases were maintained after these services were concluded. *Conclusion*: Behavioral consultation using a token economy based on an ecological assessment of each student, the student's parents, and the school environment had a significant impact on alleviating problems in the students' daily school activities.

Key words: school refusal behavior, behavioral consultation, token economy, ecological assessment, elementary school students with high-functioning pervasive developmental disorders (PDD)

不登校を示した高機能広汎性発達障害児への登校支援のための行動コンサルテーションの効果
──トークン・エコノミー法と強化基準変更法を使った登校支援プログラム──

桜花学園大学　奥田健次

研究の目的：高機能広汎性発達障害をもつ不登校児童の保護者に対して登校行動を形成するための行動コンサルテーションによるサービスの効果を検討した。研究計画：被験者間マルチプルベースラインデザインと基準変更デザインの組み合わせを用いた。場面：大学附属の心理相談室とプレイルームにて実施した。対象者：2名の高機能広汎性発達障害をもつ不登校児童とその保護者を対象とした。介入：それぞれの不登校児童について直接的な行動観察と，保護者や学校からの聞き取りによる生態学的アセスメントに基づいて，トークン・エコノミー法と強化基準を段階的に変更していく支援を実施した。行動の指標：登校から下校までの学校活動への参加を，学校参加率として測定した。結果：介入後，両名とも学校参加率が増加し，介入2以降，100％の学校参加率が続いた。結論：トークン・エコノミー法を利用した行動コンサルテーションによる支援において，対象児童や対

象児童の母親，学校場面の生態学的アセスメントに基づく支援プログラムの作成と実施が重要であることが示された。

Key words：不登校行動，行動コンサルテーション，トークン・エコノミー法，生態学的アセスメント，高機能広汎性発達障害をもつ小学校児童

問 題

わが国において，公立小学校および公立中学校における通常学級の教師が「知的発達に遅れはないものの，学習面や行動面で著しい困難を持っている」と感じている児童生徒の割合は，6.3％にのぼることが文部科学省の調査によって明らかにされた（文部科学省，2003）。高機能自閉症あるいはADHD，LDなどをもつ，あるいは疑いのある児童生徒は，年少期に対人関係や情緒面のコントロールなどの行動上の問題が指摘されることがあっても，通常学級に在籍することが少なくない。その際，こうした行動・情緒面の問題について，受け入れる側の学校現場の理解や協力と，さらに送り出す側の保護者の理解や協力が重要である。学校に対しては個別指導計画を充実させるなど特別支援教育の推進が急務であるし，保護者に対しては医療機関や専門相談機関などの情報やサービスの受けられる機会を保障していくことが重要であると言える。

今日の状況では，特別支援教育については大学などの高等教育機関に属するこの分野の専門家による様々な支援が展開されている。他にも，スクールカウンセリングなどの学校相談事業の相談の俎上に乗ってくるケースに，カウンセラーや相談員が個別に対応していることも考えられる。しかしながら，これらの現場での支援について，具体的にどのような問題に対してどのようなアプローチが有効であるのかについての知見は得られていない。特別支援教育の施策が進められていく今日の状況をみれば，具体的な支援プログラムや教育的アプローチの有効性を示していくことに大きな意義があると言える。

発達障害をもつ児童生徒においては，行動・情緒面，学習面，社会面など幅広く問題がみられる。それらのいずれの側面においても大きな影響を及ぼす問題の一つとして，不登校の問題があげられる。不登校とは，家庭—学校—家庭という往復パターンが家庭で滞留し断続してしまった状態である（小林，加藤，小野，大場，1989）。行動論的モデルとして不登校をとらえた場合，登校行動や登校をしぶる行動など，特定の行動の刺激性制御（stimulus control）や強化スケジュール（schedules of reinforcement）の観点から治療上のターゲットを絞ることが可能である。また，家庭での生活習慣，家庭や学校での人間関係など，登校に関する行動の状況要因（setting events）に焦点を当てた支援も可能である。さらに，不安や緊張などのレスポンデント行動に焦点を当てたアプローチも行われている。

不登校に関する問題については，行動論的立場から具体的な行動目標を設定して，適切な行動を形成することに成功した実践的研究が示されている（例えば，河合・桜井，2000；小林，1984；小林，1985；小野・小林，1993，2000，2002；小野・豊田・川島・三好・小林，1999；高下・杉山，1993；園山，1991；柘植，1997 など）。しかし，不登校の問題をもつ児童生徒が，最初からスクールカウンセリング等の相談場面に出てくることは少ないため，本人に対する直接援助が実施できない場合がある。そのため，保護者や教師を介した間接援助によるコンサルテーション活動が必要不可欠であるといえる（小林，2003）。コンサルテーション活動においては，コンサルタントがコンサルティーに提供する援助を通して，クライアントへの間接的な援助を提供することが目指されている（Brown, Pryzwansky, & Schulte, 1995）。従来の心理学的コンサルテーションから発展した行動コンサルテーション（behavioral consultation）は，コンサルテーション活動のすべてにおいて具体的かつ操作的に問題をとらえ，介入効果を測定するという特徴をもっている（Williams, 2000）。こうした特徴をもつ行動コンサルテーションは，教育相談場面において生じている問題を実証的に解決するために有効であると言える。

本研究においては，不登校の状態にあった2名の高機能広汎性発達障害の児童への登校支援のために，保護者に対して行動コンサルテーションを実施し，登校支援のために実施したトークン・エコノミー法（token economy）を用いたプログラムの有効性について検討することを目的とする。トークン・エコノミー法の臨床的有効性と利便性は高く（例えば，Alvord & Cheney, 1994；Ayllon, 1999；Ayllon and Azrin, 1968），教室での様々な行動や学業成績の改善（例えば，Fantuzzo & Clement, 1981；Ferritor, Buckholdt, Hamblin, & Smith, 1972；Hundert, 1976），聴覚障害児における視覚的注意の向上（Craig & Holland, 1970），グループホームにおける職員と利用者の相互作用の改善のためのコンサルタントによる介入（Harchik, Sherman, Sheldon, & Strouse, 1992）など，多様な場面に適用され，成果を上げている。不登校への支援においてもトークン・エコノミー法の実施は比較的容易で効果的であることが報告されている（小林，1984）。

さらに，効果的な行動コンサルテーションを実施するための条件と，本研究における支援プログラムの汎用性や適用範囲についても検討を行う。

方　法

対象者

S1と母親　S1は，医療機関においてアスペルガー症候群との診断を受けていた通常学級3年に在籍する生活年齢8歳7か月の女児であった。なお，別の医療機関では，高機能広汎性発達障害との診断を受けたこともあった。知能検査の結果，VIQ 94, PIQ 107, FIQ 100であった（WISC-III）。S1が高機能広汎性発達障害の診断を受けてから，両親は自閉症の療育に積極的に取り組んできた。特に，家庭ではスケジュールを視覚的に提示し，学校でも同様の取り組みを担任に依頼し続けていた。しかしながら，小学3年生になってすぐ学校生活での不安を訴え始め，母親が週に2，3日強制的に連れて行く状態が続いていた。例えば，「図工の時間で次に自分が何をしたらいいのか分からないから授業に出たくない」「先生に聞いても教えてくれない」などと言い，しばしば頭痛や吐き気を訴えた。両親から担任に対して高機能自閉症の説明を行い，「次にすべき事を視覚的にすべて伝えてほしい」という依頼を行い，学校側も授業での予定を可能な限り紙に書いて提示していた。しかしながら，S1の学校不安の状態に変化はみられなかった。

S1の母親は，S1が小学3年に進級するまでパートタイム労働に出ていたが，登校しぶりがひどくなったために離職していた。母親は，S1が訴える不安の原因を，小学2年までの学級担任が3年から替わったことにあるとし，学校にほとんど毎日一緒に通学していた。また，学校側の対応としては，S1よりも母親の不安の方が強いと考え，母親に授業参観をしてもいいと伝えていた。そのため，実際にS1が小学3年になってからほとんど毎日，特に午前中の授業には母親が教室に入って教室の後方で参観していた。S1の母親は，民間の療育センターや児童相談所において「学校に無理に行かせる必要はない」と言われており，登校支援に向けての助言が得られない状態が続いていた。

また，S1には3歳年上の兄がおり，S1が学校を休むことで兄が母親に対して不満を訴えることがあった。また，きょうだい間で兄がS1に暴言を吐いたり，S1が兄をつねったりするなど，トラブルが絶えなかった。

小学3年の2学期が始まって1か月後，母親がA大学心理相談室に初診を希望し，来談した。

S2と母親　S2は，複数の医療機関においてADHDとの診断を受けていた通常学級2年に在

籍する生活年齢7歳7か月の男児であった。知能検査の結果，VIQ 89，PIQ 80，FIQ 83 であった（WISC-III）。小学校入学前から多動性が指摘されており，小学校入学後も学業面での遅れが目立っていた。書字行動全般に困難を示し，特に家庭で字を書かせようとすると激しく抵抗することがあった。友達関係については，母親に「○○くん（クラスメイトの名前）は嫌い」などと訴えることがしばしばあった。事前に学級担任やその他複数の教師から聞き取り調査した結果，独り占めを非難された時に友達を押し倒したトラブルはあるものの，いじめに該当するようなエピソードは指摘されなかった。ただし，学級担任からは「母親やクラスメイトの気持ちが分からなかったり，自分の気持ちをうまく表現できなかったりするためにトラブルを起こしていると思う」という指摘があった。

母親は，S2が小学校に入学してすぐに不登校状態が始まったことから，職場を休職していた。休職期間中，様々な病院・相談機関を転々とし，子どものことや自分のことで相談を受けていた。医療機関においてリタリンの服用を勧められ，母親は試してみるつもりであったが父親に拒絶されたため，薬物療法を併用することができていなかった。その他，地域の大学の相談室や児童相談所でも薬物療法を勧められることはあったが，不登校の問題については「本人が学校に行きたいと思うまで充電させておくこと」「無理をかけると将来が心配なので十分，甘えさせるように」などと，現状をすべて受容した対応をとるよう助言されることがほとんどであった。

また，S2には3歳年下の弟がおり，母親が弟の世話をする際に，S2は母親に暴言を吐いたり暴力をふるったりすることがみられた。また，S2が弟に対して暴力をふるうこともしばしば観察された。

S2が小学2年に進級した2か月後，母親がA大学心理相談室に初診を希望し，来談した。

```
○月△日×曜日
 1. クイズ
 2. 計算
 3. ことば
 4. ？
 5. 休けい
 6. うんどう
 7. ？
 8. あそび
```

図1　予定不明のスケジュール表の例

支援プログラムによる介入までの経緯

S1　S1においては，まず母子それぞれの不安の程度を把握し，それに応じてサポートする必要があると考え，しばらくの間，相談室に来談させ，1セッション約90分の母子面接を週1回行うこととした。相談室でのセッションは，学校での時間割のように6～8つの課題や活動を設定して提示した（1つの活動は，5～10分程度であった）。これらの課題のうち，1～2箇所については「？」マークを入れた（図1）。S1が「？」マークの活動内容についての質問を行った場合，「ワクワクドキドキするための内緒。お楽しみ」などと返答し，内容を明かさなかった。「？」マークの内容は，S1の安心できる活動（国語・算数・体育・パズル・トランプ）か，緊張を伴う活動（図工）であり，ランダムに提示した。ただし，図工については，S1の好きなキャラクターのマンガを描くことを求めた。当初，S1も母親もこうした対応に不安を示すことがあった。例えば，S1は「あー，分からないのは嫌だよ。どうなるのかなー，どうなるのかなー」と小声でつぶやき，もじもじ体を動かすことがみられた。

母親に対しては，「世の中では通常，先のことが分からないことのほうが多いから，すべてスケジュール化することは不自然すぎる」ことをまず伝えた。そして次に，「先のことが分からない状態を苦痛でないようにすることも可能である」ことを伝えた。そのために，S1がスケジュールを

尋ねてきてもすべて教えてやるのではなく、「分からないこともある。でもそれはワクワクドキドキだ」といった内容を、子どもに伝えていくよう助言した。具体的には、S1が不安を訴えた場合「次はこうだから大丈夫よ」などと言う代わりに、「そこはお楽しみにしとこうね」などと言うように助言した。

相談室におけるサポートは、すべて母親同室のもと実施した。この事前サポートによって、1〜2セッション経過すると「？」についての質問はみられなくなり、笑顔が観察されるようになった。さらに、5セッション目からそれまで使用していた視覚的なスケジュールを示さずに、活動や課題を予告なく提案しても抵抗はみられなくなった。また、家庭でも母親が同様のことを試してみたが、相談室と同じように抵抗なく受け入れることが可能であったことが報告された。母親は、「今まで、自閉症の専門家に相談してもスケジュールを示すことが大事だと聞いていたけれども、スケジュールを示さないほうがうまくいくこともあることに驚いた」「考えてみたら、図工での作業順番のスケジュール提示なんか、不自然なことをしてしまっていました」といった報告もみられた。

しかしながら、相談室場面での不安の訴えがみられなくなって1か月が過ぎても、S1の不登校や学級での特定の授業における不安の訴えに変化はみられなかった。不登校の状態や授業場面での不安は、母親からの聞き取りの他、連絡帳から確認することが可能であった。具体的には、初診前からみられた図画工作の授業での不安（回避・逃避傾向）が強く、図画工作のある日の前日から不安を訴え始め、当日の朝から登校への強い抵抗がみられた。その頃、保護者は学校側の理解不足と指導力不足を指摘し、学校側は母親に責任を押しつけていた状況から、学校側に協力要請することは困難と判断し、家族に対する支援を中心に検討することとした。

そこで、母親からS1の1週間の活動や本人の好みなどについての生態学的調査を行った結果、毎週水曜日の夜にレンタルビデオを自分で選んで借りるのを楽しみにしていることが明らかとなった。また、学校での参加状況が把握できる記録として、連絡帳が利用できることを確認し、その記録をとり続けるよう依頼した。この記録が正確に行われることを、トークン・エコノミー法を用いた支援プログラム開始の条件とした。

S2　受理面接では、母親とS2がそろって相談室に来室した。S2がプレイルーム内の遊具で遊んでいる最中、母親とセラピストが同室で面接を行った。その間、しばしばS2が母親に抱きついたり離れたり、時折、暴言を吐いたりすることが観察された。

この受理面接において、生育歴、受診歴など聴取する以外、登校場面と学校生活についての様子を詳しく聴取した。その結果、朝から母親が忙しくしている時に特に母親を困らせるような行動が多いこと、母親が学校まで送っても車から降りようとしないこと、車から降りて教室に入ってしまえば普通に過ごしていることなどが明らかになった。このことから、登校場面での激しい抵抗は注目の機能があると想定された。その頃、母親は母親自身の不安神経症のために休職して通院治療を受けており、この母親の状態を考慮し、注目の機能に応じた対処法を身に付けてもらうためのペアレント・トレーニングの実施には無理があると判断し、母親にとって無理のない介入を検討することとなった。

そこで、家庭場面での生態学的調査として、平日、休日の過ごし方、好みの活動などについての情報を得た。その結果、S2は毎週末に駅まで特急電車を見に行くことを楽しみにしており、母親もそれに無理なく付き合うことができていることが分かった。また、学校での参加状況が把握できる記録として、連絡帳が利用できることを確認し、その記録をとり続けるよう依頼した。この記録が正確に行われることを、トークン・エコノミー法を用いた支援プログラム開始の条件とした。

標的行動

本研究においては、コンサルティーとしての母

	木曜日	金曜日	土曜日	月曜日	火曜日	水曜日
登　校						
1時間目						
2時間目						
3時間目						
4時間目						
5時間目						
6時間目						
下　校						

今週の目標＿＿＿点以上　→　レンタルビデオ　　合計＿＿＿点

図2　登校がんばり表（S1）

	月曜日	火曜日	水曜日	木曜日	金曜日	土曜日
登　校						
1時間目						
2時間目						
3時間目						
4時間目						
5時間目						
6時間目						
下　校						

今週の目標＿＿＿点以上　→　特急○○を見に行こう　合計＿＿＿点

図3　登校がんばり表（S2）

親の行動については，介入を行うための前提条件を満たすかどうかという点でのみ評価することとし，先に述べたように連絡帳に基づいた記録が継続的に続けられることを評価した。本研究での標的行動は，以下に述べる子ども自身の登校行動に関するものとした。

登校支援のための行動的指標として，単に「出席」「遅刻」「早退」の回数といった測度を採用せず，その週の学校に参加すべきイベントを登校から下校まで1コマずつ区切ったものを設定した。例えば，その週の水曜日が5時間目まである場合，①登校，②1時間目，③2時間目，④3時間目，⑤4時間目，⑥5時間目，⑦下校の7イベントとした。登校については，母親が集団登校の待ち合わせ場所まで連れて行くだけで登校できた場合を達成とし，下校については自力で家まで帰ってきた場合を達成とした。授業については，規定の時間に遅刻も早退もせずに参加した場合のみ達成とした。したがって，たとえば母親に連れられて1時間目の途中に教室に入り，5時間目の途中で保健室に帰って母親に迎えにきてもらった場合，その日の達成数は3とした。この基準にしたがって，従属変数として学校参加率を求めた（学校参加率＝達成数／規定コマ数×100）。

支援のための材料

対象児それぞれの1週間の生活の実態に応じて，個別の「登校がんばり表」（トークンシート）を作成した。図2は，S1用のもので水曜日の夜にバックアップ強化（backup reinforcement）が可能なように，水曜日の下校後に1週間の達成基準による判定を行うようアレンジした。図3は，S2用のもので週末のバックアップ強化が可能なように，平日最後の下校後に1週間の達成基準による判定を行うようアレンジした。また，行事の都合で土曜日が登校日になることもあるので，週6日分のシール貼り付け欄を設定した。いずれの対象児も，母親がその1週間のうち，授業がない時間帯や祝日など，学校参加しなくてよいところを，あらかじめ斜線で消しておくようにした。その他，「登校がんばり表」には，その週が何日から何日までか記入する欄，目標の数を記入する欄，おたのしみ（バックアップ強化刺激）を記入する欄，シールの合計数を記入する欄を設けた。

なお，この「登校がんばり表」に，学校参加を達成したイベントの箇所へ自分で貼り付けるためのお気に入りのシール（S1は星や花，テレビのキャラクターもの，S2は電車や昆虫など）を用意した。

手続き

実験デザイン　実験デザイン（Barlow & Hersen, 1984）は，被験者間マルチプルベースラインデザインと基準変更デザインを組み合わせて用いた。

プログラムの説明と同意　母親に対して，この

登校支援プログラムについての説明を事前に行った。介入前に，母親から子どもに「登校がんばり表」を見せながら目標とルールを説明すること，母親が新しい週ごとに今週の目標を伝えて子ども自身に記入させること，おたのしみも自分で書かせること，達成できたところだけシールを貼らせること，最後までいったら自分でシールの総数を数えさせて合計数を書かせること，目標を下回ったときはおたのしみなしとすること，父親に説明し承諾を得ることを依頼した。両名とも，これらすべて同意を得ることができた。

ベースライン ベースラインでは母親が「登校がんばり表」を使って，記録を行った。その週の学校参加の程度にかかわらず，これまでと同様に週に1回のおたのしみを実施するようにした。

介入1 S1においては，学校参加率が1週間で80％となるイベント数を目標として記入させた。この目標数に到達した場合，その週の「登校がんばり表」と引き替えにバックアップ強化刺激を得ることができた。4週連続で目標達成した場合，介入2へと移行した。

S2においては，学校参加率が1週間で35％となるイベント数を目標として記入させた。この目標数に到達した場合，S1と同様にバックアップ強化刺激と引き替えることができた。なお，S2においては，介入1での目標設定を大幅に上回ったため，4週連続で学校参加率が90％を上回った場合，介入2へと移行した。

介入2 S1においては，85％以上の学校参加率を介入2の目標ラインとした。

S2においては，介入1では4週連続で90％以上の学校参加率を示すことを移行条件としたが，介入1の低い目標ラインから急激に高い目標ラインに設定して混乱を招かないよう，介入2ではS1と同じ85％以上の学校参加率を目標ラインとした。バックアップ強化刺激との引き替え方法については，介入1と同じであった。

終結のための移行 介入2以降，学校参加率が高率で安定した場合，このトークンによる支援を続けるか否かはそれぞれの家庭にまかせることを母親に伝えた。また，定期的に連絡帳のコピーと「登校がんばり表」のコピーを送ってもらうよう依頼し，新たな問題が生じてきた場合に相談予約を入れるよう伝えた。

信頼性

がんばり表と連絡帳の記載内容を照らし合わせた結果，100％の一致率であった。

結　果

トークン・エコノミー法を使った登校支援プログラムを実施した結果，両名とも学校で過ごせる時間が急激に増加した。S1およびS2の学校参加率の推移を図4に示した。グラフの横軸は週，縦軸は学校参加率を示している。

まず，ベースラインにおいては，両名とも週ごとの変動が激しかったが，不登校の状態が顕著に現れるときは，S1においては10％台の学校参加率，S2においては20％台の学校参加率の週もみられた。これらの変動の傾向については，ベースライン測定前からみられており，両名とも特定できる要因はなかった。

次に，介入1では，S1は2週目に目標を下回ってしまったが，それ以外は高率で学校参加が可能となった。介入1を始めた時期，S1は「登校がんばり表」の導入について「『こんなふうにやって欲しかったんだよ』と喜んでいる」と，S1の母親からの報告で明らかになった。S2においては，すぐに学校参加率が増加し，一度も目標を下回ることなく高率で学校参加が可能となった。

そして，目標の基準を高くした介入2では，S1が2週目に風邪をひいて1日休んでしまったため，目標を下回ったが，その週を除けば100％の学校参加率が連続するようになった。S2においては，1度も目標を下回ることなく，S1と同様に100％の学校参加率が連続するようになった。

その後，S1については自分でおたのしみの内容を変更するようになり，「自分でがんばる気持ちになったから，シールがなくてもビデオ借りに

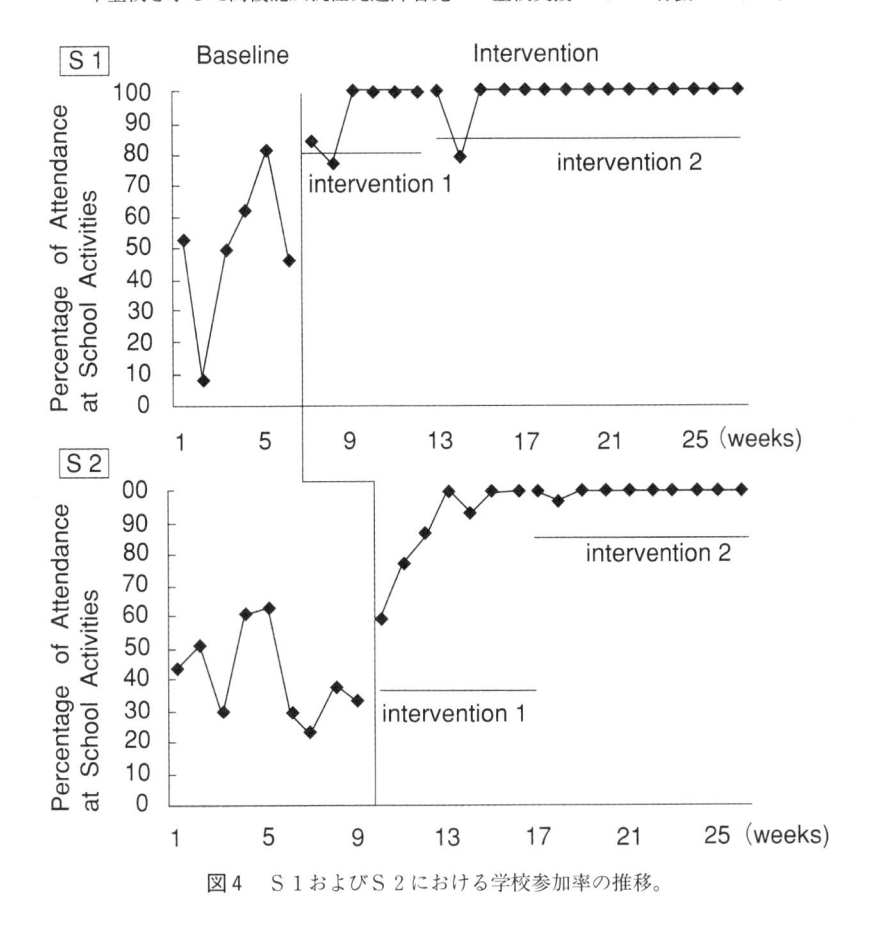

図4 S1およびS2における学校参加率の推移。

行きたい」と言って，介入から6か月後には自分から「登校がんばり表」を使用しなくなった。S2についても，介入から8か月経過して新しい学年になったと同時に自分から「登校がんばり表」を使用しなくなった。その3か月後，それぞれの学校参加状況を調べた結果，両名とも風邪で休んだ日を除けば100％の学校参加率が維持していた。

両名とも朝の登校場面での混乱がみられなくなったことが母親の報告から明らかとなった。その他，母親からの報告として，S1の母親からは「目標を持ったことで驚くほど楽しんで登校できるようになった」という報告が得られた。S2の母親からは「朝，信じられないくらい従順になった。暴力もなくなった。週末の電車を見に行くのをとても楽しみにしている」という報告が得られた。

なお，S1が学校に毎日登校できるようになった6か月後，母親が新しいパートタイム労働に出ることも可能となった。その後も，S1の登校行動は維持していることも報告された。S2についても同様に，S2が毎日登校できるようになった2か月後，母親が職場に復帰できたことが報告され，その後もS2の登校行動は維持していることも報告された。

考 察

本研究に参加した対象児は2名とも，他の専門機関において積極的な登校支援を受けてこなかったが，具体的に学校参加の成功—不成功に焦点を当てて支援した結果，学校への自発的な登校行動が形成された。そのための支援方法として，親を媒介としたトークン・エコノミー法を利用した介入と，基準変更による行動形成が有効であった。

本研究で得られた成果は，不登校状態の包括的なアセスメントに基づいた支援によるところが大

きいと考えられる。例えば，不安傾向が強かったS1については，トークン・エコノミー法による介入までの面接過程において，どの程度スケジュール不明の場合に不安が高まるのか，どの程度の支援で不安がみられなくなるのかを，授業場面を簡単にシミュレートしたセッションにおいて確認した。一方，S2については，学校に入ると最後まで機嫌良く過ごすことができることから，起床から登校までの間に母親の注目を引こうとする機能があると推定された。また，S1とS2の母親は両名とも，登校させることに強い動機づけがあり，実際に何とかして学校に連れて行こうとしていた。本研究で行った行動コンサルテーションでは，こうした対象児童の状態や母親の実行可能性（無理なく介入できるかどうか），家庭や学校などについての生態学的調査を含む包括的なアセスメントが行われており，それが大きな成果に結びついたと考えられる。

効果的なトークン・エコノミー法導入の前提条件として，学校においていじめなどの深刻な問題がないこと，保護者に再登校への強い動機づけがみられること，記録行動が安定していること，生態学的調査に基づいてバックアップ強化刺激を選定すること，不安などの仮説を検証するためのシミュレーション場面でのアセスメントと事前介入などが重要であると言える。これらの前提条件が満たされない場合，例えば，対象児童の学校において明確ないじめなどの問題がある場合や，保護者からの協力が困難な場合は，他の介入が検討されるべきであろう。

実際の支援方法については，個別の生態学的アセスメントに基づいて計画することが重要である。例えば，S1は毎週水曜日にレンタルビデオを借りに行くことが習慣になっていたので，1週間のトークンシート（「登校がんばり表」）の集計を火曜日の下校までとした（図2）。一方，S2は週末に電車を見に行くことになっていたので，集計を金曜日の下校までとした（図3）。また，対象児の実態にあわせてバックアップ強化の基準変更を行ったことも有効であったと思われる。本研究で用いた学校参加のための支援において設定した標的行動は，給食時間に逸脱が多い子どもならば，学校参加率の中に給食場面を加えることも可能であるし，保健室を利用しているのであれば保健室で授業を受けることを達成条件とするなど，様々な応用が可能であろう。また，週ごとのバックアップ強化では効果がみられない場合，日ごとに達成基準を設けてフィードバックしていくこともケースによっては有効であろう。他にも，自閉症児に対して丸印や星印のようなトークンを用いるより，それぞれの子どもの「こだわり」をトークンに利用したほうが有効であることを示した研究（Charlop-Christy & Haymes, 1998）もみられ，トークン・エコノミー法の適用方法は，対象者に応じて工夫することが重要である。

本研究では，異なる機能をもつ不登校の問題について，トークン・エコノミー法という同一の技法を，個別にアレンジした上で利用しても顕著な成果を得ることができた。実際には，機能アセスメントを実施したとしても，複数の機能にまたがっていて主な機能を特定できないケースや，機能が特定できてもそれに基づいた介入が困難なケースも少なくない。本研究の成果から，上述した前提条件が満たされれば，トークン・エコノミー法は効率的な支援としての有用性が高いと言える。特に，不登校に関する問題については，本研究における支援による副次的効果にみるように，不登校に付随しがちな諸問題（例えば，家庭内暴力，不安，引きこもり，学業の遅れ，社会関係の喪失など）の解消が実現しやすいため，早期に効果的な支援を提供することが望ましい。このことは，不登校における機能アセスメント（Kearney & Silverman, 1990）を用いて，それに基づく介入方法を選択する上で重要な知見を示している。

本研究において，家庭でも実施しやすいトークン・エコノミー法を用いたことが，行動コンサルテーションの有効性を高めたと考えられる。また，バックアップ強化についても，すでに生活の中で定着しているルーティンを強化刺激として活用したこと，記録用紙の作成や基準変更のタイミング

などをコンサルタントが実施・提供したことなども，本研究での行動コンサルテーションをより有効なものにしたと思われる．さらに，トークン・エコノミー法は学校や家庭に応用しやすいため，行動コンサルテーションのツールの1つとして有用である．不登校に対する行動コンサルテーション自体については，それぞれのアセスメントに基づくそれぞれの支援方法が決定されるが，その方略を明示することについては今後の課題である．

引用文献

Alvord, J. R. & Cheney, C. D. (1994). *The home token economy* (3rd ed.). Cambridge, MA：Cambridge Center for Behavioral Studies.

Ayllon, T. (1999). *How to use token economy and point systems* (2nd ed.). Austin, TX：Pro-Ed.

Ayllon, T. & Azrin, N. (1968). *The token economy：A motivational system for therapy and rehabilitation*. Englewood Cliffs, NJ：Prentice-Hall.

Barlow, D. H. & Hersen, M. (1984). *Single case experimental designs* (2nd ed.). New York：Pergamon Press. 高木俊一郎・佐久間徹（監訳）(1988). 一事例の実験デザイン．二瓶社．

Brown, D., Pryzwansky, W. B., & Schulte, A. C. (1995). *Psychological consultation：Introduction to theory and practice* (3rd ed.). Boston：Allyn and Bacon.

Charlop-Christy, M. H. & Haymes, L. K. (1998). Using objects of obsession as token reinforcers for children with autism. *Journal of Autism and Developmental Disorders, 28*, 189-198.

Craig, H. B. & Holland, A. L. (1970). Reinforcement of visual attending in classrooms for deaf children. *Journal of Applied Behavior Analysis, 3*, 97-109.

Fantuzzo, J. & Clement, P. W. (1981). Generalization of the effects of teacher-and self-administered token reinforcers to nontreated students. *Journal of Applied Behavior Analysis, 14*, 435-447.

Ferritor, D. E., Buckholdt, D., Hamblin, R. L., & Smith, L. (1972). The noneffects of contingent reinforcement for attending behavior on work accomplished. *Journal of Applied Behavior Analysis, 5*, 7-17.

Harchik, A. E., Sherman, J. E., Sheldon, J. B., & Strouse, M. C. (1992). Ongoing consultation as a method of improving performance of staff members in a group home. *Journal of Applied Behavior Analysis, 25*, 599-610.

Hundert, J. (1976). The effectiveness of reinforcement, response cost, and mixed programs on classroom behaviors. *Journal of Applied Behavior Analysis, 9*, 107.

河合伊六・桜井久仁子（2000）．不登校―再登校の支援．ナカニシヤ出版．

Kearney, C. A. & Silverman, W. K. (1990). A preliminary analysis of a functional model of assessment and treatment for school refusal behavior. *Behavior Modification, 14*, 340-366.

小林正幸（1984）．登校拒否治療における継時近接法およびトークン・エコノミー法の役割について．行動療法研究，*10*，44-51．

小林正幸（2003）．不登校児の理解と援助―問題解決と予防のコツ．金剛出版．

小林重雄（1985）．主張反応法の適用による中学生女生徒の登校拒否の治療．上里一郎（編）．行動療法ケース研究2，登校拒否．岩崎学術出版社，pp.17-30．

小林重雄・加藤哲文・小野昌彦・大場誠紀（1989）．登校拒否治療への積極的アプローチ―行動アセスメントとその臨床例への適用―．安田生命社会事業団研究助成論文集，*24*，61-68．

高下洋之・杉山雅彦（1993）．不登校を伴う社会的ひきこもり児に関する社会的スキル訓練．特殊教育学研究，*31 (2)*，1-11．

文部科学省（2003）．通常の学級に在籍する特別な教育的支援を必要とする児童生徒に関する全国実態調査．今後の特別支援教育の在り方について（最終報告）

小野昌彦・小林重雄（1993）．中学生不登校の治療―総合的行動アセスメントと対応的処遇―．上里一郎（編）．行動療法ケース研究9，登校拒否2．岩崎学術出版社，pp.70-90．

小野昌彦・小林重雄（2000）．女子小学生不登校への再登校行動の形成―かかわり形成が困難であった事例―．行動療法研究，*25*，37-45．

小野昌彦・小林重雄（2002）．中学生不登校の再登校行動維持への主張的スキル訓練．特殊教育学研究，*40 (4)*，355-362．

小野昌彦・豊田麻衣子・川島直亮・三好義弘・小林重雄（1999）．不登校姉妹への再登校行動の形成―家庭内の不登校誘発・維持要因により生じた事例―．特殊教育学研究，*37 (1)*，23-31．

園山繁樹 (1991). 段階的登校強制法による登校拒否の早期対応. 中国短期大学紀要, 22, 191-201.

柘植雅義 (1997). 学習困難による不登校児童に対する登校行動の形成と学習困難の改善. 国立特殊教育総合研究所教育相談年報, 17, 21-30.

Williams, W. L. (2000). Behavioral consultation. In J. Austin, & J. E. Carr (Eds.). *Handbook of applied behavior analysis*. Reno, NV : Context Press. pp.375-397.

出典：奥田健次 (2005). 不登校を示した高機能広汎性発達障害児への登校支援のための行動コンサルテーションの効果―トークン・エコノミー法と強化基準変更法を使った登校支援プログラム―. 行動分析学研究, 20, 2-12.

▶▶▶ **コメント**

発達障害をもつ児童生徒の不登校に対する登校支援プログラム

金沢工業大学
石川健介

近年，通常学級に在籍する発達障害をもつ児童生徒に対して，様々な支援の必要性が指摘されてきています。同時に不登校とこれらの発達障害との関連性にも注目が集まっています（文部科学省, 2003；石井・上野, 2008 など）。LD や ADHD 等の発達障害をもつ児童生徒に対する具体的な登校支援を検討した研究はまだ少なく，その意味において奥田 (2005) の研究は貴重なものといえます。

これまで不登校に対して行動論的な立場からは，いくつかの技法が提案されてきています。たとえば，リラクセーションや脱感作法，ソーシャルスキル訓練，シェイピング法（継時近接法），トークン・エコノミー法，親を媒介にした行動カウンセリング，そしてこれらの技法の併用です（詳しくは，池田・上里 (1993) や小野 (1997) を参考にしてください）。奥田 (2005) はトークン・エコノミー法を用いて再登校を促した研究です。トークン・エコノミー法を用いる場合には，運用上考慮すべき点がいくつか指摘されています（Alberto & Troutman, 1999；Ayllon, 1999；小林, 1984；Miltenberger, 2001）。

第一に，どんな行動が強化されるのか明示することです。標的行動を定義するとともに，それを対象児に分かりやすく説明し，理解してもらうプロセスが必要です。第二に，トークンとして何を使用するかです。これまでの研究では，ポーカーチップやシール，カード，あるいは課題項目に応じた得点などがトークンとして用いられてきました。ポーカーチップのように，具体物がたまっていく様子が子どもにとって分かりやすいこともあれば，課題の難易度に応じて，獲得できるポイントに強弱をつけるなどの工夫も可能です。第三にバックアップ強化子の選定です。バックアップ強化子はトークンの条件性強化子としての機能を支えることになりますので，高い強化力をもっていなければなりません。また訓練中には，訓練スタッフや両親（つまり強化子提供者）以外から手に入れられたり，対象児が独力でできるものであってはいけません。第四にトークンとバックアップ強化子との交換比率をどの程度の高さに設定するかです。通常，研究では，一週間に一度，獲得トークン数を集計する場合が多いと思います。対象児が一週間で獲得できるトークン数を予測し，その予測数でバックアップ強化子と交換できる程度が，交換比率の目安になります。最初は基準をあまり高くせず，次第に上げていくことが重要です。

奥田 (2005) の研究で面白いのは，生態学的調査を行って，対象児が「楽しみにしている活動」で，かつ保護者も「無理なく付き合うことができる活動」をバックアップ強化子として取り込んでいる点です。これによってバックアップ強化子の提供者は，訓練者（奥田）ではなく，保護者（母親）になります。したがって保護者が主体となっ

てトークンシステムを維持し，訓練者は「黒衣」となってシステムを支える構図になります。このシステムは家庭の中で自律的に維持され，訓練者の関与は相対的に少なくて済みます。著者がタイトルを「行動コンサルテーションの効果」としているのもうなずけるところです。

　また奥田（2005）の中で非常に有効であったと思われる手続きに，「登校がんばり表」の使い方があります。対象児自身に達成できたところにだけシールを貼らせ，「今週の目標」や「おたのしみ（バックアップ強化子）」，「合計点」を記入させています。これにより「どのくらいがんばったか」「あとどのくらいがんばればよいか」を視覚的に明示する効果があったと推測できます。特に「あとどのくらいがんばればよいか」が分かると，見通しを持ちやすく，登校に付随する嫌悪状態を「我慢」できる要因になったと思われます。

　ところで，この研究で最も大事な点は，「なぜトークン・エコノミー法か」というところかもしれません。奥田（2005）は，対象児や母親の状態について包括的なアセスメントを行っています。登校しぶりは見られるものの，一旦学校に行ってしまえば，教室にいることで生じる不安や対人的な問題が，少なくとも大きな障害にならないとの判断があったと思われます。この判断に至までのアセスメントや予備的な介入が，この研究の鍵で

あった気がします。

文　献

Alberto, P. A. & Troutman, A. C. (1999). *Applied behavior analysis for teachers*. 5th ed. N.J.：Merrill.（佐久間徹・谷晋二・大野裕史（訳）（2004）．はじめての応用行動分析　日本語版第2版．二瓶社．）

Ayllon, T. (1999). *How to use token economy and point systems*. 2nd ed. Austin, Texas：Pro-ed.

池田真紀・上里一郎（1993）．登校拒否の行動療法―その特徴と動向―．上里一郎（編）．行動療法ケース研究9　登校拒否II．岩崎学術出版社．pp.154-170．

石井恵子・上野一彦（2008）．発達障害のある児童生徒の不登校傾向について―情緒障害通級指導学級の実態調査を通して―．LD研究, *17*, 90-96．

小林正幸（1984）．登校拒否治療における継時近接法およびトークン・エコノミー法の役割について．行動療法研究, *10*, 44-51．

Miltenberger, R. G. (2001). *Behavior Modification：Principles and procedures*. 2nd ed. Belmont, CA：Wadsworth/Thomson Learning.（園山繁樹・野呂文行・渡部匡隆・大石幸二（訳）（2006）．行動変容法入門．二瓶社．）

文部科学省（2003）．今後の不登校への対応の在り方について（報告）

小野昌彦（1997）．「不登校」の研究動向―症状論，原因論，治療論，そして積極的アプローチへ―．特殊教育学研究, *35*, 45-55．

Self-Recording Versus Feedback: Effects on Accuracy and Speed of Note-Taking for Students With Hearing Impairments

MASAKO YOSHIOKA

Ritsumeikan University

Abstract

*Study objective*s: The present study investigated the effects of self-recording versus feedback in the acquisition of basic skills needed for note-taking on behalf of students with hearing impairments. *Design*: The 2-way ABC design consisted of 3 phases: baseline, self-recording or feedback, and self-recording and feedback. *Settings*: The present study was conducted in a simulated university lecture setting. *Participants*: 10 university students with no previous experience with note-taking. *Independent variables*: Self-recording using a score sheet and/or graphic feedback on accuracy. *Measures*: (1) Accuracy: percentage of the total points on the score sheet, (2) speed: letters typed per minute, and (3) evaluation of subjective quality. *Results*: Feedback improved note-taking speed, but accuracy did not increase. After self-recording was introduced, accuracy gradually increased, and the results for all participants met the criterion. *Conclusion*: The present results suggested that self-recording was effective in improving note-taking skill, whereas feedback on accuaracy alone had only a limited effect.

Key words: note-taking for students with hearing impairments, interpreting skill training, self-recording, feedback

聴覚障害学生に対するノートテイクの正確さと速さに及ぼす自己記録とフィードバックの効果

立命館大学　吉岡昌子

研究の目的　本研究では，自己記録とフィードバックの手続きが，聴覚障害学生に対するノートテイクの基礎的なスキルの獲得に及ぼす効果を比較・検討した。**研究計画**　2パターンのABCデザインを使用し，ベースライン，自己記録またはフィードバック，自己記録とフィードバックの順に条件を導入した。**場面**　大学の模擬講義場面で実験を行った。**参加者**　ノートテイクの経験のない大学生10名。**独立変数**　採点シートを用いた自己記録，およびグラフによる得点率のフィードバック。**行動の指標**　①正確さ；採点シートの得点率，②速さ；1分あたりの入力文字数，③ノートテイクの質に関する主観的評価。**結果**　フィードバックによって速さは上昇したが，正確さはほとんど増加しなかった。自己記録の導入後に正確さは漸増し，全員が達成基準を満たした。**結語**　結果は，ノートテイクのスキルの改善には，得点率を提示するだけでは不十分であり，自己記録が実質的な効果をもつことを示した。

Key words：聴覚障害学生に対するノートテイク，通訳技術の訓練，自己記録，フィードバック

聴覚障害学生が大学で講義を受ける際に，教員の発話を筆記またはキーボード入力によって文字化し，同時通訳することをノートテイクという。筆記や入力の速度は発話速度よりも遅く，通訳の際に文字数を短縮することが必要になるため，一般的には要約筆記と呼ばれている。調査によれば，現在わが国においてノートテイクは，最も広範に活用される講義通訳の方法である（白澤，2005）。その主な提供者であるボランティアの学生は，聴覚障害学生の学習環境の向上に大きな役割を担っており，彼らに対する支援方法の蓄積や系統化は重要な課題である。

　通訳を行う学生に対する支援に関して，これまでの研究は，利用者である聴覚障害学生と教員が積極的に評価や助言を行い，通訳場面で生じる問題を通訳者と協働して解決することが必要であると示唆した（例えば，Hastings, Blecklein, Cermak, Reynolds, Rosen, & Wilson, 1997；森本・井坂，2003；太田，2001）。Yoshioka and Muto (2006) は，それらの示唆をもとに，支援ツールの導入による通訳者の自己記録と，三者間でのフィードバックがノートテイクのパフォーマンスの向上に及ぼす効果を検討した。その結果，現実の講義場面において，三者の相互作用の量，通訳される情報の量，教員の講義方法に介入の効果が認められた。

　しかし，先行研究は，講義場面の相互作用に着目し，通訳環境の機能化を支援の焦点とする一方で，サービスを提供する個人の通訳技術の獲得や指導法に関する検討を行ってこなかった。

　このような側面的な支援では，ノートテイクのパフォーマンスを適切に評価し，効率的に改善することは困難である。また，通訳環境の機能化による効果も限定的なものになると考えられる。そのため，技術獲得に関する検討を進展させることが必要である。具体的な課題として，Yoshioka and Muto (2006) の中心的な介入要素であった自己記録とフィードバックについて，指導手続きとしての効果を検討することが挙げられる。

　一方，行動分析学において，自己記録とフィードバックは学業スキル（例えば，Kirby, Fowler, & Baer, 1991；Van Houten, Morrison, Jarvis, & McDonald, 1974），職業スキル（例えば，Richman, Riordan, Reiss, Pyles, & Bailey, 1988），運動スキル（例えば，Critchfield, 1999；Hume, Martin, Gonzalez, Cracklen, & Genthon, 1985）などの改善に数多く適用されてきた。これまでに適用されたスキルと通訳を比較すると，通訳は作文や要約などの学業スキルの上位スキルに位置づけられる。また，瞬時の判断による身体的な反応を必要とする点では，運動スキルと類似した特徴をもつといえる。

　この分野の成人を対象とした研究は，ほとんどの場合，多面的な介入プログラムの一要素として，自己記録やフィードバックの効果を検討してきた（Martin, Thompson, & Regehr, 2004；Suda & Miltenberger, 1993）。そこで生じた問題として，介入の要素が多様化するにつれ，概念や効果に関する知見の洗練がますます困難になるということが懸念されている（例えば，Alvero, Bucklin, & Austin, 2001）。また，自己記録は必然的に過去の行動の結果を知らせるフィードバックの要素が含む手続きである（Hayes & Nelson, 1983；Wilk & Redmon, 1990）。しかし，この重複する側面に対しても，先行研究では明確な定義がないまま用語が使用されている[1]。

　このような動向に対する新たな展開として，Alvero and Austin (2004) は，職場安全の分野において，ほとんどの介入が含む，対象者が他者の行動を観察・記録するという過程に焦点を当て，この要素単独での効果を検証する必要性を指摘した。そこで各セッションの初めに，他者の行動を対象者が観察し，チェックリストを用いて安全かどうかを記録する介入を実施した。標的行動はタイピングなど4つの単純作業における安全な首や

---

[1] 本稿では，「自己記録」と「フィードバック」という用語を手続きのラベルとして用いる。学習者が自分の行動またはその所産を観察，記録する手続きを「自己記録」，学習者の関与なしに行動の結果に関する情報を与える手続きを「フィードバック」とする。また，「自己モニタリング」という用語は，自分の行動を観察し，記録するという行動連鎖を指して用いる。

手首の位置であった。その結果，安全な行動の生起率は，情報提供のみ，観察のみでは増加せず，観察と記録を行うことで初めて改善が生じた。また，内省報告をもとに介入によって対象者が自発した自己モニタリングが，行動変容を生じた要因である可能性が指摘された。

この研究は，対象者による行動観察の過程に着目し，シンプルで効果の高い手続きを検討したことに加え，以下の点で意義をもつと考えられる。1つは，他者の助言など，他の介入要素を追加しなくても，対象者の観察と記録によって行動が改善するという事実を示したことである。もう1つは，自己モニタリングは多面的なプログラムの中でも特に重要な要素であるという立場の先行研究（Belfiore & Browder, 1992；Burgio, Whitman, & Reid, 1983；Richman et al., 1988）を支持する知見を示したことである。

上述の知見を踏まえると，ノートテイクのスキルの獲得において，学習者が範例を用い，通訳結果を観察・記録するという手続きが，単独でも十分な効果をもつことが考えられる。また，現時点ではスキル獲得に必要な支援の階層が不明であるため，自己記録に含まれる最小限の介入要素を比較対照とし，効果の違いを検討することが課題になると思われる。そこで，本研究では，通訳の基本となる「速く正確に情報を伝える」スキルを標的として，通訳後に学習者が採点シートを用いて通訳結果を採点する自己記録と，実験者が採点を行い，得点率のデータのみをグラフ形式で提示するフィードバックの手続きの効果を比較・検討することを目的とした。

方　法

参加者

R大学に在籍するノートテイク経験のない大学生10名（年齢19—23歳）が参加した。実験参加の条件は以下の3点とした。①実験用の教材となる講義について，同等の内容を扱う学部の講義を履修していること，②長文要約や作文など大学入学レベルの基本的な国語力を備えていること，③パソコンの文字入力速度が1分あたり80字以上であること。③に関して，本研究では時間的コストからタイピングの訓練を行うことは困難であった。そのため，事前に入力速度の統制は行わず，最低基準のみを設けることとした。

②の判定には，同等の基準を設定した日本語文章能力検定準2級の過去問題を用いた。これを2回実施し，どちらも合格基準を満たすことを条件とした。③の判定には，「今日は良い天気です。」という例文を1分間できるだけ速く入力するよう求め，その文字数を測定した。結果は，80字代前半が2名，90字前後が4名，110字から120字が4名であった。なお，すべての参加者に聴覚障害学生へのノートテイクに関する実験であることを伝え，参加の同意が得られた個人を対象に実験を開始した。

セッティング

R大学の実験室にて，参加者は机上のノート型パーソナルコンピュータ（IBM社製）に対面して座った。ノートテイク用のソフトウェアには，Word（Microsoft社製）を用いた。参加者の左前方に，教材提示用のDVDプレーヤー（ソニー社製）とモニタ（LG電子社製）を設置し，実験者はその正面に座って，装置を操作した。実験は個別に行い，約40分のセッションを週2回のペースで実施した。実験の様子は全てビデオに記録された。

使用した素材とツール

ノートテイク用の教材　練習用の教材と実験用の教材をそれぞれ準備した。実験用の教材は，行動分析学の入門書として書かれた「子どもの保育と行動分析」（河合，1986）をもとに作成された。この本を選んだ理由は以下の3点であった。①講義のレベルとして大学の専門基礎科目を想定したこと，②テーマの連続性があり口語調で書かれているため，実際の講義と近似していること，③専門用語の使用頻度の変動が少なく，各回の均質性

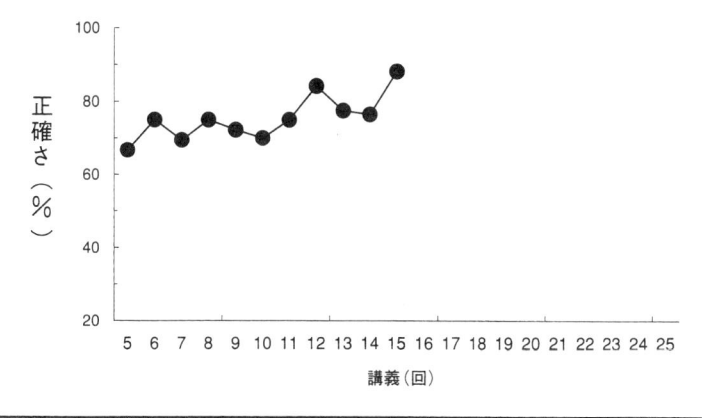

	5	6	7	8	9	10	11	12	13	14	15	16	17	18	19	20	21	22	23	24	25
正確さ	67	75	69	75	72	70	75	84	78	77	88										

図1　フィードバックに使用したグラフの画面構成
グラフおよび表をコンピュータの画面大に提示し，参加者にフィードバックを行った。

が得やすいことであった。実験者が本の内容を講義形式で話し，その音声のみをDVDに収録して計40回の講義を作成した。1回の講義時間は4分半から5分（本では，850字～1000字の範囲）とし，発話速度は標準的な速さよりも少し遅い毎分280字程度とした。本の構成に従い，講義の初回はテーマや扱う問題を簡単に紹介する導入部分とし，次の回より本論の内容に入ることとした。この構成から，初回は分析対象から外すこととした。また，講義の作成と併せて，ノートテイク時の文字入力の負担を減らすため，6つの頻出単語（例えば行動分析学）について，略号（「K」などアルファベットの頭文字）をコンピュータに辞書登録した。参加者がそれらの語を参照できるよう，実験中は机上に略号の一覧表を提示した。

同様の方法によって，練習用の教材AとB（計10回）を用意した。教材Aは日常的なテーマを扱い，計6回の構成とした。教材Bは教育心理学の動機づけのテーマを扱い，計4回の構成とした。

採点シート　採点シートは，実験者がノートテイクの正確さを測定するツールとして，また，参加者が通訳結果の正誤を観察・記録するためのツールとして導入された。シートの構成は，A4版の用紙に①各回の通訳の範例を1文ずつ掲載した欄，②各文に対する採点欄，③その合計点を記入する欄が用意された。文の数は17～20であり，各文に通し番号をつけた。範例の作成手順は，次のとおりであった。まず，実験者が毎分100字程度の入力速度で通訳した場合を想定し，40回の講義について約400字（±20字）の要約文を作成した。次に，任意に選んだ5回について，大学院生と学部生各1名に，原文と比較のうえ要約文としての妥当性を5段階（－2～＋2，0が中間値）で評定するよう依頼した。2名の評定はすべて「＋1」以上であり，ここで要約文としての妥当性を確認した。その後，ノートテイク経験のある学部生2名に40回の通訳を依頼した。得られたサンプルに，先の要約文とは異なる要約のパターンが見られた箇所は，その表現を併記した。これは，通訳において正反応は1通りではなく，複数通りの反応が可能であるという点を考慮し，正誤の評価に柔軟性をもたせるためであった。

グラフ提示用のツール　グラフの提示にはExcel（Microsoft社製）を用いた。画面の構成は図1の通りであった。横軸を試行数，縦軸を正確さ（採点シートの得点率）とするグラフをA4サイズのコンピュータの画面大に提示し，グラフの下部に得点率の値を示した表を配置した。

従属変数

「速く正確に情報を伝える」というスキルを評価するため，「正確さ」と「速さ」の次元について指標を設定した。「正確さ」の測定には前述の採点シートを用い，通訳結果が範例の内容を全て含んでいる場合は1点，一部を含んでいる場合は0.5点，完全に脱落している場合は0点として数値化した。その合計点数を文の総数で割り，100をかけた得点率を「正確さ」と定義した。例として，「行動分析学は，アメリカのスキナーが1930年代に学習実験に基づいて始めた」という範例に対して，通訳結果が「行動分析学はスキナーの学習実験から。」であった場合，0.5点とした。また，複数の要約パターンがある場合，そのいずれかを通訳結果が含んでいれば1点とした。例えば，「行動分析学では，〔賞を教育の中心とする／罰を教育の主流にすべきではないと考える〕」という範例の場合，〔　〕内の一方が含まれていれば1点を与えた。「速さ」は，各回に入力された文字数を数え，講義時間の秒数で割り，60をかけて毎分の入力速度を算出した。

また，補足的な指標として，①通訳結果に含まれる情報の多さと②ノートテイクとしての良さの2点に関して，第3者による主観的評価を採用した。各参加者の介入直前と最終の試行，その1つ前の試行の通訳結果をそれぞれ組み合わせてペアを作った。つまり，1名につき2組（計20組）のペアを用意した。評定は，ペアの通訳結果を用紙の左右に提示し，①，②の点について，より適切であると判断した方を選択する形式とした。左右の配置と20組の提示順序はランダムであった。評定者は，実験内容を知らされていない大学生2名であった。2名ともノートテイク経験があり，うち1名は自治体が主催する要約筆記者の養成講座を修了していた。

実験の構成

本実験は，事前の講座と練習，および以下の3つの実験フェイズから構成された。第1フェイズはベースラインの条件とし，第2フェイズ以降は，参加者が速く正確に情報を伝えるスキルの達成基準を満たした時点で実験終了とした。第2フェイズでは，10名の参加者を5名ずつのグループAとBに分け，グループAには自己記録，グループBにはフィードバックの条件を適用した。参加者の割り当てには，入力速度が均等になるように留意した。第3フェイズでは，グループAに対してはフィードバック，グループBに対しては自己記録の条件を追加することとした。本実験では，このような条件の導入順序を入れ替えた2パターンのABCデザインによって，自己記録とフィードバックの効果を比較・検討した。

達成基準と第3フェイズへの移行基準を以下に記す。両者ともに「正確さ」の次元に対してのみ基準を設定した。その理由は，採点シートの得点率が，正確に通訳された情報の量を評価する指標であるため，「正確さ」の向上は一定の「速さ」の増加と連動することが予測されたためであった。達成基準については，各参加者の入力速度の大小に応じて，入力速度が最も速い毎分110字以上の4名（P1, P2, P6, P7）には，3試行連続で「正確さ」が90％以上を満たすことを基準とした。次に速い毎分90字前後の4名（P3, P4, P8, P9）は80％以上，最も遅い毎分80字代前半の2名（P5, P10）は70％以上を基準とした。

第3フェイズへの移行基準は，「正確さ」が以下のいずれかに該当した場合とした。①最初の5試行において，ベースラインと同様のレベルで値が推移した場合，②6試行目以降，ベースラインのレベルに値が低下した場合，③10試行経過してもベースラインの平均値から10％以上の上昇が見られない場合であった。

手続き

事前の講座と練習，およびベースライン，自己記録，フィードバックの各条件の手続きを以下に記す。

事前の講座と練習　ノートテイクについての必要最低限の知識と方法を伝えるため，全難聴・全要研合同テキスト委員会（2003）の資料を参考に

講座を用意した。講座は，①聴覚障害学生へのノートテイクの必要性，②通訳としてのノートテイクと通常の講義ノートをとる作業の違い，③ノートテイクの基本的手法の順に構成された。②の部分では，発話速度が毎分300～350字程度であるのに対して，文字の入力速度は毎分80～140字程度であり，字数の制限内でいかに速く正確に多くの情報を伝えるかが重要であることを説明した。③では，基本的な手法として，以下の8つを教示した。(a)話の冒頭から入力せずに数秒聞いてから入力を始める，(b)話の展開を予測しながら聞く，(c)専門用語や重要語句を優先して書く，(d)文章として完結させる，(e)話し言葉の冗長な表現を省く，(f)指示語や短いフレーズを用いて表現を簡略化する，(g)不明な部分は「＊」の記号で示す，(h)略号を用いるであった。その後，実際の通訳結果を用いてそれぞれを例示した。以上の内容をすべてスライドにまとめ，実験者はスライドにそって講座を実施した。

講座終了後，参加者に質問の有無を尋ね，必要に応じて補足した。続いて，話者（実験者）の話し方や課題への慣れの要因を統制するため，教材A，Bの順に計10試行の練習を実施した。練習の直前に，テーマを口頭で伝えた。試行間には約1分の休憩を挿入した。参加者には，隣に聴覚障害学生がいると想定して，ノートテイクをするよう教示した。実験者から通訳結果に関する助言や積極的なフィードバックは行わなかった。ただし，入力操作や画面設定に関して参加者から質問があった場合，回答するものとした。また，矢印を多用するなど，ノートテイクとして逸脱した反応が見られた場合，修正のコメントを提示することとした。本実験ではそうした反応は見られなかった。

ベースライン条件　本条件開始時に，講義のテーマおよび概要を記した用紙を配布し，これに沿って説明を行った。本条件では，練習と同様の教示を行い，最低4試行を実施した。パフォーマンスが安定した時点で次のフェイズに移行した。実験者から通訳結果に対するフィードバックは行わず，参加者が感想を述べた際は頷く程度の反応を示した。

自己記録条件　本条件開始時に，採点に関する説明と練習を実施した。机上には計算用の電卓と筆記用具を準備した。参加者には，まず採点方法と具体例を記した用紙を配布した。実験者はこれに沿って，範例の内容を通訳結果が全て含む場合は1点，部分的に含む場合は0.5点，全く含まない場合は0点とすることを説明した。次に，5文の範例を掲載した採点シートと模擬の通訳結果を用いて練習を行った。この採点シートは，参加者がベースラインで通訳し終えた，第1回から第4回のシートの範例を5文ずつに区切って作成された。実験者が結果を毎回チェックし，誤りがあれば口頭で修正した。3回連続で全文について正しい評定が得られた時点で練習を終了した。各参加者とも練習は5回以内で終了した。本試行の開始直前に，参加者には次の回から毎回採点を実施することを伝え，採点を通訳作業の参考とするように教示した。各回の通訳が終了すると，参加者は実験者からシートを受け取り，通訳結果を採点し，合計点数を記録した。その間，実験者は実験室の隣の部屋で待機し，記録が終了したら声をかけるように指示した。実験者は，参加者からシートを受け取って所定のファイルに閉じ，1，2分の休憩を挟んで次の試行に進んだ。ベースライン同様，実験者から通訳結果に対するフィードバックは行わず，本試行では採点の誤りに対する修正は行わなかった。

フィードバック条件　本条件開始時に，参加者に仮想グラフを見せ，①実験者が毎回，どの程度の情報が正確に通訳されていたかを採点すること，②その結果を通訳の正確さとして，グラフの縦軸に示していくことを口頭で説明した。また，グラフを通訳作業の参考とするように教示した。各回の通訳後，実験者がシートを用いて1，2分で通訳結果を採点し，グラフに得点率を表示した。この作業中，参加者は隣の部屋で休憩した。実験者の声かけで参加者は実験室に戻り，表示されたグラフを見て正確さの推移を確認した。参加者には確認が済んだことを合図するように指示し，その

反応を受けて，次試行に進んだ。ここでも，実験者から通訳結果に対するフィードバックは行わなかった。

　第2フェイズでは，上述の手続きにそって各グループに決められた条件を適用した。また，第3フェイズでは，開始時に新たに追加する条件の説明や練習を行い，自己記録，フィードバックの順に条件を適用した。そのため，第3フェイズは自己記録後，参加者が隣の部屋で休憩をしている間に，実験者が得点率をグラフに表示し，休憩後にフィードバックを行うという手続きとした。ただし，グループAについては5名全員が第2フェイズで達成基準を満たしたため，第3フェイズは実施されなかった。

　事後評価　実験終了後，介入手続きの受け入れやすさや感想について，実験者が口頭で質問し，参加者の回答を記録した。

記録と信頼性

　採点シートの評定は，すべての回を通じて実験者ともう1名の記録者によって実施された。記録が一致しなかった場合，新たな記録者1名による評定を行い，その記録を採用した。2名の記録者は実験内容を知らされていない学部生であった。両名とも事前にテキストの原文を読み，評定のトレーニングを受けた。実験者ともう1名の記録者が記録した結果のうち40％を任意に抽出し，それらの一致率を算出しデータの信頼性を検討した。一致率は記録結果が一致した項目数を全項目数で割り，100をかけて百分率で示した［一致率＝(記録結果が一致した項目数／全項目数)×100］。その結果，参加者10名の一致率は平均で94.4％(Range：92.1-97.3)であった。また，参加者の自己記録と実験者の記録との一致について，全データを対象に上述の計算式を用いて一致率を算出した。その結果，10名の一致率は平均で86.2％(Range：83.8-90.7)であった。

結　果

　図2にグループA，図3にグループBにおける個人ごとの正確さと速さの推移を示した。10名ともに自己記録を行ったフェイズで達成基準を満たし，図3の結果が示すとおり，フィードバックのみの条件で基準を満たした参加者はいなかった。

　ベースラインにおいて，正確さは，P1，P2，P6，P7の4名については概ね50～70％，他の6名については概ね40～60％の範囲を推移した。P1とP4は最後の3試行で正確さが約10％低下した。当該の通訳結果には，内容に誤りはないものの，原文にない表現が多く含まれ，通常の講義ノートのような要約が見られた。速さは，10名ともアセスメントで測定した速度のおよそ60～80％の間で推移していた。

　第2フェイズにおいて，自己記録を行ったグループAでは，5名ともに正確さと速さが上昇した。正確さは，介入後3～6試行で約10％増加し，基準達成時まで漸増的な上昇を示した。また，速さは，条件変更直後に10～15字の増加があり，そのレベルが最後まで維持された。

　第2フェイズでフィードバックを行ったグループBでは，正確さは，P6，P7の2名において，介入前と同じ60～70％代にとどまった。また，P8，P9，P10においては，条件変更後に5～8％増加したが，5試行を過ぎると再びベースラインのレベルに低下した。一方，速さは5名とも，条件変更直後に上昇があり，ベースラインよりも高い値で推移した。これらの正確さが増加せず，速さ（入力文字数）だけが上昇するという状況は，採点には反映されない不十分，あるいは不適切な情報（例えば，冗長な繰り返し）が通訳結果に多く含まれるようになったことを意味する。その後，第3フェイズに移行し，自己記録を追加するとグループBの5名の正確さも徐々に上昇した。速さについて，最終3試行の平均値は，10名ともにアセスメントで査定した速度の85％以

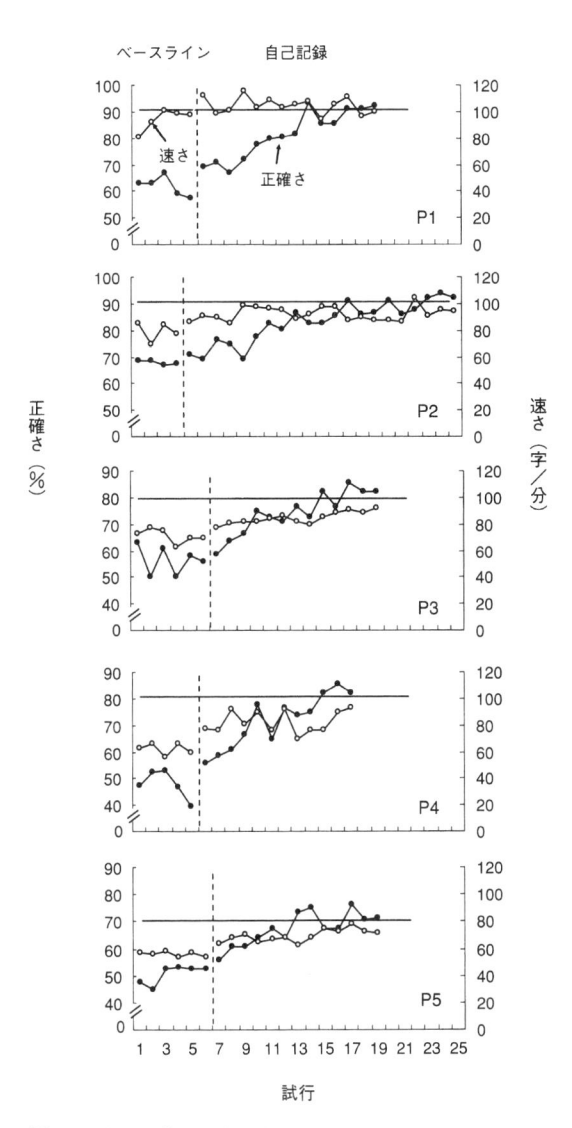

図2　グループAの参加者におけるノートテイクの正確さと速さの推移。図の縦軸は通訳の正確さと速さ，横軸は通訳を行った講義の回を表す。折れ線は黒いマーカーが正確さ，白いマーカーが速さの結果を表す。図中の縦線はフェイズが切り替わったことを意味し，横線は正確さの達成基準を示したものである。達成基準は，P1，P2が90％，P3，P4が80％，P5が70％であった。

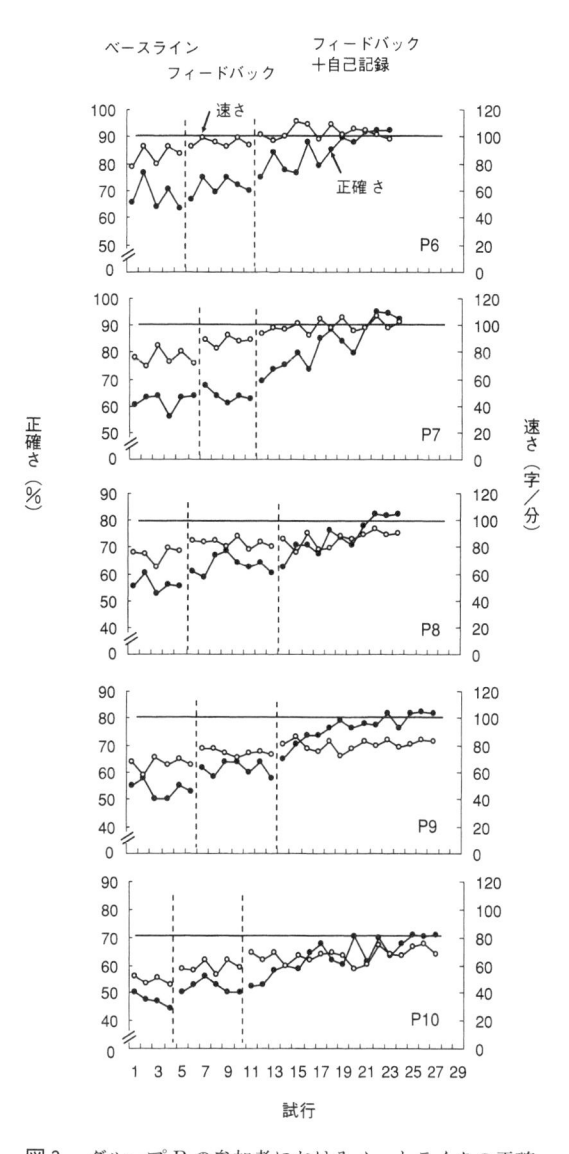

図3　グループBの参加者におけるノートテイクの正確さと速さの推移。図の縦軸は通訳の正確さと速さ，横軸は通訳を行った講義の回を表す。折れ線は黒いマーカーが正確さ，白いマーカーが速さの結果を表す。図中の縦線はフェイズが切り替わったことを意味し，横線は正確さの達成基準を示したものである。達成基準は，P6，P7が90％，P8，P9が80％，P10が70％であった。

上となった。

　各参加者が基準達成までに要した試行数について，両グループの自己記録を行ったフェイズの結果に大きな差はなく，10名のうち8名が11～14試行の範囲であった。他の2名については，P10が17試行，P2が最長の21試行を要した。2名

とも，中盤の7～9試行にわたって正確さの上昇が停滞し，P2は80～90％，P10は60～70％の間で値が変動した。

　また，P3とP7は自己記録中に，採点結果を見ながら，自身のパフォーマンスを言語化する様子が見られた。例えば，P3は介入1の10試行

目において,「いつも説明の後の文章を書き落としてしまうので,要約のタイミングを短めに切ると,今回はうまくいきました」と述べた。他の参加者については,数試行に1回,同様の反応が見られた。

第3者による主観的評価において,2名の評定者ともに,20組中19組について介入後の通訳結果の情報量が多いと評価した。P5の1組のみ,1名が介入前の通訳結果を選択した。ノートテイクの良さに関しても,2名は20組中17組について,ともに介入後の通訳結果が良いと評価した。残る3組(P3,P7,P8の各1組)は,それぞれ1名が介入前の通訳結果を選択した。評定者間の一致率は,「情報量の多さ」が95%,「良さ」が85%であった。

事後評価では,介入前,自己記録,フィードバック(グループBのみ)を比較して,どの練習方法が良かったかを尋ねると,全員が自己記録を選択した。自己記録については,「自分で採点するほうが楽しい」,「採点をして,色んなことに気づいた」などの肯定的な回答が得られた。

考 察

介入手続きが正確さと速さに及ぼした影響について

両グループともに正確さの増加は,自己記録の導入によって生じた。比較対象とした得点率のフィードバックによって,速さは上昇したが,正確さはほとんど改善しなかった。また,自己記録を行ったフェイズにおいて,参加者が基準達成までに要した試行数には,グループ間で明確な差がなかった。このことから,採点シートを用いた自己記録の手続きは,初心者における基本的な通訳スキルの獲得に効果をもつことが示された。また,この結果は,学習者による行動観察と記録の過程が,行動変容に高い効果をもつ可能性を示したAlvero and Austin(2004)を支持した。

行動変容の推移に関して,本研究では10名とも,自己記録を適用したフェイズにおいて,正確さは漸増的に推移し,基準達成までの試行数には個人差が見られた。一方,Alvero and Austin(2004)の場合,典型的なデータは観察条件直後に飛躍的な増加を生じており,緩やかな上昇を示したのは全データの28%にとどまった。行動変容のパターンが異なった要因の1つには,Alveroらが対象とした単純な行動に対して,本研究が対象とした通訳は,高スピードでの同時並行的な行動であったことが考えられる。標的行動のタイプや課題の特性が,効果に影響することは自己記録の介入を実施した先行研究においても示唆されている(例えば,Critchfield,1999;Kirby et al.,1991)。

手続きが行動を制御した過程について,本研究では,2名(P3,P7)において,自己記録中に通訳作業の随伴性(例えば,誤訳が生じる前後の状況とその誤訳との関係)を言語化する様子が見られた。行動分析学では,随伴性の言語化が行動変容を促進するという現象は,ルール支配行動(Skinner,1969)の枠組みのもとに検討されてきた(Hayes,1989)。例えば,Ming and Martin(1996)は,対象者が反応の遂行時にキーワードを自発するセルフ・トークの技法を導入し,フィギュアスケートのパフォーマンスに改善をもたらした。著者らは,セルフ・トークが随伴性を部分的に記述した自己ルールとして機能し,非言語行動への刺激性制御を獲得したためであると説明した。これらの知見に基づけば,参加者の言語化は,自己ルールとして通訳作業の改善を促進したことが考えられる。

もう1つの示唆的な結果として,内省報告では事前の講座で行った最小限の教示に対して,P3,P7を含む6名の参加者が,自己記録後に初めてその意味を理解したという回答を示した。本研究では,観察対象としたのは自分の行動であり,参加者は採点シートを用いた観察と記録の過程で,行動の結果に関する具体的な正誤の情報を収集することが可能であった。この点は,他者の行動を観察対象としたAlvero and Austin(2004)には含まれない要素であった。

このことを踏まえて,上述の回答を検討すると,

自己記録の手続きは，その過程で得た情報をもとに，参加者がルールを自発，修正する行動を促し，実際の随伴性に対する効果的な行動パターンを徐々に形成したことが考えられる。関連する知見として，Catania, Matthews, and Shimoff (1982)は成人において，自己ルールは教示よりも強い制御力をもつことを示している。今後は，範例の提示や観察のみの各要素の効果を調べるとともに，実際に学習者の言語化を操作し，上述の可能性を検証することが必要である。また，先行研究では，対象者の言語化が，自己記録による効果の個人差や行動変容の成否に影響を及ぼすことが示唆されている（例えば，Kirby et al., 1991；Van Houten et al., 1974）。しかし，その制御関係や機能は同定されておらず，ルール支配行動の枠組みによる分析は，これらの問題を明らかにする可能性をもつという点で重要な課題であると考えられる。

手続きの応用可能性と改善を要する点について

事後評価では，どの参加者も自己記録に対して肯定的な回答を示した。このことは，自己記録が動機づけの促進や，参加者中心の行動変容を可能にするという指摘（例えば，Belfiore & Browder, 1992；Richman et al., 1988）に共通する結果であり，実践場面への応用可能性を考える上で強みであるといえる。改善を要する点としては，本研究では手続きの効果を調べるために，2パターンのABCデザインを用いた。しかし，このデザインは変数間の因果関係を同定するには不十分であり，今後はデザインの改良を検討することが必要である。

本論文を作成するにあたり，立命館大学文学部の武藤　崇先生に貴重なご助言を賜りました。また，査読者によるコメントがとても参考になりました。加えて研究実施には，多数の大学院生，学部生にご協力をいただきました。記して感謝申し上げます。

引用文献

Alvero, A. M. & Austin, J. (2004). The effects of conducting behavioral observation on the behavior of the observer. *Journal of Applied Behavior Analysis, 37*, 457-468.

Alvero, A. M., Bucklin, B. R., & Austin, J. (2001). An objective review of the effectiveness and essential characteristics of performance feedback in organizational settings. *Journal of Organizational Behavior Management, 21 (1)*, 3-29.

Belfiore, P. J. & Browder, D. M. (1992). The effects of self-monitoring on teachers'data-based decisions and on the progress of adults with severe mental retardation. *Education and Training in Mental Retardation, 27*, 60-67.

Burgio, L. D., Whitman, T. L., & Reid, D. H. (1983). A participative management approach for improving direct-care staff performance in an institutional setting. *Journal of Applied Behavior Analysis, 16*, 37-53.

Catania, A. C., Matthews, B. A., & Shimoff, E. (1982). Instructed versus shaped human verbal behavior：Interactions with nonverbal responding. *Journal of the Experimental Analysis of Behavior, 38*, 233-248.

Critchfield, T. S. (1999). An unexpected effect of recording frequency in reactive self-monitoring. *Journal of Applied Behavior Analysis, 32*, 389-391.

Hastings, D., Blecklein, K., Cermak, S., Reynolds, R., Rosen, H., & Wilson, J. (1997). *Note taking for deaf and hard of hearing students：A report of the National Task Force on Quality of Services in the Postsecondary Education of Deaf and Hard of Hearing Students*. Rochester, NY：Northeast Technical Assistance Center, Rochester Institute of Technology.

Hayes, S. C. (Ed.). (1989). *Rule-governed behavior：Cognition, contingencies, and instructional control*. NY：Plenum Press.

Hayes, S. C. & Nelson, R. O. (1983). Similar reactivity produced by external cues and self-monitoring, *Behavior Modification, 7*, 183-196.

Hume, K. M., Martin, G. L., Gonzalez, P., Cracklen, C., & Genthon, S. (1985). A self-monitoring feedback package for improving freestyle figure skating practice. *Journal of Sport Psychology, 7*, 333-

345.

河合伊六 (1986). 子どもの保育と行動分析―困った行動の治し方と望ましい行動の形成. 川島書店.

Kirby, K. C., Fowler, S. A., & Baer, D. M. (1991). Reactivity in self-recording: Obtrusiveness of recording procedure and peer comments. *Journal of Applied Behavior Analysis, 24*, 487-498.

Martin, G. L., Thompson, K., & Regehr, K. (2004). Studies using single-subject designs in sport psychology: 30 years of research. *The Behavior Analyst, 27*, 263-280.

Ming, S., & Martin, G. L. (1996). Single-subject evaluation of a self-talk package for improving figure skating performance. *Sport Psychologist*, 10, 227-238.

森本明子・井坂行男 (2003). 聴覚障害学生に対するノートテイクによる講義保障について―情報の量及び質に関する分析を通して―. ろう教育科学, 45 (2), 109-123.

太田晴康 (2001). 要約筆記とボランティアの課題. リハビリテーション, 432, 30-33.

Richman, G. S., Riordan, M. R., Reiss, M. L., Pyles, D. A. M., & Bailey, J. S. (1988). The effects of self-monitoring and supervisor feedback on staff performance in a residential setting. *Journal of Applied Behavior Analysis, 21*, 401-409.

白澤麻弓 (2005). 聴覚障害学生に対するサポート体制についての全国調査. http://www.tsukuba-tech.ac.jp/ce/xoops/file/survey/result.pdf より 2006 年 4 月 1 日取得.

Skinner, B. F. (1969). *Contingencies of reinforcement: A theoretical analysis*. Englewood Cliffs, NJ: Prentice Hall.

Suda, K. T. & Miltenberger, R. G. (1993). Evaluation of staff management strategies to increase positive interactions in a vocational setting. *Behavioral Residential Treatment, 8 (2)*, 69-88.

Van Houten, R., Morrison, E., Jarvis, R., & McDonald, M. (1974). The effects of explicit timing and feedback on compositional response rate in elementary school children. *Journal of Applied Behavior Analysis, 7*, 547-555.

Wilk, L. A. & Redmon, W. K. (1990). A daily-adjusted goal-setting and feedback procedure for improving productivity in a university admissions department. *Journal of Organizational Behavior Management, 11*, 55-75.

Yoshioka, M. & Muto, T. (2006). Improving notetaking in university lecture settings for Deaf students: A support tool. *Japanese Journal of Special Education, 43*, 459-472.

全難聴・全要研合同テキスト委員会 (2003). 指導者用テキスト 要約筆記奉仕員養成講座 (基礎課程). 全日本難聴者・中途失聴者団体連合会.

出典：吉岡昌子 (2007). 聴覚障害学生に対するノートテイクの正確さと速さに及ぼす自己記録とフィードバックの効果. 行動分析学研究, 21, 106-115.

▶▶▶ コメント

実証的なプログラム開発による人権擁護

法政大学

島宗 理

「障害者権利条約」をご存知でしょうか。2006年に国連総会にて採択された人権条約であり、わが国も「障害者の権利に関する条約」として2007年に署名しています（外務省, 2007）。しかし、まだ批准はしておらず、現在も関係各機関で、障害者の権利を守るための合理的な配慮の具体例について検討が続けられているそうです（たとえば、ADHDのために集中することが困難な生徒に試験時間の延長を認めることが妥当かどうかなど）。

恥ずかしいことに私はこのことを知りませんでした。本論文で取り上げられている聴覚障害学生のためのノートテイクが日本ではまだ義務化されていないということも知りませんでした。もう20年近く昔の話になりますが、Western Michigan University に留学中、ティーチングアシスタントをしていた夏学期の心理学の授業には、ほぼ毎年、視覚障害学生が数名受講していました。彼らのために教科書や課題のプリントを拡大コピ

ーしたり，必要に応じて点字に翻訳するボランティが必ずついていたものです。まだまだなのですね，わが国の権利擁護は。

　国による障害者支援がなかなか進まない理由の一つは予算的な問題だと考えられます。障害者の権利を守ることに道義的には賛成して条約に署名はできても，条約違反に対して拘束力を持つことになる批准が国家行動として引き起こせないのはそのようなマクロレベルでの経済的な随伴性によるものとも考えられます（このようなマクロレベルの随伴性分析についてはGlenn, 2004などを参照）。

　本論文は「自己記録とフィードバック」という介入パッケージを使うことで，聴覚障害学生を支援するボランティアのパフォーマンスを効率良く，省力的に向上させられることを示した点に大きな社会的な意義があると言えるでしょう。ボランティアの育成や雇用にかかる経費を削減できる方法論を示すことで，国が障害者支援にコミットすることを妨げているハードルを下げる効果が期待できるからです。

　「自己記録とフィードバック」という介入パッケージは，行動的安全管理の領域においてよく使われ，効果も確認されています（Alvero, Rost, & Austin, 2008）。しかしながら，今後は，さらなる要素分析が必要でしょう。本論文では自己記録（自己採点）をしてもらうために正解例を提示しています。正解例はモデリングの一種であり，正解行動を引き出す弁別刺激として機能することが予想されます。正解例を示すだけでも同様の効果が得られたかもしれません。また，自己記録は実験者にも知られることが前提となっていたようですが，他者に得点が知られる場合と知られない場合とで自己記録の効果が異なっても不思議ではありません（Hayes, Rosenfarb, Wulfert, Munt, Korn, & Zettle, 1985）。

　一つの介入パッケージを構成する各要素の効果を個別に検討していくことで，どの要素にどれだけの効果があるのかがわかれば，介入パッケージの改善につながります（杉山ら, pp. 238-239）。効果が相対的に小さい要素は省略，削除できるし，どうしても外せない要素が特定されれば，その介入パッケージを参考に別の問題を解決しようと系統的再現を試みる場合に役立ちます。実際，本論文の著者は，この研究の後にいくつかの要素分析に取り組まれたそうで，正解例の単独提示には効果がないことがわかったそうです（吉岡, 2010）。

　現在リコール問題がかまびすしいトヨタ自動車ですが，品質改善に対するたゆまぬ改善努力（continuous improvement）については，日本語の「改善」がそのまま「Kaizen」として諸外国に知られるようになりました。Plan（計画）-Do（実行）-Check（評価）-Action（改善）のサイクルを回す方法は，モノづくりにおける品質管理だけではなく，ヒトづくりにおける教育方法や支援方法の開発や改善にも有効なのです（島宗, 2004）。

　本論文のようにヒューマンサービスにおける支援者の教育研修方法の開発をデータにもとづいて進める研究が，今後ますます増えるといいですね。

文　献

Alvero, A. M., Rost, K., & Austin, J. (2008). The safety observer effect：The effects of conducting safety observations. *Journal of Safety Research, 39 (4)*, 365-373.

外務省（2007）．障害者の権利に関する条約．http://www.mofa.go.jp/mofaj/Gaiko/treaty/shomei_32.html（2010年1月15日）

Glenn, S. S. (2004). Individual behavior, culture, and social change. *The Behavior Analyst, 27 (2)*, 133-151.

Hayes, S. C., Rosenfarb, I., Wulfert, E., Munt, E. D., Korn, Z., & Zettle, R. D. (1985). Self-reinforcement effects：An artifact of social standard setting? *Journal of Applied Behavior Analysis, 18*, 201-214.

島宗　理（2004）．インストラクショナルデザイン：教師のためのルールブック．米田出版．

杉山尚子・島宗　理・佐藤方哉・R. W. マロット・M. E. マロット（1998）．行動分析学入門．産業図書．

吉岡昌子（2010）．私信．

Application of Interdependent Group-Oriented Contingencies to Cleaning Behaviors of Students in an Elementary School: Effects of Class-wide Intervention and Social Validity

Yuichi Endo
Musashino Higashi First Kindergarten

Kenichi Ohkubo
Yoichi Gomi
Miyuki Noguchi
Naomi Takahashi
Sayaka Takei
Emi Takahashi
Fumiyuki Noro
University of Tsukuba

Abstract

Study objective: To examine effects of interdependent, group-oriented contingencies on cleaning behaviors of students in an elementary school. *Design*: An ABAB design and an AB design, in combination with a multiple baseline design. *Setting*: Regular classes of a public elementary school. *Participants*: Students in 2 fifth-grade classes (23 and 24 students, respectively). *Intervention*: Students who were cleaning the same place were divided into 2 groups; each group mutually evaluated the amount of litter. In order of this ranking, the groups could select their favorite place for cleaning next; they were also given a sticker. If the class-wide points exceeded a set criterion, back-up reinforcers were given to all students in that class. *Measure*: Rate of engagement in cleaning behavior, the score on "cleaning level," and the time taken until all group members met at the cleaning place. *Results*: When the intervention was implemented, rates of engagement and cleaning-level scores increased, and the time until all group members met in the cleaning place decreased. *Conclusion*: Application of interdependent group-oriented contingencies to behavior management in this regular class setting was effective. We also verified social validity.

Key words: interdependent group-oriented contingencies, cleaning behavior, social validity, elementary school regular class

---

小学校の清掃場面における相互依存型集団随伴性の適用
──学級規模介入の効果と社会的妥当性の検討──

武蔵野東第一幼稚園　遠藤佑一
筑波大学　大久保賢一・五味洋一・野口美幸・高橋尚美・竹井清香・高橋恵美・野呂文行

研究の目的　本研究では，小学校の清掃場面において相互依存型集団随伴性マネージメントによる介入を行い，学級全体の清掃行動に及ぼす影響について検討することを目的とした。**研究計画**　ABAB デザイン，AB デザイン，そして多層ベースラインデザインを

組み合わせて用いた。**場面** 公立小学校の通常の学級において本研究を実施した。**参加者** 小学5年生の2つの学級の児童が本研究に参加した。2つの学級の児童数はそれぞれ23名，24名であった。**介入** それぞれの清掃場所において，担当している児童を2つのグループに分け，残されていたゴミの数や大きさについて相互に評価を行った。評価得点の高いグループから好きな場所を次の清掃場所として選択することができ，順位に応じてシールが与えられた。さらに，学級全体の獲得得点が基準を超えた場合は，学級全体に対してバックアップ強化子が与えられた。**行動の指標** 清掃行動に従事していた人数の率，清掃場所の「きれい度」，そしてグループのメンバーが集合するまでの所要時間を測定した。**結果** 介入条件において清掃行動の従事率が増加し，「きれい度」が高まり，集合するまでの時間が短縮された。また，児童と教師の両方からプログラムに対する肯定的な評価が得られた。**結論** 通常学級における行動マネージメントに，相互依存型集団随伴性の適用が有効であった。また，手続きの社会的妥当性も示された。

Key words：小学校，通常学級，相互依存型集団随伴性，清掃活動，社会的妥当性

はじめに

学校場面における児童生徒の行動変容に影響を及ぼす最も大きな資源として仲間グループがある。そして仲間グループが，児童生徒の学業面，社会面における成果を促進する潜在的な効果をもつことが注目されている（Greenwood & Hops, 1981）。そのような，仲間グループを活用し，グループ全体を対象に介入する方法として，集団随伴性（group-oriented contingency）を用いた手続きがある。

集団随伴性とは，ある特定の行動に対する強化が，集団の特定のメンバーあるいは全員の遂行に応じて集団に与えられることをいう（小島・氏森，1998）。集団随伴性を利用した介入は，同時に複数の対象者の行動変容を扱うため，より経済的で効率的な支援が可能になるといえる。また，教員の多くは行動マネージメントのプログラムを実行する際に，特定の児童を選んで介入するよりも，学級全体に対して介入することを好むことが報告されている（Fantuzzo & Rohrbeck, 1992；Tankersley, 1995）。さらに，集団随伴性によって標的行動の改善が示されるのみならず，副次的効果として，直接訓練していない援助的な行動や肯定的な相互交渉が集団内に生起するという報告もある（Greenwood & Hops, 1981；小島・氏森，1998；小島，1999）。

Litow and Pumroy（1975）によれば，集団場面における強化随伴性は，強化子の提示方法によって，「非依存型」，「依存型」，そして「相互依存型」の3つに分類される。「非依存型」を用いた手続きでは，集団場面内であっても個人の遂行結果に基づき，その個人に強化子が提示される。集団場面であっても個人単位で強化が与えられることから「個人随伴性」と呼ぶ研究者も多い（小島，2000）。「依存型」では，グループの中から選出された特定のメンバーの遂行結果によって，グループ全体の強化が決定される。また，「相互依存型」では，グループ全体の遂行結果によってグループ全体の強化が決定される。小島・氏森（1998）は，集団随伴性が適用されているこれまでの研究においては，標的行動の種類に関わらず，相互依存型が多く採用される傾向にあることを指摘している。Levering, Turner, Henry, and Skinner（2000）は，相互依存型集団随伴性の特徴として，自分自身の遂行だけではなく，仲間にも基準を達成することが求められるため，グループメンバーは共同で作業をすることが必要となり，また，お互いを信頼することが必要となることをあげている。

このような集団随伴性の応用可能な場面の1つとして，学校場面，特に通常の学級場面が想定できる。文部科学省（2006）の調査によれば，我が国における平成18年度の1学級あたりの平均児

童・生徒数は，小学校が25.9人，中学校が30.4人であった。通常の学級における児童生徒の行動マネージメントは，主に担任教師が1人でその役割を担うことから，効果とともに効率性が求められるといえる。

通常の学級場面をフィールドとした集団随伴性に関する先行研究は，Barrish, Saunders, and Wolf (1969) の「Good Behavior Game」に始まり，近年では小学4年生の社会科の授業において，相互依存型集団随伴性とピア・チュータリングを適用し，課題従事行動の増加と学業成績の改善を示した研究 (Lo & Cartledge, 2004)，小学6年生の体育の授業において依存型の集団随伴性を適用し，対象児童の援助行動の増加と場面間般化を示した研究 (Vidoni & Ward, 2006) などが報告されている。また，Lewis, Powers, Kelk, and Newcomer (2002) においては，450名の児童を対象に全校規模において相互依存型集団随伴性を適用し，児童の運動場における問題行動が低減したことが報告されている。さらに，stage and Quiroz (1997) は，教室内における問題行動の低減を標的とした99の研究を対象にメタ分析を行い，16種類の介入方法の中で，集団随伴性手続きの効果サイズが最も大きかったことを報告し，集団随伴性手続きの有効性を示している。しかしながら，これまで我が国においては学校場面をフィールドとして，集団随伴性を適用した研究は小島 (2001)，大久保・高橋・野呂・井上 (2006) などの報告しかない。このようなことから，我が国においても学校場面，特に効果的かつ効率的な行動マネージメントの方略が必要とされる通常の学級場面で，集団随伴性手続きを用いた実践を積み重ね，成果を示すことには意義があると考えられる。

本研究においては，通常の学級における活動の中でも特に清掃場面に着目した。清掃活動は1学級で複数の清掃場所を担当することから，担任教師1人が学級の全児童の行動観察を行うことが困難な活動である。その点で，複数の児童の行動マネージメントを，教師が1人で効率的に実施することができる集団随伴性手続きが適用可能な場面であると考えられた。また，清掃活動はメンバーが互いに協力する必要があり，集団随伴性手続きの中でも相互依存型集団随伴性が適していると考えられた。以上のことから，本研究では小学校の清掃場面において相互依存型集団随伴性手続きを適用し，学級全体の清掃行動に及ぼすその効果について検討することを目的とした。

また，標的行動の変容が生じたとしても，それが介入を受けた子どもを取り巻く社会的環境内にいる人々に意味のある変容と認識されているかチェックされなければならない (Kazdin, 1977；Wolf, 1978)。集団随伴性の社会的妥当性を示した研究としては，Greenwood, Hops, Walker, Guild, Stokes, Young, Keleman, and Willardson (1979) や Tingstrom (1994)，そして Elliott, Turco, and Gresham (1987) などがあり，対象者の手続きに対する高い評価が報告されている。しかし，これまでに集団随伴性手続きの社会的妥当性を評価した研究は多くなく (小島・氏森, 1998)，我が国においてはほとんど報告がない。そこで本研究では，対象学級の児童と担任教師による手続きに対する社会的妥当性の評価結果も検討することとした。

方　法

研究期間

研究期間は5月から12月であった。

対象

本研究は公立小学校において実施した。本研究を実施した前年度から，対象校からの依頼を受け，大学研究室のスーパーヴァイザー（第8著者）と7名の学生スタッフ（第1～第7著者）が定期的に小学校を訪問し，教員研修や児童の支援に参加していた。原則的に7名の学生スタッフのうちの1～3名が，月曜日から金曜日までのそれぞれの日に小学校を訪問していた。本研究で対象としたのは，特に清掃場面に対する支援ニーズがあげら

表1 清掃活動の場所とグループ編成

	場所	ベースライン条件	最初の介入条件以降
A学級	教室	1グループ	2箇所に分割して2グループ
	体育館	1グループ	2箇所に分割して2グループ
	家庭科室，PTA室，パソコン室	1グループがローテーション	それぞれ2箇所に分割して2グループ
B学級	教室	3グループ	2箇所に分割して2グループ
	教室前廊下	1グループ	2箇所に分割して2グループ
	職員室前廊下	3グループ	2箇所に分割して2グループ
	体育館前通路	1グループ	2箇所に分割して2グループ
	ゴミ捨て場	1グループ	2箇所に分割して2グループ
	保健室	2グループ	保健室と音楽室のそれぞれを1グループにして対にした
	音楽室	1グループ	

れていた5年生の2学級（以下それぞれの学級をA学級，B学級とする）であった。A学級の児童数は23名（研究期間中に1名の児童が転校し，22名となった），B学級の児童数は24名であった。A学級の担任教師は30歳代の男性であり，教員歴は13年であった。B学級の担任教師は40歳代の女性であり，教員歴は22年であった。なお，本研究を開始するにあたっては，学校長から研究の実施と研究成果の公表に関するインフォームド・コンセントが得られていた。

セッティング

小学校の清掃場面を対象とした。清掃は原則的に昼休み終了後20分間行われていた。A学級，B学級それぞれの清掃場所を表1に示す。研究開始前にそれぞれの学級において，清掃担当のグループが編成されていたが，本研究の手続きにグループ間で互いに評価することが含まれていたため，担任教師と話し合いを行い，清掃場所が近いグループ同士が対になるようグループを再編成した。第1介入条件以降は再編成したグループで清掃活動を行った。

問題の同定と手続きの選定

研究開始時に第1著者が担任教師と話し合いを行い，清掃活動に対する担任教師の指導方針と清掃活動の現状について聞き取りを行った。その結果，1）児童は清掃活動に従事せずにふざけて遊んでいることが多い，2）担任教師は時々児童を叱責し，その後児童は一時的に清掃活動を頑張るが長続きしない，3）児童の清掃活動に対する担任教師の賞賛や注意，叱責といったフィードバックは明確な基準に基づいているわけではなく，必ずしも一貫したものではなかったことが明らかとなった。そして，児童の適切な清掃活動に対して肯定的なフィードバックを行い，系統的な行動マネージメントの方法を立案するために，担任教師と意見を交換し具体的な手続きを立案した。

標的行動と結果の算出

1～3名の大学スタッフが観察者として，週あたり3～4日分のデータを収集した。標的行動の操作的定義およびデータ収集と結果の算出方法を以下に示す。

従事率 清掃活動への従事は，雑巾，塵取り，ほうき，清掃機，またはバケツを持ち，それらを適切に使用することと定義した。観察者は，あらかじめ決めておいた時刻に各清掃場所へ行き，定義された清掃行動に従事していた人数を測定した。なお，1日の観察ですべての清掃場所について観察を行い，各清掃場所を観察する時刻は，児童に予測できないように毎回ランダムに変更した。従事率は，従事していた人数／清掃場所にいたグループメンバーの人数×100という数式で算出した。また，全グループの従事率の平均を求め，学級全体の従事率を算出した。

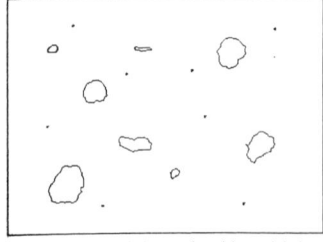

1点：1cm以上のゴミが3つ以上　　2点：1cm以上のゴミが1～2つ　　3点：1～0.5cmのゴミが3つ以上

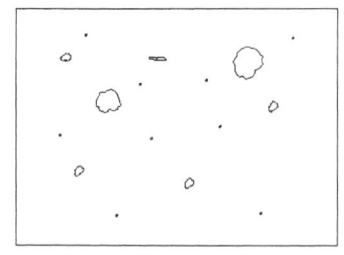

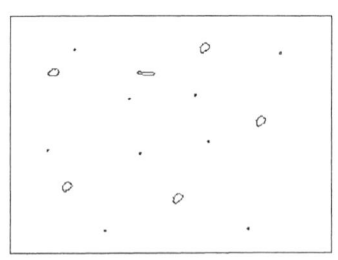

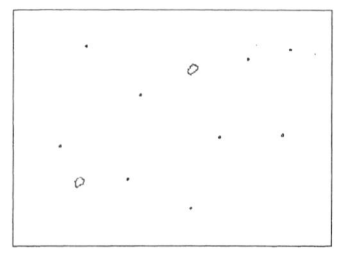

4点：1～0.5cm以上のゴミが1～2つ　　5点：0.5cm未満のゴミのみ

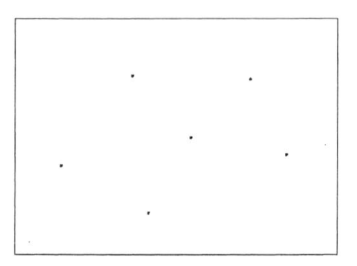

図1　「きれい度」の評価基準

「きれい度」　残っているゴミの大きさと数をもとに，5段階の評価基準を設定し，「きれい度」を操作的に定義した。5段階評価の基準は担任教師と第1著者の話し合いにより定めた。5段階評価の基準を図1に示す。また，各清掃場所をわかりやすい目印（柱や窓や床のシールなど）を基準に数箇所（10～26箇所）に区分けし，観察者はそのうちランダムに選出したおよそ4割の箇所（4～11箇所）の「きれい度」を評価した。清掃場所の区分けの例を図2に示す。また，全グループの「きれい度」の平均を求め，学級全体の「きれい度」を算出した。

グループのメンバー全員が集合するまでの時間　メンバー全員が集合するまでの時間の定義は，清掃開始時刻からグループ全員がそうじ道具を持つまでの時間とした。観察者は1日につき1つの清掃場所をランダムに抽出し，メンバー全員が集合するまでの時間を測定した。なお，観察者は従事率のデータも収集する必要があったため，1つの清掃場所に留まれる時間に限りがあった。そのため，5分を上限とし，それ以上の時間はすべて「5分」として記録した。時間は分単位で記録し，例えば1分から2分の間はすべて「2分」と記録した。清掃開始時刻より前に全員が集合していた場合は「0分」と記録した。

実験デザイン

本研究では学級間多層ベースラインデザインを用いた。またA学級に対してはABABデザインを，B学級に対してはABデザインを組み合わせて用いた。

手続き

ベースライン条件　観察者が20分間の清掃場面を観察した。観察者は児童の清掃活動の遂行に関して，一切のコメントをしなかった。また，担任教師に対しては「普段通りに」対応するよう依頼した。

介入条件　1）児童が行う「きれい度」の評価：全20分の清掃時間のうち15分間を清掃，5分間を評価の時間とした。評価の時間においては，あらかじめ決めておいた対になるグループが，互いの清掃場所の「きれい度」を評価した。児童には「きれい度」の評価をグループメンバー全員で行うよう教示した。また著者らは，それぞれの清掃場所において，あらかじめランダムに3つの評

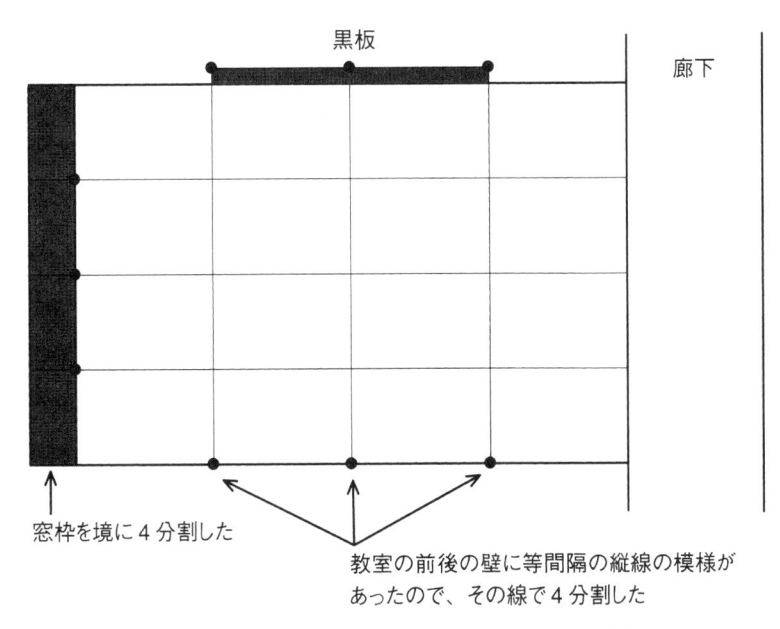

図2 「きれい度」評価のための清掃場所の区分け例（教室）

価箇所を抽出し，その箇所を記載した用紙が収納されたファイルを各グループに手渡した。グループメンバーはそのファイルを参照して，それぞれの清掃場所において3つの評価箇所の評価を行った。

2）各清掃グループの遂行結果に基づく相互依存型集団随伴性：児童が評価した「きれい度」の評価点は原則的にその日の「帰りの会」で発表され，教室内に掲示されてあるグラフ用紙（図3の左側）にその場で記録された。週の終わりに得点を集計し，1週間の累積得点が高いグループから順に次の週の清掃場所を選択することができた。また，順位に応じて児童は希望するシールを担任教師から獲得することができた。

3）学級全体の遂行結果に基づく相互依存型集団随伴性：1ヶ月を単位として，児童が評価した「きれい度」の得点が，全グループ6割以上（15点満点の場合9点以上）であった日数が，清掃があった日数の7割を超えた場合，学級全体に対するバックアップ強化子が提示された（図3の右側参照）。バックアップ強化子の選択肢は，担任教師と第1著者が話し合い，「児童みんなが喜び，学級の活動の中で実行可能」という基準に基づき

決定した。児童はバックアップ強化子として，「1日自由な席にすわれる」，「お茶会」，「お楽しみ会」，「屋上で給食」の中から1つを選択することができた。バックアップ強化子は，学級での児童の話し合いによって選択された。

4）練習期間：最初の介入条件を開始する前に，「帰りの会」において第1著者と担任教師が，図1と同様の内容を示した写真刺激を提示し，「きれい度」の評価基準を児童に教示し，集団随伴性手続きに関する説明を行った。その後1週間，児童は実際の清掃場面において「きれい度」を評価する練習を行った。練習期間中は，学生スタッフや担任教師が各清掃場所を巡回し，評価箇所などに関して児童からの質問に答えた。また練習期間中，ゴミを意図的に集め過度に厳しく評価する児童がいたので，そのままの状態で観察を行い「きれい度」を評価するよう修正を行った。この1週間の練習期間が終了した時点で，再び児童に集団随伴性手続きに関する説明を行い，その次の日から介入条件（「各清掃グループの遂行結果に基づく相互依存型集団随伴性手続き」と「学級全体の遂行結果に基づく相互依存型集団随伴性手続き」）を開始した。

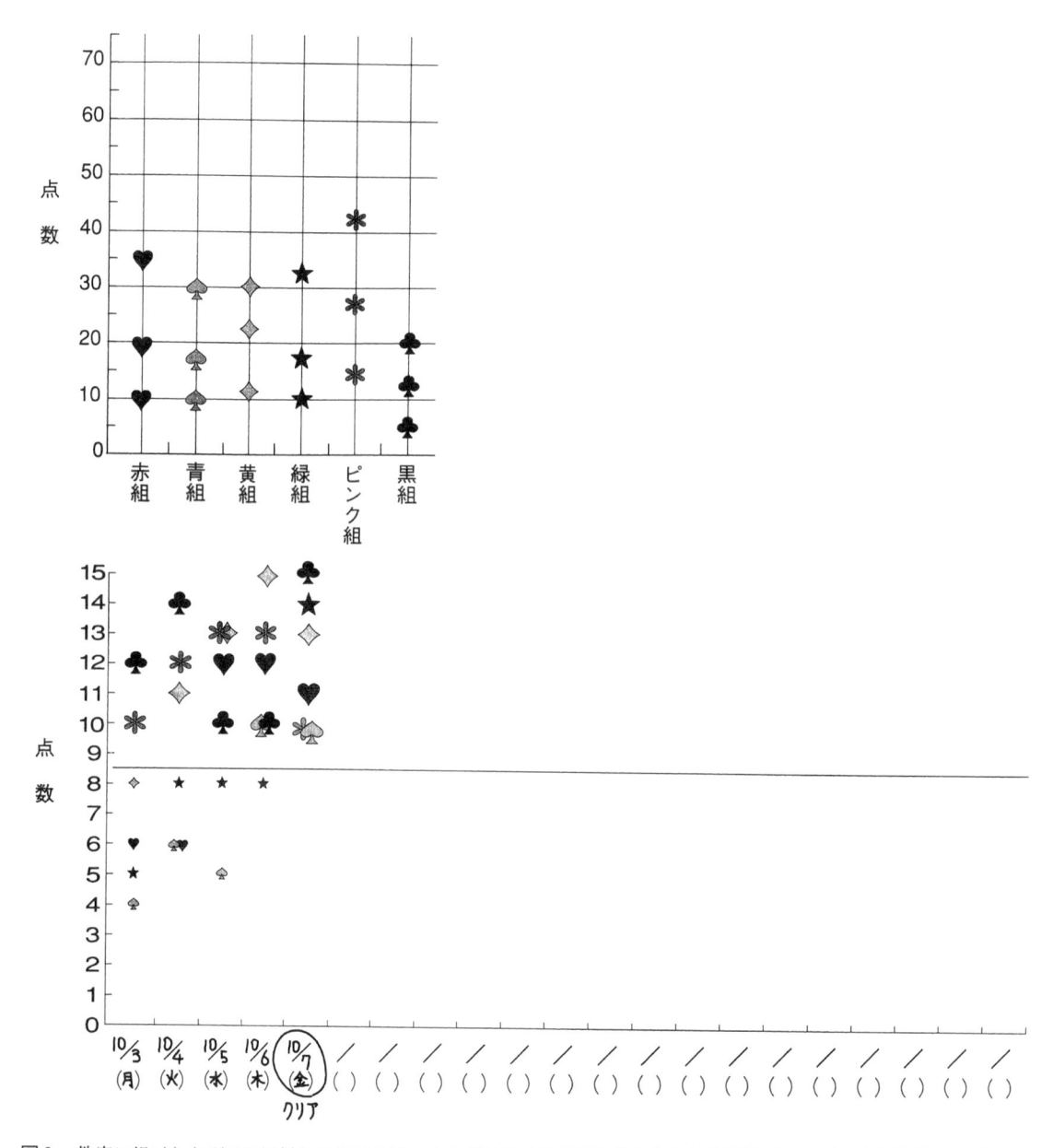

図3 教室に掲示したグラフ用紙とその記入例。上のグラフは1週間を単位とした各清掃グループの遂行結果を示すためのグラフ。横軸は各グループのグループ名を示し，縦軸は累積得点を示す。下のグラフは1ヶ月を単位とした学級全体の遂行結果を示すためのグラフ。横軸は日付を示し，縦軸はそれぞれの日における各グループの得点を示す。また，達成基準を横線で示してある。それぞれのグラフには，各グループ名に対応する色のカラーシールを貼り，遂行結果を記録した（実際に用いたカラーシールは全て円形であったが，本誌面上では色によるシールの区別が困難であると考えられたので，図中では，シールの違いを表現するために，各グループごとのシールの形を変えて表記した）。

第2ベースライン条件（A学級のみ） 前述した集団随伴性手続きを撤去し，ベースライン条件と同様の条件に戻した。ただし，清掃場所や清掃グループの編成は介入条件のままであった。

第2介入条件（A学級のみ） 介入条件と同様で あった。ただし，「きれい度」や集団随伴性手続きに関する教示や練習期間は省いた。

信頼性の算出

全観察日のおよそ10％において，独立した2

名の観察者が観察を行い，一致率を算出した。一致率は，評価項目の一致した数／全評価項目の数×100という数式により算出した。観察は，行動観察のトレーニングを受けた大学院生と大学生（第1～第7著者）が行った。一致率は，従事率において100％，「きれい度」において84.3％，そしてメンバー全員が集合するまでの時間において100％であった。

社会的妥当性の評価

社会的妥当性を評価するために，第1介入条件終了後に児童に対してアンケート調査を実施した。また，A学級においては第2介入条件終了後に，B学級においては第1介入条件終了後に担任教師に対してアンケート調査を実施した。

児童に対するアンケート アンケート項目は①ルールはわかりやすかった，②前よりもそうじをするようになった，③実際そうじ場所がきれいになった，④そうじすることを（友達に）呼びかける言葉がけが増えた，⑤友達からはげまされた，⑥友達から悪口を言われて嫌な気持ちになった，⑦そうじをして部屋がきれいになることが好きになった，⑧友達からのプレッシャーを感じてつらかった，⑨そうじについて友達からほめられた，⑩グループメンバーへの信頼度が高くなった，⑪そうじ大作戦をもっとやりたい，という11項目であり，「とてもそう思う」から「全くそう思わない」までの7件法によって評価された。また，本研究のプログラムに対する感想を自由記述により求めた。

担任教師に対するアンケート アンケート項目は①清掃をするということは学校生活の中でも重要である，②現在の教育体制の中で無理なく取り組むことができるプログラムであった，③使用材料の準備等，すべて担任で行う場合，負担が大きいと思う，④児童にとって受け入れやすいプログラムであったと思う，⑤先生にとって受け入れやすいプログラムであった，⑥このプログラムは児童にとって負担であったと思う，⑦担任による清掃指導の負担が少なくなった，⑧児童に清掃を促す上でこのプログラムが効果的であった，⑨このプログラムを実施することで叱ることが少なくなった，⑩このプログラムのルールはわかりやすかった，⑪児童の清掃の技術があがったと思う，⑫このプログラムの結果に満足することができた，⑬今後機会があればこのプログラムを使用してみたいと思う，という13項目であった。各項目は「とてもそう思う」から「全くそう思わない」までの7件法によって評価された。

結　果

標的行動の推移について

それぞれの標的行動の推移を図4に示す。また，基準を達成した学級全体への強化として，A学級においては7月に「1日座席の位置が自由」が，B学級においては11月に「1日好きな時間割りを組む」という強化が学級の話し合いにおいて決定され，それぞれ1回ずつ実施された。

清掃行動への従事率 A学級の第1ベースライン条件における従事率は平均59.5％であった。また，その範囲は34％から82％までであり不安定であった。第1介入条件における従事率は平均81.9％であった。7月6日の従事率が44％と下降したが，それ以外の日は1回目のベースライン条件よりも高い従事率を示した。次に，第2ベースライン条件における従事率は平均54.6％であった。第1介入条件よりも低く，第1ベースライン条件とほぼ同水準であった。そして，第2介入条件においては従事率は平均74.9％であり，1回目の介入条件と同水準であった。B学級のベースライン条件における従事率は平均70.4％であった。また，介入条件における従事率は平均88.1％であった。

観察者が評価した「きれい度」 A学級の第1ベースライン条件における評価点は平均3.7点であった。第1介入条件における評価点は平均4.2点であり，ベースライン条件よりやや高い水準で推移した。第2ベースライン条件における評価点は平均3.3点であり，第1介入条件を下回り，また

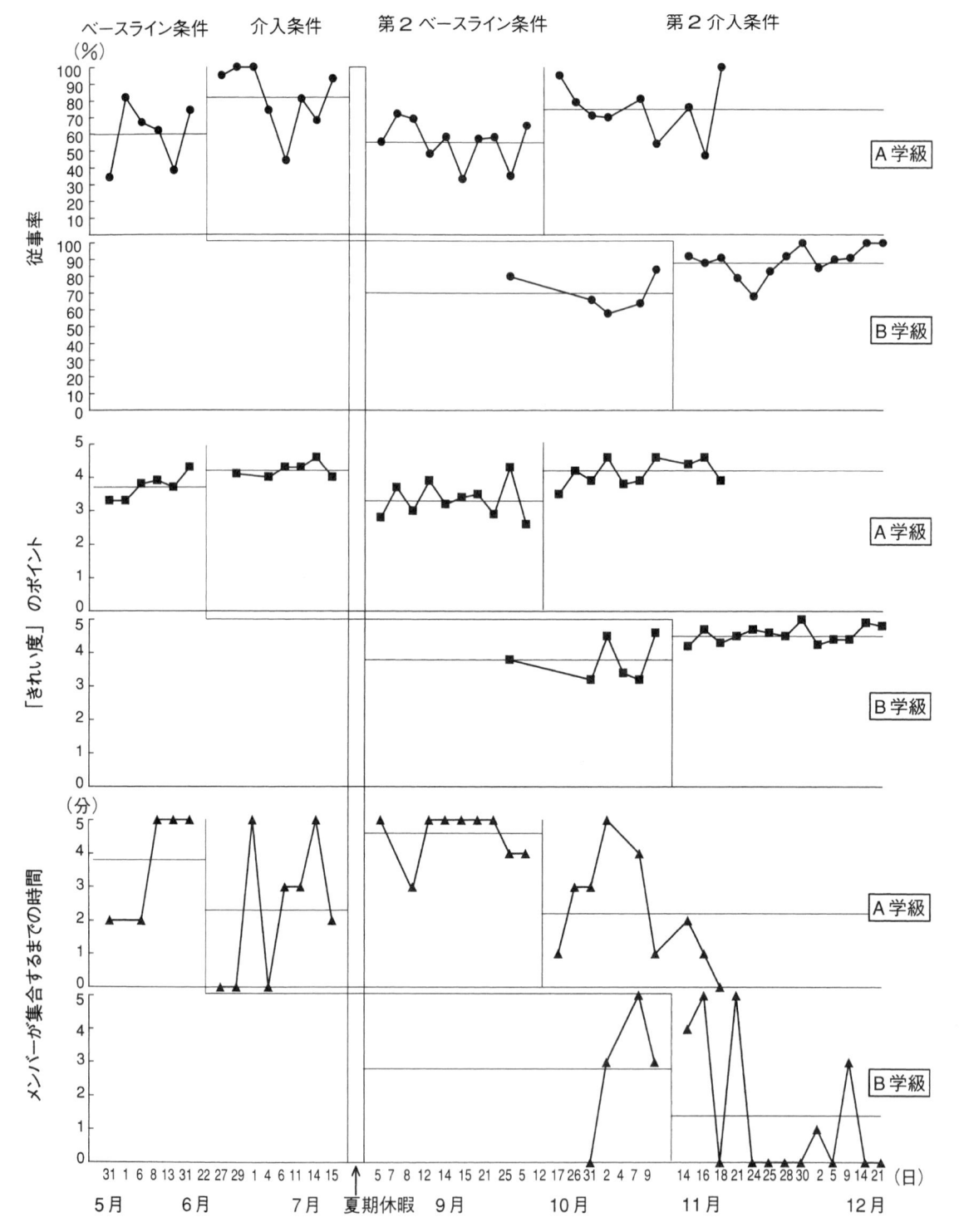

図4 清掃行動における従事率，観察者が評価した「きれい度」，集合するまでの時間の推移。各フェイズにおける横線は平均値を示している。

表2 参加児童に対するアンケートの結果

アンケート項目	7～6点	5～3点	2～1点
①ルールは分かりやすかった	35 (76.1%)	7 (15.2%)	4 (8.7%)
②前よりもそうじをするようになった	38 (82.6%)	6 (13.0%)	2 (4.3%)
③実際そうじ場所がきれいになった	36 (78.3%)	8 (17.4%)	2 (4.3%)
④そうじすることを呼びかける言葉がけが増えた	30 (65.2%)	13 (28.3%)	3 (6.5%)
⑤友達からはげまされた	19 (41.3%)	19 (41.3%)	8 (17.4%)
⑥友達から悪口を言われて嫌な気持ちになった	9 (19.6%)	10 (21.7%)	27 (58.7%)
⑦そうじをして部屋がきれいになることが好きになった	32 (69.6%)	11 (23.9%)	3 (6.5%)
⑧友達からのプレッシャーを感じてつらかった	6 (13.0%)	12 (26.1%)	28 (60.9%)
⑨そうじについて友達からほめられた	9 (19.6%)	25 (54.3%)	12 (26.1%)
⑩グループメンバーへの信頼度が高くなった	24 (52.2%)	16 (34.8%)	6 (13.0%)
⑪そうじ大作戦をもっとやりたい	38 (82.6%)	4 (8.7%)	4 (8.7%)

n=46

とてもそう思う=7点,だいたいそう思う=6点,少しそう思う=5点,どちらともいえない=4点,少しそう思わない=3点,だいたいそう思わない=2点,全くそう思わない=1点

第1ベースライン条件よりやや低い水準で推移した。第2介入条件では評価点は再度上昇し,平均4.2点であった。B学級のベースライン条件では評価点は平均3.8点であった。介入条件における,評価点は平均4.5点でありベースライン条件より高い水準で安定して推移した。

グループのメンバー全員が集合するまでの時間 A学級の第1ベースライン条件における集合までの所要時間は平均3.8分であった。始めの2日は2分以内にメンバーが集合できていたが,後の3日は5分以内に集合することができなかった。第1介入条件では,集合までの所要時間は平均2.3分であり,第1ベースライン条件よりも集合までの時間は短縮された。しかしながら,フェイズ全体を通して不安定な結果であった。第2ベースライン条件においては,集合までの所要時間は平均4.6分であり,第1ベースライン条件とほぼ同水準であった。第2介入条件における集合までの所要時間は平均2.2分であり,第1介入条件とほぼ同水準であった。また,第1介入条件と同様に不安定さを示したが,フェイズ全体としては下降傾向を示した。B学級のベースライン条件の集合までの所要時間は平均2.8分であった。介入条件の集合までの所要時間は平均1.4分であり,ベースライン条件よりも集合までの時間は短縮された。

フェイズの前半は不安定であったが,後半においてはほぼ安定して1分以内に集合することができていた。

社会的妥当性について

児童に対するアンケートの結果 児童に対するアンケート調査の結果を表2に,また児童の自由記述の例を表3に示す。ルールの理解度に関する項目①と手続きの効果に関する項目③では,7～6点を選択した児童が最も多かった。清掃活動における肯定的な変化に関連した項目である②,④,⑦では,7～6点を選択した児童が最も多く,項目⑤の「友達からはげまされた」では,7～6点を選択した児童と5～3点を選択した児童がそれぞれおよそ4割いた。項目⑨の「清掃について友達からほめられた」では,5～3点を選択した児童が最も多く,項目⑩の「グループメンバーへの信頼度が高くなった」では,7～6点を選択した児童が一番多かった。否定的な副次的効果に関連した項目⑥と項目⑧では2～1点を選択した児童が最も多かったが,7～6点を選択した児童も全体の1割から2割存在した。そして,項目⑪の「そうじ大作戦をもっとやりたい」では,7～6点を選択した児童が最も多かった。また,自由記述においては,児童から概ね肯定的なコメントが

表3 参加児童の自由記述の例

・もう少し時間がほしかった。
・とってもとっても楽しかった。遠藤先生（第1著者）ありがとう。
・すごい楽しかった。いつもよりきれいになった。
・グループの人と他のグループの人がケンカしたのが，ちょっといやになった。あのファイルがこわれた時は，とてもいやになって，遠藤先生にめいわくがかかってしまったので，続けても，続けなくてもどちらでもいいと思う。
・たのしい。
・そうじ大作戦をやってからそうじをよくするようになって，きれいになった。
・教室に半分のところにテープや線をかいてもらいたい。
・おそうじ大作戦をやって，おそうじが楽しくなりました。遠藤先生は，夜もねないで，道具を作ってくれたり用意してくれたのが，感どうしました(^o^) また，おそうじ大作戦をやりたいです！
・競争のようで楽しかった。
・1位をとりたくて，きれいに，そうじすると，点数もたくさんとれるし，そうじ場所もきれいになるから一石二鳥だと思いました。それと，前より，いっしょうけんめいやることができるようになった。
・はじめは，ぜんぜんやりたくなかったけど，やってみて，すこしだけたのしかった所もあった けど，やはり，ルールは分からないし，ふつうのそうじの方がよかった。
・そうじ大作戦をやってよかったと思います。プレッシャーをすこし感じましたが，グループの信らいが増えました。これからもそうじ大作戦をしていきたいです。
・このそうじをしてみて前よりは，楽しくできた。これからもこういうたのしいそうじをきれいにがんばってやりたい。
・とてもそうじが好きになってきた。

得られたが，一部で「ルールがわかりにくかった」などの否定的なコメントもあった。

担任教師に対するアンケートの結果 結果を表4に示す。質問項目③の「使用材料の準備等，すべて担任で行う場合，負担が大きいと思う」の項目に対してB学級の担任が「少しそう思う」と評価していたが，それ以外の項目においては肯定的な評価と高い受け入れ度が示された。

その他観察されたエピソードについて

介入期間中，両学級において，グループ間で清掃に取り組むよう互いに促し合う様子が観察され，特にA学級においては，早く清掃を終えたグループが他のグループを援助する様子が観察されることがあった。また，両学級において，担任教師が終わりの会などで，教室に掲示してあるグラフに基づき，児童の清掃活動に関してコメントする様子が観察されることがあった。

考　察

本研究では，小学校の清掃場面において相互依存型集団随伴性手続きによる介入を行い，学級全体の清掃行動に及ぼす効果について検討した。その結果，介入条件において清掃行動への従事率と「きれい度」の得点が増加し，グループメンバーが所定の清掃場所へ集合するまでの時間が短縮された。また，児童と教師の両方から手続きに対する肯定的な評価が得られた。

まず，本研究における手続きの効果についてであるが，従事率，「きれい度」，集合時間のすべての標的行動においてその効果が示された。手続きの中で直接的にフィードバックを行ったのは「きれい度」に対してのみであったが，従事率や集合時間といった「きれい度」の評価点を高めるために必要な行動も同様に改善傾向を示した。

従事行動と課題の遂行レベルに関して，Wolfe, Heron, and Goddard (2000) は，従事行動に対して強化を随伴させた結果，課題の遂行レベル（この研究の場合は学業成績）にはほとんど影響を及ぼさなかったことを報告している。本研究の場合はそれとは異なり，従事行動ではなく遂行レベルを示す「きれい度」の評価点に対して強化基準を設定した。その結果，従事行動，遂行レベルともに改善傾向を示した。遂行レベルに強化基準を設定した場合，強化を得るためには，従事

表4 担任教師に対するアンケートの結果

アンケート項目	A学級の担任教師	B学級の担任教師
①掃除をするということは学校生活の中でも重要である	とてもそう思う	だいたいそう思う
②現在の教育体制の中で無理なく取り組むことができるプログラムであった	だいたいそう思う	とてもそう思う
③使用材料の準備等，すべて担任で行う場合，負担が大きいと思う	だいたいそう思わない	少しそう思う
④児童にとって受け入れやすいプログラムであったと思う	とてもそう思う	だいたいそう思う
⑤先生にとって受け入れやすいプログラムであった	とてもそう思う	だいたいそう思う
⑥このプログラムは児童にとって負担であったと思う	だいたいそう思わない	だいたいそう思わない
⑦担任による掃除指導の負担が少なくなった	とてもそう思う	とてもそう思う
⑧児童に掃除を促す上でこのプログラムが効果的であった	だいたいそう思う	だいたいそう思う
⑨このプログラムを実施することで叱ることが少なくなった	とてもそう思う	少しそう思う
⑩このプログラムのルールは分かりやすかった	だいたいそう思う	少しそう思う
⑪児童の掃除の技術があがったと思う	だいたいそう思う	だいたいそう思う
⑫このプログラムの結果に満足することができた	だいたいそう思う	だいたいそう思う
⑬今後機会があればこのプログラムを使用してみたいと思う	だいたいそう思う	だいたいそう思う

行動を示しているだけでは不十分であり，強化基準を満たす遂行レベルを示す必要がある。したがって，そのために必要な一連の行動が強化されることになり，従事行動の増加や集合時間の短縮という結果につながったと考えられる。しかしながら，従事行動ではなく遂行レベルに強化基準を設定した場合，遂行するスキルのない者がメンバーの中にいると，そのメンバーが仲間からの個人攻撃を受けるなどして，強化システムがうまく機能しないという可能性が考えられる。また，あまりに課題が容易で短時間で完了できる場合，強化基準を満たした後の逸脱行動や不適切行動を許容することになるかもしれない。どのような行動次元に対して強化基準を設定するかについては，メンバーのスキルの有無などを事前にアセスメントし，介入計画を立案する段階で十分に検討しておく必要があると考えられる。

Greenwood and Hops (1981) においては，複数の集団随伴性を組み合わせた手続きが報告されていたが，本研究においても，グループ間の競争に勝つと強化される「各清掃グループの遂行結果に基づく相互依存型集団随伴性」と学級全体の得点が達成基準を満たせば強化される「学級全体の遂行結果に基づく相互依存型集団随伴性」という2つの集団随伴性が組み合わされていた。「きれい度」に対するフィードバックは，グループ間で相互に行われたが，児童が競争に勝つために他グループの評価を不当に低めるというエピソードは報告されなかった（しかし，児童の「きれい度」に対する評価の客観的な信頼性は，データ収集の不備のため算出することができていない）。それは，グループ間の競争だけでなく，学級全体の得点に対する強化も組み合わせることにより，学級内に「競争相手であるが，パートナーでもある」という関係性を構築することができたためであると考えられる。しかし，並立する2つの随伴性が実際にどのように機能したかは本研究のデザインからは客観的に明らかにすることができず，それらの検討は今後の課題としたい。

また，本研究の独立変数には，集団随伴性手続きの他に，清掃グループの再編成や児童に対する手続きの説明や教示，「きれい度」評価の練習など，結果に影響を与える可能性がある複数の変数が含まれていた。しかし，A学級の第2ベースライン条件に対して，集団随伴性手続きのみを付加した第2介入期においても改善傾向がみられた

ことから，集団随伴性手続きそのものの効果も示されたといえる。

集団随伴性の副次的効果として，自然発生的に集団内における社会的相互交渉や仲間の受容が促進されること（小島・氏森，1998）が指摘されているが，本研究においても早く清掃を終えたグループがまだ清掃を終えていないグループを自発的に援助する様子が観察された。また，客観的なデータは収集できていないが，担任教師の行動にも自然発生的な変容がみられた。例えば，研究開始前までの学級全体に対して叱責するという方法ではなく，掲示してあるグラフの結果に基づき，得点が下がっているグループに対しては客観的な指摘を行い，得点の高いグループに対しては賞賛するという様子が観察できた。このように児童を対象とした集団随伴性の手続きの一部が，教師の指導行動の弁別刺激や強化として機能し，教師の行動変容に影響していた可能性が考えられる。

次に社会的妥当性に関してであるが，参加児童は手続きの妥当性，効果，手続きの受け入れ度を全体的に肯定的に評価しており，また，担任教師も標的行動の妥当性，手続きの妥当性，効果，受け入れ度に関して全体的に肯定的に評価していた。これらのことから本研究において，通常学級場面での集団随伴性手続きの適用に対して，一応の社会的妥当性が示されたといえるだろう。一方で，「友達から悪口を言われて嫌な気持ちになった」や「友達からのプレッシャーを感じてつらかった」という質問に対して「とてもそう思う」「だいたいそう思う」を選択した児童がそれぞれ10％以上いた。通常学級における宿題提出行動を標的に相互依存型集団随伴性を適用した大久保ら（2006）も，6割程度の参加児童が何らかの重圧を感じ，1割程度の児童がクラスメイトから何らかの嫌がらせを受けたと感じていたことを報告している。仲間からの攻撃を避けるために，例えば，Alberto and Troutman（1999）は，グループ内の各メンバーに確実に標的行動を遂行する能力があることを確認しておくなどの，集団随伴性手続きを適用する際の注意事項を述べている。本研究の場合，メンバー全員が標的であった清掃行動を遂行可能であったと考えられるが，例えば手続きに関連する個人攻撃を抑制し，援助的な行動を推奨するような教示を事前に行っておいたり，個人攻撃に対してレスポンスコストを行うなどのルールを設定する（小島・氏森，1998）などして，ネガティブな副次的効果を軽減することが可能かもしれない。また，B学級の担任教師は，「使用材料の準備等，すべて担任で行う場合，負担が大きいと思う」という質問項目に対して，「少しそう思う」と回答していた。本研究においては，使用材料の作成など，手続き実施に必要な準備の大部分を大学研究室の学生スタッフが行ったが，今後はこのような準備の負担も含めた教師の受け入れ度を検討し，担任教師による実行可能性を検討する必要がある。またその上で，どのような教師支援が必要になるかについて明らかにする必要があるだろう。

Crone and Horner（2003）はユニバーサルな介入は全校生徒の80-85％に効果を示すと指摘しており，集団規模の介入と個別的な介入の組み合わせが必要であることを指摘している。本研究では，児童個人ごとのデータは収集していないため，本研究の手続きが，実際にどれくらいの割合の児童に正しく理解され，効果を示したのかは明らかでない。今後は，学級規模介入実施後の付加的な個別的支援についても検討していく必要がある。

本研究で用いた集団随伴性の手続きは，メンバーが協力し目的を達成することで互いに強化を受け合うという，学校場面に自然に存在する強化随伴性を明確な形で補強する機能を有していたと考えられる。今後は，さらに教育場面における他の様々な行動を標的とし，効果的で効率的な学校マネージメントを実現するための研究知見を積み上げることが課題である。

引用文献

Alberto, P. A. & Troutman, A. C. (1999). *Applied behavior analysis for teachers* (5th ed.). Upper Saddle River, NJ：Prentice-Hall. 佐久間徹・谷

晋二・大野裕史（訳）（2004）．はじめての応用行動分析（日本語第2版）．二瓶社．

Barrish, H. H., Saunders, M., & Wolf, M. M. (1969). Good behavior game：Effects of individual contingencies for group consequences on disruptive behavior in a classroom. *Journal of Applied Behavior Analysis, 2*, 119-124.

Crone, D. A. & Horner, R. H. (2003). *Building behavior support systems in schools：Functional behavioral assessment*. NY：Guilford Press.

Elliot. S. N., Turco, T. L., & Gresham, F. M. (1987). Consumers' and clients' pretreatment acceptability ratings of classroom group contingencies. *Journal of School Psychology, 25*, 145-153.

Fantuzzo, J. W. & Rohrbeck, C. A. (1992). Self-managed groups：Fitting self‐management approaches into classroom systems. *School Psychology Review, 21*, 255-263.

Greenwood. C. R. & Hops, H. (1981). Group-oriented contingencies and peer behavior change. In P.S. Strain (Ed.), *The utilization of classroom peers as behavior change agents*. NY：Plenum Press. pp.189-225.

Greenwood, C. R., Hops, H., Walker, H. M., Guild, J. J., Stokes, J., Young, K. R., Keleman, K. S., & Willardson, M. (1979). Standardized classroom management program：Social validation and replication studies in Utah and Oregon. *Journal of Applied Behavior Analysis, 12*, 235-253.

Kazdin, A. E. (1977). Assessing the clinical or applied importance of behavior change through social validation. *Behavior Modification, 1*, 427-451.

小島　恵（1999）．発達障害児集団における集団随伴性の効果―社会的スキルの獲得過程と自発的援助行動の出現に関する分析から―．学校教育学論集, 2, 29-39.

小島　恵（2000）．発達障害児・者における集団随伴性による仲間同士の相互交渉促進に関する研究の動向．特殊教育学研究, 38 (1), 79-84.

小島　恵（2001）．集団随伴性による発達障害児集団内の相互交渉促進に関する研究―知的障害児と自閉症児の比較から―．国立特殊教育総合研究所紀要, 28, 1-9.

小島　恵・氏森英亞（1998）．発達障害児・者における集団随伴性操作を扱った研究の動向―1980年代以降の文献を中心に―．東京学芸大学紀要　第1部門．教育科学, 49, 151-162.

Levering, K. K., Turner, H. E. S., Henry, J. R., & Skinner, C. H. (2002). Randomized interdependent group contingencies：Group reinforcement with a twist. *Psychology in the Schools, 36*, 523-533.

Lewis, T. J., Powers, L. J., Kelk, M. J., & Newcomer, L. L. (2002). Reducing problem behaviors on the playground：An investigation of the application of schoolwide positive behavior supports. *Psychology in the Schools, 39*, 181-190.

Litow, L. & Pumroy, D. K. (1975). A brief review of classroom group-oriented contingencies. *Journal of Applied Behavior Analysis, 8*, 341-347.

Lo, Y. & Cartledge, G. (2004). Total class peer tutoring and interdependent group oriented contingency：Improving the academic and task related behaviors of fourth-grade urban students. *Education & Treatment of Children, 27*, 235-262.

文部科学省（2006）．平成18年度学校基本調査．

大久保賢一・高橋奈千・野呂文行・井上雅彦（2006）．通常学級における宿題提出行動の増加を標的とした学級規模介入―相互依存型集団随伴性の効果の検討―．発達心理臨床研究, 12, 103-111.

Stage, S. A. & Quiroz, D. R. (1997). A meta-analysis of interventions to decrease disruptive classroom behavior in public education settings. *School Psychology Review, 26*, 333-368.

Tankersley, M. (1995). A group-oriented contingency management program：A review of research on the Good Behavior Game and implications for teachers. *Preventing School Failure, 40*, 19-24.

Tingstrom, D. H. (1994). The Good Behavior Game：An investigation of teachers' acceptance. *Psychology in the School, 31*, 57-65.

Vidoni, C. & Ward, P. (2006). Effects of a dependent group-oriented contingency on middle school physical education students' fair play behaviors. *Journal of Behavioral Education, 15 (2)*, 80-91.

Wolf, M. M. (1978). Social validity：The case for subjective measurement or how applied behavior analysis is finding its heart. *Journal of Applied Behavior Analysis, 11*, 203-214.

Wolfe, L. H., Heron, T. E., & Goddard, Y. L. (2000). Effects of self-monitoring on the on-task behavior and written language performance of elementary students with learning disabilities. *Journal of Behavioral Education, 10*, 49-73.

出典：遠藤佑一・大久保賢一・五味洋一・野口美幸・高橋尚美・竹井清香・高橋恵美・野呂文行（2008）．小学校の清掃場面における相互依存型集団随伴性の適用―学級規模介入の効果と社会的妥当性の検討―．行動分析学研究, *22*, 17-30.

▶▶▶コメント

集団随伴性によるアプローチの貢献と展開

兵庫教育大学

井澤信三

　行動分析学は，個人（個体）の行動に対する興味を重視し，三項随伴性（行動随伴性）といった理論的枠組みにより，行動の予測と制御をめざしています。個人内の時系列上の行動変化について，ABABデザインに代表されるような一事例の実験デザインを適用することによって，その因果関係を明らかにしようと試みます。一方，集団を対象としないのかという指摘に対する一つのアプローチが集団随伴性（group-oriented contingencies）にあります。

　集団随伴性とは，「ある特定の個人または集団の全員の遂行基準に応じて，集団への強化が随伴されること」であり（小島・氏森，1998），個々人の行動遂行に対する強化基準が集団に対する基準に依拠すると言えます。集団随伴性の強化基準は，依存型では「グループから選ばれた人の遂行結果」，相互依存型では「グループ全体の遂行レベル」を基準とし，(a)全員が基準レベルに到達すること，(b)平均値，(c)グループ内のある人の遂行成績（ランダムに抽出された遂行成績やグループの最高点・最低点等）があります（小島，2000）。

　本論文では，小学校における通常の学級（5年生）を対象に，相互依存型集団随伴性を適用しています。グループによる清掃活動に対する「きれい度」を強化基準とし，グループおよび学級全体を単位とする集団随伴性を適用しています。興味深い点の一つには，強化基準となる清掃活動の「きれい度」に対するフィードバックといった介入により，それに関連する清掃活動への従事率と集合時間の短縮が達成されている点です。もう一つは，児童に対するアンケートを実施し，その社会的妥当性を評価している点です。集団随伴性による副次的なポジティブ・サイドとしては，強化基準を満たすためのグループ内における相互的な「援助」「協力」「励まし」などがある一方で，ネガティブ・サイドとしては，グループ内における「攻撃」「叱責」などがあります。以上のような集団随伴性の適用がクラスメイト間の標的行動以外の行動にもポジティブに作用しているかどうか注意深く評価していくと同時に，望ましい社会的行動への強化の配置のような付加的な介入や，強化随伴のフェイドアウトのような自然な随伴性へと移行していくための介入も必要とされます。

　集団随伴性についての初期の研究では，Barrish, Saunders, & Wolf (1969) による行動問題低減の試みをはじめとし，Greenwood & Hops (1981) による仲間相互交渉促進への展開，Litow & Pumroy (1975) による文献的に検討したものがあります。本邦では，集団随伴性による仲間相互交渉の促進に関する研究（涌井，2003；2004），副次的な効果に焦点をあてた研究（涌井，2002）などがあります。

　これまで，特別支援教育の分野において顕著な実績を示してきた行動分析学による貢献が普通教育へ拡大することが期待されています（島宗，2007；武藤，2008）。集団随伴性手続きも，特別支援教育という文脈から，ユニバーサルデザインへと展開していくことが期待されます。たとえば，田中・鈴木・嶋崎・松見（2010）は，通常学級に

おける授業妨害行動の低減にむけて，他の技法との組み合わせを検討し，集団随伴性手続きの有効性を示しました。このような学級を対象とした適用研究により，「学級状態のアセスメント法」「標的行動の選定」「他の技法との効果的・効率的な組み合わせ」などの実践データの蓄積による検討が必要となります。加えて，技法の有効性だけでなく，行動分析学における理論的背景の学校現場における理解浸透も求められると考えられます。

文献

Barrish, H. H., Saunders, M., & Wolf, M. M. (1969). Good behavior game：Effects of individual contingencies for group consequences on disruptive behavior in a classroom. *Journal of Applied Behavior Analysis, 2*, 119-124.

Greenwood, C. R. & Hops, H. (1981). Group-oriented contingencies and peer behavior changes. In P. S. Strain (Ed.), The utilization of classroom peers as behavior change agents, New York：Plenum Press. pp.189-259.

小島　恵 (2000). 発達障害児・者における集団随伴性による仲間同士の相互交渉促進に関する研究の動向. 特殊教育学研究, *38 (1)*, 79-84.

小島　恵・氏森英亜 (1998). 発達障害児・者における集随伴性操作を扱った研究の動向―1980年代以降の文献を中心に―. 東京学芸大学紀要, *49*, 151-162.

Litow, M. & Pumroy, D. K. (1975). A brief review of classroom group-oriented contingencies. *Journal of Applied Behavior Analysis, 8*, 341-347.

武藤　崇 (2008). 特集「行動分析学による普通教育に対する寄与の拡大をめざして(2)」の発行にあたって（巻頭言）. 行動分析学研究, *22 (1)*, 2-3.

島宗　理 (2007). 特集号「行動分析学による普通教育に対する寄与の拡大をめざして(1)」の発行にあたって（巻頭言）. 行動分析学研究, *21 (1)*, 2-6.

田中善大・鈴木康啓・嶋崎恒雄・松見淳子 (2010). 通常学級における集団随伴性を用いた介入パッケージが授業妨害行動に及ぼす効果の検討―介入パッケージの構成要素分析を通して―. 行動分析学研究, *24 (2)*, 31-43

涌井　恵 (2002). 仲間同士の相互交渉に困難を示す児童への集団随伴性 (Group-oriented Contingency) による社会的スキル訓練：自発的な援助行動への副次的な効果も含めた分析. 発達障害研究, *24 (3)*, 304-315.

涌井　恵 (2003). 発達障害児集団における集団随伴性による仲間相互交渉促進に関する条件分析. コミュニケーション障害学, *20 (2)*, 63-73.

涌井　恵 (2004). 仲間モニタリングと集団随伴性を組み合わせた介入による社会的スキルと仲間同士の相互交渉の促進. LD研究, *13 (1)*, 66-77.

出典一覧

自閉児における刺激等価性の形成
山本淳一 — 行動分析学研究, 1, 2-20, 1986.

撮影行動の分析
藤　健一 — 行動分析学研究, 1, 22-30, 1986.

行動修正のコンテクスト
出口　光 — 行動分析学研究, 2, 48-60, 1987.

「あの人はどんな気持ち？」：聾精神遅滞者のサインおよび書字による感情表現語の獲得
望月　昭，野崎和子，渡辺浩志，八色知津子 — 行動分析学研究, 3, 1-20, 1988.

CRTディスプレイに累積記録を描く
友永雅己，藤田和生 — 行動分析学研究, 3, 51-60, 1988.

硬式野球におけるスローイング技能の改善―行動的コーチングの効果の分析―
安生祐治，山本淳一 — 行動分析学研究, 6, 3-22, 1991.

手術前呼吸練習プログラムの開発とその効果の検討
鎌倉やよい，坂上貴之 — 行動分析学研究, 9, 2-13, 1996.

応用行動分析とサイエンティスト・プラクティショナー・モデル
中野良顯 — 行動分析学研究, 9, 172-177, 1996.

スケジュール履歴効果の刺激性制御―教示と弁別性スケジュール制御の影響―
大河内浩人 — 行動分析学研究, 10, 118-129, 1996.

発達障害児の衝動性とセルフコントロール
嶋崎まゆみ — 行動分析学研究, 11, 29-40, 1997.

人間行動の変動性に及ぼす強化随伴性の効果
山岸直基 — 行動分析学研究, 12, 2-17, 1998.

知的障害者を対象とした食生活・運動習慣の形成と長期的維持：生活技能支援ツールによる日常場面での支援のあり方
高畑庄蔵，武蔵博文 — 行動分析学研究, 13, 2-16, 1998.

小規模なソフトウェア開発会社における企画提案思考ツールの開発と遠隔支援
島宗　理，磯部　康，上住嘉樹，庄司和雄 — 行動分析学研究, 14, 46-62, 1999.

単一事例実験データの分析方法としてのランダマイゼーション検定
山田剛史 — 行動分析学研究, 13, 44-58, 1998.

点字ブロック付近への迷惑駐輪の軽減―データ付きポスター掲示の効果―
佐藤晋治，武藤　崇，松岡勝彦，馬場　傑，若井広太郎 — 行動分析学研究, 16, 36-47, 2001.

強化量選択の行動経済学的研究：絶対強化量・体重レベル・経済環境の効果
　　伊藤正人，小林奈津子，佐伯大輔 ──────────────────────── 行動分析学研究, 16, 122-140, 2001.

行動分析学における"パーソナリティ"研究
　　望月　要，佐藤方哉 ─────────────────────────── 行動分析学研究, 17, 42-54, 2002.

ハトにおける他個体による刺激性制御─弁別刺激として異なる機能を持つ2羽の他個体による制御─
　　中鹿直樹 ───────────────────────────────── 行動分析学研究, 19, 137-147, 2004.

不登校を示した高機能広汎性発達障害児への登校支援のための行動コンサルテーションの効果─トークン・エコノミー法と強化基準変更法を使った登校支援プログラム─
　　奥田健次 ───────────────────────────────── 行動分析学研究, 20, 2-12, 2005.

聴覚障害学生に対するノートテイクの正確さと速さに及ぼす自己記録とフィードバックの効果
　　吉岡昌子 ───────────────────────────────── 行動分析学研究, 21, 106-115, 2007.

小学校の清掃場面における相互依存型集団随伴性の適用─学級規模介入の効果と社会的妥当性の検討─
　　遠藤佑一，大久保賢一，五味洋一，野口美幸，高橋尚美，竹井清香，高橋恵美，野呂文行
　　──────────────────────────────────── 行動分析学研究, 22, 17-30, 2008.

編集後記

行動分析学を味わうために

　本アンソロジーは，日本行動分析学会・学会創立三十年の記念事業の第1弾として企画・編纂されました。そして，本書は主に，行動分析学初学者の皆さんの「行動分析学的な研究とは，どのようなものなのか」という「問い」に具体的にお答えするために編纂されました。しかし「心理学の研究方法論は，定量的か，定性的かの違いくらいで，どの分野もほとんど同じだろう」と考えている方もいるかもしれません。つまり，「行動分析学的な研究とは，どのようなものなのか」という「問い」を持つこと自体が，すでに行動分析学を「選択」するか否かという状況にさらされていることを意味しているのです。

　本書に掲載された論文は，哲学，理論，基礎実験，応用実験，実践と多岐にわたります。また，テーマとして扱っている内容も多岐にわたっています。そして，論文の掲載順は時系列です。一見すると，統一感がなく，雑多で，不親切な印象を受ける方もいるかもしれません。おそらく，このようなアンソロジーとしては，その編纂方針からして一般的なものとは言い難いものでしょう。もちろん，これは，編者が奇をてらったわけでも，手を抜いたわけでもありません。そうではなく，「好き嫌いを言わずに，頭からバリバリと食べていくことで，『魚』の味が分かるようになる」といった構成になっているのです。つまり，行動分析学（あるいは行動分析学的な研究）を帰納的に理解してもらえるようになっているのです。さらに，各論文にはコメントが付されています。これは，本アンソロジーを編纂するにあたって，新たに作成されたものです。それによって，その論文の奥行きや広がりを味わえるようにもなっています。また，その際に，他の行動分析学研究に掲載された論文を読みたいという方は，「NII 論文情報ナビゲータ（CiNii）」から，その「全文」がダウンロードできます（年次大会の発表論文集も同様にダウンロード可能）。また，代表的な行動分析学の欧文雑誌も，以下のURLから無料で「全文」ダウンロード可能となっています。是非，ご利用ください。

Journal of the Experimental Analysis of Behavior
(http://seab.envmed.rochester.edu/jeab/)
Journal of Applied Behavior Analysis
(http://seab.envmed.rochester.edu/jaba/)
The Behavior Analyst
(http://www.ncbi.nlm.nih.gov/pmc/journals/557/)

　ここで，読者の皆さんに，行動分析学を帰納的に理解するためのお願いがあります。それは，本書を読み通した後，本書に掲載されている論文を基に，是非，

行動分析学的な研究を実施してみてください，ということです。実際に研究しなければ「その帰納的な理解は達成されない」と言えるからです。もし，独りでは研究を開始するのが難しいということでしたら，学会ホームページ（http://www.j-aba.jp/）までお問い合わせください。

　最後に，本アンソロジー編纂にあたって，新たにコメントを付すことにご協力いただいた執筆者の先生方に，この場をお借りして感謝申し上げます。ありがとうございました。

　　　2010 年 3 月 15 日

日本行動分析学会 出版企画委員会委員長
武藤　崇

編者略歴

藤　健一（ふじ　けんいち）　　立命館大学文学部・心理学研究科 教授

静岡県生まれ。
学歴：1972 年立命館大学文学部哲学科心理学専攻を卒業，1974 年中京大学大学院文学研究科心理学専攻修士課程を修了（文学修士）。
職歴：1975 年に立命館大学文学部助手，1979 年文学部助教授，1992 年より現職。
著書・訳書に『心理学―経験と行動の科学』（分担執筆，ナカニシヤ出版，1988），『動機づけの基礎と臨床』（分担執筆，川島書店，1993），『心理学概説―心と行動の理解』（共著，培風館，1997），『パピーニの比較心理学―行動の進化と発達』（分担翻訳，北大路書房，2005）などがある。

望月　昭（もちづき　あきら）　　立命館大学文学部・応用人間科学研究科 教授

東京都生まれ。
学歴：1974 年慶應義塾大学文学部心理学専攻を卒業，1979 年慶應義塾大学大学院社会学研究科心理学専攻博士課程単位取得退学（博士〔心理学〕；慶應義塾大学）。
職歴：1979 年に慶應義塾大学文学部助手，1983 年愛知県立心身障害者コロニー発達研究所研究員，主任研究員を経て，1998 年より現職。
著書に，『対人援助学の可能性』（共編著，福村出版，2010），『「対人援助学」キーワード集』（共編著，晃洋書房，2009），『対人援助の心理学』（編著，朝倉書店，2007）などがある。

武藤　崇（むとう　たかし）　　同志社大学心理学部心理学科 教授

埼玉県生まれ。臨床心理士。
学歴：1992 年筑波大学第二学群人間学類を卒業，1998 年に筑波大学大学院心身障害学研究科修了（博士〔心身障害学〕；筑波大学）。
職歴：1998 年に筑波大学心身障害学系の技官・助手を経て，2001 年 4 月から 2010 年 3 月まで立命館大学文学部准教授，2010 年 4 月より現職。
著書・訳書に，『対人援助学の可能性』（共編著，福村書店，2010），『ACT（アクセプタンス&コミットメント・セラピー）をはじめる』（共訳，星和書店，2010），『臨床行動分析のABC』（共監訳，日本評論社，2009），『行動分析』（共編著，ミネルヴァ書房，2007）などがある。

青山　謙二郎（あおやま　けんじろう）　　同志社大学心理学部心理学科 教授

大阪府生まれ。
学歴：1991 年同志社大学文学部を卒業，1993 年同志社大学大学院文学研究科心理学専攻を中途退学（博士〔心理学〕；同志社大学）。
職歴：1993 年に同志社大学文学部助手，その後，専任講師，助教授などを経て 2009 年 4 月より現職。
著書に，『食べる―食べたくなる心のしくみ―』（二瓶社，2009），『オペラント行動および動機づけ行動のセッション内変動に関する数量モデルによる研究』（北大路書房，2007）などがある。

行動分析学研究アンソロジー 2010

2011 年 3 月 3 日　初版第 1 刷発行

　編　　　日本行動分析学会
責任編集　藤　健一，望月　昭，武藤　崇，青山謙二郎
発行者　　石澤雄司
発行所　　㈱星和書店
　　　　　〒168-0074　東京都杉並区上高井戸 1-2-5
　　　　　電話　03（3329）0031（営業部）／03（3329）0033（編集部）
　　　　　FAX　03（5374）7186（営業部）／03（5374）7185（編集部）
　　　　　http://www.seiwa-pb.co.jp

Ⓒ 2011　星和書店　　　　　Printed in Japan　　　　ISBN978-4-7911-0763-6

・本書に掲載する著作物の複製権・翻訳権・上映権・譲渡権・公衆送信権（送信可能化権を含む）は
　(株)星和書店が保有します。
・ JCOPY 〈(社)出版者著作権管理機構 委託出版物〉
　本書の無断複写は著作権法上での例外を除き禁じられています。複写される場合は，そのつど事前に
　(社)出版者著作権管理機構（電話 03-3513-6969，FAX 03-3513-6979，e-mail：info@jcopy.or.jp）
　の許諾を得てください。

ACT（アクセプタンス＆コミットメント・セラピー）をはじめる

セルフヘルプのためのワークブック

［著］S・C・ヘイズ、S・スミス
［訳］武藤 崇、原井宏明、吉岡昌子、岡嶋美代
B5判　344頁　本体価格 2,400円

アクセプタンス＆コミットメント・セラピーは、最新の科学的な心理療法である。新次元の認知行動療法とも言われ、急速に世界中で広まっている。今までの心理療法が、人間の苦悩を変化させようとしたり、除去しようとして、どれだけ成功しただろうか。ACTにおいては、私たちはなぜ悩むのか、精神的に健康であるということは何なのか、ということに新たな見方を提供する。苦悩は、避けられないもので誰にでもあるものである。苦悩を避けようとかコントロールしようとすることが、さらなる苦悩の原因となり、問題を長びかせ、生活の質を破壊する。ACT は、苦悩のように個人のコントロール出来ないものをアクセプト（受け容れ）し、自分の求める生き方を自覚し、生活を豊かにする方法を提供する。

季刊 こころのりんしょう á・la・carte

第28巻1号
〈特集〉ACT（アクセプタンス＆コミットメント・セラピー）
＝ことばの力をスルリとかわす新次元の認知行動療法

［編集］熊野宏昭／武藤 崇　B5判　204頁　本体価格 1,600円

ACTは、認知行動療法の第3の波といわれる最新の心理療法。おもに言葉へのとらわれという面から、症状、生きにくさをとらえ、さまざまなメタファーやエクササイズにより、症状をときほぐす。驚きの治療効果！！

発行：星和書店　http://www.seiwa-pb.co.jp　価格は本体（税別）です

ACT(アクセプタンス&コミットメント・セラピー)をまなぶ

セラピストのための機能的な臨床スキル・トレーニング・マニュアル

[著] ジェイソン・B・ルオマ、スティーブン・C・ヘイズ、ロビン・D・ウォルサー
[監訳] 熊野宏昭、高橋 史、武藤 崇

A5判　628頁　本体価格 3,500円

本書は、ACTの基礎を学ぶのに欠かせないワークブックである。豊富な事例を含む解説や実践エクササイズで、ACT臨床家として必要な姿勢や技法を身につけることができる。

『ACT(アクセプタンス&コミットメント・セラピー)をまなぶ』学習用DVD

ACTをみる：エキスパートによる面接の実際

ジェイソン・B・ルオマ、スティーブン・C・ヘイズ、ロビン・D・ウォルサー
[監訳] 熊野宏昭、高橋 史、武藤 崇

A5判　DVD 1枚　収録時間 2時間 7分 30秒
[付属テキスト] 104頁　本体価格 6,000円

DVDの視聴で書籍『ACTをまなぶ』を120％活用できる！
スクリプトのすべてを掲載した読みやすい日本語テキスト付き。

発行：星和書店　http://www.seiwa-pb.co.jp　価格は本体(税別)です

ACT(アクセプタンス&コミットメント・セラピー)を実践する

機能的なケース・フォーミュレーションにもとづく臨床行動分析的アプローチ

[著] パトリシア・A・バッハ、ダニエル・J・モラン
[監訳] 武藤 崇、吉岡昌子、石川健介、熊野宏昭
A5判　568頁　本体価格 4,500円

本書は、アクセプタンス＆コミットメント・セラピー（ACT）を、個々の治療に生かしていく方法を探求し具体的に説明する。体験の回避によって特徴づけられるような、さまざまな臨床上の問題に対して、どのようにケースを概念化していくか、ACTを実施していくか、ということを、詳細な事例を提示しながら解説する。また本書は、行動を見るための新鮮な方法も紹介する。

侵入思考

雑念はどのように病理へと発展するのか

[著] デイビッド・A・クラーク
[監訳] 丹野義彦
[訳] 丹野義彦、杉浦義典、小堀 修、山崎修道、高瀬千尋
四六判　396頁　本体価格 2,800円

本書は、意思とは無関係に生じる侵入的な思考が心理的障害に果たす役割について論じた初の書である。侵入思考が、強迫性障害、外傷後ストレス障害、うつ病、全般性不安障害、不眠症など、数多くの心理的障害の重要な認知的特徴であることを示すエビデンスが得られつつあるいま、本書は、今後研究の進展が予想されるこの分野への扉を開くものである。

発行：星和書店　http://www.seiwa-pb.co.jp　価格は本体（税別）です